U0818824

图书在版编目（CIP）数据

股权投资实务 / 李剑主编. --北京：中国财政经济出版社，2021.2

"十四五"高等职业教育规划教材

ISBN 978-7-5223-0271-3

Ⅰ. ①股… Ⅱ. ①李… Ⅲ. ①股权-投资基金-高等职业教育-教材 Ⅳ. ①F830.59

中国版本图书馆 CIP 数据核字（2020）第 259896 号

责任编辑：葛 新　　责任校对：李 丽

封面设计：陈宇琰　　责任印制：刘春年

中国财政经济出版社 出版

URL：http：//www.cfeph.cn

E-mail：cfeph@cfeph.cn

社址：北京市海淀区阜成路甲 28 号　邮政编码：100142

营销中心电话：010-88191522　编辑部门电话：010-88190653

天猫网店：中国财政经济出版社旗舰店

网址：https：//zgczjjcbs.tmall.com

北京中兴印刷有限公司印刷　　各地新华书店经销

成品尺寸：185mm×260mm　16 开　17.25 印张　400 000 字

2021 年 3 月第 1 版　2021 年 3 月北京第 1 次印刷

定价：42.00 元

ISBN 978-7-5223-0271-3

（图书出现印装问题，本社负责调换，电话：010-88190548）

本社质量投诉电话：010-88190744

打击盗版举报热线：010-88191661　QQ：2242791300

“十四五”高等职业教育规划教材

股权投资实务

Guquan Touzi Shiwu

主　编　李　剑
副主编　章　华

中国财经出版传媒集团
中国财政经济出版社

前言

课程标准

金融是现代经济的核心，是国民经济的命脉，是资源配置的枢纽，在经济社会发展中有着至关重要的作用，职业院校在培养金融事业发展所需要的应用型人才特别是普惠金融人才方面肩负着重要使命。本书是根据金融行业发展的新形势和教育部有关高职高专教育改革精神，以培养普惠金融技术技能拔尖人才为目标而编写的，体现了金融行业发展的前瞻性和时代要求。

本书在编写过程中力求体现“以工作过程为导向，以能力为本位”的思想，注重与真实的工作过程相结合；精心整合内容结构，合理安排相关的知识点、技能点；注重案例教学，突出对学生实际操作能力的培养；突出做中学、学中做的思想；坚持体现金融行业发展的前沿和新动态，力求实现职业性和知识性的完美结合。

本书在编写过程中体现了以下特点：

课程教案

（1）紧紧围绕产教融合、校企合作的思路设计教学内容。本书在编写过程中得到了鼎信长城投资管理集团有限公司董事长章华和山东长信商苑教育管理咨询有限公司总经理李丰桐的大力支持，并提供了很多行业内部的相关案例，书中的很多案例都来源于鼎信长城投资管理集团有限公司的产业白皮书。

（2）紧紧对接地方重大工程和重大战略。本书体现了山东省新旧动能转换对新金融的发展要求，山东省金融工作办公室为了大力支持民营企业的发展，创建了民间资本管理有限公司等金融组织，开展股权投资业务，本书对此进行了相关的介绍，体现了行业发展的新动态。

授课计划

（3）体现了课证融合的教学理念。本书在编写过程中，重点参考了基金从业资格考试中关于私募股权投资基金基础知识的相关内容，使本书内容与基金从业资格考试内容实现了无缝对接，增强了实用性，体现了课证融合的特点，减轻了学生学习的压力。

本书由山东商业职业技术学院会计金融学院李剑主任担任主编，鼎信长城投资管理集团有限公司董事长章华担任副主编，具体编写分工如下：李剑设计本书的总体框架并总纂，同时编写项目二、项目三、项目四和项目七；章华编写项目一、项目五、项目六和项目八。

本书在编写过程中得到了同仁们的大力帮助和支持，同时参考了大量的教材和案例，引用了相关资料，在此一并表示衷心的感谢。

限于编者水平，书中难免存在疏漏和不足之处，敬请广大读者批评指正。索取教学课件及习题答案邮箱：sdjjxy_ lj@ 163. com。

编　者

2020 年 10 月

目 录

1 项目一 股权投资业务概述

知识目标

1. 掌握股权投资的定义。
2. 掌握股权投资的特点。
3. 掌握股权投资的分类。

技能目标

1. 了解中国股权投资发展的现状。
2. 了解几家中国私募基金的运作和投资案例。

案例导入

黑石集团介绍

黑石集团（Blackstone Group）又称佰仕通集团，是全世界最大的独立另类资产管理机构之一，也是一家金融咨询服务机构。其另类资产管理业务包括企业私募股权基金、房地产机会基金、对冲基金的基金、优先债务基金、私人对冲基金和封闭式共同基金等。黑石集团还提供各种金融咨询服务，包括并购咨询、重建和重组咨询以及基金募集服务等。黑石集团总部位于美国纽约，并在亚特兰大、波士顿、芝加哥、达拉斯、洛杉矶、旧金山、伦敦、巴黎、孟买、中国香港和东京设有办事处。截至2007年9月30日，其管理的总资产约为982亿美元，拥有65位高级管理总监以及约520位投资和咨询专业人员。

2006年，黑石集团盈利超过22亿美元，人均创造利润295万美元，是高盛人均利润的8倍，已然成为华尔街熠熠生辉的PE之王。2007年6月22

日在纽约证券交易所挂牌上市（NYSE：BX）。

1985年，华尔街新开了一家小型的并购公司，4个人，40万美元，谁也不曾想到正是这个不起眼的并购公司，20多年后一举成为业务覆盖私有股权投资基金、房地产基金以及对冲基金、债务投资等诸多领域，资产规模超过800亿美元的PE天王。

“黑石”一词源于两大创始人——史蒂夫·施瓦茨曼和彼得·彼得森对于二人祖籍的纪念：他们二人的姓氏中分别嵌着德文的“黑色”和希腊文“石头”。

史蒂夫·施瓦茨曼和彼得·彼得森结识于华尔街的名门望族雷曼兄弟。进入雷曼之前，彼得森拥有一段短暂而辉煌的政界生涯，在雷曼江河日下时执掌帅印，在不到5年的时间里，力挽狂澜，成为华尔街的明星；而施瓦茨曼则在彼得森的提携下成为雷曼最年轻的合伙人之一。1983年，这对惺惺相惜的搭档出走雷曼，一起开始了黑石的创业历程。

黑石在当时的华尔街尚属无名之辈，在募资过程中吃了不少闭门羹，黑石创始人回忆说：“被我们视为最可能点头的19家客户，一个个拒绝我们。总共有488个潜在投资人拒绝我们。”

黑石的第一桶金是彼得森利用与Sony公司总裁盛田昭夫的朋友关系抢得收购代理权，代表Sony公司出价20亿美元收购哥伦比亚唱片公司。此后，他们便萌生了创立私募基金的想法。

美国保险及证券巨头保德信公司给黑石带来了转机，彼得森回忆，“黑石”赢得了保德信副董事长凯斯的信任。“他当时说，‘我喜欢你们两个家伙，我会给你们1亿美元’，后来我们又从杰克·韦尔奇那里拿到一笔钱，于是我们就算上路了。”黑石的第一只基金吸引了32个投资者，包括大都会人寿、通用电器公司、日兴证券以及通用汽车公司的退休基金在内。黑石的好运气从此开始。

运气和谋略成就了今日的黑石。在盛行敌意融资并购的20世纪80年代，彼得森和施瓦茨曼就为公司发展定下了一条基本准则：坚持不做敌意收购；他们还发现，运用彼得森强大的人脉关系网以及与每一单收购生意中的相关公司建立友善关系至关重要，而且无往不胜——这一条现在已经成为“黑石”的标志性策略，使“黑石”成为一个连对手都愿意与之打交道的公司。

客观来说，黑石的每一项辉煌都是二人并肩战斗的成果。二人相差20岁，原来是上下级，如今是合伙人。一人“主内”，一人“主外”，配合得几乎天衣无缝：年富力强的施瓦茨曼坚韧不拔的毅力和充沛精力是“黑石”这部庞大“生财”机器得以顺利运转的“发动机”，老谋深算的彼得森在金融界及政界浓厚的人脉资源和游刃有余的外交手腕则是“黑石”的“润滑剂”。

资料来源：https：//baike. baidu. com/item/% E9% BB% 91% E7% 9F% B3% E9% 9B% 86% E5% 9B% A2/5201561？fr = aladdin。

思考：黑石集团的案例带给我们哪些启示？股权投资和证券投资有哪些区别？

模块一 股权投资的定义及其特点

一、股权投资

股权投资是指通过投资取得非上市公司的股权，以期获得经济利益的行为。股权投资与证券投资相比，由于其主要投资于非上市公司，所以其风险相对证券投资而言相对较高，资金募集数量相对较大，因此大多采用私募基金的方式进行募集。私募基金在我国又被称为股权投资基金或产业投资基金。

拓展阅读

所谓私募，主要是与公募相对应。私募是指在募集资金的时候，主要是针对特定人群进行募集。由于股权投资风险较高，所以私募基金对客户的要求门槛也比较高，一般面向风险承受能力比较强的高净值人群进行募集。这种募集方式和面向非特定投资者进行募集的公募基金完全不一样。公募主要是面对非特定的投资者进行募集，主要应用在股票发行等领域。需要注意的是，私募股权只是一种习惯的称谓，并没有严格的法律意义。在实践中，有些大的股权投资基金都已经上市，通过公募方式募集资金。例如，英国最大的私募股权投资基金 3i，美国最著名的股权投资基金黑石集团 2007 年在纽约证券交易所上市，2009 年 10 月，KKR 公司在荷兰阿姆斯特丹泛欧交易所成功上市。

公募和私募的区别比较大，主要表现在以下几点：

（1）募集方式不一样。公募通过公开发售来募集资金；私募通过非公开发售来募集资金。法律严格规定，私募不能通过公开宣传来募集资金。

（2）募集对象及门槛不一样。公募，募集对象为广大社会公众，无人数限制，也无投资门槛。私募，募集对象为少数的合格投资者，我国证监会要求其投资上限是 200 人，个人投资门槛在 100 万元以上，或者能够提供 300 万元金融资产证明或最近 3 年年均收入 50 万元以上收入证明。

（3）产品规模不一样。公募，产品规模通常为几亿元，甚至百亿元级的，规模是较大的。私募，相对公募来说规模较小，一般为几千万元，或十几亿元，但操作更为灵活。

（4）信息披露不一样。公募，关于投资的标的、投资组合、产品净值等都要求进行严格的披露。私募，对以上这些无明确的要求，只对购买该产品的投资者进行适当的净值披露，保密性比较强。

（5）投资限制不一样。公募，无论是在投资品种、投资比例、投资与基金类型的匹配上都有较为严格的限制。私募，在投资方面相对来说比较灵活，可空仓也可满仓。

（6）追求目标不一样。公募，主要是靠收取“管理费”维持运作，旱涝保收。规模够大，基金经理就很难赚钱，和投资者的利益不完全一致。私募，基金经理主要是靠“业绩提成”生存，与投资者共进退。

二、私募基金

在介绍私募基金之前，我们首先要了解一下基金的相关定义。所谓基金是指通过发售基金份额，将众多投资者的资金集中起来，形成独立财产，由基金托管人托管，基金管理人管理，以投资组合的方法进行证券投资的一种利益共享、风险共担的集合投资方式。见图1－1。

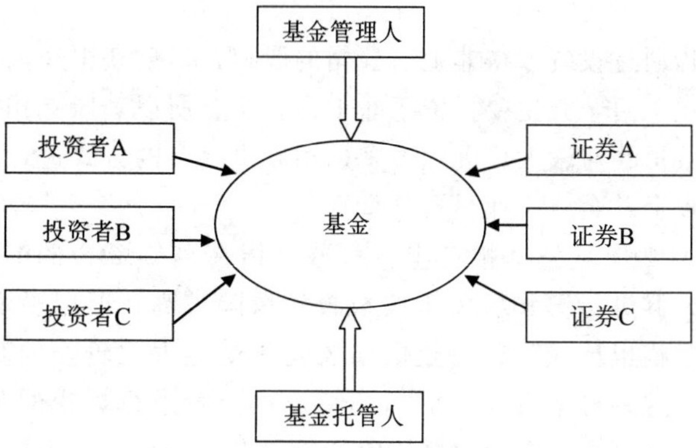

图1－1 投资基金运作模式示意图

证券投资基金市场是指证券投资基金的发行和交易场所，证券投资基金市场是经济高度发达的必然产物。

基金在不同的国家有不同的称谓，美国称之为“共同基金”或“互助基金”，英国和中国香港称之为“单位信托基金”，日本、韩国和中国台湾称之为“证券投资信托基金”。虽然基金的名称不一样，但是其特点却是一样的。

1. 规模经营

投资基金将小额资金聚集起来，其经营具有规模优势，可以降低交易成本，对于筹资方来说，也可有效降低其发行费用。

2. 分散风险

由于投资基金数额庞大，可以将资金分散投到多种证券或资产上，包括股票、债券、外汇、货币等金融工具，可以实现“不要把所有的鸡蛋都放在同一个篮子里”的多元化投资策略，通过有效组合最大限度地降低投资风险，最大限度地保护了“基民”的利益。所以，基金投资相对于股票投资来说风险要小，当然其收益与股票投资相比也要逊色些。

3. 专家理财

证券市场风险巨大，一般的投资者难以驾驭，而投资基金这种专家理财的特点，能弥补一般投资者专业知识和“专业时间”上的缺乏，基金公司拥有一个强大的专业团队，他们可以运用自己的专业知识对投资做出合理的规划，并且可以随时进行操作，把所有的时间和精力都用在投资上，再加上专业化的投资服务，投资基金从发行、收益分配、交易、赎回等都有专门的机构负责，使整个投资过程轻松、简便，极大地提高了投资的准确度和效率，进一步拉近了投资大众和金融市场的距离。

4. 收益共享，风险共担

证券投资基金的收益和风险都是由投资者和基金公司共同来承担的，不仅可以对基金经理人起到激励作用，还可以保护基民的利益。

按照募集方式的不同，基金可以划分为公募基金和私募基金。公募基金是通过公开的方式进行面向不特定的投资者进行资金募集。所谓私募基金主要是指私下或直接向特定群体（高净值人群）募集的资金。不同的私募基金对投资者的门槛要求不一样，一般来说，个人投资门槛应在100万元以上。私募基金包括私募证券投资基金和私募股权投资基金。其中，私募证券投资基金主要投资对象是上市公司的股票，而私募股权投资基金主要投资对象是非上市公司的股权。本书所指私募基金是指私募股权投资基金。

世界上著名的私募股权投资基金主要有号称“资本之王”的黑石集团、“杠杆收购之王”KKR、“总统俱乐部”凯雷、贝恩、高盛、美林等众多机构，他们也是股权投资机构中的佼佼者。他们创造了华尔街一个又一个经典的投资案例。中国的股权投资公司发展较晚，2005年以后才开始进入快速发展阶段。中国的私募基金主要集中在北京、上海、深圳和中国香港等地。如鼎晖投资、九鼎投资、复星资本等一系列知名的私募基金投资公司。伴随着中国经济的进一步腾飞，特别是“大众创业，万众创新”时代的到来，中国的私募股权基金市场将有更加辉煌的发展。

拓展阅读

阅读材料

中国十大知名PE公司

中国企业如今名震全球，除了自身的努力之外，PE公司的功劳也是不容忽视的。而鼎晖投资、新天域资本、九鼎投资、复星资本等国内知名PE公司也逐渐登上世界舞台，即使与国外老牌PE公司如高盛、KKR集团、摩根士丹利等相比也毫不逊色。一起来看看福布斯公布的中国十大PE公司排行榜，看看这些PE公司的投资历程吧。

第1名，鼎晖投资。这家PE公司成立于2002年，主要管理者为吴尚志、焦震，公司管理资金规模高达165亿美元，其主要投资领域十分广泛，包括医疗、金融、能源、现代服务、消费零售及制造业等领域，代表项目更是涵盖了百丽、南孚、万洲国际、美的、晨光文具、康弘药业、绿地集团、奇虎、现代牧业、陆金所等如今耳熟能详的知名企业。

第2名，新天域资本。该PE公司成立于2005年，于剑鸣担任主要管理者，管理资金规模超过200亿元，其投资主要分布在医疗医药健康、消费与服务、中高端制造与能源、科技创新等领域，投资项目囊括了万达院线、快的、阿里巴巴、海利生物、绿叶制药、万洲国际、亚联公务机、广汇汽车和大疆等许多风头正盛的知名企业。

第3名，九鼎投资。该PE公司成立于2007年，但如今已经达到超过300亿元+3亿美元的管理规模，蔡蕾为其主要管理者。其投资主要集中在消费、服务、医药、农业、材料、装备、新兴及矿业等领域，旗下的知名项目包括众信旅游、飞天诚信、地尔汉宇、川矿集团、club med、保定中药、中冠A、皇庭国际、万邦达、利民股份等企业。

第4名，中科招商集团。这家PE公司成立于2000年，如今的管理规模已经达到800亿元，单祥双担任主要管理人员，其投资涉及能源、矿产、农业、医疗、文化传媒、新能源、新材料、建筑建材、信息技术、商业连锁、消费品、先进制造业等众多领域，投资的主要项目包含杰赛科技、东方网力、数码视讯、钢研高纳等公司。

第5名，中信产业投资基金。这家PE公司成立于2008年，如今其管理规模已经达到500亿元，刘乐飞担任其主要管理人，其投资领域横跨传统与新兴产业，包括消费与零售、金融与商业服务、科技与互联网、医疗与健康、环境与公用设施、工业与能源等领域，旗下知名项目既有三生制药、绿叶制药、万宝盛华、陕西煤业、会稽山、高能环境、华电重工、快乐购、西部黄金、圣迪乐村等传统行业，也包括滴滴打车、赶集网、饿了么等互联网新兴企业。

第6名，复星资本。这家PE公司成立于2007年，唐斌担任主要管理人，资产管理规模逾600亿元，其投资包含大健康、消费品、装备制造、现代服务、节能环保、TMT、地产等大热领域，旗下的知名项目囊括了韵达快递、德尔股份、陕鼓动力、科大讯飞、爱仕达、中光防雷、中生联合、中山公用等企业。

第7名，建银国际。这家PE公司成立于2004年，其资产管理规模超过300亿元，其投资领域涉猎医药健康、出版传媒、环保、基建、消费品、房地产、制造业、金融业等，投资项目众多，涵盖了北京嘉寓、物产中拓、亿晶光电、和美医疗、影时尚（万达院线）项目、航标控股、中弘项目、旗滨玻璃项目、航标控股、米格国际、宏泰发展、标准水务（Crystal Water）、Project Aircon（空调节能项目）、东胜项目。

第8名，国信弘盛。这家PE公司成立于2008年，龙涌担任其主要管理者，如今资产管理规模达到50亿元，其重点投资领域为医药、环保、高新制造业等，参与的知名项目包括天赐高新材料、东易日盛、长盈精密、隆基股份、盛瑞传动、奥康皮鞋、百年栗园等企业。

第9名，弘毅投资。这家PE公司成立于2003年，赵令欢担任其主要管理人，如今管理的资产规模已经超过500亿元，涉猎的投资领域包括健康产业、消费行业、现代服务业、高端制造业等，参与的知名投资项目囊括中联重科、石药集团、苏宁云商、城投控股、锦江股份、巨人网络、海昌控股、PizzaExpress（英国）、STX Studio（美国）等国内外知名企业。

第10名，霸菱亚洲。这家PE公司成立于1997年，其资产管理规模高达90亿美元，投资领域主要专注于传统领域，包括工业、汽车、媒体、矿业、零售/消费品、环保、教育、医疗、服务业等，旗下的知名投资项目包括维多麦、中粮肉食、盈德气体、诺亚舟、永达汽车、美即控股、中国圣牧、康达环保等。

如今走出国门的知名企业越来越多，其实它们的背后都离不开PE公司的功劳。我国PE公司虽然起步较晚，但作为后起之秀，即便与国外老牌PE公司相比，它们的投资履历也毫不逊色，通过对位列中国十大PE公司排行榜的解读，相信读者会有更加直观的认知。

资料来源：私募排排网（http：//www. simuwang. com）。

思考：黑石集团的案例给我们带来哪些启示？股权投资和证券投资有哪些区别？

三、股权投资的特点

股权投资从资产类别来看，被归于另类投资，区别于股票投资和债权投资等主流的投资。其他的另类投资还包括对冲基金、房地产投资、大宗商品投资等。一般来说，另类投资由于风险较高，大多平均收益率比主流投资更高，流动性更差。下面我们对比分析一下股权投资和股票、债券投资的区别。

（一）在资金募集和投资方式上，股权投资主要通过私募的方式进行

股权投资主要通过非公开方式面向少数机构投资者或个人募集，它的销售和赎回都是基金管理人通过私下与投资者协商进行的。资金来源广泛，如富有的个人、风险基金、杠杆并购基金、战略投资者、养老基金、保险公司等。另外，在投资方式上也是以私募形式进行的，绝少涉及公开市场的操作，一般无须披露交易细节。

股票投资一般都是公开发行，采用IPO的方式进行公开资金募集。通过招股说明书公开企业上市的相关信息，并且通过路演的环节进行广泛的宣传，资金来源没有限制。并且上市以后，重大信息要定期披露，特别是财务信息必须要定期公开。

（二）股权投资多采取权益型投资方式，绝少涉及债权投资

私募股权投资机构也因此对被投资企业的决策管理享有一定的表决权。反映在投资工具上，多采用普通股或者可转让优先股，以及可转债的工具形式。因此股权投资不同于债券投资，一般没有偿还期限。股权投资通过对企业所有权的控制来帮助企业进行经营，以达到基金所需要的目的。

（三）股权投资主要投资标的为非上市公司

私募股权投资和证券投资不一样，私募股权投资主要投资于非上市公司，而证券投资主要投资于已经上市的公司的股票，因此二者的投资范围、投资思路完全不一样。从这个方面来看，私募股权投资其投资风险更高，投资方法主要是通过对企业的基本面进行分析，股票投资除了基本面分析，还可以通过技术分析对股票的走势进行预测，分析手段和工具更加全面，更加灵活。

（四）股权投资投资期限较长，属于中长期投资

股权投资市场地位、信息透明程度更高。PE机构入股企业之前，都要经过详尽而深入的尽职调查，对企业的情况了解得更深刻。同时还要帮助企业成长，能够得到企业的尊重，能获取到更多的信息。而股票投资者往往很难对上市公司有深入的调研，大多通过技术分析和宏观经济分析对上市公司盈利进行预测便进行投资，更容易演变为投机。

（五）股权投资没有二级市场，流动性较差

由于股权投资没有相应的二级市场，股权投资更能够克服人性的弱点，股权投资一旦投入，不能马上退出，也不会因为企业有一点利润增长就卖出，这就使股权投资真正变成一种长期投资，能够充分分享企业成长带来的利润增长。对股票投资而言。投资者情绪对股票市场波动影响较大。因此，PE机构入股后，将会和管理团队一道，齐心协力把公司推向上市当成奋斗的目标。而股票投资者是在二级市场上买入股票，易遭遇上市公司管理团队和股权基金减持套现的压力，因此往往很难迅速实现收益的增长。

因此，股权投资的盈利模式不同于股票投资。股权投资的盈利模式是在一级市场和二级市场上进行套利。在股权投资中，一级市场和二级市场的价差目前基本上在2~5倍的水平，而股票投资的盈利模式主要是卖出时的价格减去买入时的价格，但卖出时的价格和买入时的价格是极其不确定的。

四、私募股权投资的发展历程

（一）国外私募股权投资发展历程

股权投资基金起源于美国。在第二次世界大战结束以前，股权投资比较零散，尚不构成组织化的力量，也没有成为一个行业。1946年，美国波士顿联邦储备银行行长弗兰德斯和哈佛大学教授多里奥特发起成立了世界上第一家真正意义上的风险投资公司——美国研究与发展公司（ARD）。

早期的股权投资基金主要以创业投资基金形式存在。1953年，美国小企业管理局（SBA）成立，该机构直接向美国国会报告，专司促进小企业发展职责。1958年，美国小企业管理局设立“小企业投资公司计划”（SBIC），以低息贷款和融资担保的形式鼓励成立小企业投资公司，通过小企业投资公司增加对小企业的股权投资。从此，美国的创业投资市场开始迅速发展。1973年美国创业投资协会（NVCA）成立，标志着创业投资在美国发展成为专门行业。

20世纪50~70年代创业投资基金主要投资于中小成长型企业，此时的创业投资基金为经典的狭义创业投资基金。20世纪70年代以后，创业投资基金开始将其领域拓展到对大型成熟企业的并购投资，相应地，“创业投资”概念从狭义发展到广义。

1976年KKR成立以后，开始出现了专业化运作的并购投资基金，即经典的狭义意义上的私人股权投资基金。特别是在20世纪80年代美国第四次并购浪潮中催生了黑石、凯雷和德太投资等著名并购基金管理机构的成立，极大地促进了并购投资基金的发展。

过去，并购基金管理机构都是作为美国创业投资协会会员享受相应的行业服务并接

受行业自律。但随着并购基金数量的增多及所管理资产规模的扩大，2007 年，KKR、黑石、凯雷和德太投资等并购基金管理机构脱离美国创业投资协会，发起设立了新的并购基金管理机构，即狭义股权投资基金管理机构——美国私人股权投资协会（PEC）。

虽然狭义上的股权投资基金特指并购投资基金，但是后来的并购投资基金管理机构往往也兼做创业投资，加之市场上还出现了主要从事定向增发股票投资的股权投资基金、不动产投资基金等新的股权投资基金品种，因此，股权投资基金的概念也从狭义发展到广义。本书除非特指，一般语境下的股权投资基金是指广义的股权投资基金。

2005 年全球私募股权基金共募集资金金额 2000 亿美元；2006 年达到 2750 亿美元；2007 年全球达到创纪录的 6325 亿美元，其中美国的私募股权公司通过 415 只基金筹集的资金历史性地达到了 3020 亿美元。2008 年迅速缩水，第 4 季度仅募集到 976 亿美元，为 4 年来最低。据初步估计，目前全球私募股权投资基金的已投资和待投资资金总额在 2 万亿美元以上。2006 年全球的并购交易总额是 3.79 万亿美元，创下历史纪录，比 2005 年增加了 38%，其中全球并购交易中的 20%、美国并购交易中的 27% 都是由私募股权基金来完成的。2008 年有 1100 宗并购协议取消，交易额同比锐减 72%。从目前私募股权基金投资额占 GDP 的比例来看，美国私募股权基金的投资额约占全年 GDP 的 5%，欧洲约为 4%，亚洲包括日本约为 2%，而目前在我国该比例只有 1%。目前，全球已有数千家私募股权投资公司，最著名的 PE 投资机构有：黑石集团（Blackstone Group，已上市，中投公司投资对象）KKR 公司（Jerome Kohlberg、Henry Kravis 和 George Roberts，姓氏的首字母组成）和凯雷集团（The Carlyle Group，有“总统俱乐部”之称，拥有深厚的政治资源）。

美国私募股权投资基金的发展塑造了美国的硅谷传奇。硅谷位于美国加利福尼亚州北部的大都会区旧金山湾区南部，是高科技事业云集的圣塔克拉拉谷的别称。硅谷最早是研究和生产以硅为基础的半导体芯片的地方，因此得名。硅谷是当今电子工业和计算机业的王国，硅谷是世界高新技术创新和发展的开创者和中心，该地区的风险投资占全美风险投资总额的 1/3，硅谷的计算机公司已经发展到大约 1500 家。硅谷的主要部分位于旧金山半岛南端的圣塔克拉拉县，主要包括该县下属的从帕罗奥多市到县府圣何塞市一段长约 40 公里的谷地。硅谷以高新技术中小公司群为基础，同时拥有谷歌、Facebook、惠普、英特尔、苹果公司、思科、英伟达、甲骨文、特斯拉、雅虎等大公司。

国际股权投资基金行业经过多年的发展，成为仅次于银行贷款和 IPO 的重要融资手段。国际股权投资基金规模庞大，投资领域广阔，资金来源广泛，参与机构多样。

在监管方面，2008 年国际金融危机之后，西方主要国家普遍加强了对股权投资基金行业的监管。美国于 2010 年出台了《多德—弗兰克法案》，对原有的法律体系做出了进一步修订与补充，提升了股权投资基金监管的审慎性。在基金及投资管理人注册方面，新法严格了投资管理人的注册制度，收紧了股利权投资基金注册的豁免条件，要求一定规模以上的并购基金在联邦或州注册，创业投资基金可以有条件豁免注册。在信息披露方面，新法不仅加强了对股权投资业务档案底稿的审查制度，还通过修改认可投资者和合格买家的定义，提高了对股权投资基金的信息披露要求。

在欧洲，欧洲议会于 2010 年 9 月通过了《泛欧金融监管改革法案》，2011 年 6 月通过了《另类基金管理人指引》，从而建立了针对股权投资基金行业的新的监管体系。

新体系主要包括五个方面的内容：一是对股权投资基金实行统一监管；二是监管的重点是基金管理人而不是基金本身；三是抓大放小，重点监管大型基金的管理人；四是建立和强化信息披露机制；五是强化对杠杆的规制。

2013年4月，鉴于创业投资基金通常不会导致风险外溢，为建立对创业投资基金的差异化监管，欧盟另行发布了《创业投资基金管理人指引》。

（二）我国私募股权投资发展历程

我国PE融资市场的发展最初是以政府为导向的，我国股权投资基金行业发展在很大程度上体现了我国经济高速发展的基本特点，政府推动对促进早期股权投资基金发展起着关键性的作用。在国务院各有关部门和地方政府的推动下，我国股权投资基金行业发展经历了三个历史阶段。

1. 探索与起步阶段（1985～2004年）

此阶段的探索与起步主要沿着两条主线进行，一是科技系统对创业投资基金的最早探索；二是国家财经部门对产业投资基金的探索。1986年，国家科委、财政部联合几家股东共同投资设立了中国创业风险投资公司，成为大陆第一家专营风险投资的股份制公司。其创立之初的目的是扶持各地高科技企业的发展。1992年，美国国际数据集团在中国投资成立国内第一家外资风险投资公司——美国太平洋风险投资公司。当时多数外资机构因为当时中国的经济环境没有展开投资。1995年，我国发布了《设立境外中国产业投资基金管理办法》，鼓励中国境内非银行金融机构、非金融机构以及中资控股的境外机构在境外设立基金，投资于中国境内产业项目。随着中国IT业和互联网的快速发展，大批外资风险投资机构进入中国投资，并通过新浪、搜狐、网易、亚信等在美国的成功上市获取丰厚回报。2000年前后互联网泡沫破裂，大批投资机构亏损，撤出中国。2004年5月，经国务院批准，中国证监会批复同意，深圳证券交易所在主板市场内设立中小企业板块，PE机构看到希望。

2. 快速发展阶段（2005～2012年）

2005年11月，国家发展改革委等十部委联合发布了《创业投资企业管理暂行办法》，2007年、2008年和2009年，国家先后出台了针对公司型创业投资（基金）企业的所得税优惠政策、《国务院办公厅关于促进创业投资引导基金规范设立与运作的指导意见》并推出创业板。《创业投资企业管理暂行办法》及三大配套性政策措施的出台，极大地促进了创业投资基金的发展。

2006年，修订通过的《中华人民共和国合伙企业法》（以下简称《合伙企业法》）使国际PE基金普遍采用的有限合伙组织形式得以实现，大力推动了PE行业的发展。同年同洲电子上市，是本土PE机构投资成功的首个案例，标志着本土投资机构的崛起。2007年，受美国主要大型并购基金管理机构脱离美国创业投资协会并发起设立美国股权投资协会等事件影响，“股权投资基金”的概念在我国很快流行开来。2007年6月，修订后的《合伙企业法》开始实施，各级地方政府为鼓励设立合伙型股权投资基金，出台了种类繁多的财税优惠政策，此后各类“股权投资基金”迅速发展起来。与此同时，以合伙型股权投资基金为名的非法集资案也自2008年开始在天津等地发生并蔓延。2009年深圳创业板推出，企业上市门槛降低和高新股发行市盈率为股权投资提供了绝佳的退出平台，一批投资机构借助创业板平台获取高额回报。4万亿元刺激政策使得LP手中的可投资金充足，大批PE机构成立，行业井喷式增长。2011年下半年开始，通胀压力和持续紧缩的货币政策使得资金募集出现困难，退出渠道受阻，PE行业进入调整期。为此，国家发展改革委于2011年11月发布了《关于促进股权投资企业规范发展的通知》。

3. 统一监管下的制度化发展阶段（2013年至今）

2013年A股IPO暂停一年，上市退出渠道严重受阻，并购成为退出首要方式。VC/PE行业洗牌，PE机构开始重视专业化投资和投资后的管理工作，逐渐回归投资实业本质。2013年底，新三板扩大至全国，部分PE机构已经将其作为重要项目来源平台和退出通道。2008~2013年，中国VC/PE市场共有2069只基金完成募资，募资完成规模1933.1亿美元；中国VC市场投资规模总计327.41亿美元，投资案例数量4474个，投资行业主要是互联网、电信及增值业务、IT行业；中国PE市场投资规模总计1313.62亿美元，投资案例数量2027个，投资行业集中在制造业、IT、互联网、房地产、医疗健康、文化传媒等行业。2013年6月，中央编办印发《关于私募股权基金管理职责分工的通知》，明确由中国证券监督管理委员会（以下简称"中国证监会"）统一行使股权投资基金监管职责。2014年，A股IPO开放，PE机构上市退出通道打开，多家机构通过企业IPO退出。十八届三中全会提出，积极发展混合所有制经济，引入股权投资基金参与国有企业改制上市、重组整合、国际并购。这极大地激发了私募股权基金的热情，诸多PE专门成立了工作小组，以助力国资国企改革。2014年8月，中国证监会发布《私募投资基金监督管理暂行办法》，对包括创业投资基金、并购投资基金等在内的私募类股权投资基金以及私募类证券投资基金和其他私募投资基金实行统一监管。中国证券投资基金业协会从2014年初开始，对包括股权投资基金管理人在内的私募基金管理人进行登记，对其所管理的基金进行备案，并陆续发布相关自律规则，对包括股权投资基金在内的各类私募基金实施行业自律。

截至2018年3月底，已在中国证券投资基金协会登记的私募股权投资基金为23947只，基金规模达6.68万亿元；创业投资基金4982只，基金规模达0.67万亿元。2018年4月27日，中国人民银行、中国银行保险监督管理委员会、中国证券监督管理委员会、国家外汇管理局联合印发的《关于规范金融机构资产管理业务的指导意见》（银发〔2018〕106号，以下简称《意见》）正式对外发布，也就是业内俗称的"资管新规"。《意见》的发布进一步明确了股权投资的发展方向，规范了股权投资的发展，鼓励金融机构在依法合规、商业可持续的前提下，通过发行资产管理产品募集资金投向符合国家战略和产业政策要求、符合国家供给侧结构性改革政策要求的领域。鼓励金融机构通过发行资产管理产品募集资金支持经济结构转型，支持市场化、法治化债转股，降低企业杠杆率。相关产业基金或将迎来发展良机。《意见》的发布对私募股权投资的影响是巨大且深远的。整体看，有利于防范行业风险，更好地服务实体经济。

2018年12月2日，中国银保监会正式发布《商业银行理财子公司管理办法》，允许有条件的商业银行设立理财子公司进行相关的理财业务，这在商业银行的发展历史上具有跨时代的意义。商业银行设立理财子公司开展资管业务，有利于强化银行理财业务风险隔离，推动银行理财回归资管业务本源，逐步有序打破刚性兑付，实现"卖者有责”基础上的“买者自负”。同时，也有利于优化组织管理体系，建立符合资管业务特点的风控制度和激励机制，促进理财业务规范转型。

理财子公司为商业银行下设的从事理财业务的非银行金融机构。考虑到“理财新规”适用于银行尚未通过子公司开展理财业务的情形，《商业银行理财子公司管理办法》对“理财新规”部分规定进行了适当调整，使理财子公司的监管标准与其他资管机构总体保持一致。一是在公募理财产品投资股票和销售起点方面，在前期已允许银行私募理财产品直接投资股票和公募理财产品通过公募基金间接投资股票的基础上，进一步允许理财子公司发行的公募理财产品直接投资股票；参照其他资管产品的监管规定，不在《商业银行理财子公司管理办法》中设置理财产品销售起点。二是在销售渠道和投资者适当性管理方面，规定理财子公司理财产品可以通过银行业金融机构代销，也可以通过中国银保监会认可的其他机构代销，并遵守关于营业场所专区销售和录音录像、投资者风险承受能力评估、风险匹配原则、信息披露等规定。参照其他资管产品监管规定，不强制要求个人投资者首次购买理财产品进行面签。三是在非标债权投资限额管理方面，根据理财子公司特点，仅要求非标债权类资产投资余额不得超过理财产品净资产的35%。四是在产品分级方面，允许理财子公司发行分级理财产品，但应当遵守“资管新规”和《商业银行理财子公司管理办法》关于分级资管产品的相关规定。五是在理财合作机构范围方面，与“资管新规”一致，规定理财子公司发行的公募理财产品所投资资管产品的发行机构、受托投资机构只能为持牌金融机构，但私募理财产品的合作机构、公募理财产品的投资顾问可以为持牌金融机构，也可以为依法合规、符合条件的私募投资基金管理人。六是在风险管理方面，要求理财子公司计提风险准备金，遵守净资本、流动性管理等相关要求；强化风险隔离，加强关联交易管理；遵守公司治理、业务管理、交易行为、内控审计、人员管理、投资者保护等方面的具体要求。此外，根据“资管新规”和“理财新规”，理财子公司还需遵守杠杆水平、集中度管理等方面的定性和定量监管标准。

以上法规的密集出台，进一步规范了各个金融机构进行私募股权投资业务，也将进一步推动我国私募股权投资业务的大发展，为私募股权投资业务带来源源不断的发展动力。经过多年探索，我国的股权投资基金行业获得了长足的发展，主要体现为三个方面：一是市场规模增长迅速，当前我国已成为全球第二大股权投资市场。二是市场主体丰富，行业发展从初期阶段的政府和国有企业主导逐步转变为市场化主体主导。三是有力地促进了创新创业和经济结构转型升级，股权投资基金行业有力地推动了直接融资和资本市场在我国的发展，为互联网等新兴产业在我国的发展发挥了重大作用。

拓展阅读

硅谷传奇

拓展阅读

提起硅谷（Silicon Valley），人们的脑海中总是最先浮现出那个以计算机、半导体元器件制造为主的电子工业集中地。这也是“硅谷”之名的由来。然而，如今的硅谷不光包括其赖以成名的电子工业，更有大批高新科技企业、热门创业公司、孵化器及知名综合性大学等。硅谷逐渐成为全球科技企业向往的圣地，也是投资资本的集中地。

硅谷是坐落在美国加利福尼亚州圣塔克拉拉谷（Santa Clara Valley）的别称，位于旧金山湾区南部，从圣塔克拉拉县（Santa Clara County）下属的帕罗奥图市（Palo Alto）到圣何塞市（San Jose），全长大约40公里。广义上讲，硅谷还经常用来泛指整个西南旧金山湾区，绵延连接到旧金山市。硅谷最早是NASA的航空研究基地，后来州政府为了增加当地的就业，鼓励人们在这一地区创业。随着越来越多的半导体科技公司在硅谷取得成功，硅谷也逐渐聚集了大量以高科技产业为主的企业，国际知名度随之提高。如今，总部设立在硅谷耳熟能详的公司就有Adobe、AMD、Apple、Cisco、eBay、EA、Facebook、Google、HP、Intel、Netflix、Nvidia、Oracle、Tesla、VISA、Yahoo，等等。这些还不包括其他知名企业在硅谷地区建立的分部。一位美国科学家曾描述："硅谷之于美国，正如美国之于世界。"

讲述硅谷企业，Google往往是人们最先想到的公司。成立于1996年的Google公司可谓是科技界的风向标，创新领域的带头人，硅谷的标杆。创始人Larry Page和Sergey-Brin是斯坦福大学的博士，他们最早发明并改进了网页链接工具BackRub，也就是搜索引擎的雏形，并且更名注册了Google公司。如今，Google公司是一家专门从事互联网相关服务和产品的跨国公司，并与2015年进行架构调整成立了Alphabet作为母公司，将旗下的离互联网产品较远的公司纳入Alphabet，其中包括谷歌X实验室、谷歌创投、谷歌生命科学部门等。新成立的Alphabet公司依旧使用谷歌的原股票代码GOOG。这样，Google作为Alphabet旗下的子公司，可以更专注地从事互联网相关服务及产品的开发工作。谷歌的核心业务是其优秀的搜索引擎服务，配合其不断升级优化的系统和采集积累的数据，Google搜索的准确性、泛用性都是其他搜索引擎需要学习借鉴的。从其搜索引擎的基础上衍生出多种服务，比如，Google +，与他人分享内容的社交平台；Google Now，通过人工智能程序在用户需要时向用户提供信息；Google Display，一个广告展示平台；Google Earth，将卫星照片、航空影像布置在三维地球模型之上；Google Play，一个基于云平台的数字娱乐商店；Gmail，谷歌公司免费电子邮件服务。同时，Google公司还通过收购等形式将YouTube囊入旗下，打造世界上最大的UGC（User generated content）网络视频及搜索平台。而谷歌营收的绝大部分（约为90%）是广告收入，准确地说，是搜索广告收入。谷歌的广告业务之所以如此繁荣，源于企业对于用户利益、商家利益以及自身利益的精确把控及合理平衡。谷歌提供的用户协议表示将会以一定方式收集用户的行为习惯数据，并通过不断优化的算法及分析，将商家的广告精准投放到特定用户群。以YouTube为例，很多视频片头的广告在观看5秒后即可以跳过，从用户体验的角度来讲，这大大减少了广告播放浪费的不必要的时间，从商家的角度来讲，广告未播放完也无须支付谷歌广告费用。谷歌公司通过观看视频用户观看广告的时间长度、是否跳过等行为来判断用户是否对某一类型产品感兴趣，从而使商家的广告得以精准投放，使商家更愿意与谷歌合作，形成一个三赢的局面。谷歌在搜索引擎领域的地位蕴藏着无尽的商机，比如，Google Flight、Google Hotel等，一旦谷歌介入这些市场并商业化运作，类似Expedia、携程这样的OTA（Online Travel Agency）平台是无法与其抗衡的。当然，谷歌不仅有搜索引擎相关产品及服务，谷歌还收购并开发了Android——一个面向智能移动设备的开源软件平台，并迅猛发展成为全球第一大操作系统。同时，谷歌的产品及服务也渗透到了移动端，方便了人们的生活。对于未来，谷歌公司也有着卓越的远见及把握。在人工智能及无人驾驶领域，Google已经走在了世界的前面。比如，战胜人类围棋界的AlphaGo及AlphaGo Zero，通过与深度神经网络相结合，其程序对围棋发展已经超越人类智慧的理解。这是人工智能研究的一项标志性进展，谷歌将会逐渐把相关技术及研究成果逐步应用到医疗、化学等更广泛的领域并发挥更大的作用。也正是因为谷歌追求卓越创新与人类进步的精神，每年吸引了无数人前往谷歌公司拜访考察，他们从谷歌高级管理人员的讲述中获得灵感、拓展远见。

除了谷歌，近些年，硅谷还有很多新兴的热门创业公司风头丝毫不逊色于硅谷老牌科技公司。这其中的佼佼者，把共享经济推到浪潮之巅的当属Uber和Airbnb这两家公司了。当Uber还在烧钱的今日，Airbnb已经实现盈利，并在中国大陆地区正式发布独立品牌“爱彼迎”，取“让爱彼此相迎”之义。因此，了解Airbnb在硅谷的成长历程，有助于理解硅谷整个科技创新生态系统。

Airbnb是一家广受全球旅行者喜爱的民宿预订平台，允许有资质的房主提供短期房间或房屋的出租服务，让旅行者可以通过其平台预定位于世界各地的独特房源，其中不仅包括共享空间，更包括整个公寓、别墅、城堡、庄园、树屋、冰屋、帐篷、游艇甚至私人岛屿等。公司创立于2008年，总部设在旧金山，Airbnb最初的经营理念是为旅行者们提供短期居住的房间、早餐，以及共享空间所产生的社交机会。后来，经过数年的发展，Airbnb融资数亿美元，先后兼并了竞争对手Accoleo、CrashPadder、NabeWise、Localmind等公司，在全球开设了十几处分公司，并于2017年宣布实现盈利。如今，Airbnb平台在全世界192个国家，34000多个城市，上线超过200万个房屋住所，公司估值已逾200亿美元。Airbnb的主要收入来源于旅客的订房服务费，根据房费标准的不同在6%~12%浮动，且向房主征收3%的信用卡手续费。创业之初实际上是Airbnb最艰难的时刻，因为共享房屋这一概念并不新鲜，很多做二手交易的网站都挂有很多租房或求租信息。Airbnb的三位创始人Brian Chesky、Joe Gebbia和Nathan Blecharczyk建立了Airbnb网站并通过各种可能的途径从已有的平台上获取一些用户，积累初始资本。时值美国大选，借助奥巴马在丹佛小镇演讲的契机和当时的大型线下活动SXSW，Airbnb在这个酒店房源严重紧缺的小镇打开了宣传的缺口，从而在搜索流量上有了第一次的爆发。之后的低谷期，为了维持Airbnb的运营，他们还制作了一系列以奥巴马和麦凯恩为主题的早餐燕麦。也正是他们坚持努力的态度，获得了Y Combinator的青睐，收获了宝贵的投资。Airbnb一直致力于将自身与其他平台区别开来，而真正为其带来改变的，是追求完美的用户体验及以社交网络为主的推广方式。不同于其他平台的做法，Airbnb在改善房主发布房源的文案和图片质量问题上，不是简简单单发送一份教程给房主，而是聘请专业摄影师前往该处拍照、修图并发布。这一举措大大提升了房屋发布时的视觉品质，同时也带来了几近翻倍的销售量。与此同时，Airbnb通过关联用户社交媒体账号的方式，不仅增强了用户管理及审核的机制，而且使更多用户的亲友开始使用Airbnb。结果表明，这样获得的用户黏性要比一般途径获得的用户强。总体来说，从整个酒店业及房屋短租市场来考察这家公司，差异化的体验、多样化的选择、个性化的设计，以及不同文化与个体之间的多点交流是Airbnb成功的主要因素。随着Airbnb的成功，关注其公司发展模式的投资人和创业者也越来越多，其中有少数得以前往Airbnb位于旧金山的总部参观拜访。总部内部设计独特、风格现代，每间会议室皆选取全球最有特色最受欢迎的房屋进行复制，让无论是在Airbnb工作的员工还是来访者都能时刻感受到企业尊重体验、注重细节的文化。

当然，硅谷的热门企业不仅有创业公司，一些技术成熟的老牌科技公司也抓住机遇，又迎来了事业的新巅峰时刻。创立于20世纪90年代初的英伟达（NVIDIA）公司是一家以设计、制造图形处理器及游戏机核心为主的半导体公司，也是全球图形技术和数字媒体处理器行业的领导厂商，起步于PC电脑显卡业务。近年来，英伟达公司利用丰富的研发经验，逐步朝人工智能和机器视觉市场方面发展，并取得了惊人的进步。NVIDIA已经开发出了五大产品系列（GeForce、Tegra、ION、Quadro、Tesla），以满足特定细分市场需求。特别是配有NVIDIA GeForce系列GPU（图形处理器）的电脑，能带给用户前所未有的图像视频体验。然而，随着GPU的发展，其计算能力已经逐步超越了通用的CPU，如果只是作为显卡的优化稍显浪费。英伟达公司首席科学家David Kirk开发了CUDA架构，允许显卡可以用于其他非图形计算的程序中，使GPU的运算能力得以充分发挥。而这也为英伟达进军人工智能铺平了道路。英伟达公司在Deep Learning（深度学习）概念提出的早期就全力投入高性能计算硬件研发，推出的Tesla GPU在金融、医疗、人工智能等领域有着非常广泛的应用，占据了全球70%以上的市场份额。尤其在人工智能领域，深度学习神经网络对于高性能计算要求非常高，而NVIDIA GPU的并行计算能力非常出众，当今世上绝大多数的AI创业公司都采用了英伟达公司提供的硬件平台。因此，英伟达公司也间接成为投资者们热捧的对象，在过去的几年中股价翻了数倍，很多国内的投资人专程前往海外考察英伟达公司的发展前景。当然，开发研制并生产芯片只是英伟达公司目前的主要业务，也许在很短的未来，其开发的基于GPU计算的通用基础架构平台将会上线，成为英伟达公司在深度学习领域的支柱业务。英伟达公司的创始人兼CEO黄仁勋，每年也会出现在美国国际消费类电子产品展览会（International Consumer Electronics Show，简称CES）上，一如既往地身着一身黑色皮夹克，向全世界展示并讲解英伟达公司最新的科研成果及下一步动向。

资料来源：硅谷商学院微信公众号。

模块二
私募股权投资基金的分类

企业或者行业的成长周期主要划分为初创期、成长期、成熟期和衰退期。不同时期的企业对资金的需求不一样。针对不同时期的企业发展特点，就形成了不同的私募股权投资基金与企业的不同发展阶段之间的对接。私募股权投资基金就是为了更好地适应企业的成长而发展起来的。私募股权基金自诞生以来从来没有停止过发展和创新，各种类型的商业模式也不断完善和丰富。私募股权投资涵盖企业首次公开发行前各阶段的权益投资，即对处于种子期、初创期、发展期、扩展期、成熟期和 Pre - IPO 各个时期企业所进行的投资。目前私募股权投资基金的主要类型包括：创业投资基金、成长资本基金、并购基金、夹层融资基金、组合基金、房地产基金、财务困境基金、产业投资基金、定增基金等。

（一）创业投资基金（VC）

创业投资基金是私募股权基金的真正起源，又称为天使基金。目前其是私募股权基金的重要分支。创业投资基金主要投资于创业前期，由于此阶段企业的产品尚未开发出来，或者商业模式未完全成型，更糟糕的是，很多初创企业仅仅停留在幻想中，由于条件所限难以实施。所以此时的投资具有极大的风险。因此，这一阶段的筹资需求主要来源于风险资本，或者叫作天使基金。资金主要来源于 3F，即亲人（Family）、朋友（Friends）和天使投资者（Fools）。风险投资基金无须风险企业的资产抵押担保，手续相对简单。它的经营方针是在高风险中追求高收益。创业投资寄希望分散投资于多个有成长性高风险的项目，然后寻找机会卖给其他投资者以赚取高额投资收益。

天使投资者最早产生于百老汇拍戏时提供投资的投资人，因为其主要目的并非为了获得回报，故称之为天使投资人。有些学者认为天使投资还要早于创业投资，本书不作严格的区分。几乎所有的企业，特别是高科技企业在初创的时候都多多少少得到过天使投资人的资助。例如，以中国著名的高科技企业 BAT 为例，3 家企业都曾经得到过国际著名的创业投资基金经理人的资助，特别是伴随着阿里巴巴的上市，曾经支持过阿里巴巴的日本人孙正义一夜之间成了大家热议的人物。通过这个案例可以看出，创业投资基金对于企业成长的重要性。

创业投资领域的风险非常高，很难找到一个一成不变的投资策略，天使投资人大多是有钱的企业主或者机构，这个领域往往被称为富人的游戏，当然投资智慧是必不可少的。在中国，创业投资基金投资的典型行业是新能源、新材料、互联网和生物科技等。创业投资领域的经验法则是：50% 的投资会血本无归，5% 的“极成功”投资产生的收益占基金的近 80%，其余的“成功”投资所产生的收益占基金的 20% 左右。从这个经验法则可以看出，创业投资的风险非常高，因此创业投资的投资策略也是非常激进的。

一般而言，创业投资者不会满足于一般的项目，总是在寻找高回报的项目，创业投资者的投资目标是“全垒打”项目，也即 25 倍以上回报的项目。为了达到这个目标，他们会不惜一切代价去寻找那些能够成为巨型企业的项目。这些项目一般隐藏在高科技行业中，如互联网，新能源等行业。这些行业带有很强的前瞻性，并且这些行业容易形成规模效应和垄断现象，一旦“赌”对了，就会产生高额的回报，在投资初期，一般采用“撒大网”的方式进行投资。并且由于行业带有很强的前瞻性，创业投资者在投资的时候更加关注创业者自身的素质，对业务看得不是那么重要。创业者自身的创业特质更能引领创业公司成为行业的领头羊。例如，很多创业者，像马云、马化腾在创业过程中就经历了很多次失败，但是他们自身所特有的创业潜质最终引领他们走向了成功。

作为一个创业投资者要有一定的眼光，能够辨别出未来能够成为“领头羊”的企业家。马云创业初期由于在国内找不到资金投入，后来去日本找到了孙正义，只用了6分钟，孙正义就给了马云1000万美元，后来马云评价孙正义说他们之间的合作是两个“疯子”之间的合作。孙正义成功投资阿里巴巴以后，没有放弃对金钱的狂热。

2016年孙正义发起成立了软银愿景基金（Vision Fund），基金总金额达到了1000亿美元。在当时，全球其他所有风险投资基金加起来，总价值也不超过700亿美元。愿景基金的管理合伙人、总经理杰弗里·霍森伯德（Jeffrey Housenbold）说过，愿景基金的投资策略就是“制造王者”，对于他们看准的公司和领域，会毫不犹豫地出手，每次投资额都在1亿美元以上。

孙正义对投资有自己独特的逻辑。首先，商业模式必须是颠覆性的新模式；其次，这种产品或服务的市场必须足够大，用户的增长必须呈指数级增长；最后，这家公司必须有望成长为绝对的行业第一。愿景基金不会在企业的早期阶段进行投资，而且只会进行超过1亿美元规模的后期投资。在这个阶段，初创公司已经积累了足够多的实际用户数据，足以证明自己的商业模式是个成功的模式，有望成长为绝对的行业第一的公司才是愿景基金关注的投资对象。

拓展阅读

阅读材料

软银股份有限公司

软银股份有限公司是日本一家电讯与媒体领导公司，其业务包括宽带网络、固网电话、电子商务、互联网服务、网络电话、科技服务、控股、金融、媒体与市场销售等。

孙正义是1957年8月11日出生在日本的朝鲜半岛韩裔男子，他1981年在日本东京创立软银集团。2006年2月28日，其股价总额约为328亿美元。(1991年，孙正义正式成为日本人)

软银集团拥有多个不同的公司，如日本宽带公司Cable& Wireless IDC、有线电视公司BB－Serve与游戏公司GungHo Online Entertainment。另外，软银集团与多个外国公司的日本子公司都有合作关系，如Yahoo!、E * Trade与Morningstar。

2006年6月，多家媒体报道软银集团正与苹果公司共同为日本市场研发内置iPod播放器的3G手机。一年以后，iPhone面世，但由于2G网络不兼容，未在日本市场发售。其升级版iPhone 3G和iPhone 3GS，相继于2008年和2009年在日本市场推出。

在1994年，软银集团公司上市，筹集到1.4亿美元。从此，软银集团开始大步腾飞。2001年，软银集团开通Yahoo! BB业务，向日本用户提供宽带ADSL服务。2012年，软银集团在财富世界500强排行榜中排名第253位。

它主要致力于IT产业的投资包括网络和电信。已投资的公司有Yahoo!、Etrade、eloan、Verisign、ZDnet等。软银集团在2003年的总收入超过

4000 亿日元。2006 年 2 月 28 日其股价总额约为 328 亿美元。软银集团于 2004 年 5 月收购了日本第三大固网运营商日本电信，从而正式进军传统的电信业务领域，成为日本电信市场中的领军企业。

资料来源：百度百科。

在中国很多公司要经过很多轮融资才能成功上市，这是由于企业初创时期投资风险很高，投资也不可能一步到位，需要根据企业的发展来进行投资的配置，这也是对企业的一种激励和促进，是一种“时间换空间”。早期融资一般包括种子轮、天使轮、A 轮、B 轮、C 轮等。

（1）种子轮。种子轮是指项目仅仅只有一个概念，主要是靠自己的人脉进行融资。

（2）天使投资（AI）。天使投资所投的一般是初创早期的项目，公司有了产品初步的模样（原型），有了初步的商业模式，积累了一些核心用户（天使用户），甚至有些公司还没有一个完整的产品和商业计划，这个时候一般就要找天使投资人、天使投资机构了。天使投资是风险投资的一种，投入金额一般较小。投资量级一般在 100 万元到 1000 万元。最初的天使投资人简称 3F，即 Family、Friends、Fools，天使投资一般在 A 轮后退出。

（3）A 轮融资。公司产品有了成熟模样，开始正常运作一段时间并有完整详细的商业及盈利模式，在行业内拥有一定地位和口碑。此时，公司可能依旧处于亏损状态。资金来源一般是专业的风险投资机构（VC），投资量级一般在 1000 万元到 1 亿元

（4）B 轮融资。公司经过一轮烧钱后，获得较大发展，一些公司已经开始盈利。商业模式、盈利模式没有任何问题，需要推出新业务、拓展新领域，因此需要更多的资金流。资金来源大多是上一轮的风险投资机构跟投、新的风投机构和私募股权投资机构（PE），投资量级在 2 亿元以上。

（5）C 轮融资。公司已经发展到非常成熟的阶段，已经开始盈利，行业内处于领先地位，离上市不远了。这轮除了拓展新业务，也有补全商业闭环、准备上市的意图。资金来源主要是 PE，之前的 VC 也会选择跟投。投资量级在 10 亿元以上。一般 C 轮后就准备上市了，也有公司选择 D 轮融资，但不是很多。

D 轮、E 轮、F 轮等融资都是 C 轮融资的升级版。

（二）成长资本基金

所谓成长资本基金，又称为 pre - IPO，主要投资于临近上市的并处于高速成长的公司的少数股权，等到公司上市股票解禁后迅速套现的股权投资基金。成长资本基金在外国占的比例非常少，但在中国却是主流私募股权投资形式。某种程度上可以说，在中国成长资本基金就是私募股权投资。这与中国现在所处的经济阶段有很密切的联系。特别是伴随着创业板、新三板以及科创板的设立，为中小企业上市提供了更加迅速的通道，也进一步助力成长资本基金的迅速成长。

成长资本之所以在中国这么流行，主要原因有三个。

第一，中国私募股权投资的主要投资对象和美国不一样，美国主要以机构投资者为

主，而中国主要以高净值人群为代表的个人投资者为主。机构投资者相对来说更加理性，能够进行长期的投资，而个人投资者更加感性，更加青睐于短期的投资策略。而成长资本主要投资于临近上市的高速成长的企业，一方面安全性相对较高；另一方面其上市后可以迅速套现，这两个特点满足了高净值人群的需要，另外基金相对比较容易募集。

第二，中国经济的高速增长为成长资本的发展提供了大量的优质企业。美国爆发次贷危机以后，美国经济进入了缓慢增长阶段，中国则代替美国成为世界经济增长的主要发动机。中国 GDP 已经跃升为世界第 2 位，高速的发展过程带来的是更多企业的高速增长。有数据统计，在这期间全球近一半的新上市企业来自中国，而其中又有一半为成长资本支持的企业。在这期间，中国诞生了很多闻名世界的大型民企，例如，华为、蚂蚁金服、拼多多、美团等，这为投资者提供了很多优质的投资标的。

第三，中国多层次资本市场的建立为私募股权投资基金的推出提供了更多的渠道。党的十八大以后，中国进入了“大众创业，万众创新”的新时代，为了更好地支持民营企业的发展，政府进行了资本市场改革。特别是多层次资本市场的建立进一步促进了成长资本的发展。2004 年设立了中小板，2009 年设立了创业板，2019 年设立了科创板，多层次资本市场的建立进一步降低了企业的上市门槛，为更多优质企业上市提供了条件，特别是科创板重点支持具有硬核技术的高科技企业融资上市，成为中国的纳斯达克，更加有利于吸引更多优质的“独角兽”企业上市。除此之外，各个地方政府还有四版市场，即区域性的股权市场。

在资本市场上，不同的投资者与融资者都有不同的规模大小与主体特征，存在着对资本市场金融服务的不同需求。投资者与融资者对投融资金融服务的多样化需求决定了资本市场应该是一个多层次的市场经济体系。

（1）主板市场。主板市场也称为一板市场，指传统意义上的证券市场（通常指股票市场），是一个国家或地区证券发行、上市及交易的主要场所。主板市场对发行人的营业期限、股本大小、盈利水平、最低市值等方面的要求标准较高，上市企业多为大型成熟企业，具有较大的资本规模以及稳定的盈利能力。

2004 年 5 月，经国务院批准，中国证监会批复同意深圳证券交易所在主板市场内设立中小企业板块。其从资本市场架构上也从属于一板市场。

中国大陆主板市场的公司在上交所和深交所两个市场上市。主板市场是资本市场中最重要的组成部分，很大程度上能够反映经济发展状况，有“国民经济晴雨表”之称。

（2）二板市场。二板市场又称为创业板（Growth Enterprises Market，GEM），是地位次于主板市场的二级证券市场，以 NASDAQ 市场为代表，在中国特指深圳创业板。其在上市门槛、监管制度、信息披露、交易者条件、投资风险等方面和主板市场有较大区别。其目的主要是扶持中小企业，尤其是高成长性企业，为风险投资和创投企业建立正常的退出机制，为自主创新国家战略提供融资平台，为多层次的资本市场体系建设添砖加瓦。2012 年 4 月 20 日，深交所正式发布《深圳证券交易所创业板股票上市规则》（2012 年修订），并将于 2012 年 5 月 1 日起正式实施，本次修订将创业板退市制度落实到上市规则之中。

（3）三板市场。NEEQ（National Equities Exchange and Quotations）全国中小企业股

份转让系统，是经国务院批准设立的全国性证券交易场所，全国中小企业股份转让系统有限责任公司为其运营管理机构。2012 年 9 月 20 日，公司在国家工商总局注册成立，注册资本 30 亿元。上海证券交易所、深圳证券交易所、中国证券登记结算有限责任公司、上海期货交易所、中国金融期货交易所、郑州商品交易所、大连商品交易所为公司股东单位。

由于新三板市场的定位是“以机构投资者和高净值人士为参与主体，为中小微企业提供融资、交易、并购、发债等功能的股票交易场所”，因此，其市场生态、研究方法、博弈策略、生存逻辑等，都和以中小散户为参与主体的沪深股票市场有着显著的区别。

（4）四板市场：区域性股权交易市场（以下简称“区域股权市场”）是为特定区域内的企业提供股权、债券的转让和融资服务的私募市场，一般以省级为单位，由省级人民政府监管。其是我国多层次资本市场的重要组成部分，也是我国多层次资本市场建设中必不可少的部分。其对于促进企业特别是中小微企业股权交易和融资，鼓励科技创新和激活民间资本，加强对实体经济薄弱环节的支持，具有积极作用。

目前我国建成并初具规模的区域股权市场有：青海股权交易中心、天津股权交易所、齐鲁股权托管交易中心、上海股权托管交易中心、武汉股权托管交易中心、重庆股份转让系统、前海股权交易中心、广州股权交易中心、浙江股权交易中心、江苏股权交易中心、大连股权托管交易中心、海峡股权托管交易中心等十几家股权交易市场。

我国资本市场从 20 世纪 90 年代发展至今，资本市场已由场内市场和场外市场两部分构成。其中场内市场的主板（含中小板）、创业板（俗称二板）和场外市场的全国中小企业股份转让系统（俗称新三板）、区域性股权交易市场、证券公司主导的柜台市场共同组成了我国多层次的资本市场体系。

成长资本的投资理念与创业资本完全不一样，成长资本的投资理念更加简单易懂，就是投资于能在未来两到三年内具备上市条件的企业，在上市后通过二级市场迅速套现。中国企业的主要上市地点为内地的 A 股市场，包括主板、中小板、创业板和科创板。除此之外还有中国香港的主板市场以及美国的纽约市场和纳斯达克股票交易所。所以对于成长资本的投资者而言，要研究好各市场的上市标准。因此成长资本的投资理念更加关注企业稳定增长的现金流和利润增长的持续性，另外，还要制定可行的退出方案，只有这样才能成功套现。

拓展阅读

齐鲁股权托管交易中心

1. 简介

齐鲁股权托管交易中心是依据国家“蓝黄”两大经济区发展战略的政策规定，按照山东省委、山东省政府（鲁发〔2010〕10 号）“完善发展全省性股权交易市场”的战略部署，和山东省金融办“立足山东，辐射黄河中下游地区”，开展全省性股权交易市场建设试点的要求，于 2010 年 12 月正式建立的山东省非上市公司股权托管转让平台。这一平台通过组织开展非上市公司股权托管、挂牌交易，建立中小企业直接融资渠道，促进非上市公司规范运作，并通过不断地培育孵化，为更高层次资本市场输送优质上市后备资源，努力打造一个功能突出、辐射力强、具有投资价值的国内先进的区域性股权交易市场平台，为主板、中小板、创业板市场提供重要基础支撑。

齐鲁股权托管交易中心主要负责非上市股份公司股权登记托管、清算交割工作；负责为非上市股份公司股权转让交易提供支持和服务；负责为企业债券、有关基金等交易提供平台；负责市场中各相关主体的日常监督管理和信息咨询服务等工作。

2. 政策支持

(1) 2011 年 7 月，山东省金融办、中国人民银行济南分行、山东银监局、山东证监局、山东保监局 5 部门联合签发《关于开展县域金融创新发展试点工作的意见》(鲁金办发〔2011〕14 号)，明确提出“推动齐鲁股权托管交易中心发展，尽快形成立足淄博、面向全省、交易活跃、辐射力强的股权交易市场。”

(2) 2011 年 9 月，山东省委常委、常务副省长王仁元做出重要批示：“淄博股权托管中心运行两年，齐鲁股权托管交易中心也有近一年，要认真总结、完善、提升，特别在当前国家关注中小企业融资问题时，做好这件事更具有意义。”

(3) 2011 年 11 月，山东省政府发布了《关于加大金融财税支持力度促进小型微型企业持续健康发展的意见》(鲁政发〔2011〕43 号) 要求，“支持小型微型企业在齐鲁股权托管交易中心挂牌交易，搭建小型微型企业股权质押融资和转让平台。积极引导小型微型企业通过引进私募股权投资、实施股权转让、利用融资租赁工具等多种方式进行融资。”

(4) 2011 年 11 月 25 日，山东省政府发布了《关于金融支持山东半岛蓝色经济区发展的意见》(鲁政发〔2011〕50 号) 明确指出，“探索建立统一监管下的服务于蓝色经济区的股权场外交易市场，开展未上市股份公司转让试点，推动齐鲁股权托管交易中心向山东半岛蓝色经济区扩大辐射面，积极探索创新，为建设全省性股权场外交易市场积累经验。”

(5) 2012 年 3 月 31 日，姜大明省长在全省金融工作会议上着重指出，要切实搞好全省股权交易市场建设，齐鲁股权托管交易中心作为我省场外股权交易市场试点平台，在扩大企业直接融资、引导企业规范管理、孵化上市企业等方面发挥了积极作用。下一步，齐鲁股权托管交易中心要继续完善相关制度，提升管理水平，引导更多社会资本通过这一平台支持高成长型企业发展。

资料来源：齐鲁股权交易中心官网。

(三) 并购基金

并购基金是专注于对目标企业进行并购，已达到对目标公司进行控制的基金，其投资手法是通过收购目标企业股权，获得对目标企业的控制权，然后对其进行一定的重组改造，并持有一定时期后再出售。

并购基金的投资对象主要是成熟企业，由于成熟企业竞争的重点已经从技术创新发展到生产能力和销售能力的竞争，这一阶段的企业一般都会呈现整合态势，同行业的合并不断出现。行业中企业的数量不断下降，只剩下一些大型企业。这一阶段的企业的增长率已经很低，但稳定的现金流仍然可以带来稳定的收益。并购基金一般选择有稳定现金流，较低的资产负债率，拥有可以出售的资产或业务，较低的资本支出要求，有大量可用于抵押的资产的企业进行投资。

并购基金与其他类型投资的不同表现在，风险投资主要投资于创业型企业，并购基金选择的对象是成熟企业，主要包括金融、房地产、食品和制造业等。其他私募股权投资对企业控制权无兴趣，而并购基金意在获得目标企业的控制权。为了进一步提高收购公司的收益，私募股权投资一般以被投资企业的资产为抵押进行大规模举债来收购此公司，即所谓的杠杆收购。由于欧美发达国家经济增速放缓，所以并购基金是欧美私募股权的主流投资形式，而在中国，由于法律环境和经济环境因素导致并购基金还不是非常流行。

杠杆收购并没有一个严格的定义，通常意义上的杠杆收购（Leveraged Buy - out，LBO）是指举债收购，即收购主体本身拥有少量的自有资金（收购总价款的30%左右），而以债务资本为融资工具（收购总价款的70%左右），实现对目标企业的收购。同时，收购主体以目标公司资产及未来收益作为偿债资金来源，借贷利息将通过被收购公司的未来现金流来支付。即杠杆收购本质就是一种负债收购方式，即以少量的自有资金，以被收购企业的资产作抵押，筹集部分资金用于收购的一种并购活动。

杠杆收购的优势主要体现在以下几个方面：

（1）杠杆作用。其以少量的投资购得一家颇具规模的企业，并充分享受高额负债带来的杠杆作用。一般而言，收购主体相对于目标企业应属于资产实力雄厚的企业，否则收购难以实现。但是采用杠杆并购，以目标企业资产作为抵押，举债收购的情况下，融入资金与目标企业价值同比例增长，可以使“小鱼吃大鱼”成为可能。

（2）速度快。相对于其他并购融资方式，如银行借款、发行债券、定向增发、换股交易等，杠杆收购融资效率高、速度快，而且是现金收购，对于比较抢手的目标企业，可以实现“快鱼吃慢鱼”的理想效果。如山西煤改过程中，政府要求符合条件的收购主体兼并重组整合中小煤矿、控股办大矿，实现规模经营，而且规定了并购的期限，同一个目标企业有可能被多个收购主体激烈角逐，只有“快鱼”才有优势。

（3）税盾效应。《企业所得税实施条例》规定，非金融企业向金融企业借款的利息支出、金融企业的各项存款利息支出和同业拆借利息支出、企业经批准发行债券的利息支出准予扣除。被收购公司因高杠杆而支付更多的利息，可以带来更多利息避税。如果被收购方是亏损企业，还会产生亏损递延等作用。对收购方来说，被收购企业高负债可以将更多的利润留在企业，增加股东价值。

（4）改进领导力与管理水平。有些管理人员管理公司的方式（通过控制、回报等管理手段来提高个人权威）往往是以牺牲公司股东利益和公司长远优势为代价的。通过并购可以让这些管理人员或者立马出局，或者遵守“规矩”。高额利息偿付的压力，迫使管理人员不得不想方设法提高运营绩效和生产效率，头脑里紧紧绷着“债务”这根弦，他们的注意力不得不时时集中在各种提高绩效的行动上，如剥离非核心业务、缩减规模、降低成本、投资技术改造，等等。

杠杆收购也有缺点，例如，杠杆收购会导致收购方背负沉重的负债，导致资产负债率显著上升，影响收购方持续融资能力。同时如果收购以后达不到预计的协同效应，势必会累及收购方其他的业务经营。

2008 年 12 月 6 日，中国银监会印发《商业银行并购贷款风险管理指引》（银监会〔2008〕84 号），标志着中国企业可以通过从银行贷款获得资金从事收购事项。2015 年 2 月 10 日，中国银监会印发《商业银行并购贷款风险管理指引》（银监发〔2015〕5 号），自印发之日起实施。同时，2008 年中国银监会印发的《商业银行并购贷款风险管理指引》（银监发〔2008〕84 号）予以废止。

现行规定下的杠杆收购交易流程主要包括以下几个步骤：

第一阶段：杠杆收购的设计准备阶段，主要是由发起人制定收购方案，与被收购方进行谈判，进行并购的融资安排，必要时以自有资金参股目标企业，发起人通常就是企业的收购者。

第二阶段：集资阶段，并购方先行筹集自有资金，然后以准备收购的公司的资产为抵押，向银行借入并购贷款。

第三阶段：收购者以筹集到的资金购入被收购公司的期望份额的股份。

第四阶段：对并购的目标企业进行整改，以获得并购时所形成负债的现金流量，降低债务风险。

存在的问题：

（1）收购方以目标公司资产为抵押，向银行借款，实际是卖方的信用担保，需取得被收购方董事会或股东会的许可，卖方可能存在抵触心理，导致杠杆收购遇到障碍甚至失败。

（2）在现行政策下，银行最多只能发放相当于并购金额 50% 的贷款（且国内还无法发行并购债券），因而国内杠杆收购的杠杆比例最多只能放大到 2 倍，杠杆效果不明显。

解决方式：

采用信托模式下的杠杆收购。信托公司持有信托金融牌照，利用信托融资来筹集并购所需资金面临的法规政策环境相对宽松。按照《中华人民共和国信托法》《信托投资公司资金信托管理暂行办法》等法规的规定，信托公司通过发行信托计划募集资金的渠道畅通。最重要的是按照现行法律法规规定，信托公司是唯一可以持股实体企业的金融机构，这是银行、券商等都不具备的制度优势，也正是凭借这一优势，可以通过合理的结构设计，克服上述杠杆收购的最大障碍。

对于并购基金外界褒贬不一，主要的私募股权投资基金 KKR，则是杠杆收购的创始人，他们创造了美国历史上一个又一个的经典案例。

阅读材料

门口的野蛮人——KKR

KKR 集团（Kohlberg Kravis Roberts & Co. L. P.，简称 KKR），中文译名为“科尔伯格·克拉维斯”，是老牌的杠杆收购天王，金融史上最成功的产业投资机构之一，全球历史最悠久也是经验最为丰富的私募股权投资机构之一。

KKR 集团业务遍及全球，KKR 集团总部设在纽约，并在旧金山、伦敦、巴黎、香港、东京、北京等地设有多个办事处。截至 2013 年 6 月 30 日，KKR 集团管理的总资产达到 835 亿美元，其投资者包括企业养老基金、社会养老基金、金融机构、保险公司和大学捐赠基金等。KKR 集团致力于与所投资企业的管理层紧密合作，并利用其全球资源和运营专业知识，通过股权投资创造价值。

1976 年，克拉维斯（Henry Kravis）和表兄罗伯茨（George Roberts）以及他们的导师科尔博格（Jerome Kohlberg）共同创建了 KKR 公司，公司名称正源于三人姓氏的首字母。KKR 公司是以收购、重整企业为主营业务的股权投资公司，尤其擅长管理层收购。KKR 的投资者主要包括企业及公共养老金、金融机构、保险公司以及大学基金。在过去的 30 年中，KKR 累计完成了 146 项私募投资，交易总额超过了 2630 亿美元。

克拉维斯、罗伯茨表兄弟在 20 世纪 70 年代初一起进入了贝尔斯登的企业金融部。在那里他们遇到了科尔博格。他们能够熟练地利用借贷资金收购一些经营状况良好或者拥有优良资产的公司，以杠杆收购闻名世界。杠杆收购所聚集的资金，大约有 60% 来自原商业银行的贷款，仅有 10% 左右来自收购人。而剩下的 30% 最初大多来自于保险公司。但他们的资金承诺往往需要等待几个月。而后来垃圾债券的出现则进一步加快了杠杆收购的速度，促进了杠杆收购的浪潮。

20 世纪 70 年代初由于股市下滑的原因，许多公司大量出售分公司。最初没有人知道 KKR 是一家什么公司，但是到了 1981 年他们迎来了 6 笔生意为他们带来了财富。科尔博格率先认识到，如果管理层拥有公司的股票，他们将会更主动有效的管理好公司。

随着时间的流逝，科尔博格逐渐改变步步为营的策略。他最初的观念是他和合作伙伴一定要在项目中自己进行投资。更重要的是要同收购的管理层以及他们的投资者一同获利。科尔博格的最终目的就是要实现共同致富，所有人一起挣钱的多赢局面。KKR 可以通过友好合作成为管理层的盟友。公司可以收取相应的佣金，但这只是用来承担挑选适当收购候选人的成本以及帮助合作伙伴度过不能套现的非常时期。但在 20 世纪 80 年代中期科尔博格发现 KKR 公司的利益和投资者的利益已经无法统一。随着收购规模的增大，收取的佣金也随之增加。无论投资者如何，公司都能够盈利。

在 1983 年 KKR 收购了 3 家公司并且准备筹集 10 亿美元组建一个公司有史以来最大的股权投资基金。而这时候科尔博格开始头痛难忍，检查发现，他脑部长了一个良性肿瘤，但这一阶段，克拉维斯兄弟甚至很少电话联系科尔博格。当 1985 年科尔博格重返公司时，他发现这已经不是他当初参与创办的 KKR 公司了，1987 年，他退出了。

克拉维斯和罗伯茨的确十分繁忙：在 20 世纪 80 年代早期，KKR 公司的许多长期投资还未盈利，公司的资金十分紧张，新的竞争对手已经出现。

到了 1985 年，越来越多的华尔街公司开始考虑开设或者扩大自己的杠杆收购部门。而到了 1987 年杠杆收购公司在华尔街随处可见。随着竞争的加剧，以前私下同管理层谈判收购的时光不再。每一次收购 KKR 公司都必须面对投标一样的竞争。

而 1985 年它收购 Storer Communications 有线电视公司的交易价值为 24 亿美元，在投资仅为 250 万美元的情况下，KKR 公司得到了惊人的 2300 万美元管理费。但没有人站出来质疑这种收费方式的逻辑，难道处理一笔价值 30 亿美元的交易就真的要比一笔 3 亿美元的交易多耗费 9 倍的脑力吗？这一收费方式，在当时已经得到了各方面的默许。于是华尔街其他公司很快就发现了 KKR 找到了一种轻松赚大钱的方式。美林看到了杠杆收购带来的好处，1985 年迅速组建了一个 4 亿美元的基金，1 年后又投入了 15 亿美元。

既然大交易能够轻松赚到大笔的交易费用，KKR 开始专注于大型收购。KKR 最终以 82 亿美元成功收购 Beatrice。在它还没有对这家公司有任何实质性动作的时候，KKR 已经得到了 4500 万美元的管理费。摩根士丹利也不甘落后，到 1987 年已经投入了 17 亿美元的资金，而在 1989 年摩根士丹利的基金达到了 20 亿美元。雷曼兄弟也说服母公司美国运通掏出 7 亿美元，公司自身也投入了 5 亿美元。随着这些大玩家的进入，给 KKR 带来巨大的压力。它不能再像以前那样悠然自得地同那些管理层和董事谈判，轻松获得有利的价格。如今每一次收购都会出现二三家竞争对手，竞争十分激烈。

在 KKR 的收购名单中，收购烟草巨头纳贝斯科最为著名。1988 年至 1989 年的这笔大型收购轰动全美，动用资金达到 310 亿美元。这笔资金在 20 世纪 80 年代已是并购历史上的天文数字。借此一役，KKR 的知名度已经超出一家华尔街投资公司的范畴，而为全世界所瞩目。

资料来源：https：//baike. baidu. com/item/KKR% E9% 9B% 86% E5% 9B% A2/9505511？fr = aladdin。

思考：请同学们精读《门口的野蛮人》这本书，互相交流一下读后心得。

（四）夹层融资基金

“夹层”这个概念最初产生于华尔街。那时“夹层”的概念是在垃圾债券与投资级债券之间的一个债券等级，之后，逐渐演变到了公司财务中，成为了一种融资方式。夹层融资基金是指私募股权投资基金的资金来源主要是通过夹层融资的方式获得的。夹层融资是一种介于优先债务和股本之间的融资方式。

夹层资本是指在风险和回报方面，介于优先债权投资（如债券和贷款）和股本投资之间的一种投资资本形式。对于公司和股票推荐人而言，夹层投资通常提供形式非常灵活的较长期融资，这种融资的稀释程度要小于股市，并能根据特殊需求做出调整。而夹层融资的付款事宜也可以根据公司的现金流状况确定。夹层资本一般偏向于采取可转换公司债券和可转换优先股之类的金融工具。

夹层基金从2005年开始在中国萌芽，经过短时间的发展，已经形成了外资投资机构运作的专业夹层基金、全球性投资银行参与的夹层资本、国内银行参与的夹层资本以及国内专业机构运作的夹层基金共同活跃的市场局面。目前国内主要私募股权机构如鼎晖、中信产业基金、国开金融、弘毅投资等均已设立了自己的人民币夹层基金或已涉足夹层业务。

在投资工具的使用上，国际上成熟的夹层投资基金普遍使用的投资工具包括可转债、优先股、转股权等。但由于我国法律制度不完善，在目前的法律框架下，优先股、可转债并未有完善的法律法规提供系统的支持，这使我国可使用的投资工具品种相对比较匮乏。

夹层基金在挑选投资领域时除了考虑市场价值本身的因素外，重点挑选产权登记操作性强、具有较强可流转性以及价值属性高的领域，如房地产、矿产资源、基础设施、股权质押等领域。

1. 夹层基金是紧缩政策下房地产业筹集资金的重要方式

一直以来，我国房地产企业的融资渠道都比较狭窄。股权融资的门槛太高，上市的融资规模有限，宏观法律环境的变化和银行谨慎放贷导致了房地产行业的资金短缺，房地产开发企业需要求助于其他的融资渠道。夹层融资正是适合房地产项目融资的金融创新。项目处于开发阶段，不具备向银行和信托公司申请贷款时，夹层基金可以作为夹层融资进入，补充企业的资本金，为发行优先级债券和申请银行贷款提供条件。

2. 夹层基金为基础设施建设融资

我国在能源、电力、交通、水力和通信等基础设施的投资严重不足，因为政府在公共领域投资能力非常有限，目前政府积极鼓励私人资本进入大型基础设施项目，作为对政府投资能力的补充和放大，夹层基金可成为基础设施建设融资的重要资金渠道。

3. 夹层基金为矿产能源等权属可登记的资源资产抵押行业融资

矿产能源行业投资规模大，资金需求量大，行业投资回报率较高，企业能承受较高融资成本，同时企业可以深度抵押，使项目的投资安全性较好。夹层基金可投资于煤矿建设、企业获得采矿证之前，无法从银行获得抵押贷款时。

4. 夹层基金在股权质押融资领域的机会

对于银行类金融机构，监管部门还没有制定直接规范股权质押贷款的制度，股权价值难以准确评估，银行内部审批手续非常严格。在这种情况下，股权质押融资需求异常旺盛，而夹层基金能够准确评估股权价值，根据不同的融资需求，设计出灵活的产品结构，同时，资金需求方可以支付较高的融资成本，未来现金流也可预测，还本付息有保障，有较好的投资安全性，符合夹层基金的投资特点。

5. 夹层基金可成为国内并购融资的重要资金渠道

目前，国内并购融资制度并不完善。国内银行并购贷款刚刚起步，政策非常不灵活，只为持有51%以上控制权收购提供贷款，对企业债的发债主体也有着严格的限制，因此企业并购就需要通过其他方式融资，夹层基金十分适合介入到这个融资过程。从投资特点来说，并购主体一般实力都比较强，并购又具有协同效应，可以支付相对较高的融资成本。同时，并购交易可以进行股权质押，使未来的现金流可以预测，可以有效保障还本付息，大大提高了投资的安全性。

目前，国内还没有针对夹层基金的政策，但夹层基金本质属于私募股权投资基金的一种，针对机构投资私募股权基金的政策主要有：《中华人民共和国商业银行法》规定，商业银行在中华人民共和国境内不得从事信托投资和证券经营业务，不得向非自用不动产投资或者向非银行金融机构和企业投资；2010 年 9 月，中国保监会印发《保险资金投资股权暂行办法》（保监发〔2010〕79 号），首次放开保险资金投资私募基金的投资途径；2014 年 5 月，中国保监会对《保险资金运用管理暂行办法》进行了修订，中国保监会可以根据情况调整保险资金运用的投资比例，险资运用的市场化程度将继续提高。只有加强完善相关法律法规建设，在监管可控范围内，加大政策扶持，放松夹层基金的灵活性，才能推动夹层基金在中国的进一步发展。

（五）组合基金

组合基金又被称为“母基金（Fund of Fund，FOF）”，或者称为“基金中的基金”，是通过向机构和个人投资者募集资金，然后分散投资于其他私募股权投资基金的基金。世界上第一只组合基金诞生于 20 世纪 70 年代，当时的组合基金无论是募资金额还是基金数量都微不足道。与当今 FOF 有所不同的是，当时的 FOF 管理人只是与单独投资者签订委托投资协议，是具有固定投资期限且一对一的委托关系。

20 世纪 90 年代初期，伴随着大量私募资本的涌现，FOF 开始演变成为一种集合多家投资者资金的专业代理投资业务，且管理的资金规模逐渐增大。组合基金与一般的私募基金相比主要有以下特点：

1. 积少成多，散户变身机构

从基金管理的角度来看，其实大多数散户投资人都不太受到欢迎，因为其中少数人不理解投资程序和方法而一味追求短期利益，从而影响到基金经理的投资进程和发挥。因此，不少优质的 PE 基金会设立较高的投资门槛，投资一个 PE 基金往往需要上百万美元的投入。而 PE FOF 可以凝聚起所有散户成为机构投资人，聚集资金形成一定规模，由 PE FOF 代表所有散户投资者与基金管理人商谈，从而选择优质的 PE 基金。

2. 精挑细选，有效分散风险

PE 是一种高收益且风险较高的资产类别。市场上 PE 基金数量众多，也意味着投资者选择出好的 PE 基金的难度在逐渐加大。而且 PE 基金受时间、项目、地域和基金经理能力等诸多因素影响，表现参差不齐。在 PE 市场中，中小投资人由于资金规模较小，一般一次只能投资几个甚至一个 PE，而在 6 ~ 8 年的投资时间里，即便是非常优秀的 PE 基金，也会有投资失误的时候。PE FOF 则能够通过资产再组合，选择不同的 PE 基金和项目以覆盖不同的行业、地域和投资团队，来达到帮助中小投资人有效分散 PE 投资风险的目的。

3. 高效投资，专业动态管理

在当前竞争激烈的市场中，能否抓住转瞬即逝的投资机会十分关键。对于那些对某些行业不太了解但又不想错失投资良机的投资人，投资 PE FOF 是一种高效的选择。对于投资普通 PE 基金的投资人，往往在 6 ~ 8 年的投资期内只能等待基金经理的运作和投资结果，几乎没有太多的灵活性。而在 PE FOF 的投资模式下，PE FOF 管理人可以通过资产的再平衡达到控制投资、保持增值等目的。同时，管理人可以随时代表投资人和 PE 基金经理保持沟通，为其提供资本支持，管理剩余现金；并向投资人及时提供信息，做出专业报告，评估资产组合风险。

因此，组合基金一方面降低了投资者的门槛，让更多资金实力比较弱的“散户”有机会参与到股权投资的行列中；另一方面分散了私募股权投资基金的风险，但是其投资成本比较高，也往往限制了很多大投资者对它的投资。

大多数投资者都很难理解私募基金的运作，或者没有对私募基金进行专业的分析，如果直接投资 PE 基金会带来不必要的麻烦和损失。组合基金的诞生给投资者带来了很多好处。这主要体现在以下五个方面：

（1）分散风险。一般来说，组合基金把筹集到的资金分散投资到 15 ~ 25 个私募基金中，这避免了单只私募基金投资中把风险押在某一私募基金管理人身上的风险。因此，组合基金极大地降低了由于单个基金管理人操作失误所带来的风险，通过组合投资，把非系统性风险降到了最低。同时，这些 PE 投资的公司往往会超过 500 家，这使 FOF 有能力在投资阶段、时间跨度、地域、行业、投资风格等获得多样性的投资，而单只 PE，其本身的设计并不能使投资者获得如此高的多样性。通过投资组合基金，投资者可以有效地分散风险。

（2）专业知识。大多数投资者都不可能了解私募基金的所有投资知识，即使投资者拥有 PE 基金投资的某一方面知识，但是他却可能因为缺乏对其他方面的了解而丧失投资机会。一般投资者会因为知识的欠缺、经验的欠缺或者时间的欠缺，而无法对投资进行全面和完整的规划。而组合基金通常拥有私募基金投资方面全面的知识、人脉和资源。在对私募基金进行投资时，组合基金要比其他投资者更有可能做出正确的投资决策。

（3）专业人才。由于组合基金拥有相当的规模，能够吸引、留住及聘用行业内最优秀的投资人才。中小投资者很少有足够的资源来建立类似规模及品质的投资团队。如考虑到薪资、交通及其他管理成本，中小投资者使用组合基金比自行聘用和培养 PE 基金投资团队更加经济有效。

（4）专业资源。PE 基金的投资是一项专业性非常强的工作。投资对象是一个资产集合，所以在投资时，需要做尽职调查、法律架构、税务分析，既复杂又耗时。因此，在投资 PE 基金时经验非常重要。普通投资者在 PE 基金投资方面缺乏相应经验，而 FOF 是 PE 基金专业投资者，在此方面富有经验。FOF 为缺乏经验的投资者提供了 PE 基金投资的渠道。

（5）规模经济。在投资 PE 基金时，投资规模的大小常常是一个问题。投资者的资金常常太大或者太小以至于难以进行合适的投资。而 FOF 可以通过帮助投资者“扩大规模”或“缩小规模”，从而解决这一问题。

通过以上分析可以看出，组合基金不仅降低了投资的风险，还在某种程度上提高了收益。因此，组合基金有助于私募股权基金行业的进一步健康发展。组合基金是监管和自律以外，促进私募股权基金行业健康发展的第三股力量。组合基金作为专业的投资人，在私募股权基金管理人选择、有限合伙协议条款谈判等方面，都比一般投资人有优势。而母基金对私募股权基金管理人的选择标准、有限合伙协议条款的标准，都能够对私募股权基金行业起到很好的引导作用，并且有助于养老金、保险资金、大学基金会等资金更好地投资私募股权基金。国外经验表明，养老金、保险资金、大学基金会等是私募股权基金的主力投资者，而这类资金投资私募股权基金的一个重要形式是通过投资母基金间接投资私募股权基金。

（六）房地产基金

房地产私募股权基金从机构投资者处融资，投资于商业地产、住宅、厂房、物业等房地产资产。最早由房地产投资专家SamuelZell与美林合作推出，后来高盛、黑石、索罗斯、雷曼兄弟和摩根士丹利等著名机构相继加入，目前形成了很大的规模，仅次于并购基金。

特别是伴随着我国房地产行业的经久不衰，房地产私募股权投资基金在中国私募股权投资中占有相当的比例，并且利润非常丰厚，形成了中国所特有的房地产私募股权投资基金模式。房地产私募股权投资基金主要投资与房地产开发项目的股权、债权或者二者的混合。通过此种形式，房地产基金与开发商合作，共同开发相关的房地产项目。待房地产项目开发完成后，通过房地产项目的出租或者出售收回相应的资金，成功变现。特别是近几年，房地产公司的融资渠道越来越窄，使房地产基金得到快速的发展，成为中国股权投资市场上的重要力量。

在中国，房地产基金的运作模式与其在国外的运作模式有一定的差别。在美国市场，其主要投资于房地产的产权，其收益来自于房产产生的租金或出售房产得到的现金。在中国，房地产基金主要投资于房地产开发项目的股权、债权或者二者的混合。所以，房地产基金会与开发商合作，共同开发房地产项目。2016年之前，中国房地产经历了一段辉煌的发展历程，在房价高企和房地产开发企业融资渠道收窄的背景下，私募基金得到了快速的发展。

房地产投资领域的主要投资逻辑是要找到好的房地产投资项目进行投资，主要投资策略是五优投资策略。所谓五优投资策略主要是指：第一，看合作伙伴；第二，对城市的判断；第三，对项目进行筛选；第四，管理团队；第五，投资机会。具体内容将在项目八详细介绍。

（七）财务困境基金

这类基金专门投资于出现财务困境的公司，这些公司可能无力偿还所欠债务，甚至挣扎在破产的边缘。困境投资（Distressed Securities）的投资目标是那些陷入财务困境、经营困难、濒临破产，或因金融危机价值被严重“错杀”的公司。投入基金后使本来陷入困境的公司重新回到正常发展和盈利的轨道，是这类基金的核心任务，也是其获得价值增值的关键所在。

2007年，财务困境基金获得了很大的增长，这与美国宏观经济在2007年下半年因次贷危机而逐步疲软有很大关系。美国诞生了很多财务困境机构。代表性的投资机构和个人有：橡树资本、TPG、卡尔·伊坎、Seth Klarman等，其中，橡树资本有着“困境资产投资之王”的称号。

当前，中国经济正在进入一个相对漫长的下行周期，中国经济高速增长的时期已经过去，在新常态下中国经济面临着重大转型，很多垂直市场的增速会降到10%以下，一些行业甚至会出现零增长和负增长的情况。特别是中美贸易博弈，我们要做好长期的准备。这与美国孕育困境投资的时代背景几乎如出一辙，因此未来一段时期内，根植于中国国情的困境投资将会崛起，将成为我们这一代人的历史机遇。

困境投资主要分为两类：一是通过深入调研，敢于逆周期抄底，不做任何的主动管理，耐心等待公司价值被重估；二是派职业经理人去改善公司管理，如黑石、KKR等很多buyout基金。困境基金投资机会体现在三个方面。

（1）因各种原因将要陷入、已经处于财务困境或即将进行破产重组的公司，会出现价格低于价值的投资机会；当金融危机来临时，一般投资机构和普通投资者会出现恐慌情绪，抛售证券资产，此时资产价格足够便宜。

（2）传统的投资机构如银行、共同基金、保险或养老基金，因为公司章程、信托责任和监管规定不允许购买非投资级别证券，或者因为流动性缺乏而回避困境证券；个人投资者通常厌恶风险，远离损失和不确定性。

（3）一般的投资机构和个人缺乏能力应对资产估值和风险控制、重组或清算的相关法律问题，难以解决债权人和股权人之间旷日持久的讨价还价和其他矛盾纠纷。

橡树资本在困境投资机构中综合实力排名第一，他们的策略是：复苏期小心地买，危机期以对折甚至更低的价格买入债券；如果企业起死回生，债券价格回升，橡树则轻松抛掉，安稳获利；如果该企业进入破产重组阶段，他们以最大的债权人回购各类债务，引导重组，最后成为重组后新的股东和债权人。

案例导读

橡树资本：华尔街秃鹫，在“垃圾堆”中淘金

橡树资本对欠发达和非有效市场的投资标的情有独钟，涉及领域鲜有竞争压力；眼光独到，低价投资濒临破产的公司，却又往往能通过重组使之起死回生，被称为“华尔街秃鹫”。

Howard Marks本科就读于宾夕法尼亚大学沃顿商学院，专业是金融学；MBA就读于芝加哥大学，专业是会计和市场学。如今，他是一名特约金融分析师和特约投资顾问。Marks在花旗投资管理公司服务了16年，此后加入TCW，1995年与其他创始人一起组建成立橡树资本。Marks自1969年起就从事投资管理行业，是该行业的“先锋者”。

橡树资本管理公司于1995年在洛杉矶成立，它的创始人是Howard Marks、BruceKarsh、Sheldon Stone、Larry Keele、Richard Masson和Stephen Kapla。这些人都曾于20世纪80年代中期加入美国西部信用公司（TCW），并领导该公司在高收益债券、可转换债券、不良债权、本金投资以及不良资产等方面取得了不菲的“战绩”。经过近10年的“开疆扩土”，橡树资本在纽约、伦敦、东京、新加坡、斯坦福、法兰克福、卢森堡、北京和中国香港等地设立了分部，全公司共有9名主管和345位雇员。公司的9名主管及将近70名参与到公司日常运作中的主要雇员拥有超过85%的股权。

1. 运作模式：在“垃圾堆”中淘金

橡树资本对长期拥有公司不感兴趣，其目标是，通过以可观的折价购买像保险公司 Conseco 和放贷公司 Finova 这样债台高筑的公司的不良贷款，尽可能快地获取高额回报。董事长 Howard Marks 曾表示：“我们打算以 50% 的价格进行收购，你要想买到便宜的，就得到废物堆里去寻找。”

橡树资本如今已是美国不良银行贷款的最大买主，金额达到 20 亿美元，但其在资产配置方面则十分谨慎：橡树资本对任何一家公司的投资额不会超过基金总资产的 5%，而且投资还仅限于优先债务、银行贷款和债券这些拥有强大追索权的债务。截至 2002 年，橡树资本依靠谨慎策略取得了 10% 的回报，而同期标准普尔 500 种工业股票指数则下挫了 12.6%。

橡树资本经常收购陷于困境的公司 1/3 或者更多债券或银行债务，以便在公司申请破产之后赢得资产分配的先机，并且努力利用重组过程使自己得到最大份额的馅饼。而一旦目标摆脱破产的境地，橡树资本要么将自己的股份变现，要么就将股份转卖给另外一位寻求较为安全的赌注的玩家。

2. 成名案例

(1) 眼光独到、动作迅速——康萨可（Conseco）收购案。Conseco Inc 曾是一家在美国纽约证券交易所正式挂牌上市的极具实力的金融保险公司，是美国最大的人寿医疗保险公司之一，其主要业务范围遍及人寿、医疗保险、基金和资金管理、实业投资、股票证券、消费贷款等领域。自 20 世纪 90 年代末期的大型收购计划失败后，公司一蹶不振，债务总额不断累积。公司于 1998 年收购 Green Tree Financial 后，债务危机进一步加重——Green Tree 在行动和预制房屋领域的不良贷款沉重打击了 Conseco 的财务基础，后者的业务自此每况愈下。

2002 年夏天，Conseco 被纽约交易所除牌，并面临着美国证监会的调查。2002 年 12 月 18 日，总资产达 523 亿美元的 Conseco Inc 正式向法庭申请破产保护，从而成为美国第三大申请破产保护的公司。其资产总额仅次于世界通讯和安然，于破产之日总负债 512 亿美元。破产申请方案包含了母公司 Conseco Inc 以及位于明尼苏达州圣保罗的 Conseco Finance Corp 和其消费金融分公司。Conseco 的保险事业部并未包含在破产申请之中。

申请破产前，Conseco 已预先草拟了破产方案的具体条款。该公司与债券持有人达成原则协议：该公司拖欠债券持有人公共债务 25 亿美元，拖欠银行 15 亿美元。而优先股股东当时没有与公司达成协议，仍在进行谈判。

在此次破产保护案件中，Conseco 仍将维持资产的使用权，以衡量破产是否适用，因为公司保险业务不在破产申请之列。而且 Conseco 表示，在同期申请破产保护的公司中，公司债务进入适用破产的概率小于其他几家公司。

橡树资本非常强调快速回报；喜欢投资资质不错，但因决策失误造成大量坏账或即将破产的公司。而Conseco公司基本符合"猎物"的标准：虽然由于大型收购的失败以及同贷款商重组谈判的无功而返，使这家资质不错的公司濒临破产，但其优质资产保险业务未受母公司的牵连，较独立地保留了下来。发现这一"猎物"的当然不止橡树资本一家，但橡树资本介入迅速，并对Conseco保险这一盈利业务倾注了大量财力人力，使其重新焕发光彩。时至今日，Conseco已成为美国第七大保险公司。2003年11月18日，Conseco宣布，该公司9月份盈利1890万美元。这是该公司自破产以来首次公布盈利报告。该盈利使康萨可公司股票每股增长17美分，和之前处于破产状况的情形相比，公司目前已经"脱胎换骨""今非昔比"了。

（2）联手私募，谋划债权——Finova债务投资案。Finova Group Inc是一家提供中小企业金融服务的控股公司，其通过主要的子公司Finova Capital开展日常运作。该公司主要经营10万美元至3500万美元的金融与资金市场产品，包括向客户提供循环和资产标的贷款、信用及提供资金因应抵押与借款需求。

在2000年底，以巴菲特为首的Birkshire基金、橡树资本等私募基金开始陆续买进Finova公司的债权，当时它已是一家发生问题的财务金融公司，而此举又间接促成了后来的债务投资案。Finova当时约有110亿美元的债务流通在外，上述几家公司以面额2/3的价位买进了其中约13%的债权，它们预估Finova将难逃破产的命运，但确信在清算Finova之后，债权人可以收回的金额将超过当初投资的成本。Finova果然在2001年初无法清偿债务，于是橡树资本就联合Leucadia公司向Finova提出一项解决方案。

该提案经过修正后的内容为：每位债权人可以先拿到面额70%的本金（以及所有利息），剩下的30%则领取利率为7.5%的分期应付票据；而为了让Finova顺利支付这70%的本金，Leucadia跟Berkshire合组一家新公司Berkadia，由这家新公司向FleetBoston金融公司（现在的美洲银行）借了56亿美元，然后再将这笔资金转借给Finova，并由其取得Finova资产第一顺位的抵押权；Berkshire提供Berkadia借款金额90%的保证，剩下的10%则由Leucadia负责担保，Berkshire则为第二顺位的保证人。在Berkadia付给FleetBoston的利息费用与收到Finova的利息收入间有2%的差距，这2%的利差分成90%与10%由Berkshire与Leucadia分配，截至2002年底，这笔借款只剩下39亿美元未偿还。

在2001年8月10日通过的破产计划中，Berkshire同意以面额70%的价格买下Finova预备发行总额32.5亿美元利率为7.5%的分期票券中的5亿美元（在此之前，橡树资本已先收到4.268亿美元，这是橡树资本先前投资13%债权所收回的本金）。此后，由于发生了"9·11事件"，而Finova许多贷款投于飞机资产，价值大为减损，橡树资本取消了这项提案。但是，目前为止，橡树资本仍在积极运营该公司。

(3) 调整业务方向，改善资本结构——中粮船队收购案。虽同样属于重量级的私募股权投资公司，但橡树资本进入中国内地市场的时间要比凯雷晚很多。2004 年，橡树资本将目标锁定了中粮集团下属的海外运输船队。

中国粮油食品进出口（集团）有限公司（以下简称“中粮集团”）于 1952 年在北京成立，是一家集贸易、实业、金融、信息、服务和科研为一体的大型企业集团，横跨农产品、食品、酒店、地产等众多领域。1994 年以来，一直名列美国《财富》杂志全球企业；2006 年实现净利润 1.74 亿元。中粮集团业务涉及面很广，这使集团对一些非主营业务或附属资产无暇顾及，海外运输船队就是其中一部分。该船队总共只有 16 艘船，难以实现规模效应，并且主要服从于集团的调度，运营模式具有浓厚的计划经济色彩，有货就运、无货就停运，运营效率和投入产出比例较低。中粮集团高层因此产生了将船队打包外卖的想法。

橡树资本早早地发现了中粮船队的隐忧，毫不犹豫地向中粮集团发出了收购意向。2004 年底，橡树资本出价 4.2 亿美元，从中粮集团购买了这只大型船队，并以此为基础在马绍尔群岛注册了一家名为 Genco 的船运公司，船队主要运送铁矿石、煤炭、谷物和钢铁。2005 年 5 月，在橡树资本的强力运作下，Genco 在美国纳斯达克成功上市。经过近 3 年的发展，Genco 的船队规模已经增加到 20 条货船，效益也有显著增长。2007 年 2 月中旬，作为 Genco 第一大股东的橡树资本开始寻求退出。据相关媒体报道，橡树资本打算最多卖掉 400 万股 Genco 的股份，另有 60 万股可能转手给投行摩根士丹利和贝尔斯登。

在这一案例中，橡树资本对于公司增值的运作，主要体现在改变企业的经营结构和股本结构，通过把货船租给从事中美贸易的客户，改变了船队原来的业务性质。另外，由于可以提供长期的租用合同，有足够的现金流量作为保证，可以很容易地从银行获得贷款；在现金流和股本回报变得简单明了以后，公司运作上市，投资价值得到了资本市场的认可。

资料来源：洞见资本研究院。

（八）产业投资基金

产业投资基金是我国近几年出现的一种特有的基金类型，是一种官办私募股权投资基金，一般是经国务院批准，向国有企业或金融机构募资并投资于特定产业或特定地区的基金。这类基金一般由中央部委或者地方政府发起，募集规模一般在 100 亿元以上。这类基金的投资一般要符合国家的产业发展政策，医疗产业、文化产业和基础设施产业是其投资的主要方向。基础设施产业基金是产业投资基金中规模比较大、发展比较迅速的一种类型。基础设施产业基金是指专注投资于城市基础设施领域的私募投资基金。其主要在基础设施部门寻找投资机会，包括道路、机场、港口等运输基础设施和水电煤气等公用事业。

基础设施投资符合产业投资基金的投向要求，而且目前扩大基础设施投资的整体环境很好。基础设施建设具有资金需求量大、建设期长的特点，与产业投资基金中长期投资的特点相符合。而诸如高科技产业的行业资金体量不大，并不一定适合大规模的投资基金。

国内机构投资者的投资需求旺盛。以社保基金为代表的一批机构投资者，面临着结余数额越来越大，需要寻找一个风险可控、收益稳定、长期投资的渠道，以实现保值增值的要求。而由于基础设施行业资产一般质地优良，收益稳定，投资风险具有可控性，这一特点对机构投资者长期投资具有吸引力。

由于基础设施企业具有规模大、质地好、收益稳定的优势，容易满足在主板上市的要求，流动性较好，产业投资基金退出保证高。同时，从外部环境看，各地都在酝酿国有企业并购重组，集体上市，其中也不乏基础设施企业，与基金一拍即合。

（九）定增基金

虽然私募股权投资基金主要投资与未上市的公司，但也有少量的私募股权投资基金投资于已经上市的公司，主要投资与定增股票。定增基金是指参与上市公司定向增发为主的基金，即主要投资于上市公司非公开发行的股票的投资基金。PIPE（Private Investment in Public Equity）是指投资于已上市公司股份的私募股权投资，以市场价格的一定折价率购买上市公司股份以扩大公司资本的一种投资方式。PIPE 投资分为传统型和结构型两种形式。传统型 PIPE 由发行人以设定价格向 PIPE 投资人发行优先股或普通股；结构型 PIPE 则是发行可转换为普通股或者优先股的可转债。相对于二次发行等传统的融资手段，PIPE 融资成本和融资效率相对较高，监管机构的审查较少，而且不需要昂贵的路演成本，这使获得资本的成本和时间都大大降低。PIPE 比较适合一些不希望应付传统股权融资复杂程序的快速成长为中型企业的上市公司。

定向增发是指上市公司向符合条件的少数特定投资者非公开发行股份的行为，法律规定要求发行对象不得超过 10 人，发行价不得低于公告前 20 个交易市价的 90%，发行股份 12 个月内（认购后变成控股股东或拥有实际控制权的 36 个月内）不得转让。

通过以上介绍，我们可以看出私募股权投资基金为企业提供了从初创期、成长期、成熟期到衰退期的全方位的服务。企业成长的各个阶段，都会有类别不同的私募股权基金为他们提供资本及商业支持。中国很多民营企业在其发展过程中都会遭遇融资难的问题。为了支持民营企业融资，国家也正在积极推进普惠金融体系建设。普惠金融（inclusive finance）这一概念由联合国在 2005 年提出，是指以可负担的成本为有金融服务需求的社会各阶层和群体提供适当、有效的金融服务，小微企业、农民、城镇低收入人群等弱势群体是其重点服务对象。私募股权投资基金是典型的支持中小企业发展的金融机构，私募股权投资基金也在支持民营企业发展的过程当中获得了高昂的收益，可谓双赢。私募股权投资基金对企业各成长阶段的贡献见表 1-1。

表 1-1　　私募股权投资基金对企业各成长阶段的贡献

企业各成长阶段	基金类型	私募股权的贡献
初创阶段	天使投资，创业投资	（1）在企业尚未创立之前，为初始创业者的研究、开发和评估提供资助。 （2）为产品研发和起步阶段的营销提供资金支持，此时企业可能尚未开始商业化运作，因此可能没有盈利。
成长阶段	创业投资，成长资本	为已经达到盈亏平衡或正在盈利的企业扩张提供资金支持，帮助企业提高产品，开发市场，企业上市等。
成熟阶段	夹层资本，并购基金	通过收购企业的控制权来获得稳定的现金流。
衰退阶段	困境基金，并购基金	通过杠杆收购买断企业，对经理层进行更换或重组，目的是未来以更高的价格出售。

模块三 股权投资基金的参与主体

股权投资基金的参与主体主要包括基金投资者、基金管理人、基金服务机构、监管机构和行业自律组织五部分。股权投资基金投资者是基金的出资人、基金资产的所有者和基金投资回报的受益人。股权投资基金管理人是基金产品的募集者和管理者，并负责基金资产的投资运作。股权投资基金服务机构是向股权投资基金提供各类服务的机构，主要包括基金托管机构、基金销售机构、律师事务所、会计师事务所等。基金监管机构负责股权投资基金的监管工作。

一、股权投资基金的投资者

股权投资基金的投资者应当是具备相应风险识别能力和风险承担能力的合格投资者。股权投资基金的投资者主要包括个人投资者、工商企业、金融机构、社会保障基金、企业年金、社会公益基金，政府引导基金、母基金等。

按照相关法律规定，在中国股权投资基金的合格投资者是指达到规定资产规模或者收入水平，并且具备相应的风险识别能力和风险承担能力、其基金份额认购金额不低于规定限额的单位和个人。

根据中国证监会的规定，股权投资基金的合格投资者应具备相应风险识别能力和风险承担能力，投资于单只股权投资基金的金额不低于 100 万元。此外，对于单位投资者，要求其净资产不低于 1000 万元；对个人投资者，要求其金融资产不低于 300 万元或者最近 3 年个人年均收入不低于 50 万元。

上文中的金融资产包括银行存款、股票债券、基金份额、资产管理计划、银行理财产品、信托计划、保险产品、期货权益等。

以下投资者视为当然合格投资者：

（1）社会保障基金、企业年金等养老基金，慈善基金等社会公益基金。

（2）依法设立并在中国证券投资基金业协会备案的投资计划。

（3）投资于所管理基金的基金管理人及其从业人员。

（4）中国证监会和中国证券投资基金业协会规定的其他投资者。

以合伙企业契约等非法人形式通过汇集多数投资者的资金直接或者间接投资于基金的基金管理人或者基金销售机构应当穿透核查最终投资者是否为合格投资者，并合并计算投资者人数。但是符合前述第（1）、第（2）、第（4）项规定的投资者投资于股权投资基金时，不再穿透核查最终投资者是否为合格投资者和合并计算投资者人数。

二、股权投资基金的管理人

（一）股权投资基金管理人的主要职责和义务

股权投资基金管理人在基金运作中具有核心作用，基金产品的设计、基金份额的销售与备案、基金资产的管理等多由基金管理人或基金管理人选定的其他服务机构承担。股权投资基金管理人最主要的职责是按照基金合同的约定，负责基金资产的投资运作，在有效控制风险的基础上为基金投资者争取最大的投资收益。

（二）股权投资基金管理人的激励机制和分配制度

股权投资基金管理人有权获得业绩报酬。业绩报酬按投资收益的一定比例计付。常见做法是投资者在获得约定的门槛收益率后，管理人才能获得业绩报酬。

三、股权投资基金的服务机构

股权投资基金的服务机构主要包括基金托管机构、基金销售机构、律师事务所和会计师事务所等。

除基金合同另有约定外，股权投资基金应当由基金托管机构托管，基金合同约定基金不进行托管的，应当在基金合同中明确保障基金财产安全的制度措施和纠纷解决机制。

股权投资基金可以由基金管理人自行募集，也可委托基金销售机构募集。股权投资基金销售机构应当为在中国证监会注册取得基金销售业务资格并已成为中国证券投资基金业协会会员的机构。

律师事务所和会计师事务所作为专业、独立的中介服务机构，为基金提供法律和会计服务。

四、股权投资基金的监管机构

中国证券监督管理委员会及其派出机构是我国股权投资基金的监管机构，依法对股权投资基金业务活动实施监督管理。中国证监会设立私募基金监管部对私募基金进行监管，私募基金监管部的职能主要包括拟订监管私募投资基金的规则、实施细则；拟订私募投资基金合格投资者标准、信息披露规则等；负责私募投资基金的信息统计和风险监测工作；组织对私募投资基金开展监督检查；牵头负责私募投资基金风险处置工作；指导协会和会管机构开展备案和服务工作；负责私募投资基金的投资者教育保护、国际交往合作等工作。

五、行业自律组织

中国证券投资基金业协会是我国股权投资基金的自律组织，依法对股权投资基金业开展行业自律，协调行业关系，提供行业服务，促进行业发展。

中国证券投资基金业协会（以下简称“协会”）成立于2012年6月6日，是依据《中华人民共和国证券投资基金法》和《社会团体登记管理条例》，经国务院批准，在国家民政部登记的社会团体法人，是证券投资基金行业的自律性组织，接受中国证监会和国家民政部的业务指导和监督管理。根据《中华人民共和国证券投资基金法》规定，基金管理人、基金托管人应当加入协会，基金服务机构可以加入协会。

协会主要职责包括：教育和组织会员遵守有关证券投资的法律、行政法规，维护投资人合法权益；依法维护会员的合法权益，反映会员的建议和要求；制定和实施行业自律规则，监督、检查会员及其从业人员的执业行为，对违反自律规则和协会章程的，按照规定给予纪律处分；制定行业执业标准和业务规范，组织基金从业人员的从业考试、资质管理和业务培训；提供会员服务，组织行业交流，推动行业创新，开展行业宣传和投资人教育活动；对会员之间、会员与客户之间发生的基金业务纠纷进行调解；依法办理非公开募集基金的登记、备案；协会章程规定的其他职责。

协会最高权力机构为全体会员组成的会员大会，负责制定和修改章程。协会设立会员代表大会，行使选举和罢免理事、监事，审议理事会工作报告、监事会工作报告和财务报告，制定和修改会费标准等职权。会员代表大会闭会期间的执行机构为理事会。第二届理事会由50名理事组成，其中4名非会员理事，46名会员理事；监事会由12名监事组成，其中监事长1名，副监事长2名。

本章小结

1. 股权投资是指通过投资取得非上市公司的股权，以期获得经济利益的行为。股权投资与证券投资相比，由于其风险相对较高，资金募集数量相对较大，因此大多采用私募基金的方式进行募集。

2. 私募，主要是与公募相对应。私募是指在募集资金的时候，主要是针对特定人群进行募集。私募基金对客户的要求门槛比较高，一般面向风险承受能力比较强的高净值人群进行募集。

3. 私募基金主要是指私下或直接向特定群体（高净值人群）募集的资金。私募股权投资基金包括私募证券投资基金和私募股权投资基金。

4. 目前私募股权投资基金的主要类型包括：创业投资基金、成长资本基金、并购基金、夹层融资基金、组合基金、房地产基金、财务困境基金、产业投资基金、定增基金。

5. 普惠金融（inclusive finance）这一概念由联合国在2005年提出，

是指以可负担的成本为有金融服务需求的社会各阶层和群体提供适当、有效的金融服务，小微企业、农民、城镇低收入人群等弱势群体是其重点服务对象。

任务检测

一、单项选择题

1. 号称“资本之王”的私募股权投资基金是（　　）。

A. KKR　　B. 黑石集团

C. 高盛　　D. 雷曼兄弟

2. （　　）主要投向于那些不具备上市资格的中小企业和新兴企业，尤其是高新技术企业。

A. 成长资本　　B. 并购资本

C. 创业资本　　D. 夹层资本

3. FOF 是（　　）。

A. 定增基金　　B. 并购基金

C. 创业基金　　D. 组合基金

4. （　　）的盈利模式是在一级市场和二级市场上进行套利。

A. 证券投资　　B. 股权投资

C. 债券投资　　D. 期货投资

5. （　　）是私募股权基金的真正起源，又称为天使基金。

A. 定增基金　　B. 并购基金

C. 创业基金　　D. 组合基金

6. PIPE 是指（　　）。

A. 定增基金　　B. 并购基金

C. 创业基金　　D. 成长基金

7. （　　）是欧美私募股权的主流投资形式。

A. 成长基金　　B. 并购基金

C. 创业基金　　D. 组合基金

8. （　　）私募基金公司是中国知名的房地产私募基金公司。

A. 黑石集团　　B. 鼎信长城

C. 鼎晖投资　　D. 复兴资本

9. （　　）是指参与上市公司定向增发为主的基金，即主要投资于上市公司非公开发行的股票的投资基金。

A. 成长基金　　B. 并购基金

C. 创业基金　　D. 定增基金

10. （　　）基金专门投资处于财务困境的公司。

A. 成长基金　　B. 财务困境基金

C. 创业基金　　D. 定增基金

二、多项选择题

1. 私募基金包括（　　）。

A. 私募证券投资基金　　B. 债券基金
C. 货币基金　　D. 私募股权投资基金
E. 股票基金

2. 以下分析私募股权投资基金的特点错误的有（　　）。

A. 在资金募集和投资方式上，主要通过私募的方式进行
B. 多采取权益型投资方式，绝少涉及债权投资
C. 主要投资标的为非上市公司
D. 投资期限较短，属于短期投资
E. 股权投资有二级市场，流动性较好

3. 私募股权投资基金主要的类型包括（　　）。

A. 成长资本　　B. 创业资本
C. 夹层资本　　D. 并购资本
E. 房地产私募基金

4. 以下属于夹层资本范畴的有（　　）。

A. 股票　　B. 债券
C. 可转换公司债券　　D. 可转换优先股
E. 贷款

5. 房地产私募基金的五优投资策略包括（　　）。

A. 合作伙伴　　B. 城市
C. 项目　　D. 管理团队
E. 交易条件

三、判断题

1. 股权投资是指通过投资取得上市公司的股权，以期获得经济利益的行为。（　　）

2. 股权投资大多采用私募基金的方式进行募集。（　　）

3. 创业投资领域的经验法则是：50%的投资会血本无归，5%的“极成功”投资产生的收益占基金的近80%，其余的“成功”投资所产生的收益占基金的20%左右。（　　）

4. 私募股权投资一般不通过大量举债来进行公司的收购，即所谓的杠杆收购。（　　）

5. 定向增发是指上市公司向符合条件的少数特定投资者非公开发行股份的行为，规定要求发行对象不得超过10人，发行价不得低于公告前20个交易市价的90%，发行股份6个月内（认购后变成控股股东或拥有实际控制权的36个月内）不得转让。（　　）

四、简述题

1. 简述股权投资的定义。

2. 股权投资的特点有哪些？

3. 股权投资的类别有哪些？

4. 房地产私募基金的五优投资策略有哪些？

五、实训项目

请实地调研你所在的城市有哪些做股权投资业务的公司？

2 项目二 股权投资的组织结构

知识目标

1. 掌握股权投资组织架构的分类。
2. 了解公司型和信托型股权投资架构的相关知识。
3. 掌握有限合伙型股权投资架构的相关知识。
4. 能够区分各种股权投资架构的优缺点。

技能目标

能够看懂私募基金的架构以及股权投资产品的设计。

案例导入

格力借“混改”消除内耗隐患，董明珠失去制衡是否会成为新风险？

酝酿数月之后，格力“混改”终于落地，以董明珠为首的管理层借合伙人制度的特殊法律地位，通过极其复杂的交易结构设计，实现了对格力电器上市公司股东大会层面的有效控制，这意味着，格力未来最大的不确定风险——股东与管理层之间的潜在失和甚至是冲突、内讧——将在这次交易过后被彻底消除；但与此同时，格力也将完全陷入内部人高度控盘的管理层控制状态：自此以后，格力内外，再无力量可制衡“铁娘子”董明珠，这对于格力长远发展来说到底是好事还是坏事，现在还很难给出确切的答案，需要留待时间去验证。

1. 巧妙交易设计实现“管理层控制”

关于格力“混改”的细节问题，相关报道众多，此处不再累述，只做简要介绍：国内资本大鳄高瓴资本旗下的私募合伙基金珠海明骏出资

416.12 亿元从格力集团手中接盘格力电器上市公司 15% 的股权，成为格力电器的第一大股东。

对于这起交易，很多媒体将高瓴资本指认为是最终的收购人，这是不准确的，在我们看来，其实高瓴资本在很大程度上只是董明珠领导的格力管理层请来给格力电器的上层持股基金珠海明骏当基金募集人和基金管理人的，而该持股基金的实际最终决策权，则牢牢地掌握在董明珠等人手中。

我们认为，格力此次“混改”的整体交易架构设计极其复杂和精妙，绝对堪称是一次教科书式、史诗级的 MBO（ManagementBuy - Outs，管理层收购）交易，因为它将公司法赋予的合伙制、股份制两种企业制度的各自特殊法律地位利用到了极致，让董明珠以少数股东的身份，顺利实现了对格力股东大会的间接强力控制。

由于格力“混改”（或叫 MBO，同一事实，不同维度的叫法而已）的上层架构设计极其复杂，不是此处聊聊几百字就能够完整解释明白的，所以我们在此不做详细分解。但简单来说，董明珠就是通过以上基本原理来完成顶层设计的，最终在格力的持股基金珠海明骏中实现“少数派当家做主”。

2. 格力成功拆除“定时炸弹”

对于格力电器的广大中小股东而言，此次格力“混改”的最大意义在于，它成功消除了格力电器上市公司内部的最大风险隐患，避免了公司股东与管理层双边关系和潜在矛盾的进一步激化，为将来格力的正常发展创造良好的内外部条件。

3. 管理层控制风险值得警惕

尽管对于中小投资者而言，格力的此次“混改”是一项重大利好，但其中的潜在风险和不确定性仍然值得警惕，未来的格力需要长期面对的是管理层控制风险，即坊间常说的“内部人控制”风险。

借着这次“混改”，此前牢牢控制格力管理权的董明珠又将在格力股东大会层面赢得第一大股东的投票话语权，这部分的投票权占格力总股本的 15%。此外，根据此次“混改”释放的信号，董明珠领导的格力管理层未来还将有机会获得最多 4% 的公司股权激励，而这并不包括董明珠目前已经实际直接持有的格力 0.74% 的股票。与此同时，持有格力 8.91% 股票的第二大股东（不考虑深港通渠道的持股）河北京海担保投资有限公司实为由格力各路经销商组成的持股实体，凭借董明珠在格力销售体系的多年经营，透镜公司研究完全有理由相信董明珠对这部分的投票权能够施加重大影响。

朱江洪缔造了格力，并慧眼识“珠”，交棒给了董明珠，而后者则将格力带到了前所未有的高度，二者皆是格力的股肱支柱。我们一直认为，董明珠的能力与魄力毋庸置疑，这一点已经得到了充分验证，但其过于强势的个性却是一把“双刃剑”：如果她坚持的方向是对的，这是格力之大幸；而如果是错的，格力数十万股东将一起来面对潜在的后果——想当年，若不是股东大会否决了董明珠的“造车”计划，格力此时的财务表现是否依然如同今天一样惊艳？

从财务表现看，格力绝对是一家高度优秀的公司，但其业务结构和收入来源却过于单一，格力主营业务收入的95%以上来自空调业务，而格力的主要竞争对手美的和海尔的收入结构却无一例外都非常多元化，他们并不存在像格力一样的单一业务或产品依赖现象，在这种情况下，格力未来的“百年故事”（做百年企业，相信这也是董明珠的目标）该怎么讲下去，这对于董明珠来说，是一个不可回避的问题。

资料来源：新浪财经。

思考：高瓴资本会给格力带来哪些变化？

模块一　股权投资的主要组织形式

私募基金在开始进行业务之前，首先应选择好基金的组织形式和注册地。基金组织形式的选择受到很多因素的影响。由于私募基金是一个投资机构，所以税收问题是他们首先要考虑的问题。选择哪种组织形式能够很好地避税成了他们首要考虑的问题。欧美市场主要以有限合伙制为主，少量公开上市的私募股权基金不得不采取公司制形式。从我国法律制度看，我国可选用的私募股权投资基金组织形式主要有三种，即公司型、有限合伙型和信托型（契约型）。在我国，私募基金的发展还处于探索阶段，没有一个一成不变的模式。

私募股权投资基金组织形式是指基金所采用的法律确认的组织存在形式，是基金作为整体与投资人等主体发生法律关系的法律资格，是确定基金管理人与投资人关系以及基金内部运行机制的法律基础。

一、公司型

与美国不一样，我国在《中华人民共和国合伙企业法》（以下简称《合伙企业法》）实施以后，才有了有限合伙企业，在此之前只有普通合伙企业。因此在2007年之前，大多数私募股权投资基金都是公司制。像深圳创新投资集团有限公司和中国—比利时直接股权投资基金都是有名的公司制基金。

（一）公司型基金的架构

公司型股权投资基金是指用公司的形式来组织和运作而形成的私募基金。私募股权投资基金大多数采用有限责任公司的方式设立，管理者以基金公司名义对外投资，承担风险和责任。投资者购买一定的基金份额成为公司股东，有权出席股东大会，选举董事，参与公司重大决策。在公司型基金中，股东大会是最高权力机构，负责制定相关的投资决策，投资者有权对投资决策发表意见。图 2 – 1 所示为公司制基金的架构。

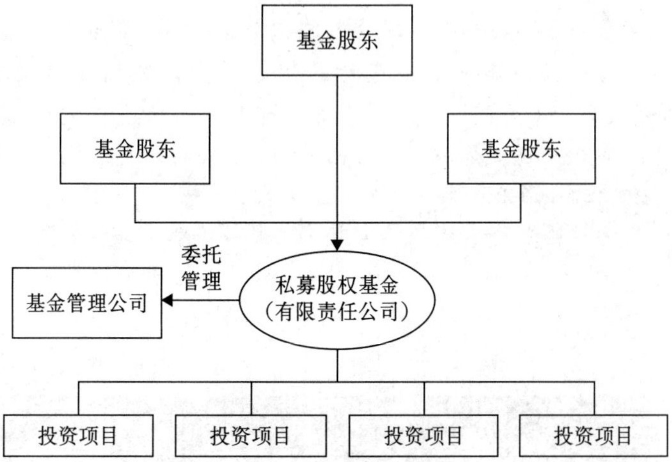

图 2 – 1　公司制基金的架构

（二）公司制基金的优缺点

公司制基金的最大优点主要体现在以下几个方面：

（1）公司制度、组织架构比较完备，可以很好地保护投资者的利益。我国有比较完备的与公司设立及管理相关的法律。在我国《公司法》是一部非常成熟的法律，是规范公司行为的基本法律，公司的设立、股东资格、公司章程、股东责任、股东权利、公司高管、公司解散、清算等事项在《公司法》中都有详尽的介绍。《公司登记管理条例》是公司设立、年检、注销必须遵循的法规。因此，公司制私募基金在设立和管理过程中没有太多的法律障碍。

（2）投资者以出资额为限承担损失，可以进行破产隔离。和普通合伙企业相比，公司都是有限责任的，在公司破产倒闭以后，股东仅仅以自己的出资额为限承担有限的责任，这一点极大地保护了投资者的利益，不会因投资失误而影响自己的正常生活。

（3）投资者可以转让公司股权而不影响基金运作。不管是有限责任公司的股权还是股份有限公司的股票，都有发达的二级市场。股份的流动性很强，这一点对于基金的稳定是至关重要的，不会因为投资者的大量退出而影响到基金的运作。投资者可以通过二级市场进行股份的转让，既实现了盈利，又提高了流动性。

公司制基金的最大缺点主要体现在以下几个方面：

（1）由于投资者是股东，会影响管理者的决策。由于公司制基金中的投资者是以股东的身份介入，其出资额相当于股份，是公司的所有者，因此他们拥有很强的决策权。投资者的非理性会影响管理者的投资决策，这对于基金的长期运作很不利。

（2）公司制私募基金的管理费用相对低廉。管理费用不是由投资者按照出资的固定比例支付给管理人，而是以管理人的工资奖金及投资相关费用的形式出现。并且受《公司法》的制约，管理团队的业绩奖励也低于行业平均水平，这便提高了投资者的收益。

(3) 公司型私募股权投资基金的最大的缺点是会出现双重征税的现象。因为作为公司制的私募股权投资基金首先要交企业所得税，按照中国现行的制度，企业所得税大约为25%，除了企业所得税还要再缴纳股东红利税大约为20%。因此公司型私募股权投资基金面临的最大问题就是合理避税的问题，合理避税不是逃税，是利用合理的规则尽量降低纳税额。从这个角度看，以投资收益为目的的私募基金采用公司型的运作方式，是非常不利于投资者获取收益的，为了进一步提高投资者的收益，必须要尽一切可能为投资者避税。

从基金管理人层面看，私募股权投资基金的收入通常包括管理费、咨询费及超额收益，所涉税负为增值税与所得税。管理费、咨询费按6%缴纳增值税，经营所得按25%缴纳企业所得税。

从投资者层面看，分为个人投资者和法人投资者，个人投资者税率20%或5%~35%，法人按25%缴纳企业所得税。

下面举一个案例进行具体的分析，例如，一个公司型的私募股权投资基金年底赚了100元投资收益，首先要缴纳企业所得税，企业所得税税率为25%，因此 $100 \times 0.25 = 25$（元），然后剩下75元钱进行分红，当投资者拿到75元钱的投资分红时，要再交20%的红利税，就是要交 $75 \times 20\% = 15$（元），投资者实际拿到手的资金只有60元。也就是企业100元钱的投资收益最后到投资者手中只有60元，40%的投资收益要以税收的形式进行上缴。

为了避免双重征税的现象，很多公司型私募股权投资基金都采用在避税天堂建立离岸公司的形式进行避税。我国很多私募基金都采用这种方式进行避税。避税天堂主要是一些国家的岛屿或者经济比较落后的地区，没有什么经济增长点，为了刺激当地的经济，采用税收优惠的方式吸引企业投资，以此来带动当地经济的发展。中国很多地方，例如，新疆、西藏就采用这种方式吸引企业过来投资，比较有代表性的如霍尔果斯，其税收政策非常优惠，很多私募股权投资基金就建立在这个地方。世界上离岸金融中心如英属维尔京群岛、开曼群岛、巴哈马群岛、百慕大群岛、塞舌尔群岛、萨摩亚群岛、马恩岛等都是所谓的避税天堂。

在外国的避税天堂建立的公司一般被称为离岸公司，所谓离岸公司，是指在公司注册地以外经营，不能在注册地经营的公司。当地政府对这类公司没有任何税收，只收取少量的年度管理费，同时，所有的国际大银行都承认这类公司，为其设立银行账号及财务运作提供方便。这类公司具有高度的保密性、减免税务负担、无外汇管制三大特点。

拓展阅读

全球5大"避税天堂"

1. 开曼群岛

开曼群岛为英国在西加勒比群岛的一块海外属地，是著名的离岸金融中心和"避税天堂"，该岛长期只征收进口税、工商登记税、旅游者税等几个简单税种，多年来从未征收过个人所得税、公司所得税、资本利得税、不动产税。

2. 百慕大群岛

百慕大群岛位于北大西洋，是自治的英国海外领地，由于该地区没有外汇管制，并严格遵守金融保密法，使它成为世界上最大的境外金融和商业中心之一。

3. 英属维尔京群岛（BVI）

该岛现为英国属地，位于大西洋与加勒比海之间，在背风群岛的北端，根据该地区的法律，在英属维尔京群岛注册的国际商业公司在全球所赚取的利润均无须向 BVI 政府缴税，并且 BVI 没有任何外汇管制，对于任何货币的流通都没有限制。

4. 海峡群岛

其位于英吉利海峡内，靠近法国诺曼底一侧，现为英皇领地。

5. 特克斯和凯科斯群岛

它是位于西印度群岛中的英属岛群。该岛没有外汇管制及海外征税、所得税、资产利得税等税收。

二、有限合伙型

有限合伙企业在中国出现比较晚，2007 年以后才在中国正式有了其法律地位，在这之前，我们所说的合伙制企业大多都是普通合伙企业，普通合伙企业要求合伙人对债务承担无限连带责任。有限合伙企业则不一样，允许只要有 1 个普通合伙人即可，普通合伙人承担无限连带责任，其他合伙人可以作为有限合伙人进行出资，承担有限责任。有限合伙企业实现了企业管理权和出资权的分离，可以集合企业管理方和资金方的优势，因而是国外私募基金的主要组织形式，我们耳熟能详的黑石集团、红杉资本都是合伙制企业。2007 年 6 月 1 日，《中华人民共和国合伙企业法》正式施行，青岛葳尔、南海创投等股权投资类有限合伙企业陆续成立，为中国私募基金和股权投资基金发展掀开了新的篇章。

（一）有限合伙型私募股权投资基金的设立

有限合伙型私募股权投资基金是根据合伙协议设立的基金。有限合伙企业由普通合伙人和有限合伙人组成，普通合伙人对合伙企业债务承担无限连带责任，有限合伙人以其认缴的出资额为限对合伙企业债务承担责任。有限合伙型基金的合伙人包括有限合伙人与普通合伙人两种。普通合伙人，一般也称管理人，以合伙企业的名义运作基金，其以部分资金和技能入伙，负责日常的经营管理，对基金承担无限责任。有限合伙人，一般也称投资人，投入资金，以其持有的基金份额为限承担有限责任，其收入主要来源于基金的利润分红，一般不参与基金的运作。

虽然多数有限合伙协议要求基金只能以股权方式投资而不能举借外债，但是基金仍可能因为违约责任或其他债务责任导致普通合伙人被清算。为了避免这一风险，基金管理人一般不直接担任普通合伙人。大多数有限合伙型私募股权投资基金典型的做法是由基金管理人先设立一个全资子公司，然后由这个全资子公司来担任普通合伙人，并且每设立一家新基金就设立一个新全新子公司或有限合伙企业作为普通合伙人。最后，再由普通合伙人与基金管理公司签订管理合同，普通合伙人通过签订协议将基金投资决策服务委托给基金管理公司。固定管理费一般会以优先利润的方式分配给普通合伙人，在有限合伙人拿回初始本金及有限收益之后，普通合伙人可以根据有限合伙协议获得管理分红。普通合伙人再将这些管理费用和管理分红支付给基金管理人。欧美的私募基金大多采用这种方式。其框架如图 2－2 所示。

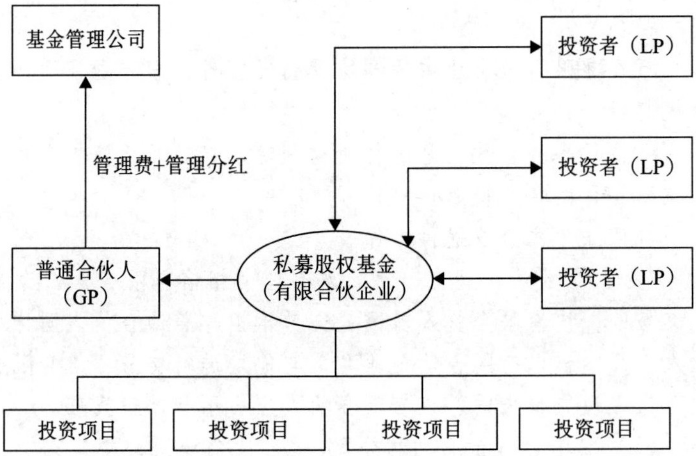

图 2－2 合伙型基金的架构

补充讲解

有限合伙企业设立的特殊规定：

(1) 有限合伙企业人数。《合伙企业法》规定，有限合伙企业由 2 个以上 50 个以下合伙人设立；但是，法律另有规定的除外。有限合伙企业至少应当有 1 个普通合伙人。按照规定，自然人、法人和其他组织可以依照法律规定设立有限合伙企业，但国有独资公司、国有企业、上市公司以及公益性的事业单位、社会团体不得成为有限合伙企业的普通合伙人。

有限合伙企业仅剩有限合伙人的，应当解散；有限合伙企业仅剩普通合伙人的，应当转为普通合伙企业。

(2) 有限合伙企业名称。有限合伙企业名称中应当标明“有限合伙”字样。

(3) 有限合伙人出资形式。《合伙企业法》规定，有限合伙人可以用货币、实物、知识产权、土地使用权或者其他财产权利作价出资。有限合伙人不得以劳务出资。

有限合伙企业事务执行的特殊规定：

(1) 有限合伙企业事务执行人。《合伙企业法》规定，有限合伙企业由普通合伙人执行合伙事务。

(2) 禁止有限合伙人执行合伙事务。《合伙企业法》规定，有限合伙人不执行合伙事务，不得对外代表有限合伙企业。有限合伙人的下列行为，不视为执行合伙事务：

①参与决定普通合伙人入伙、退伙；

②对企业的经营管理提出建议；

③参与选择承办有限合伙企业审计业务的会计师事务所；

④获取经审计的有限合伙企业财务会计报告；

⑤对涉及自身利益的情况，查阅有限合伙企业财务会计账簿等财务资料；

⑥在有限合伙企业中的利益受到侵害时，向有责任的合伙人主张权利或者提起诉讼；

⑦执行事务合伙人怠于行使权利时，督促其行使权利或者为了本企业的利益以自己的名义提起诉讼；

⑧依法为本企业提供担保。

《合伙企业法》规定，第三人有理由相信有限合伙人为普通合伙人并与其交易的，该有限合伙人对该笔交易承担与普通合伙人同样的责任。有限合伙人未经授权以有限合伙企业名义与他人进行交易，给有限合伙企业或者其他合伙人造成损失的，该有限合伙人应当承担赔偿责任。

(3) 有限合伙企业利润分配。《合伙企业法》规定，有限合伙企业不得将全部利润分配给部分合伙人；但是，合伙协议另有约定的除外。

(4) 有限合伙人权利。

①有限合伙人可以同本有限合伙企业进行交易；但是，合伙协议另有约定的除外。

②有限合伙人可以自营或者同他人合作经营与本有限合伙企业相竞争的业务；但是，合伙协议另有约定的除外。

有限合伙人不执行合伙事务，不对外代表组织，只按合伙协议比例享受利润分配，以其出资额为限对合伙的债务承担清偿责任。不同于普通合伙人需承担无限连带责任，其对企业承担着主要的投资任务，不得以劳务或信用出资。

（二）有限合伙型私募股权投资基金的优缺点

有限合伙型私募股权投资基金虽然在我国成立时间比较晚，但是一经成立就成为私募股权投资的主要形式，其内在的很多优点非常适合私募股权投资基金的运作。

1. 可以避免双重征税的现象

有限合伙企业由于不是公司，因此不用缴纳25%的企业所得税，投资人只需要缴纳20%的红利税即可。因此，与公司型私募股权投资基金相比，其极大地提高了投资人的收益，因此成为私募股权投资的主要形式。

下面举一个案例进行具体的分析，例如，一个有限合伙型的私募股权投资基金年底赚了100元投资收益，由于不需要缴纳企业所得税，可以直接给投资者100元的现金分红，当投资者拿到100元钱的投资分红时，只需要交20%的红利税，即20元（100×20%），投资者实际拿到手的资金是80元。也就是说企业100元的投资收益最后到投资者手中的收益是80元，投资收益率高达80%。而同样100元投资收益，公司型私募股权投资基金最后到投资者手中的收益是 60 元。并且有限合伙制私募股权投资基金主要采用“先分后缴”的方式进行缴税。这对于一些特殊的投资者来说可以达到免税的目的。例如，按照规定慈善基金是用于慈善事业的资金，不用缴税红利税，因此当慈善基金拿到 100 元分红后，就可以免缴分红税。而公司型私募基金采用的是代扣代缴，不管投资者是什么性质，都要提前缴纳红利税。有限合伙制私募股权投资基金让投资者有了更大的缴税自主权，提高了投资者的收益。

思考一下：企业高管的工资如何发放才能合理避税？

2. LP 和 GP 关系清晰、基金管理运作简捷高效

公司治理方面，有限合伙企业充分授权普通合伙人（GP）管理运作基金。有限合伙制中有限合伙人承担有限责任但不参与管理；普通合伙人承担无限责任且有最高决策权，这既尊重了普通合伙人的管理价值，又保护了有限合伙人的权利，使基金管理运作简捷高效。

3. 灵活有效的激励机制、决策机制

有限合伙制一般在《有限合伙协议》中会赋予普通合伙人（GP）较多的管理权限以及较丰厚的利润分配方案。在 GP 决策上，管理人对项目有相对有效的独立决策权利，在资本缴付的安排、增减资表决上手续简单，保底分成条款引起的委托理财纠纷也可以解决；就激励机制而言，20% 的利润分成通常被认为是有限合伙制企业激励普通管理人的主要方式，普通合伙人在收取一定管理费后，在将有限合伙人的资本全部收回之后，还会提取一定比例的超额收益，也就是“管理费 + 净收益”的激励模式。有限合伙企业充分授权普通合伙人管理运作基金，使普通合伙人和有限合伙人的利益紧密结合的同时，大大提升了普通合伙人的积极性。

4. 约束机制强化风险管理

普通合伙人从基金管理到投资收益其权限范围相对较高，在高效运作的同时，为控制道德风险，国内有些有限合伙企业在《有限合伙协议》中规定了有关同业竞争的条款：LP 可以与有限合伙企业进行交易，LP 可以自营或同他人合作经营与本有限合伙企业相竞争的业务，但 GP 则不能从事与基金竞争性的业务，基金投资完成 80% 以后，GP 才可以投资；同时，从约束机制来看，有限合伙制中的普通合伙人对合伙企业承担无限责任，这也是一种风险约束机制。另外，有限合伙企业一般在国内期限为 5 ~ 7 年，国外一般为 7 ~ 10 年，存续时间较短，有限合伙人如果不满意普通合伙人管理时，可在终止后选择其他普通合伙人。有限合伙企业的约束机制能有效约束普通合伙人的投资行为，使其必须做到尽职尽责。

5. 资金使用效率较高

投资人的出资实行“承诺出资”，注册时无须验资，有投资需要时普通合伙人根据《有限合伙协议》约定的比例通知所有合伙人分批注资。没有好的投资项目时，认缴的资本可以暂时不到位，而在有了好的投资项目时，可集中投入资金，从而避免资金积压，提高使用效益。但在银行融资方面，有限合伙企业存有壁垒。

有限合伙型私募股权投资基金在我国成立时间较短，其缺点主要体现在四个方面。

1. 普通合伙人诚信无法得到保证

合伙制很大程度上是事前协议约束，在后期 LP 对 GP 的管理监督也较难实现。特

别是大多数普通合伙人都是一个没有实质意义的全资子公司，在这种情况下，投资一旦失败，很难向基金管理人追溯责任。

2. 政府政策偏向，暂缓有限合伙制的发展

很多基金公司利用有限合伙企业对公司进行改造，导致出现偷税漏税的现象。为了避免这种现象，政府在政策上有“倾斜”公司制“打压”有限合伙制之嫌。

3. 相关法律法规不完善，各地及跨部委标准不一

与有限合伙制企业相配套的法律法规还不是很完备，在有限合伙型私募股权投资基金运作过程中出现的问题很难得到有效解决，这制约了有限合伙型私募基金的发展。

4. 有限合伙人有人数限制

按照我国私募股权投资基金的相关规定，合伙人的数量不能超过 50 人，因此有限合伙人最多是 49 人，这种限制不利于私募基金募集大量的资金，没有资金，就会限制投资规模，也不利于有限合伙型私募股权投资基金的发展。

高盛名字背后的一段恩怨情仇家族史

拓展阅读

成立于 1869 年的高盛，是全球历史最悠久、最有权势的投资银行之一。从当年的门面店到今天的华尔街大佬，从一间地下室一个雇员到如今上万亿美元资产的影子操控者，高盛经历了无数次风雨沉浮，走过了近一个半世纪满是荆棘的征途，终于登上全球金融的巅峰。然而在其公司名字的背后，却隐藏了一段恩怨情仇的家族史。

我们首先来看一下高盛中文名称的由来。

美国投资银行高盛（Goldman Sachs）的名称，其实是两个人的姓的组合，而中文名则选取 G、S 拼音直译，听上去颇像原有品牌，但赋予特别的含义或标志。

高盛，含“高度兴盛”之意。这是一个在中文里十分吉利的名称，是一个有助于增进品牌形象的中文名称。高盛很早就注册了中文名称，并认为面向中国市场推出本地化品牌是正确的策略。

高盛 150 多年的历史中有 100 多年是合伙人制公司，从 1998 年开始才改成股份制公众公司。在 100 多年的合伙人制公司时代，公司主要由三个家族控制和管理，即高曼家族、盛克斯家族和文伯格家族。

高盛英文名称 Goldman Sachs 就是前两个家族高曼（Goldman）和盛克斯（Sachs）的姓的组合。也就是我们接下来要讲的两大家族。

他们发家、兴盛、挫折的过程，就是一部资本主义发展史，就是华尔街的兴衰史。两个家族曾互相通婚，情同家人。后又彼此反目，视为路人。他们之间的恩怨情仇，谁是谁非，至今仍无定论。

高盛的创始人是德国移民马库斯·高曼，马库斯，德国犹太人，生于 1821 年。

其实，马库斯·高曼的原名是马克·高曼。他在 1853 年取得美国公民身份时，因移民局官员的笔误，马库斯的名字被改成马库斯·高曼。

为摆脱犹太人在德国的不佳境遇和追求美国梦，马库斯在 1848 年来到美国。刚开始，他以拉马车做流动商贩为生，赚到了一点钱，并娶了一位德国姑娘。之后，他们贷

款买了缝纫机，开设了裁缝店，成衣和衣帽的生意在不断扩大，赚到了第一桶金。随着纽约日渐成为美国的商业中心，1869 年他们举家搬迁纽约。

美国南北战争后，银行利率很高。马库斯看到了商机，开始模仿德裔银行家的经营模式，于 1869 年在纽约曼哈顿南部松树街创建马库斯·高曼公司（Marcus Goldman& Co.），开展一项小型商业票据贴现业务。

每天早晨马库斯穿上礼服式外套，带上黑色高檐礼帽，去商人集中的女儿街，从一些皮革商人和珠宝商人那里低价买入本票，然后坐马车赶往银行，将票据销售给银行，从中收取0.5 个百分点的手续费。他就用这种最不起眼的手段，经营着最不起眼的生意。虽处在了金融食物链的最末端，但通过他小商人获得了融资，银行节省了办理琐碎业务的成本，而马库斯则得到了一些辛苦佣金。

马库斯常将收购来的票据或现金藏在他的黑色高檐礼帽帽边里，当时有人戏称，银行家的财富大小可以从他的礼帽高度来衡量。他的公司也十分简陋，就在松树街一间紧靠煤矿滑道的狭窄的地下室里。

尽管如此，他对外依然自称为“银行家及经纪人马库斯·高曼”，后来公司有了一位兼职的财会人员和第一位职员。

马库斯工作勤奋，业务蒸蒸日上。几年后，马库斯一年可以完成价值 500 万美元的贸易商业票据交易。到 1890 年公司的年商业票据交易额达到 3100 万美元，1894 年上升至 6700 万美元。

高盛逐渐成为美国最大的商业票据交易商，其主导地位在超过一个世纪的时间里不可动摇。20 世纪 60 年代，高盛处理着全美国 50% 的商业票据交易。

马库斯一家的生活也幸福美满，他有两个儿子和三个女儿。从公司第一位合伙人后约 50 年里，高盛的合伙人全部是互通婚姻的高曼和盛克斯这两个家族的成员。其中，马库斯的女婿塞缪尔·盛克斯和小儿子亨利·高曼，以及他们的后代又将高盛的事业推向新的高度。

马库斯于 1900 年退休，他把高盛公司交给儿子亨利和女婿塞缪尔共同负责经营。

1904 年 7 月 20 日马库斯去世，享年 83 岁。至去世前他都是高盛的合伙人之一。他大概永远不会想到，他创建的这家简陋的公司最终成为全球投资银行界的翘楚。

资料来源：https：//www. ebrun. com/20160823/188425. shtml。

三、信托型

信托型私募股权投资基金是通过当事人之间以专门的信托契约明确各自的权利与义务而形成的私募基金。其由基金管理人以自己的名义进行经营管理，投资者仅作为受益人分享利益，无权参与基金运作的重大决策。由于基金管理人多数不具有信托牌照，因此实践中是以有牌照的信托公司作为受托人，基金管理人可以作为共同受托人或者投资顾问参与到投资决策中去。信托型私募股权投资基金的架构如图 2 -3 所示。

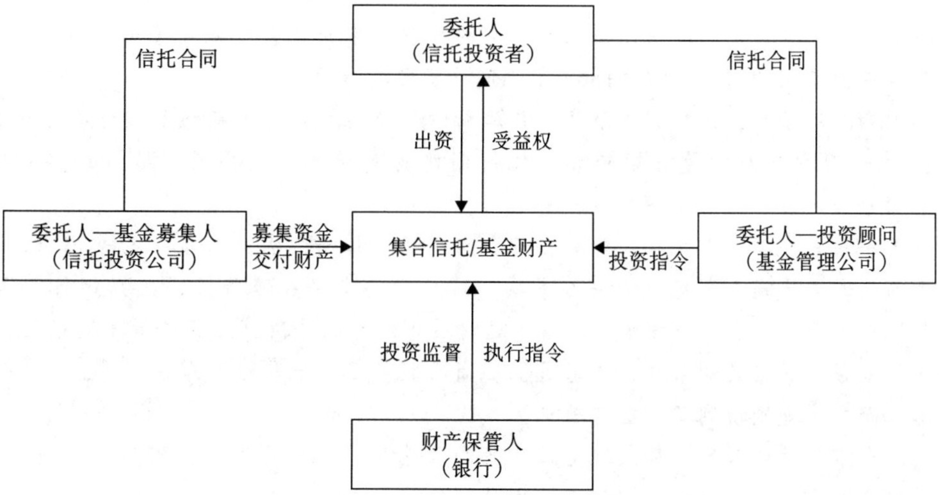

图 2－3 信托型私募股权投资基金的架构

信托型私募股权投资基金的优点和缺点都很明显。其优点主要体现在四个方面。

（1）突破人数限制。信托型私募股权投资基金的最大优点是可以突破人数的限制，投资者可以达到 200 人。这相对于有限合伙是一个很大的优势，有限合伙的人数上限为 50 人，即使是有限责任公司的公司型私募基金也有 50 人的上限限制。按照中国证监会对私募基金募集的要求，私募基金的投资人上限是 200 人，超过 200 人的募集行为需要得到中国证监会或其他监管机构的同意，否则就是非法集资。

（2）信托型私募股权投资基金也可以避免双重征税的现象。因为信托不是法人实体，所以不用缴纳公司所得税，并且也是先分后缴，投资收益是由委托人自行缴纳，这一点和有限合伙型是一样的，这里不再展开赘述。信托的税收制度在我国是比较完善的，和有限合伙型不一样，有限合伙型的合伙人税率在各地实际执行的标准并不统一。

（3）信托型私募股权投资基金可以采用优先和劣后的形式来满足投资人的不同需要。优先和劣后是指在同一款信托产品中，为了极大程度地保护大多数投资者的利益，把投资者分成了风险承担者和风险规避者。优先受益人主要是风险规避者，他们是低风险低收益，承担较小的风险，分享固定的收益，即不管投资收益如何，优先受益人都能享受到固定的收益；劣后受益人则是风险的承担者，他们是高风险高收益，承担较高的风险，分享变动的收益，即劣后受益人只能分享剩余的收益，他们的收益和风险都是无限的。这样能极大地降低私募股权投资基金的风险，提高投资者的投资积极性。

下面我们通过一个例子在来具体分析一下优先和劣后的区别：假设某只私募基金的规模为 1000 万元，基金份额也是 1000 万份，其中优先级和劣后级份额各占一半，优先级要求固定年化收益率 10%，剩余的收益或亏损均由劣后级承担。通过计算我们得知，优先投资者投资金额为 500 万元，收益率 10%，也就是说无论发生何种情况，优先投资者都能获得稳定的 50 万元投资收益。

第一种情况：倘若一年后私募基金收益率为 50%，即 500 万元，归属于优先级的收益为50万元不变，归属于劣后级的收益为450万元（500－50），年化收益率为90%（450÷500）。

第二种情况：倘若一年后私募基金收益率为5%，即50万元，归属于优先级的收益50万元不变，归属于劣后级的收益为0。

第三种情况：倘若一年后私募基金收益率为0，归属于优先级的收益50万元不变，归属于劣后级的收益为－50万元，年化收益率为－10%。

第四种情况：倘若一年后私募基金收益率为－10%，即亏损100万元，归属于优先级的收益50万元不变，归属于劣后级的收益为－150万元，年化收益率为－30%。

第五种情况：倘若一年后私募基金收益率为－50%，即亏损500万元，归属于优先级的收益为0，劣后级本金也全部亏损至0。

通过上述例子，我们可以得出以下结论：一是收益越高，劣后级的收益越是成倍增长；二是即便收益为正也有劣后级亏损的情况；三是优先级的固定收益在基金大幅亏损时也无法保证。

（4）信托型私募基金中，投资人可以隐名。按照信托法规的相关要求，信托公司作为受托人要对受益人的相关信息进行保密。这样就能极大限度地保护投资者的相关利益，能吸引更多高净值人群作为投资人投资信托型私募股权投资基金。

信托型私募股权投资基金的缺点主要体现在以下几个方面：

（1）信托型私募股权投资基金要求出资必须一次到位。这给基金管理者带来了很大的压力，如果在短期内基金管理人不能找到合适的投资项目，还要承担大额的基金收益，这就极大地降低了信托型私募股权投资基金的收益水平。

（2）信托型私募股权投资基金的基金管理者不参与基金分红，只能获得固定的基金管理费，这降低了基金管理人投资的积极性。这也导致信托型基金更适用于规模比较大的公募基金，而不适合规模较小的私募基金。私募股权投资基金由于投资者的限制，其募集的资金总量非常有限，这极大地削弱了基金管理者的积极性。

（3）信托型私募股权投资基金在被投资企业申请上市时会成为阻碍因素。由于信托型私募股权投资基金的投资者的信息是受保护的，但是相关法律规定，拟上市公司必须披露所有实际控制人，拒绝有信托持股的企业申请上市。由于这个缺陷的存在，信托型私募股权投资基金的投资范围受到了严格的限制，只能投资于不以上市为目的的公司，因此在我国，信托型私募股权投资基金主要投资于房地产领域。

以上详细介绍了我国私募股权投资基金的三种形式，但是在实践中也有部分基金采用两种或者两种以上形式互相嵌套，特别是为了突破200人的发行上限，很多房地产私募基金都采用信托型和有限合伙型嵌套的混合结构。并且在嵌套结构中，设置了优先和劣后，进一步吸引投资者投资，以此来提高募集的成功率。当然，这样的创新有一定的法律风险，这里不再展开论述，感兴趣的同学可以自己查阅相关资料进行学习。

模块二
我国私募股权投资基金组织形式比较

私募股权投资基金采取哪种组织形式，以法律的安排为前提。原则上只要不违反社会公共利益及道德和秩序就都应得到法律的尊重，受到法律的保护。此外，私募股权投资基金高风险与高收益并存的特征直接影响了私募股权基金组织形式的选择，采用何种组织形式组建私募基金是当事人之间基于投资的高风险高收益做出的利益的均衡与协调，同时，由于投资人是资金的主要提供者和风险的主要承担者，基金组织形式的选择更多的是投资人收益、成本与风险因素权衡的结果。

从比较法的角度观察，欧盟国家和亚洲国家多采用治理结构完整、便于监管的公司型，美国则采用成本低、效率高的有限合伙型。由于不同国家的法律制度和商业环境影响着本国的经济模式，所以为了深入分析我国私募股权投资基金的组织形式，我们从法律基础、投资收益、投资成本和投资风险。四个影响我国私募股权投资基金组织形式选择的主要因素展开比较探讨。

一、法律基础

公司型私募股权投资基金的法律基础主要是《公司法》《证券法》中关于股份公司与上市公司的相关法律法规，以及《创业投资企业管理暂行办法》等有关规定。其中，《公司法》是基金组织规范，《证券法》是基金发行规范，《创业投资企业管理暂行办法》等是基金行为规范。公司型私募股权投资基金是严格依据《公司法》设立的、以公司形式运作的私募股权基金。

信托型私募股权投资基金的法律基础主要有《信托法》《信托公司管理法》《信托公司集合资金信托计划管理办法》等。虽然涉及信托的法律法规比较多，但是直接规定信托型私募股权投资基金的法律法规并不多，有待于进一步实践和细化。

有限合伙型私募股权投资基金的法律基础主要是《合伙企业法》《合伙企业法登记管理办法》《国务院关于个人独资企业和合伙企业征收所得税问题的通知》等。由于我国有限合伙的立法不太健全，直接限制了有限合伙型私募股权投资基金的发展，因此需要根据股权投资基金的实践不断总结创新，以不断完善我国的有限合伙立法。

从我国现行法律法规看，《公司法》等系列法规比较齐全和完备，能有效保护公司型私募股权投资基金，而合伙型私募股权投资基金和信托型私募股权投资基金的法律基础相对薄弱，大量的法律法规及配套措施尚未健全，还存在许多空白和漏洞，因此存在一些不确定因素。

（一）基金投资者与基金管理人的基础法律关系

1. 公司型基金投资者和基金管理人的基础法律关系

公司型基金的基金份额的持有方式是成为公司的股东，即投资人通过认缴出资或认购股份成为公司股东，从而依法享有相应的股东权利，同时承担在《公司法》各条款中约定的董事、股东、高级管理人员可能的民事、行政和刑事法律责任。《公司法》规定，“公司以其全部财产对公司的债务承担责任。有限责任公司的股东以其认缴的出资额为限对公司承担责任；股份有限公司的股东以其认购的股份为限对公司承担责任。”公司型基金的组织形式体现了资合的属性，股权转让通常不对基金带来直接的影响，股权转让需符合《公司法》相关条款的规定，但限制相对较少。

作为股东的基金份额持有人对基金的投资与运营管理参与方式，主要是通过可能参与董事会以对基金的投资活动产生影响。《公司法》规定：“公司的控股股东、实际控制人、董事、监事、高级管理人员不得利用其关联关系损害公司利益。给公司造成损失的，应当承担赔偿责任。”

由于公司型基金能够建立有效的法人治理机制，加之基金管理人员的变动通常不会导致基金的解体，因此基金的稳定性较强。

2. 合伙型基金投资者和基金管理人的基础法律关系

一般而言，在有限合伙框架下，合伙型基金参与主体之间的权利义务关系比较符合股权投资业务“人合 + 资合”的特征，普通合伙人对基金可能的债务承担无限连带责任；而投资人作为有限合伙人，仅以出资构成基金投资的资金规模，对外不可以代表合伙企业，以其认缴的出资额为限对合伙企业债务承担责任。

虽然大部分采用有限合伙企业形式的股权投资基金会在合伙协议里对合伙企业的经营范围进行约定，但仍然可能因为违约责任或其他债务责任导致普通合伙人被清算，在实务中，普通合伙人通常仅以一定比例的出资参与合伙企业并执行合伙事务，而将投资项目管理和行政事务委托给管理机构，并通过一系列的协议约定：向管理机构支付管理费和分配业绩报酬。

需要强调的是，合伙企业投资管理和行政事务的委托并不因此免除普通合伙人对本合伙企业的责任和义务，本合伙企业投资资产处置的最终决策应由普通合伙人做出。

3. 契约型基金投资者和基金管理人的基础法律关系

在信托契约形式下，信托公司可以直接作为基金的投资管理人，也可以与基金管理人合作作为融资渠道，扮演资金募集人的角色，由投资顾问进行基金的投资管理。

在资产管理计划或契约型基金形式下，基金管理人是基金的直接参与主体。因此，在广义的契约型基金形式下，投资者与管理人之间是一种委托或者信托法律关系。

（二）公司型基金合同

公司型基金合同的法律形式为公司章程，需要同时符合包括《公司法》等法律法规要求的要件，适应股权投资业务，并符合行业合规和自律的要求，主要包括三个方面的内容。

1. 组织形式

主要包括：基本情况；股东出资；股东的权利义务；入股、退股及转让；股东（大）会；高级管理人员；财务会计制度；终止、解散及清算；章程的修订。

2. 股权投资业务

主要包括：投资事项；管理方式；托管事项；利润分配及亏损分担；税务承担；费

用和支出；信息披露制度。

3. 合规与自律

主要包括：声明与承诺；一致性；份额信息备份；报送披露信息。

（三）有限合伙型基金合同

在合伙型基金中，普通合伙人、有限合伙人及基金管理人通过有限合伙协议、委托管理协议等系列协议约定相关权利和责任，同时事先规范基金运作的相关事宜。

根据《合伙企业法》的规定，合伙协议应当载明：合伙企业的名称和主要经营场所的地点；合伙目的和合伙经营范围；合伙人的姓名或者名称、住所；合伙人的出资方式、数额和缴付期限；利润分配、亏损分担方式；合伙事务的执行；入伙与退伙；争议解决办法；合伙企业的解散与清算；违约责任。

对于有限合伙企业，还需载明：普通合伙人和有限合伙人的姓名或者名称、住所；执行事务合伙人应具备的条件和选择程序；执行事务合伙人权限与违约处理办法；执行事务合伙人的除名条件和更换程序；有限合伙人入伙、退伙的条件、程序以及相关责任；有限合伙人和普通合伙人相互转变程序。需要说明的是，以上事项在约定时需同时考虑相关自律规则的要求。

在股权投资业务方面，下述事项的约定也为必备内容：合伙期限；管理方式和管理费（合伙协议中应明确管理人和管理方式，并列明管理人的权限及管理费的计算和支付方式）；费用和支出（合伙协议应列明与合伙企业费用的核算和支付有关的事项，具体可以包括合伙企业费用的计提原则，承担费用的范围、计算及支付方式，应由普通合伙人承担的费用等）；财务会计制度（合伙协议应对合伙企业的记账、会计年度、审计、年度报告、查阅会计账簿的条件等事项做出约定）；利润分配及亏损分担（合伙协议应列明相关事项，具体可以包括利润分配原则及顺序、利润分配方式、亏损分担原则及顺序等）；托管事项（合伙协议应列明托管具体事项，未托管时需明确保障私募基金财产安全的制度措施和纠纷解决机制）；合伙人会议（合伙协议中需列明合伙人会议的召开条件、程序及表决方式等）；投资事项（包括投资范围、投资运作方式、投资限制、投资决策程序、关联方认定标准及关联方投资的回避制度，以及投资后对被投资企业的持续监控、投资风险防范、投资退出所投标的担保措施、举债及担保限制等）；税务承担事项（应列明合伙企业的税务承担事项）。除了前述的必备条款外，考虑股权投资业务的特殊性，合伙协议可能会包括关键人条款、投资决策委员会、投资咨询委员会等。

（四）契约型基金合同

基金管理人通过契约形式募集设立股权投资基金的，基金合同的订立即表明基金的成立。

1. 组织形式

主要包括：前言（订立基金合同的目的、依据和原则）；私募基金的基本情况；私募基金的申购赎回与转让；私募基金份额的清算、私募基金的清算；违约责任；争议的处理。

2. 股权投资业务

主要包括：基金的募集；基金的投资；当事人及其权利义务；基金的费用与税收；基金的收益分配。

3. 合规与自律

主要包括；声明与承诺；风险揭示；基金的成立与备案；信息披露与报告。

关于广义契约型基金的具体形式、信托计划和资管计划均需要符合相关监管部门制定的规章制度和相关业务指引文件的要求。

二、投资收益

投资收益的实现从某种程度上可以说是激励与约束效率的博弈，因此，激励与约束效率就成为影响投资收益并进而影响组织形式的重要因素。

从激励效率看，公司型私募股权投资基金管理人可参与基金利润分成或分得公司股份，但是分成比例一般不固定，而且要由董事会提出并经股东大会通过才可实施。有限合伙型私募股权投资基金管理人可直接参与基金利润分成，其分成比例可高达20%。信托型私募股权投资基金管理人一般不参与基金利润分成，只收取基金管理费用。因此，从激励机制的效率看，公司型与有限合伙型私募股权投资基金将管理人的收益与资金运用效率挂钩，能给予基金管理人更大的激励，效率更高，信托型私募股权投资基金效率相对较低。

从约束效率看，公司型私募股权投资基金的投资人作为股东，有权参与基金的经营管理，干预管理人的投资行为，约束效率较高，但过多的约束又会限制管理人的投资行为。有限合伙型私募股权投资基金的投资人作为有限合伙人一般不参与经营管理活动，普通合伙人要对基金债务承担无限责任。信托型私募股权投资基金的投资人一般无权干预管理人的投资行为。所以，从激励效率考虑，有限合伙型私募股权投资基金比公司型和信托型更高；从约束效率考虑，有限合伙型私募股权投资基金更高。

三、投资成本

投资成本作为投资人和管理人共同的考量因素也影响着组织形式的选择。投资成本对组织形式的影响主要体现在两个方面。

（一）基金设立的条件、程序和法律规制的完善程度

无论采取何种组织形式设立私募基金，通常都要具备法定的条件。这种条件是严格还是宽松、设立程序简便还是复杂、设立费用的高低，直接影响私募股权投资基金的组织形式。相较有限合伙型私募股权投资基金，公司型私募股权投资基金设立要求较高、程序复杂，但有限合伙型和公司型较信托型私募股权基金更完善。鉴于信托制度在中国发展不成熟的状况和曲折经历，信托型私募股权投资基金严格受到中国银保监会等部门的监管，需要履行有关审批或备案手续。

（二）税收负担

1. 公司型基金的税负分析

（1）流转税—增值税。流转税是对生产、销售商品或提供劳务过程中实现的增值

额或对规定的营利事业和经营行为以及规定的消费品或消费行为征收的税收，主要税种有增值税、消费税，统称为流转税。

在股权投资业务中，项目股息、分红收入属于股息红利所得，不属于增值税征税范围；项目退出收入如果是通过并购或回购等非上市股权转让方式退出的，也不属于增值税征税范围；若项目上市后通过二级市场退出，则需按税务机关的要求计缴增值税。

（2）所得税。根据税法的相关规定，公司型基金从符合条件的境内被投企业取得的股息红利所得，无须缴纳企业所得税；股权转让所得，按照基金企业的所得税税率缴纳企业所得税。

公司型基金的投资者作为公司股东从公司型基金获得的分配是公司税后利润的分配，因此，对于公司型投资者来说，以股息红利形式获得分配时，根据现行税法的相关规定，不再缴纳所得税，故不存在双重征税；自然人投资者需就分配缴纳股息红利所得税并由基金代扣代缴，因而需承担双重征税（公司所得税与个人所得税）。

2. 合伙型基金的税负分析

（1）流转税—增值税。合伙企业层面的项目股息、分红收入属于股息红利所得，不属于增值税征税范围；项目退出收入如果是通过并购或回购等非上市股权转让方式退出的，也不属于增值税征税范围；若项目上市后通过二级市场退出，则需按税务监管机关的要求计缴增值税。普通合伙人或基金管理人作为收取管理费及业绩报酬的主体时需按照适用税率计缴增值税和相关附加税费。

（2）所得税。根据《合伙企业法》等相关规定，合伙企业生产经营所得和其他所得采取“先分后税”的原则。合伙企业合伙人是自然人的，缴纳个人所得税；合伙人是法人和其他组织的，缴纳企业所得税。

合伙型基金的投资者作为有限合伙人，收入主要为两类：股息红利和股权转让所得。根据相关法律规定，如果有限合伙人为自然人，两类收入均按照投资者个人的“生产、经营所得”，适用现5%~35%的超额累进税率，计缴个人所得税；如果有限合伙人为公司，两类收入均作为企业所得税应税收入，计缴企业所得税。在实务中，有限合伙型基金通常根据税法的相关规定，由基金代扣代缴自然人投资者的个人所得税。

合伙型基金的普通合伙人通常情况下为公司法人，如果普通合伙人同时担任基金管理人，其收入大致包括两类：按投资额分得股息红利和股权转让所得、基金的管理费和业绩报酬，按照税务机关的规定，均应作为企业所得税应税收入，计缴企业所得税。如果普通合伙人本身为有限合伙企业，则同样按照“先分后税”的原则，在合伙制普通合伙人层面不缴纳企业所得税，需再往下一层由每一位合伙人作为纳税义务人。

3. 契约型基金的税负分析

《证券投资基金法》规定，基金财产投资的相关税收，由基金份额持有人承担，基金管理人或者其他扣缴义务人按照国家有关税收征收的规定代扣代缴，但进行股权投资业务的契约型股权投资基金的税收政策有待进一步明确。《信托法》及相关部门规章中并没有涉及信托产品的税收处理问题，税务机构目前也尚未出台关于信托税收的统一规定。

实务中，信托计划、资管计划以及契约型基金通常均不作为课税主体，也无代扣代缴个税的法定义务，由投资者自行缴纳相应税收。中国证券投资基金业协会要求私募基金管理人需通过私募投资基金风险揭示书等，对契约型基金的税收风险进行提示。

四、投资风险

投资者追求收益，但同时也会考虑投资失败的风险。有限合伙型私募股权投资基金的管理人要对合伙企业的债务承担无限责任，这样管理人的风险与基金的命运紧密相连，管理人出于自身的风险考虑也会努力经营以降低投资失败的风险。而公司型私募股权投资基金的管理人作为公司的股东，以其出资额为限对公司的债务承担有限责任，避免投资失败风险的积极性比有限合伙型私募股权投资基金要低，信托型私募股权基金的管理人一般不参与基金的利润分成，只收取基金管理费用，其降低投资失败风险的诉求更低一些。

拓展阅读

模块三
股权基金投资业务流程

PE 基金的运作流程可以细分为四个环节：募资、投资、管理、退出。

一、募资：基金设立

募资的主要任务是资金募集和注册基金。PE 的资金来源广泛而复杂，在国外 PE 资金主要包括养老金、保险基金、捐赠基金、大公司、金融机构的投资、富裕个人资金，甚至是政府资金、基金中的基金等。

二、投资：投资项目

PE 在筹足资金成立后，即进入投资阶段。其主要任务是寻找项目、筛选项目和做出投资决策。他们先从投资银行、经纪人、投资顾问、律师和会计师等处获得投资信息，然后进行尽职调查，根据对创业者的素质、市场前景、产品技术、公司管理等方面的判断，选择认为可靠的目标企业，确定投资类型、投资规模、投资策略、投资阶段，并与被投资企业就股份分配、绩效评价、董事会席位分配等达成投资协议，然后进行投资，最后真正能够得到 PE 资本支持的项目仅在 1% 左右。

股权投资阶段可以分为天使轮、A 轮、B 轮、C 轮、D 轮、Pre - IPO，一般我们会把 B 轮之前的叫作 VC（风险投资），B 轮之后的叫作 PE（私募股权投资），广义上的 PE 包含 VC。

（一）早期阶段

核心是找到行业痛点，单兵突破，兵贵精干，用好企业最强项，其实就是创始人的强项。要坚定信念，管理上不要在乎是否规范精细，活下去是第一目标；运营上先做好一个产品，获取种子客户。对应的投资阶段，可以是种子轮、天使轮、A 轮，投资机构希望在 3 ~5 年里至少有 10 倍的回报。

（二）成长阶段

核心是效率，兵贵神速。这个阶段需要快速决策、快速执行，构建竞争优势，要把竞争对手拉到你擅长的优势里去竞争，不要被拉到他擅长的领域里，需要在变化中建立起与众不同的商业模式，管理开始从人治走到法治。对应投资阶段是 A 轮、B 轮，投资机构希望在 3 ~5 年里至少有 5 倍的回报。

（三）扩张阶段

核心是运营。团队规模扩大，业务量剧增，精细化管理变得很重要，要建立适合自身发展的运营管理体系，抓住关键点，放大优势，补齐短板，规范股权和财务。对应的投资阶段是 B 轮、C 轮，投资机构希望在 2 ~3 年里至少有 2 ~5 倍的回报。

（四）成熟阶段

核心是资本。这个阶段企业要把构建商业壁垒作为重要的战略，有序高效的精益化管理是基本能力，对大多数企业来说，可能需要通过投资手段整合产业资源，并购竞争对手或者上下游伙伴，这个阶段对资金的需求很大。对应的投资阶段是 C 轮、D 轮，投资机构希望在 2 ~3 年里至少有 2 ~3 倍的回报。

PE 与 VC 的相同点：都是对非上市企业进行的权益性投资，最后通过上市、并购或主要股东回购的方式出售股份获利。不同点主要是投资阶段的不同，不同投资阶段对应的风险不同，投资理念也不同。决策的依据也不同。简单来说，天使轮主要看人，A 轮主要看产品，B 轮主要看数据，C 轮主要看收入，D 轮主要看利润。

通过以上分析可以看出，VC 和 PE 的区别如下：

VC 投资，参与的是企业的 A 轮、B 轮等早期发展阶段，企业刚刚度过了危险时期，有了一定的基础，VC 机构进来可以让企业更有信心，为加速发展做准备。早期项目要关注的是行业市场的爆发力、产品技术创新的领先性、是否具有规模复制的可行性，以及核心创始人的能力。对 VC 机构的考验，宏观是对社会发展变革、历史演进、技术迭代和应用趋势的洞察力，微观是对行业特性、市场未来发展趋势和产品竞争力的理解和判断。

PE 投资，企业在扩张期，已经相对比较成熟，风险相对来说少一些，这个时期 PE 资金进来，更多的是帮助企业扩张并冲刺上市。PE 机构更关注财务数据的规范性、现金流状况、业绩稳定性、上市可能性、估值的合理性以及各种极限环境下的损失测算，相对来说，PE 机构失败率较低，但是暴富的可能性也比较少。

概括来说，早期投资重行业，中后期投资重财务；早期投资拼判断，中后期投资拼资源。

三、管理：投后管理

管理的主要任务是对签订投资协议的项目进行投后风险控制及提供投后增值服务。不同 PE 基金对于企业投资后的管理要求有区别，多数 PE 不干预企业的日常经营管理，只是在企业决策时积极出谋划策。基金公司一般会指派专门的股权管理负责人入驻企业的董事会，并要求企业董事会不能过于庞大，以免基金公司无法对企业发展做出决策。PE 基金与企业会签订对赌协议（又称估值调整协议）、反稀释条款（后进投资人不能稀释之前投资人的股权）、优先清偿条款（企业管理人不得先于基金公司退出企业）等。

四、退出：投资退出

退出的主要任务是对已经投资的项目选择合适的渠道及合适的时间转让所持项目股份。PE 投资一个重要的特征是基金都是有存续期限的，存续期满基金就会解散，投资者应得到支付。因此，在投资伊始 PE 就开始考虑套现退出的问题。一般而言，PE 投资的退出方式有：境内外资本市场公开上市、股权转让以及将目标企业分拆出售、清算。

拓展阅读

4 轮融资超过 5 亿元，B 站已悄然上市

2017 年 10 月 10 日，各大媒体都在报道 B 站即将 IPO 的消息，援引彭博社消息称，中国视频弹幕网站哔哩哔哩（Bilibili，简称 B 站）计划在美国进行 IPO，将筹资至少 2 亿美元。

但是私募君翻阅一些资料后发现，正在创业的 B 站，简直就像一家投资机构。如果用投资行业的专业词汇严格来定义的话，它就像一家 VC。

我们可以发现，B 站参与的投资多以 A 轮和天使轮为主，这和某些投资机构的早期投资定位十分类似。

如果非要在中国的 VC 圈里找几家企业对标的话，那么就是创新工场、联想之星以及徐小平旗下的真格基金，只不过 B 站针对的细分领域是文化娱乐。

在投资额度方面，除了一些模糊的“数千万元”“数百万元”之外，我们还可以看到 5 家有确切投资额度的案子，三文娱——1000 万元；MUTA 优他动漫——1000 万元；上海灼焰科技——1000 万元；那年那兔那些事儿——2000 万元；喵斯拉 MissEvan（M 站）——1400 万元。

这 5 家初创企业都拿到了 B 站的投资，总额度达到了 6400 万元。加上刚才提到的那些模糊的“数千万元”“数百万元”对外投资案例，保守估计，B 站的对外总投资额度可能超过 1 亿元。

融资 5 亿元，拿出超过 1 亿元对外投资。我们不否认 B 站是一家创业公司，但从商业模式上看，B 站确实更像一家投资机构。而像腾讯、IDG、掌趣科技等投资方，就是他的 LP。

区别在于，B 站不收取 2% 的管理费，如果没有签署限定 IPO 期限或类似对赌条款的话，那么它也没有“基金”存续期的限制。这种模式比普通 PE/VC 等 GP 机构更加灵活。

可以统计到的是，成立至今，B站累计完成了4轮融资，总融资额超过了5亿元。

B站的投资方阵容非常强大，有BAT中的腾讯，还有在文化领域的投资一哥华人文化产业基金，更有看成“中国VC双壁”之一的IDG资本，还有在游戏领域数得上名的产业资本——掌趣科技。

在日新月异的中国创投圈子里，B站从2013年10月中旬到2015年11月上旬近2年的时间里，拿到了4轮融资，总融资额超过5亿元。

轮次：D轮

融资时间：2015年11月10日

融资金额：亿元及以上

投资方：腾讯、华人文化产业基金、H Capital、正心谷创新资本

轮次：C轮

融资时间：2015年8月27日

融资金额：1223万元

投资方：掌趣科技

轮次：B轮

融资时间：2014年10月14日

融资金额：数千万美元

投资方：IDG资本、通天顺

轮次：A轮

融资时间：2013年10月17日

融资金额：数百万美元

投资方：IDG资本

我们还发现，B站距今最近的一轮融资是在2015年，也就是已经过去了2年。从2015年11月上旬到2017年国庆节近2年的时间里，B站再未公布任何的融资进展，直到国庆节之后，传出了IPO计划。

不过，知情人士称，B站此次IPO规模和上市具体时间可能会有所变化。

补充资料：

目前B站活跃用户超过1.5亿人，每天视频播放量超过1亿次，弹幕总量超过14亿，原创投稿总数超过1000万，用户平均年龄17岁，75%的用户年龄在24岁以下。

资料显示，哔哩哔哩弹幕网创始人徐逸，16岁考入北京邮电大学，2009年毕业后，她创办了弹幕网站MikuFans。2010年，徐逸辞职，全职投入哔哩哔哩创业。

B站现任董事长为陈睿，其本人是猎豹移动创始人，后投资B站，并从2014年开始担任B站董事长。陈睿曾公开表示，B站还没有实现盈利。

通过对接资本市场以解决日益紧张的资金困境，可能也是视频网站的无奈之举。

数据引用：IT桔子。

资料来源：中国私募股权投资。

本章小结

1. 私募股权投资基金组织形式是指基金所采用的法律确认的组织存在形式，是基金作为整体与投资人等主体发生法律关系的法律资格，是确定基金管理人与投资人关系以及基金内部运行机制的法律基础。现有的私募股权投资基金按组织形式划分主要三种，即公司型、信托型（契约型）、有限合伙型。

2. 有限合伙型私募股权投资基金是根据合伙协议设立的基金。有限合伙企业由普通合伙人和有限合伙人组成，普通合伙人对合伙企业债务承担无限连带责任，有限合伙人以其认缴的出资额为限对合伙企业债务承担责任。有限合伙型基金的合伙人包括有限合伙人与普通合伙人两种。

3. 普通合伙人，一般也称管理人，以合伙企业的名义运作基金，其以部分资金和技能入伙，负责日常的经营管理，对基金承担无限责任。有限合伙人，一般也称投资人，投入资金，以其持有的基金份额为限承担有限责任，其收入主要来源于基金的利润分红，一般不参与基金的运作。

4. PE 基金的运作流程可以细分为四个环节：募资、投资、管理、退出。

任务检测

一、单项选择题

1. PE 投资机构多采取（　　），这种企业组织形式有很好的投资管理效率，并避免了双重征税的弊端。

A. 公司制　　B. 无限合伙制

C. 有限合伙制　　D. 信托制

2. 有限合伙型私募股权投资基金的法律基础主要是（　　）。

A.《合伙企业法》　　B.《公司法》

C.《信托法》　　D.《民法典》

3. 以下 PE 的结构中，（　　）对基金管理人的激励效率最好（　　）。

A. 公司型　　B. 有限合伙型

C. 信托型　　D. 以上三者都一样

4. 以下 PE 的结构中，（　　）对基金管理人的约束效率最高（　　）。

A. 公司型　　B. 有限合伙型

C. 信托型　　D. 以上三者都一样

5. 在有限合伙制的私募基金中，投资人的角色是（　　）。

A. GP　　B. LP

C. 股东　　D. 以上三者都不是

6. 在有限合伙制的私募基金中，基金管理人的角色是（　　）。

A. GP　　B. LP

C. 股东　　D. 以上三者都不是

7.《合伙企业法》规定，有限合伙企业由 2 个以上（　　）个以下合伙人设立。

A. 40　　B. 50

C. 60　　D. 100

8.（　　）私募股权投资基金是通过当事人之间以专门的信托契约明确各自的权利与义务而形成的私募基金。

A. 信托型　　B. 有限合伙

C. 无限合伙　　D. 公司型

9. 信托型投资基金的优点是可以突破人数的限制，投资者可以达到（　　）人。

A. 100　　B. 150

C. 200　　D. 250

二、多项选择题

1. 公司型私募股权投资基金的法律基础主要有（　　）。

A.《信托法》　　B.《证券法》

C.《合伙企业法》　　D.《公司法》

E.《民法典》

2. 公司型股权投资基金面临双重征税的问题，需要缴纳（　　）。

A. 营业税　　B. 增值税

C. 企业所得税　　D. 红利税

E. 消费税

3. 私募股权投资基金按组织形式划分为（　　）。

A. 公司型　　B. 信托型

C. 无限合伙型　　D. 有限合伙型

E. 夹层资本型

4. PE 基金的运作流程可以细分为（　　）四个环节。

A. 募集　　B. 投资

C. 投机　　D. 管理

E. 退出

5. PE 在筹足资金成立后，即进入投资阶段，该阶段的主要任务有（　　）。

A. 寻找项目　　B. 募集资金

C. 寻找投资人　　D. 筛选项目

E. 投资决策

三、判断题

1. 相较公司型私募股权投资基金，有限合伙型私募股权投资基金设

立要求较高、程序复杂。 ( )

2. 信托型私募股权投资有双重征税的问题。 ( )

3. 在有限合伙型的股权投资架构中，GP只能有一个，承担无限连带责任。 ( )

4. 有限合伙企业名称中应当标明“有限合伙”字样。 ( )

5.《合伙企业法》规定，有限合伙人可以用货币、实物、知识产权、土地使用权、劳务或者其他财产权利作价出资。 ( )

四、简述题

1. 私募股权投资的三种架构是什么？

2. 有限合伙型私募股权投资基金的优缺点有哪些？

3. 公司型私募股权投资基金的优缺点有哪些？

4. 信托型私募股权投资基金的优缺点有哪些？

五、实训项目

请在网上搜集一些股权投资的成功案例，深度挖掘和剖析股权投资的运作流程，和大家分享你的收获。

3 项目三 基金募集

知识目标

1. 掌握基金募集的筹资对象的种类。
2. 掌握基金募集的筹资渠道。
3. 掌握基金募集的募集要领。

技能目标

能够熟练利用所学知识进行资金募集。

案例导入

前海人寿的“前世今生”：万能险曾是“杀手锏”

前海人寿保险股份有限公司（以下简称“前海人寿”）于2012年获得保监会批准在深圳前海蛇口自贸区成立，经营范围为经保监会核准的人身保险、健康保险、意外伤害保险等各类人身险以及上述业务的再保险业务，初始注册资本为10亿元，目前股东为5家，董事长和法人代表均为姚振华。

4年间，前海人寿注册资本从10亿元增至85亿元，总资产从17亿元增至2000亿元。

据《中国经周刊》记者了解，钜盛华的控股股东为深圳市宝能投资集团有限公司（下称“宝能集团”），其持有钜盛华股权的77.03%，而姚振华持有宝能集团100%股权，间接持有前海人寿39.28%的股权，而姚振华通过宝能集团及宝能控股（中国）有限公司（以下简称“宝能控股”）控制下属核心企业多达49家，其中宝能集团旗下18家，宝能控股旗下31家。

成立仅4年的前海人寿属于保险业的一名新兵，但这只“初生牛犊”

的成长速度异常迅猛。首先是保费收入快速增长，前海人寿成立第2年，规模保费便突破百亿元大关，达到143.1亿元，其规模保费在随后经历2年超过100%的增幅后，在75家人身险企中排名高居第11位。仅2016年上半年，其规模保费就已达到594亿元。

随着前海人寿规模保费的迅速增长，其资产规模也不断膨胀。《中国经济周刊》记者查询其公告信息获悉，截至2016年一季度，其总资产已超过2000亿元，而2012年时，这一数字仅为17.3亿元。

伴随着前海人寿规模保费和总资产的迅速增长，其分支机构也迅猛扩张。公开资料显示，前海人寿成立伊始，便以月均开设一到两家分支机构的速度，快速在广东省内“跑马圈地”。2014年5月12日，前海人寿上海分公司开业，迈出了其在广东省外扩张的第一步。记者查询前海人寿官网发现，截至2016年12月14日，前海人寿总计开设分支机构34家，其中广东省内21家，广东省外13家。

万能险：“野蛮生长”的“杀手锏”。

一位保险业内人士分析，前海人寿在“大跃进”式高速增长和扩张的背后，运用了非常规的激进手段，采用高额手续费、高薪挖角等方式拓展业务，其高管跳槽频繁，4年更换了孙伟光、傅杰和刘宇峰3任总经理，总规模保费的九成严重依赖于高现金价值保险，即万能险和某些分红险，存在极大的风险隐患。

记者查询发现，2015年，在万能险等新险种推动下，前海人寿的保费收入继续狂飙突进式猛增，但其退保金规模也开始大幅攀升，全年总计退保金额高达14.37亿元，是此前3年退保金额总和的4.76倍。2016年前9个月，前海人寿共计退保金额62.9亿元，在同期保费收入中占比高达7.8%，远高于同时期的华夏人寿等同类型险企，退保金额更是相当于其2012年至2015年退保金额总和的3.6倍。

前海人寿自2012年成立以来，万能险保费一度占据规模保费90%以上。前海人寿主要与中行、农行、工行、建行、交行和邮储等传统银行合作推出多款万能险产品，前海人寿披露的月度万能险结算利率公告显示，它共有四五十款万能险产品在售，其中有20多款万能险的年利率超过6.0%，有的万能险结算利率甚至高达7.45%，高昂的结算利率也推高了其运营成本。

有知情人士透露，前海人寿主营的万能险，在银行渠道销售占比达到80%以上，互联网渠道销售占比达到10%以上，有同行甚至指责前海人寿采用不正当的竞争手段，凭借高于竞争对手的渠道费用，迅速抢占至关重要的广东本地银行渠道，其万能险的市场份额也占到广东本地的60%。随着市场竞争的加剧，其渠道费用不断高企，大都超过3%，这意味着前海人寿万能险募集资金的实际成本会高达9%，一旦业务增速不及预期，这种高成本运营的风险便会凸显，紧张而脆弱的现金流压力便会暴露无遗。

记者调查发现，前海人寿激进投资逻辑的背后，还存在一个重要原因，其通过关联交易不停地输血宝能系公司的地产业务，不断加码以万能险为主营产品的保险业务，以应对宝能系投资体量越来越巨大的关联地产业务的资金需求。

前海人寿官网发布的一则公告显示，前海人寿曾出资约 8.58 亿元受让宝能控股持有的宝能世纪有限公司（以下简称“宝能世纪”）49%股权。由于前海人寿为宝能控股子公司，而宝能世纪又是地产企业，因此前海人寿上述股权交易被认为是涉足地产的重大关联交易。

前海人寿官网显示，从 2013 年 7 月至 2015 年 7 月，前海人寿一共披露了 15 条重大关联交易报告，短短 2 年时间，其通过股权转让、增资和借款等形式，共耗资 48 亿元投资于“宝能系”地产及相关领域。如前海人寿曾出资约 1.3 亿元受让韶关宝能持有的房地产投资公司韶关德丰源 100%股权、斥资 7.08 亿元接手宝能酒店 40%股权、斥资 4 亿元拿下深圳首块养老地产用地等。

据业内人士分析，前海人寿狂飙突进式的业务模式和不停“抽血”的关联交易已经结出恶果。其财务报表显示，前海人寿在 2016 年上半年投资收益为 129 亿元，但如果扣除长期股权投资和投资性房地产增量共 473 亿元，其投资收益为 -344 亿元，2016 年上半年实际亏损达 66 亿元，这意味着前海人寿的承保业务出现巨亏。

目前，前海人寿的万能险新业务已被保监会暂停，禁止其 3 个月内开办万能险新业务，后续能否放行，要看其整改情况。而万能险为前海人寿的重要保费来源，据保监会统计，以万能险为主的保户投资款新增交费占到前海人寿整体保费的 80.2%，暂停万能险业务，对其现金流影响巨大。

对此，华泰证券一位分析师告诉记者，这一监管措施，对于“高歌猛进”的前海人寿可谓当头棒喝，触发其最大的运营风险。如果暂停万能险新业务超过 3 个月以上，又会使其丧失明年初保险销售“开门红”的黄金时期；受此重挫，前海人寿也将面临越来越大的退保压力，未来可能要靠变卖部分股票来缓解资金压力；这让“宝万之争”又添变局，一旦包括前海人寿在内的宝能系出现资金链断裂情况，触发多米诺骨牌效应，某些激进的土豪便可能面临就此倒掉的危险局面。

随着此轮监管风暴的效应不断放大，除了资本市场举牌概念股遭到重创外，“宝万之争”中的万科 A 股价从前期最高 29 元一路下跌到 12 月 14 日的 22.29 元。记者就此粗略估算，宝能系入股万科 A 的前期浮盈已缩水高达 188 亿元。

近期随着宝能系持有的万科 A 股票陆续进入解禁期，市场猜测姚振华可能要抛售手中的巨额股票套现，以缓解因万能险新业务暂停而越来越紧张的资金链压力。

资料来源：http：//www. p5w. net/news/cjzh/201612/t20161221_ 1673633. htm。

思考：你认为前海人寿是门口的野蛮人吗？

对于刚转入私募股权行业的基金管理人来说，基金募集是所有运作的起点。而对于成熟的基金管理人来说，基金募集也是每隔几年必须做的事情。因为每当一期基金投资完成或接近完成时，基金管理人就需要募集新的基金。基金管理人首先需要设计好新基金的投资策略以及规模，并据此撰写基金募集说明书。基金管理人或者通过中介机构的帮助，或者通过自身的网络，向投资者推介基金，并冀望获得投资者的出资承诺。

对于每一位投资者来讲，完成第一笔投资是至关重要的，只要能完成第一笔投资，就能够慢慢地积累起相关的经验，因为私募基金这个行业资历非常重要，投资需要一定的经验积累才能完成。募资对于新基金管理人来说是一个非常痛苦的过程。根据《资本之王》上的记载，黑石集团的两位创始人彼得·彼得森和史蒂夫·施瓦茨曼可谓履历辉煌。前者曾担任尼克松政府的财政部长和雷曼兄弟公司的董事一把手，后者则是雷曼兄弟著名的并购专家。亲自操盘了将雷曼出售给希尔森的交易。设立基金时两人写了2页纸的募资规划，发给近200家机构，但无一回应 。施瓦茨曼回忆道："我和彼得森都在幻想会有成批的生意送上门来。但是除了'恭喜，信写得不错'之外其他什么都没有收到。"后来，彼得森通过关系网拉来了保诚集团的1亿美元投资。这才吸引了后续的投资者。

新基金管理人由于没有历史业绩作为支撑，很难得到投资者的信任。绝大多数投资者处于安全的考虑都明确表示不投资新基金管理人管理的私募股权基金。在我国，私募基金刚刚兴起。中国多数基金管理人和多数投资者都缺乏私募股权运作的经验，如何更好地募集资金，对于这些新成立的私募基金来说至关重要。

模块一 筹资对象

在欧美市场上，私募股权主要向养老基金、保险公司、捐赠基金、慈善基金、政府投资机构、商业银行、母基金（Fund of Funds，也称组合基金）等机构投资者募集资金。中国市场与国际市场显著不同的一点是，个人投资者在基金投资中占据重要地位。

一、养老基金

养老基金从1970年以后开始涉足私募股权投资，并逐渐占据主流地位。养老金计划参与者与雇主每年都向养老基金缴纳本金，养老基金则需要在参与者退休之后向其定期派发养老金。由于从缴纳到养老金派发有相当长的期限，因此养老基金的投资期限是所有投资者类别中最长的，风险承受能力也最高。事实上，私募股权、房地产和对冲基金这类高风险资产的主要投资者一般都是养老基金。

在欧美市场上，养老基金是私募股权基金最主要的投资者。在著名的私募股权投资者协会的会员中，将近50%为养老基金。2007年以前，养老基金一般会将投资资产的5%～7%配置给私募股权。但次贷危机之后，由于股票、债券、房地产及对冲基金等资产价值大幅度缩水，而私募股权投资价值变化不大，因此私募股权投资基金的资产配置比例显著提高。

全国社会保障基金（以下简称“社保基金”）是中国最大的养老基金。根据财政部和人社部2008年的授权，全国社保基金可以将总资产的10%（以成本计）投向私募股权。除了全国社保基金之外，中国地方社保基金规模超过2万亿元。但是按照相关规定，地方社保基金没有投资私募股权和股票市场的权限，而只能投资于债券和银行存款等低收益资产。

全国社会保障基金是中央政府集中的社会保障资金，是国家重要的战略储备，主要用于弥补今后人口老龄化高峰时期的社会保障需要。全国社会保障基金理事会为国务院直属正部级事业单位，是负责管理运营全国社会保障基金的独立法人机构。

2000年8月，党中央、国务院决定建立“全国社会保障基金”，同时设立“全国社会保障基金理事会”，负责管理运营全国社会保障基金。

2010年10月28日第十一届全国人民代表大会常务委员会第十七次会议通过的《中华人民共和国社会保险法》第70条规定：“国家设立全国社会保障基金，由中央财政预算拨款以及国务院批准的其他方式筹集的资金构成，用于社会保障支出的补充、调剂。全国社会保障基金由全国社会保障基金管理运营机构负责管理运营，在保证安全的前提下实现保值增值。”

全国社会保障基金应当定期向社会公布收支、管理和投资运营的情况。国务院财政部门、社会保险行政部门、审计机关对全国社会保障基金的收支、管理和投资运营情况实施监督。

全国社会保障基金建立后，党中央、国务院一直非常重视这项基金的筹集和投资管理工作。

一是党中央、国务院领导十分关注并亲自指导社保基金会的工作。2001年12月17日，全国社保基金会召开第一届理事大会第一次会议，时任国务院总理朱镕基和时任国务院副总理吴邦国分别发表重要讲话，深刻阐述建立全国社保基金的意义和基金投资运作的原则，并向基金会工作人员提出要求。2007年1月28日，时任国务院总理温家宝在社保基金会一份工作报告上批示：“社保基金会的工作做得很好，但不可有丝毫松懈和麻痹。管好老百姓的保命钱，要始终坚持把安全作为第一目标，戒慎恐惧地工作。我相信，社保基金会一定能够建设成为制度最完备、管理最规范、队伍最专业、作风最清廉、百姓最放心的资产管理机构。”

二是党中央、国务院决定多渠道筹集全国社会保障基金。2000年9月下旬，国务院对外公布设立全国社会保障基金的消息，随即中央财政就拨款200亿元。此后又决定将部分彩票公益金划拨给全国社保基金理事会。彩票公益金是指彩票发行收入扣除发行成本和中奖返还额以后的部分。具体办法是以2000年彩票发行量160亿元为基数，超过基数的彩票公益金80%划归全国社保基金。2005年彩票公益金实行中央与地方五五分成，中央部分的60%划入全国社保基金。

经国务院批准，由财政部等部委制定的《减持国有股筹集社会保障基金暂行办法》规定，国有股上市要减持10%股份，所得收入归全国社保基金。2009年6月，经国务院批准，将上市公司中的国有股划转全国社保基金会，不仅为全国社保基金共计增加资金近800亿元，而且为全国社保基金筹集提供了一条稳定渠道。

三是高规格组建全国社保基金理事大会，审定基金投资运营的重大决策。国务院任命理事长、副理事长，前两任理事长由原财政部长担任，现任理事长曾任中央人民银行行长，理事由国务院聘任。这体现了党中央、国务院对管好老百姓保命钱的高度重视。这些资深理事以对全国人民社会保障事业极其负责的态度，审议涉及基金投资运作的重大决策，确保基金的保值增值。

四是加强对全国社会保障基金投资运营的监督，提高其透明度。国务院明确财政部会同人力资源和社会保障部为全国社保基金会监督管理部门。近3年国务院总理所作的《政府工作报告》，都报告了全国社会保障基金积累及增长情况，对全国社会保障基金投资管理提出新要求。经审计的全国社保基金年度财务报告每年都在公开媒体上向社会公布。

二、捐赠及慈善基金

捐赠基金一般指为维持公益事业机构而专门设立的非营利基金。私募股权投资的投资基金一般为大学基金会，如哈佛基金、耶鲁基金以及中国的北大、清华和复旦大学教育基金会等。

为维持非营利基金的免税地位，捐赠基金需每年至少将资产的5%用于机构开支。由于短期现金需求并不高，捐赠基金可以采取灵活甚至激进的投资策略。

大家可能在各种投资策略会上听到过“耶鲁模式”，这其实是指美国顶级学府耶鲁大学的捐赠基金（Endowment Fund）投资运作模式。耶鲁捐赠基金的资产规模从1985年的13亿美元涨至2016年的254亿美元，30年翻了近20倍，并创下了年化12.9%的净回报（同期标普500指数回报约7.4%），这在整个投资业界也是凤毛麟角，其首席投资官大卫·斯文森（David Swensen）被称为最好的机构投资管理人，是仅次于巴菲特的传奇。

能与之媲美的也只有哈佛大学捐赠基金。哈佛是世界上最为富有的大学，哈佛捐赠基金资产规模高达365亿美元（2016年6月），1996年以来基金取得的年化净回报为10.4%。长期以来，哈佛大学的财政收入结构保持着4-2-2-2的格局，即捐赠基金运作收入为最重要组成部分，占总收入近四成，而学生学杂费、研究资助及其他收入分别占两成左右。

美国常春藤联盟学校（私立）有着业绩稳健的捐赠基金，包括耶鲁、哈佛、达特茅斯、宾夕法尼亚、哥伦比亚、普林斯顿、康奈尔、布朗。美国盛行捐赠文化，校友的捐赠回馈、政府的支持、被税收抵扣所激发的社会捐赠，以及专业基金管理人的投资，这一切都是大学打造优秀投资业绩、支持学校研发投入和人员培养开支的根基，也是知名学府能持续发展的原因。在这方面，中国高校有很多需要学习的地方。

慈善基金的运作机制类似于捐赠基金，每年也需要将资产的一定比例用于慈善开支。比尔及梅琳达·盖茨基金便是一个典型的例子。该基金规模高达374亿美元，自设立以来累计捐赠金额超过260亿美元。捐赠资金的来源主要是比尔·盖茨夫妇每年的捐献，以及基金的投资收益。譬如，该基金2009年和2010年的投资收益分别为6.69亿美元和9.28亿美元，而私募股权则属于其资产配置中的一个大类。

耶鲁、哈佛大学基金投什么？

补充阅读

1985年，资产规模为13亿美元的耶鲁大学捐赠基金迎来了年仅31岁的首席投资官斯文森。在华尔街摸爬滚打了6年后，斯文森似乎对资管行业和金融市场运作具有独特而深刻的洞见，逐渐形成了被业内称为“耶鲁模式”的独特的资产配置方案。

耶鲁捐赠基金的配置资产大致分为八类：绝对收益类资产、国内股票资产、固定收益资产、境外股票资产、油气林矿、私募股权（PE）、房地产和现金类资产。其配置核心在于降低在高流动性的公开市场股票和债券配置的传统投资方式，加重在低流动性的私募市场的配置比重。

纵观近10年耶鲁捐赠基金的投资组合，不难发现其偏好投资非流动性资产，私募股权、房地产及油气林矿三类资产的配置比例一直呈现上升的态势，2012年达到最大值65.3%。

相对于流动性高的资产来说，非流动性资产存在价值折扣，这就增加了非流动性资产投资市场的投资机会。此外，耶鲁大学捐赠基金作为永久性的基金，其对非流动性资产的承受能力要高于大部分投资者，因此可以享受资产长期持有的溢价。

2015年6月到2016年6月是美国各大学的财政年度，根据各大学捐赠基金公布的投资表现，耶鲁在800多个捐赠基金（管理的总资产达到5150亿美元，平均规模为6.4亿美元）里以3.4%独占鳌头。虽然这低于其长期平均表现，但考虑到这段时间全球经历了几年难遇的恐慌性抛售和英国脱欧的不确定性，美国之外的发达国家股票（-10.17%）、新兴市场的股票（-12.05%）、商品（-13.34%）、对冲基金（-2.23%）和创投基金（-1.87%）均表现不济，拖累了债券（6.04%）、美股（4.02%）、房地产（7.96%）和私募股权（3.30%），耶鲁捐赠基金这个成绩也来之不易。

要知道2016财政年度，全美捐赠基金平均亏损2%，就连哈佛也亏损了2%，这是哈佛捐赠基金1996年来第6次亏损。

值得注意的是，金融危机后积极调整配置战略的基金当属哈佛捐赠基金。此前，由于经济大环境较好，哈佛大学一直保持着“激进”的资产配置策略，但2008年的金融危机掠走其大量财富，摧毁其卓越业绩，这也为资产配置策略敲响了警钟。

据研究，为应对金融危机，哈佛大学从以下几个方面开展了资产配置改革：其一，提高现金比例。2008年，哈佛大学的现金比例为-5%，即靠借贷支撑大学运营。在低息时期，借贷成本较低，这一策略固然无可厚非。一旦遭遇金融危机冲击，其他资产无法套现，这一现金策略就成为财政的“定时炸弹”。

2009年，哈佛大学计划将其现金比例从2008年的-5%提高到2010年的2%，以保证应急的流动性需求、降低财务风险。

其二，哈佛捐赠基金也降低了流动性较差的资产的配置比例，在其投资结构中，私募投资、对冲基金、实物资产等资产的流动性较差，但这部分资产配置比例极高。2008年，哈佛捐赠基金持有的实物资产亏损37.7%，私募基金亏损31.6%，对冲基金亏损18.6%。这迫使哈佛重新考虑流动性的匹配问题，制定较为稳健的资产配置策略，降低流动性较差资产的配置比例，如降低房地产领域投资、退出明显高估的市场等。

比起欧美国家，在中国似乎很少听说过捐赠基金的概念。早在2005年，中华慈善总会就曾提过，中国和美国人均收入相差38倍，而人均慈善捐款相差了7300多倍。甚至不少人听说过，很多中国人给美国名校捐款。

2014年7月24日，中国SOHO集团创始人潘石屹、张欣夫妇向美国哈佛大学捐赠1500万美元，设立哈佛中国贫困学生助学金计划；2016年12月6日，中国企业家、盛大集团创始人陈天桥向美国加州理工学院捐赠1.15亿美元（约7.91亿元），用于支持美国加州理工学院脑科学交叉研究，这一消息在中国科学界引起震动，同时也引起巨大争议。

为什么不捐赠给中国的大学？这背后的原因也多种多样，例如，中国大学的捐款普遍存在使用不透明、去处不告知、账面不透明、机构冗余、政策和税制支持力度不足等诸多问题。

也有研究建议，首先，中国高校应该建立专门的募捐机构，加强筹款效能。我国高校的捐赠事业已有20余年的历史，但发展步伐缓慢。《2014中国大学校友捐赠排行榜》显示：1990年以来，中国大学累计接受校友总捐赠金额为91.59亿元，清华大学累计接受捐赠13.23亿元，但与美国一流大学的差距更是明显。

其次，建立高校专业的基金管理机构，加强危机管理效能，发挥其专业管理、主动管理与风险控制等三大重要功能。

此外，高校基金也应坚持多元化的投资组合策略，实现投资保值增值和风险最小化。

我国高校资金来源分为三个部分——政府投资、学生缴费和高校自筹。前两项资金专款专用，受到明确的限制。而第三项资金，即校办企业或募捐所获得的自有资金，前些年天津大学校长单平挪用学校自有资金炒股巨亏被免案让众多高校不再敢涉足市场投资，而存入银行成为大多数高校处理闲余资金的主要选择。

也有研究者建议，教育相关部门应该完善相关政策，鼓励高校对自有资金进行投资增值。投资组合策略不应局限于股票、债券投资组合，还应包括一些流动性较差但高回报的另类资产，如私募股权、房地产、绝对收益的对冲基金和自然资源等。

资料来源：https：//mini.eastday.com/a/180518223310188-2.html。

三、政府投资机构

主权财富基金等政府机构也是私募股权重要的资金来源。其中最著名的莫过于中国投资有限责任公司（中投）和淡马锡（Temasek）了。中投是中国政府为缓解外汇大量流入造成的流动性过剩而设立的主权财富基金。

淡马锡公司成立于1974年，是由新加坡财政部负责监管的一家控股公司。淡马锡参与了多家中国企业的投资，包括建设银行、民生银行和中国银行等。除了直接投资之外，它也是中国不少美元私募股权基金的重要投资者。

在中国市场，政府设立的引导基金也是重要的资金来源。引导基金是由政府财政出资设立的基金，通过投资于创业投资基金，引导其投资企业。引导基金本身并不直接投资于企业。2008年国务院办公厅转发发改委等三部委《关于创业投资引导基金规范设立与运作的指导意见》，鼓励地方政府动用财政资金设立政府引导基金。从2009年开始，财政部、各省级、地级甚至县一级政府都纷纷设立名目不一的政府引导基金 。

国家之所以要设立引导基金，主要目的是为了拉动地方经济的增长。引导基金往往对所投资基金的投资范围有所限制。为了确保引导基金的安全性，往往要求对投资项目具有一票否决权以保证其利益，另外还需要进行分散化投资来进一步提高基金资金使用的安全性。由于引导基金本身规模不大，因而对单一基金所能承诺的资本额十分有限。因此在实际操作中，很多著名基金管理人并不愿意接受政府引导基金的投资。苏州工业园区引导基金是为数不多的成功范例。该基金由中新创投和国家开发银行于2006年合资设立，规模为10亿元，存续期13年。苏州引导基金并不限制被投资基金的投资方向或范围，而只是要求基金注册于苏州至2009年。该基金10亿元已经部署完毕，投资16家不同基金。

补充阅读

中投入股黑石7年盈利35%

中国投资有限责任公司（以下简称“中投公司”）的海外投资第一单——入股美国黑石集团（Blackstone Group，NYSE：BX）已由亏损转为大幅盈利。

2014年7月10日，黑石集团联合创始人苏世民（Stephen A. Schwarzman）在北京表示，按黑石集团目前的股价计算，中投公司对黑石集团的股权投资已经有了35%的盈利，其中包括黑石历年支付的股息。截至7月9日美股收盘，黑石集团的股价为32.85美元/股，而当初中投公司投资黑石集团的价格为29.61美元/股。

2007年5月，尚在筹备中的中投公司斥资30亿美元收购黑石集团1.01亿股无投票权的股份，相当于黑石总股本的约10%，投资锁定期为4年。不幸恰逢次贷危机，黑石股价节节下跌，中投公司该笔投资一度浮亏逾50%。这也被视为中投海外投资的一大败笔。

1. 黑石集团业绩向好

苏世民当天表示，目前黑石和中投公司保持非常良好的合作关系，帮助中投公司管理着多个不同的基金，回报率比较可观。

对于中国住宅市场，苏世民认为价格非常脆弱，黑石对中国投资中最不感兴趣的领域就是住宅市场。但苏世民认为，从长期看，中国房地产市场总体预期比较积极，但其中会有波动。

按照中投公司2007年入股黑石集团的时间计算，中投公司持有黑石集团股票已长达7年。

事实上，中投公司于2013年在此项目上实现“扭亏为盈”的。2014年3月，中投公司副总经理梁骧曾公开表示，中投公司对黑石集团的投资去年已实现正收益。

黑石集团于2007年6月22日在纽约证交所挂牌交易，每股IPO价格为31美元。2009年2月27日黑石集团股价曾跌至3.55美元/股的历史新低，不过截至昨日，其股价已从最低点上涨逾748%。伴随着股价一路上涨的是黑石集团近年来斐然的业绩。

公开资料显示，2009年以来，黑石集团净利润稳步增长，2009～2013年，净利润分别为－71529.10万美元、－37002.80万美元、－16830.30万美元、21859.90万美元和117120.20万美元，同期净利润增幅分别为38.50%、48.27%、54.52%、229.88%和435.78%。2014年第一季度，黑石集团净利润为26561.7万美元，同比增长58%。

2. 中投仍有多个项目亏损

作为中国主权财富基金，中投公司成立于2007年9月29日，组建宗旨是实现国家外汇资金多元化投资，在可接受风险范围内实现股东权益最大化，以服务于国家宏观经济发展和深化金融体制改革的需要。

虽然中投公司在黑石项目上“咸鱼翻身”了，但近6年中，中投公司仍有多个项目处于亏损状态。

2014年6月18日，审计署公布对中投公司的审计报告中显示，2008～2013年，中投公司境外投资中，6个损失项目、4个浮亏项目和2个面临损失风险项目存在管理人员失职、尽职调查不深入和投后管理不到位等问题。

根据中投公司网站，2008年至2012年，中投公司境外投资回报率分别为－2.1%、11.7%、11.7%、－4.3%和10.6%，自成立以来的累计年化收益率达到5.2%。

黑石集团成立于1985年，总部设在纽约，是全世界最大的另类资产管理机构之一，管理资产规模达到2720亿美元，业务包括企业私募股权基金、房地产机会基金、对冲基金的基金、优先债务基金、私人对冲基金和封闭式共同基金。

资料来源：http：//stock. hexun. com/2014－07－11/166530810. html。

四、保险公司

保险公司也具有超长的投资期限，因此也是私募股板和对冲基金等高风险资产的主要投资者。在美国市场，保险公司除了作为私募股权基金的投资者之外，还可以提供贷款支持私募股权基金发起的杠杆收购。此外，保险公司也是杠杆收购企业发行的高收益债券的主要认购者。

在中国市场，保险公司参与私募股权投资则是近几年的事情。与养老基金一样，保险公司过去只能投资债券和银行存款等固定收益资产。这造成保险资产收益低下，甚至威胁到高利率时期签发保单的赔付能力 。中国保监会逐步放宽保险公司参与风险资产的投资，包括股票、商业地产和私募股权。

为进一步落实党中央、国务院“放管服”工作部署，支持保险机构加大股权投资力度，提高股权投资计划和保险私募基金注册效率，根据《保险资金运用管理办法》（保监会令 2018 年 1 号）等相关规定，保险资产管理机构及其下属机构发起设立股权投资计划和保险私募基金，由中国保险资产管理业协会（以下简称“保险资管协会”）办理注册工作。

简化股权投资计划和保险私募基金注册程序，是银保监会落实党中央、国务院关于转变政府职能，把“放管服”改革作为全面深化改革重要内容工作部署的具体举措，有利于提升注册效率，增加产品供给，拓展保险资金配置空间，更好地服务于保险主业发展；有利于支持保险机构加大股权投资力度，为实体经济提供更多长期资本性资金，提升社会直接融资和股权融资比重；有利于切实推动保险机构更好地服务于国家重大改革举措，提升保险资金服务实体经济效能，促进经济提质增效，增强经济中长期发展韧性。

下一步，银保监会将加强对保险资管协会的业务指导，强化对股权投资计划和保险私募基金的业务监管，确保两类产品注册有序、顺畅进行。

五、证券公司

证券公司一般指从事证券发行（主要是股票）和经纪业务的金融机构。证券公司也是私募股权的积极参与者，不少基金管理人也出身于投资银行。投资银行参与私募股权投资的目的除了获利之外，也由于其承销业务和咨询业务配合的考虑。

一方面，并购基金在收购企业时通常需要投资银行提供财务顾问服务。此外，通过为杠杆收购企业发行高收益债券或安排并购贷款也是利润丰厚的业务。

另一方面，投资银行可以以私募股权基金的方式投资于优质企业，帮助其实现出售或上市等退出操作，并从中获利。虽然国际投资银行参与私募股权属于日常业务，但中国证券公司直到 2007 年才获得证监会授权，开始直接投资试点。此后很多证券公司纷纷设立了投资子公司，总注册资本高达 200 多亿元。比较有名的如中心证券的金石投资有限公司、海通证券的海通开元投资有限公司、光大证券的光大资本投资有限公司、中泰证券的路政投资管理有限公司等。国内证券公司纷纷采用“保荐 + 直投”的操作模式，即证券公司的直投子公司参股拟上市企业并由母公司将之承销上市。随着直接投资资格的进一步放开，未来这种形式的私募投资会更加流行。

六、商业银行

拓展阅读

欧美的商业银行一般都是混业经营，他们的业务大多不受限制。私募股权运作中需要商业银行多方面的帮助。首先，商业银行是私募股权基金重要的筹资渠道。私人银行部门和资产管理部门可以为基金管理人接洽投资者提供协助并收取费用。商业银行还可以为基金提供托管服务，并收取费用。其次，经过一定结构安排，商业银行本身也可以充当基金管理人。最后，商业银行本身也可以以自有资金直接投资于私募股权基金。

虽然商业银行深度介入私募股权的运营，但是中国商业银行直接投资私募股权仍然存在法律障碍。银保监会迄今为止并未放开银行直接投资的限制。所以，国内的商业银行一般都是通过在境外设立子公司，然后通过境外子公司进行基金管理业务。国家开发银行则通过设立的全资子公司国开金融公司进行私募股权投资。

2018 年 12 月 2 日，银保监会发布《商业银行理财子公司管理办法》（以下简称《办法》），作为“理财新规”的实施细则和配套文件，该《办法》继续执行理财新规的具体要求，在执行层面重构了 20 万亿元的理财业务新格局。概括而言，其主要内容包括：严格区分公募和私募理财产品，加强投资者适当性管理；规范产品运作，实行净值化管理；允许公募理财产品投资股票或者通过投资各类公募基金间接进入股市。其中，对私募基金管理人最重要的一条规定如下：

“银行理财子公司可以选择符合以下条件的私募投资基金管理人担任理财投资合作机构：

（1）在中国证券投资基金业协会登记满 1 年、无重大违法违规记录的会员；

（2）担任银行理财子公司投资顾问的，应当为私募证券投资基金管理人，其具备 3 年以上连续可追溯证券、期货投资管理业绩且无不良从业记录的投资管理人员应当不少于 3 人；

（3）金融监督管理部门规定的其他条件。

该《办法》与“资管新规”和“理财新规”构成理财子公司开展理财业务需要遵循的监管要求，并明确规定符合条件的私募基金管理人可以担任银行理财子公司的投资合作机构（诸如投资顾问形式等）。

银行和私募的合作大概分为三个历史演进阶段。

第一阶段：2008～2013 年，PE 机构仅仅将商业银行的私人银行部门作为募资渠道，借助商业银行的私人银行部门在高端客户方面的优势募资资金，即“渠道代销”模式。

第二阶段：2014～2017 年，商业银行理财资金通过委外形式借助信托、券商资管计划等间接投资私募股权基金，即“委外模式”。但据统计，能拿到银行委外资金的私募机构基本上只局限于全国不超过 100 家的头部机构。

第三阶段：2018 年至今，“理财子公司 + 投顾”模式。由于“资管新规”及“理财新规”发布并正式实施后，资管产品只能嵌套一层的原因，之前市场通行的“银行理财 + 私募 FOF 模式”大规模萎缩。“理财新规”明确银行理财子公司可以跟私募合作，明确理财子公司可以找私募做投顾，这对私募行业来说是重大利好。目前，商业银行可以通过“债转股实施机构”和“理财子公司”两个路径进入私募股权领域。

通过过往银行与私募合作实践发现，银行理财子公司与私募管理人强强联合，一方面可以发挥银行理财子公司作为金融机构的专业品牌优势；另一方面可以发挥私募不同专业方向的投资特长，从而为客户带来更好的产品体验和投资效果。

如上所述，银行与私募合作模式将从委外模式转向投顾模式。《商业银行理财子公司管理办法》将私募基金纳入合作机构范畴，但同时规定，理财投资合作机构应当是具有专业资质、并受金融监督管理部门依法监管的金融机构或国务院银行业监督管理机构认可的其他机构。银行理财子公司未来可能会参照银行委外的白名单制度，针对私募基金建立一套评判标准，设置一套评分指标，如基金业协会会员、资产管理规模、过往业绩排名和全职人员数、风控和系统设置等，系统地考察私募管理人的投资管理能力，以决定是否纳入合作机构名单之内。另外，私募机构应结合实际情况研发更多类型、更适合理财资金要求的基金产品，为客户创造更好的投资体验和回报。

拓展阅读

7 家银行理财子公司全透视　机构扎堆北京注册 资管负责人挑大梁

拓展阅读

截至目前，据中国证券报记者不完全统计显示，目前已经有 33 家银行公告成立银行理财子公司，目前正式开业的已经有 7 家。

1. 资本实力强劲

目前工农中建四大行理财子公司注册资本金均超过了 100 亿元。交银理财和中邮理财均为 80 亿元。招银理财等全国性股份制银行理财子公司注册资本大多在 50 亿元。城商行中，北京银行和上海银行的理财子公司资金本规模居前，分别为 50 亿元和 20 亿元，其余大多在 10 亿 ~20 亿元。

从注册地来看，具备金融中心人才资源和市场要素的北京、上海、深圳成为各家银行理财子公司总部的心仪之地。目前有 5 家银行理财子公司注册地选择在北京。

2. 掌门人多为资管“老兵”

目前已经开业的 6 家理财子公司掌门人大多数是银行资管“老兵”甚至是一些银行理财业务的开创者。其中，国有银行理财子公司的高管团队一般由母行资管或者金融市场条线平移而来。

资料显示，建信理财公司董事长刘兴华是建设银行体系内培养的优秀干部。刘兴华毕业于江西财经大学。刘兴华在建设银行的职业生涯始于建行安徽省分行的纪检监察领域，后从事人力、个人金融、计财等多个业务领域，在多个领域均实现了业绩的突破。2016 年刘兴华由苏州分行行长调任至建行资产管理部总经理，直至执掌建行理财子公司。

工银理财董事长顾建刚曾任上海分行财务会计部总经理兼财务核算中心主任、工商银行北京分行副行长等职务，在投资管理、风险管理、财务管理等现代金融专业方面拥有极其丰富的实务与管理经验。任理财子公司董事长之前，他任工商银行资管部总经理。数据显示，截至 2016 年上半年，工行理财总规模近 3 万亿元，仍是“中国银行业资管第一大行”。

交银理财董事长涂宏也是“老交行”。资料显示，涂宏先后毕业于中国人民大学和复旦大学。他曾先后在交通银行北京分行、广州分行、纽约分行、金融市场部等部门担任领导职务，在就任交银理财董事长前，他担任交行同业与市场业务板块总监。

农银理财董事长由农业银行资产管理部总经理马曙光出任。

中行投行与资产管理部总经理刘东海担任中银理财董事长。

3. 产品体系以固收为主

根据《管理办法》相关规定，理财子公司业务主要有四个方面：①面向不特定社会公众公开发行理财产品，对受托的投资者财产进行投资和管理；②面向合格投资者非公开发行理财产品，对受托的投资者财产进行投资和管理；③理财顾问和咨询服务；④经银保监会批准的其他业务（依法须经批准的项目，经相关部门批准后依批准的内容开展经营活动）。

中信建投分析师杨荣认为，从这几家理财子公司的产品体系来看，主要具有以下特征：以固收为主体，积极布局权益投资类；权益类投资以私募股权、FOF 模式居多；以复制指数起步，积极探索量化策略；部分保留了浮动管理费这一理财特色。

工银理财率先取得衍生品交易和外汇业务资格，这意味着获得了资管业务转型发展的市场先机。工银理财目前的产品投向以固定收益类为主，混合类、权益类为辅。

建信理财在开业时提出，将发行多款精准对接粤港澳大湾区发展规划的系列理财产品，目前建信理财新产品陆续发行。在资产配置上，建信理财开始增加对权益类资产的配置。

农银理财董事长马曙光 2019 年 8 月在接受媒体采访时表示，农银理财脱胎于中国农业银行，未来将加强理财知识宣传普及，提高县域、“三农”客户对理财业务的认知度，将按照监管政策降低理财产品销售起点金额，满足县域和三农客户小额、零散资金的理财需求。

背靠“零售之王”招商银行的招银理财则在产品体系搭建上以客群为依托，根据基础客群、养老金客群、金葵花及金卡客群、有投资经验客群、私人银行客群、公司客群这六大客群划分新品，产品涵盖货币、固收、固收 +、结构化、混合、权益，覆盖了全部的风险偏好等级。

资料来源：中国证券报 · 中证网。

七、母基金

所谓母基金（Fund of Funds），也称多管理人投资，指的是以公募或私募形式向投资者筹集基金，分散化投资于私募股权基金、对冲基金以及共同基金的集合投资形式。一般来说，同一母基金只会选择在私募股权、对冲基金以及共同基金中一类进行投资。

从国际市场的实践来看，母基金可以帮助投资者进行分散化投资，并投资于一些较难进入的市场，因而母基金得到了规模较小或缺乏投资经验的投资者的欢迎。我国目前尚没有真正意义上的母基金，但证券公司、信托投资公司发起的以私募证券投资信托、私募股权投资信托和共同基金为目的的信托产品可以归入母基金。

以上我们讲到的筹资对象几乎都是机构投资者，在国外，私募股权基金的资金来源主要是机构投资者。之所以如此，一方面是由私募股权的投资方式和特点决定的；另一方面则是由机构投资者的优点决定的。机构投资者的主要优点体现在以下四个方面：

（1）风险承受能力比较强。私募股权的投资对象往往都是非上市的股权，投资期限一般比较长，一个项目从投资到退出一般需要 3 ~ 7 年，基金整体清盘一般需要 7 ~ 12 年。养老基金、保险公司、捐赠基金和慈善基金都是具有高风险容忍度的长期投资者。因此它们是基金管理人理想的募资对象。

（2）资金流动性强。私募股权基金一般采用分期投入的承诺资本制，这要求投资者本身具备较大的资产规模和现金流动性。通常基金管理人会要求投资者在基金设立时先缴付20%～50%的出资，后续出资则视项目投资进度而定。一般来说，基金管理人在与被投资企业签约之后，会向基金投资者发出通知，要求在10～20日内出资到位。机构投资者有现金头寸管理，因而一般能及时出资到位，而个人投资者则未必能做到这一点。这也是基金管理人偏好机构投资者的重要原因。

（3）机构投资者更加理性。机构投资者一般由专业人士构成，能够更好地对经济发展的前景做出判断，由于其资金实力强，风险承受能力强，更能够容忍短期内的投资损失，并且可以理性地对待投资过程中遇到的风险事件，并做出理性的分析。因此可以更加持久的持有基金，等待投资价值的释放。

（4）资金实力强，资金规模大。私募股权基金一般都采用有限合伙结构形式，有限合伙对投资人数是有上限的，例如，英国有限合伙企业的投资者上限是20人，中国和美国是50人。国外私募股权基金要求的单一投资者最低出资额较高。通常在500万～1000万美元，而中国大型私募股权基金单一投资者最低出资额一般在1000万元左右。这也是个人投资者参与大型私募股权投资比例较低的原因。

因此从基金管理人的角度来看。养老基金、母基金（尤其是信托产品）以及证券公司等机构投资者是GP们最青睐的募集对象。由于中国的私募股权发展较晚，中国私募基金的筹集对象主要是个人投资者，特别是中国的高净值人群。这也导致了中国的私募基金有其自身的特点。高净值人群资金实力与机构相比，资金实力较低，流动性较差，因此，中国的私募基金一般募集数量不是太大，并且期限都比较短。

模块二
筹资渠道

根据上一节的介绍，我们知道中国私募基金的筹资对象主要是以高净值人群为主，机构投资者为辅，如何能快速锁定这些高净值人群对于私募基金管理人来说至关重要。从实践角度来看，大多数基金管理人都倾向于筹资成本最低的直接渠道。但是对于大多数新的基金管理人来说，如果想更快速地扩张业务，必须要借助于一些筹资渠道来进行筹资，这也是一个比较好的选择。因此，第三方机构的存在对筹资活动有重要的意义。一方面，专业投资顾问凭借其对行业的深入了解和长期跟踪，为投资者选择私募股权基金管理人提供专业建议；另一方面，基金管理人也会借助专业的融资代理机构进行营销。

在美国，投资银行和商业银行是主要的融资代理机构，譬如高盛。而在中国，基金募集的渠道主要是商业银行的私人银行部门（Private Banking）、信托公司、证券公司以及第三方理财顾问。以上四个筹资渠道各有特色，商业银行的私人银行部门和第三方理财顾问覆盖的高净值个人及民营企业主是最多的，因而最受基金管理人青睐。由于信托持股企业在申请 A 股上市时存在障碍，因此信托渠道并非基金经理人青睐的渠道，但从实践操作来看，信托渠道仍然是房地产私募基金的主要筹资渠道。

一、银行渠道

银行渠道主要是指各大银行的私人银行。私人银行（Private Banking）是面向高净值人群，为其提供财产投资与管理（不限于个人）等服务的金融机构。私人银行起源于16 世纪的瑞士日内瓦，专门给贵族和富人阶层提供私密性极强的金融服务。西方国家的私人银行起步较早，如瑞银集团（UBS）私人银行已有百年的历史，是典型的高端私人银行。美国的私人银行在 20 世纪 70 年代起步。2007 年 8 月，招商银行私人银行深圳中心正式开业。2008 年 3 月，中国工商银行私人银行部门正式成立并投入运行。

私人银行目标客户是具有富裕的资产或很高收入的私人顾客，私人银行的门槛很高，其服务对象不是一般大众客户，而是社会上的富裕人士，或称为高净资产客户。私人银行客户的金融资产一般在 100 万美元以上，私人银行服务处于金字塔顶端的客户。

私人银行提供的业务首要特点是私密性。私人银行的客户拥有巨额财富，管理如此庞大的财富，要求保证其私密性，需要私人银行家提供高私密性的服务，以保证财产的安全性并实现保值和增值。私人银行的第二个特点是专属性，体现在三个方面：专属产品、专属理财规划和专属服务人员。银行面向个人客户提供的服务可以分为三个层次：零售产品、理财产品和私人银行服务。私人银行的第三个特点是专业性。私人银行涉及庞大资产的管理，对专业性要求非常高，专业水平如何是衡量私人银行业务竞争力的重要指标，并成为各行私人银行业务竞争的关键。

私人银行服务的内容非常广泛，如资产管理服务、保险服务、信托服务、税务咨询和规划、遗产咨询和规划、房地产咨询等。每位客户都有专门的财富管理团队，包括会计师、律师、理财和保险顾问等。一般来说，私人银行为客户配备一对一的专职客户经理，每个客户经理都有一个投资团队为其做服务支持；客户经理可以为客户打理分布在货币市场、资本市场、保险市场、基金市场和房地产市场上的大宗商品和私人股本等各类金融资产。表 3－1 所示为中国各大银行私人银行业务最低开户金额。

表 3－1　　中国各大银行私人银行业务最低开户金额

私人银行名称	所在地	最低开户额
瑞士银行	北京、上海	金融资产 1000 万元或 200 万美元以上等值外币
工商银行	上海	金融资产 800 万元以上
建设银行	上海	金融资产 600 万元以上
农业银行	上海	金融资产 800 万元以上
中国银行	全国	金融资产 800 万元以上
东亚银行	广州	最低存款额为 100 万美元以上或等值货币
汇丰银行	广州	金融资产 100 万美元以上
招商银行	深圳	金融资产 1000 万元以上
广发银行	上海	金融资产 600 万元以上

中国商业银行的私人银行业务服务对象为高净值个人。虽然私人银行服务涵盖范围非常广，但在中国目前私人银行业务的主要集中在向客户推介投资产品方面。由于商业银行具有强大的营销网络，因而私人银行是私募股权向个人融资最有效的渠道。作为融资代理，商业银行一般会收取1%~2%的前端融资费用。此外，商业银行一般会要求担任基金的托管人，并收取1%左右的托管费用。

虽然代价不菲，但商业银行协助融资带来的好处也是很明显的。首先，银行受信赖程度高。银行作为融资代理可以在一定程度上打消投资者对基金管理人的疑虑。其次，银行还可以通过投贷联动的操作方式帮助基金管理人。所谓投贷联动指的是被投资的企业可以同时获得银行的贷款支持。这显然是一种双赢的举措。有基金支持的企业破产概率相对较低，而获得银行低成本贷款的企业未来业绩显然会更高。

拓展阅读

揭秘神秘的私人银行家的日常

在电影《华尔街之狼》中，主人公 Jordan Belfort 作为一个 stockbroker（股票经纪人）赚取 high commission（超高佣金）让人印象深刻。在现实生活中，有一群低调的私人银行家服务着超高净值的客户和家族。在外资银行中，以 UBS（瑞银）为代表的外资投行私人财富管理部门长期为中国客户打理境外资产。而近些年在中国，以诺亚财富为代表的独立第三方理财平台和以招商银行私人银行为代表的私人银行部门也在疯狂地扩张。这批私人银行家利用自己的专业知识和销售技巧帮助客户实现财富增值和保值，同时也赚取了高额的佣金。比起大多投行和私募大佬冲锋前线高调喊话，更多的私人银行家选择"闷声发大财"，这也让他们变得更加神秘。

Advisory Service vs Discretionary Service（顾问服务 vs 托管服务）。

私人银行家可以为客户提供两种服务：一种叫作 Advisory Service（顾问服务），就是为客户提供投资建议，比如购买某只股票或某个债券；另一种叫作 Discretionary Service（托管服务），就是把钱完全交给私人银行家打理，客户不参与任何投资决策。

在深圳和广州都设有私人银行中心，但严格来说还没有真正的私人银行家，我们更多的是称他们为高级理财师，这些理财师们也处于顾问服务向托管服务的转型期，向高精专的私人银行家方向前进。

顾问服务中的私人银行家更像是一个 broker（经纪人），靠每笔交易的手续费和佣金赚钱；根据产品的复杂程度，会有不同的手续费，一般在交易额的0.25%~2%不等。托管服务中的私人银行家更像是一个 fund manager（基金经理）；靠 management fee（管理费）和 performance fee（业绩费）赚钱，一般每年收取托管资产的1%~2%作为管理费，同时按帮客户所创造收益的20%作为业绩费。

在中国，顾问服务是绝对的主流，因为刚进赌场的赌徒一定喜欢自己玩；而在资本市场更加成熟的欧美，托管服务是主流，因为当经历过资本市场几起几落之后，大家会逐渐意识到，还是应该把钱交给专业的投资人打理。

聪明的人还应该发现，在顾问服务中，私人银行家和客户的利益有一定的冲突，因为他们卖出去的不一定是最好的产品，而是可以拿到最高佣金的产品；他们最关心的不是客户赚到多少钱，而是希望客户可以非常频繁地交易，因为每一笔交易都可以拿到佣金。而在托管服务中，私人银行家和客户的利益是高度一致的，因为在收取固定费用之后，每帮客户赚一分钱就可以拿到大约1/5的奖励。

Relationship Manager vs Investment Professional（客户关系经理 vs 投资专业人员）。

私人银行家分为两类人：一类叫作 Relationship Manager（客户关系经理），简单说就是找客户的；另一类叫作 Investment Professional（投资专业人员），简单说就是做投资的；当然也有小部分私人银行中的“战斗机”，把两个职能合一，让那批最高端的客户只需要和一个人接触。

客户关系经理可以坚持不懈地 Cold Call（打陌生电话），不怕拒绝，永不放弃；可以非常高效地与客户交流沟通，迅速获取客户的信任；可以快速洞察客户的需求，并巧妙地把产品卖给客户；也可以在客户打来电话抱怨投资亏损的时候顺利化解矛盾，还成功说服客户下单抄底。

投资专业人员需要掌握宏观经济走势，并对大势进行分析和预测；需要进行多元化资产配置，无论是全球不同区域的配置，还是不同资产种类的配置；需要对公司进行详细的财务分析，并对公司的优劣做出判断；也需要进行各类风险对冲，将客户投资组合的潜在风险降到最低。

应该说，无论是客户关系经理的 Client Resource（客户资源），还是投资专业人员的 Investment Know - How（投资诀窍），都是需要长期积累的，所以大多数的 Top Private Banker（优秀私人银行家）都是经过长时间磨炼产生的，这也是为什么很多人喜欢这样形容私人银行家：熬出了头也就舒服了。

Stock Idea vs Fee - based Product（个股推荐 vs 基金推荐）。

私人银行家会为客户推荐两类产品：第一类是 Stock Idea（个股推荐），这里以股票为例，主要指的是单一的投资产品，比如，Stock（股票）、Bond（债券）、Foreign Exchange（外汇）和 Commodity（大宗商品）。第二类是 Fee - Based Product（基金推荐），比如，Mutual Ffund（公募基金）、Hedge Fund（对冲基金）、Private Equity（私募股权）和 Real Estate（房地产）。

这两类产品表面上的区别是第一类产品的风险比较大，第二类产品的风险比较小；而本质上的区别是投资方式的不同，第一类产品赌的是某个投资观点对不对，如股票是涨还是跌，而第二类产品赌的是选择的投资人靠不靠谱，也就是掌管这支基金的投资人表现怎么样。

应该说，越是大的客户，越是经历过的人，越会选择第二类产品。甚至还会有所谓的 Fund of Funds（基金的基金），也就是说这支基金的所有组成部分都是基金，而不是个股类的产品，全部加起来就是一支基金的基金。

随着资本市场的成长和规范，专业投资机构和投资人会逐步甚至完全取代散户，越来越少的人会进行 Single - Stock Speculation（个股投机），这样的机会也会越来越少，而越来越多的人会把钱交给专业投资机构和投资人打理，从选对股转化到选对人。业界流传着这样一句话：When you are talking about real big money，it is about picking the people。（当你谈论真正的大钱时，关键是要选对人。）

资料来源：http：//www. sohu. com/a/113735558_ 384133。

二、信托渠道

信托（Trust）是一种以资产为核心、以信任为基础、以委托为方式的财产管理制度与法律行为。同时，信托也是一种金融制度，与银行、证券、保险等一起构成了现代金融体系的重要支柱，其核心内容是“受人之托，代人理财”。《中华人民共和国信托法》对信托的定义是：信托是指委托人基于对受托人的信任，将其财产权委托给受托人，由受托人按委托人的意愿以自己的名义，为受益人的利益或者特定目的，进行管理或者处分的行为。具体来看，我国《信托法》对信托的定义包括四个方面的含义。

（1）信任和诚信是信托成立的前提和基础。信托立足于信任和诚信基础之上，委托人必须给予受托人绝对的信任，这是信托得以创设的条件；同时，受托人也必须恪守最高的诚信，一旦受托人接受信托，就应当忠诚、谨慎、尽职地处理信托事务，管理和处分信托财产，不得利用该地位为自己或受益人之外的第三人牟取不当利益。

（2）信托财产是信托关系的核心。信托是一种以信托财产为中心的法律关系。信托财产是受托人因承诺信托而取得的财产，没有独立可辨识的信托财产，信托就无法成立。因此，委托人在信任受托人的基础上，必须将其财产权委托给受托人，使受托人取得该信托财产的财产权，并为受益人的利益或特定目的而管理、处分信托财产。

（3）受托人以自己的名义管理或者处分信托财产。委托人将信托财产委托给受托人之后，就失去了对信托财产的直接控制权，信托财产的权利在法律上属于受托人，受托人完全以自己的名义对信托财产进行管理或者处分，并以实现委托人创设的信托目的为宗旨。这是信托区别于一般委托代理关系的重要特征。

（4）受托人按委托人的意愿为受益人的利益或者特定目的管理信托事务。根据信托的定义，受托人以自己的名义管理或处分信托财产需要两个前提：一是必须按照委托人的意愿进行管理或者处分，不得违背委托人的愿望；二是管理或者处分信托财产的目的，必须是为了受益人的利益或特定目的，不能是为了自己或其他第三人的利益。受托人违背这两个前提管理或处分信托财产，属于违反信托义务，应当承担相应的责任。信托业务主要包括委托和代理两个方面的内容。前者是指财产的所有者为自己或其指定人的利益，将其财产委托给他人，要求按照一定的目的，代为妥善的管理和有利的经营；后者是指一方授权另一方，代为办理一定的经济事项。

信托的基本特征主要有：

(1) 信托财产权利与利益相分离。信托财产拥有特殊的所有权性质，表现在所有权在受托人与受益人之间的分离。一方面，受托人可以享有信托财产的所有权；并以此为基础管理或处分信托财产，而与之进行交易的第三人将受托人作为信托财产的权利主体和法律行为的当事人来对待；另一方面，这种财产所有权是严格受限的，受托人决不允许从自己的利益出发管理或处分信托财产。这种分离使受益人无须承担管理之责就能享受信托财产的利益，这是信托成为一种优良的财产管理制度的奥秘所在。

(2) 信托财产的独立性。一旦信托成立，信托财产就从委托人、受托人和受益人的固有财产中分离出来，成为一种独立的财产。信托财产的独立性使信托超然于各方当事人的固有财产之外，其出发点是维护信托财产的安全，确保信托目的得以实现。具体来看，这种独立性表现为：信托财产独立于委托人未设立信托的其他财产；信托财产独立于受托人的固有财产；信托财产独立于受益人的固有财产；信托财产原则上不得强制执行。

(3) 信托的有限责任。在信托关系中，受托人因处理信托事务所发生的财产责任，原则上仅以信托财产为限承担有限清偿责任。我国《信托法》也明确规定，受托人以信托财产为限向受益人承担支付信托利益的义务。

(4) 信托管理的连续性。信托的管理具有连续性的特点，不会因为意外事件的出现而终止。信托管理的连续性安排，使信托成为一种具有长期性和稳定性的财产转移与财产管理制度。

信托公司发行的集合资金计划最多可以向200个投资者募集资金。对于个人投资者众多的中国市场来说，信托是私募基金难以忽视的融资渠道。私募股权投资信托的组织形式可以分为三类：信托公司作为唯一受托人委托基金管理人（投资顾问）管理信托财产；信托公司作为受托人兼任基金管理人；信托公司和基金管理人担任共同受托人。

信托产品按发行方式可以分为两类：银信合作产品和集合信托产品。前者指信托投资公司和商业银行合作发行并由银行提供账户管理服务的产品，后者指由信托公司自行募集的集合资金计划产品。从成本角度看，前者的渠道一般为1%，而后者一般仅为0.5%，但从募集所需时间和募集规模看，显然前者更有优势。

2008年2月，中国银监会发布《私人股权投资信托操作指引》，对私募股权投资信托形式的合法性予以确认。但是越来越多的基金采用有限合伙制而非信托制。这主要是证监会对信托持否定态度导致的。2008年12月以后，拟上市公司的股东中一般不再允许有信托存在。这迫使许多信托股东不得不在企业上市前套现退出，收益大打折扣。目前信托参与私募股权的方式一般采用“曲线救国”的投资形式。信托公司发起集合资金计划筹集资金，再以信托作为有限合伙人参与私募股权基金。但是这种“信托—有限合伙”的组合也存在合规方面的问题。

三、第三方理财顾问渠道

第三方理财是指那些独立的中介理财机构，能够独立地分析客户的财务状况和理财需求，判断所需投资工具，提供综合性的理财规划服务的机构。作为独立的第三方理财机构，它们不同于银行、保险等金融机构，不代表基金公司、银行或者保险公司，而是站在非常公正的立场上严格地按照客户的实际情况来帮客户分析自身财务状况和理财的需求，通过科学的方式在个人理财方案里配备各种金融工具。

通常，第三方独立理财机构要先了解客户的基本情况，包括客户的资产状况、投资偏好和财富目标，然后，根据具体情况为客户定制财富管理策略，提供理财产品，实现客户的财富目标。

第三方理财顾问在中国虽然刚刚起步，但是发展非常迅猛。理财顾问属于可代理的中介机构，目前在中国尚未受到金融牌照管制的影响。它们通过客户经理向高净值个人或民营企业推介投资产品，并收取相应的费用。费用收取的方式既有一次性的前端费用，还可能有类似信托公司的固定年费。

前端费用可以分为两类：一类是向基金管理人收取的基金募资服务费；另一类是向投资者收取的基金认购费。从实践操作来看，并不是所有的第三方理财公司都收取以上费用，有部分机构只收取募资服务费，部分机构只收取认购费，也有部分机构二者都收取。实务中，基金募资服务费大约集中在1%~2%，基金认购费一般集中在0.5%~1.5%。

在中国的第三方理财公司中，诺亚财富是理财顾问中的佼佼者。除了诺亚财富，还有大唐财富等财富公司。2010 年，诺亚财富在纽约证券交易所上市，这也是第一家上市的第三方理财公司，奠定了其在行业中的领头羊地位。诺亚财富主要为国内排名靠前的基金管理公司融资，这也在一定程度上巩固了其在行业的领先优势。例如，2011 年诺亚财富曾参与鼎晖人民币二期基金（总规模 72 亿元）和达晨创投恒泰基金（总规模 35 亿元）的资金筹集。

理财顾问渠道筹资成本相对于其他渠道来说，是非常高昂的。综合费用成本在 1%~3%。很多客户经理为了完成任务，在募资时有可能向客户做出误导性的陈述。第三方理财近几年成长速度非常快。虽然目前私募股权业呈现爆炸式增长，但未来可能会出现大量基金无法兑现募资收益承诺的情况。

拓展阅读

从小舟到航母　诺亚财富上市 7 年之路

2017 年 11 月 10 日，上海，诺亚控股有限公司（以下简称“诺亚财富”）迎来上市 7 周年的好日子。不同于传统上市庆典，诺亚财富以“人生有度、财富有度”为主题，通过“速度、态度、尺度、长度、高度、温度、深度”几个概念，从投资理念、客户服务、心灵公益等多个层面，诠释了自己坚持的价值观和准则，并以投资者教育为主旨，邀请客户、员工一起深度学习、沟通。

14 年前，诺亚财富管理中心在知名券商挂牌成立，开国内高净值个人财富管理服务之先河。12 年前，诺亚财富独立运作，开始创业之旅。7 年前，诺亚财富在美国纽约证券交易所挂牌上市，开始被海外资本市场认可。7 年时间，诺亚财富从一个第三方财富管理公司发展成为一个全球化综合金融服务平台。

上市 7 年，一路走来，随着客户数量的迅速增长和客户需求的不断多样化，诺亚财富的服务范围早已不再局限于投资理财，已经扩展到投资、保险、教育、家族服务、汽车租赁、海外配置、公益等多个领域。截至 2017

年第 2 季度，诺亚财富已经遍布 76 个城市，客户超过 16 万，资产接近 4500 亿元。分公司数量从 7 年前的 40 多家发展为今天的 205 家，理财师数量从几百名增加至 1259 名。

在资产管理端，歌斐资产作为诺亚财富上市以来的重要战略布局，投资和服务体系、投研团队不断升级，截至 2017 年第 2 季度，歌斐资产管理规模达到 1387 亿元。

纽交所上市开启了诺亚财富国际化进程的脚步，7 年时间，诺亚财富国际化 3.0 战略已全面落地。橡树资本、黑石集团、KKR、凯雷集团、贝莱德集团等众多国际顶级投资机构都已经成为诺亚财富的密切合作伙伴。全球优质的前 10 大私募基金有 8 个已经和或者正在和诺亚财富合作。

诺亚财富执行总裁林国沣表示："诺亚财富的愿景是成为全球高净值华人首选的财富管理和资产管理品牌，接下来我们还将在其他高净值华人移民比较集中的地区继续布局，在为国内高净值客户提供全球资产配置服务的同时，为全球华人提供综合金融服务。"

截至 2017 年第 2 季度末，诺亚财富海外资产管理规模折算人民币约 182 亿元，同比增长 23.1%。

在海外业务上的突出表现，也让诺亚财富持续获得国际权威机构的认可。上半年，《国际私人银行家》杂志将"中国最佳私人银行"奖项颁给诺亚财富；《亚洲货币》首次对国内财富管理机构进行评奖，诺亚财富一举斩获"最佳高净值财富管理机构"及"最佳海外资产管理机构"两项大奖；更值得一提的是，7 月底，诺亚财富成为境内首家获得标普投资级信用评级的财富管理公司。

上市 7 年来，投资者教育一直是诺亚财富最重视的工作之一。

2017 年上半年，诺亚财富举办了 7 场"诺亚大学"课程，和客户深度沟通投资理念、流程和产品知识。诺亚财富以"领军者"系列论坛为主轴，上半年十余场专业投资领域的千人峰会贯穿始终，全国 11 个区域及分公司也定期举办投资者教育活动，累计覆盖投资者达 15 万人次。

值此上市 7 周年之际，美国橡树资本创始人霍华德·马克斯成为"诺亚大学"客席教授，橡树资本管理资产超过 1000 亿美元，霍华德·马克斯所著的《投资备忘录》也成为华尔街必读、备受巴菲特推崇。

诺亚财富创始人、董事局主席兼 CEO 汪静波女士说："当财富管理行业的发展进入更深的阶段，合格投资者的教育和筛选已经成为一个重要的行业门槛。未来，中国经济和金融体系新格局将继续变化，国民财富将更快增长。诺亚财富会陪伴客户一起，用不断创新的产品和服务，陪伴客户成长，为客户、员工和股东创造更多价值。"

资料来源：搜狐财经。

四、直接融资渠道

大型基金管理人更倾向于直接与机构投资者谈判，而非通过成本较高的中介渠道。机构投资者通常包括大学基金、养老基金、母基金或家族基金。在国际市场上，融资活动一般是由基金管理公司高级管理人员来负责的。

在募资操作中，为了提高资金募集的成功率。一般采用“领投 + 跟投”的模式，即基金管理人一般倾向于先和一家主要的投资机构谈好条件，然后邀请其他投资按照已经谈好的条件跟随投资。这种募资方式对于管理人和投资者来说都是比较有效率的。

对于跟投人来说，采取“领投 + 跟投”模式，可以让跟投人参与领投人组织的联合投资体。跟投人在每个投资项目中只需要投资一小笔资金，就可以借助联合投资体，充分利用领投人在挑选投资项目和投资后管理上的丰富经验。

对于领投人来说，则可以通过这种方式撬动众多跟投人的资金，还能额外获得投资收益的分成。通常情况下，领投人通过联合投资模式可以撬动的资金是自己投入资金的5 ~ 10 倍，这使领投人得以参与投资和领投更多的项目，包括参与那些投资金额门槛较高的项目。此外，领投人汇集更多的资金去投资，也有利于领投人代表所有投资人在投资项目中争取更多的权利。另外，通过联合投资，领投人还可以借此机会融入跟投人的社会关系，这些社会关系将为领投人及其投资项目带来更多的附加价值。

“领投 + 跟投”模式对创业企业也有一定好处。创业企业不再需要一一面对每个跟投人，不会陷入因投资人众多而带来的纠缠和麻烦中。企业只需要应对一个领投的投资人，就可以获得超出领投人投资金额 5 ~ 10 倍的投资额，还能获得跟投人在社会关系上对企业的帮助。

模块三 募资要点

在募资过程中，基金管理人要获得投资者的信任，应该努力做到以下三点：向投资者展示其资质，包括市场地位、关系网络以及专长；向投资者介绍历史投资业绩；帮助投资者了解基金的具体投资策略、运作方式以及风险控制。

这些信息不仅需要在募集说明书中进行说明，细节之处还需要基金管理人与投资者进行面对面沟通。这和股票发行是一个道理，虽然招股说明书已经非常详细，但公司团队的路演对发行成败至关重要。

投资者在进行投资的时候，基金管理人团队素质是最被看重的。因为这直接关系到投资人的回报。另外，基金管理人的过往业绩、基金投资策略以及内部风险控制机制也是投资者非常重视的因素。但从募资的实践看，基金管理人的业绩是最好的广告宣传，也最能说服投资者。同时，耀眼的历史业绩也是基金管理人团队素质的主要体现。

一、基金管理人资质

中国基金管理人的来源大致有以下几类：

（1）金融专业人士转型，尤其是投资银行出身的人士转型居多。例如，美国前十大私募股权基金管理公司的创始人多数曾经在华尔街投资银行工作过。而中国厚朴基金的创始人方风雷则是中金、中银国际和高盛高华等三家证券公司的创始人。这类人士由于有丰富的并购和上市经验，因而容易得到市场的认同 。

（2）成功企业家转型，尤其是IT从业人士。云锋基金的创始人马云和虞锋分别是阿里巴巴和聚众传媒的创始人。创新工厂的创始人李开夏曾在苹果、微软和谷歌担任要职。这类人士由于对行业有深入的了解，在筹建针对TMT行业的创业投资和成长投资基金时具有良好的市场号召力。

云锋基金成立于2010年4月，目前是中国唯一由成功创业者、企业家和行业领袖共同发起创立的私募基金。其宗旨是除了投入资金外，还把各自的创业经验与企业分享，在发展战略、组织管理、品牌建设等方面帮助企业更好的发展，关注年轻的企业家，创造下一代领导者，培育未来世界级的企业。

云锋基金以阿里巴巴董事局主席马云和聚众传媒创始人虞锋的名字命名。除此两人外，巨人网络董事长史玉柱、新希望集团董事长刘永好、银泰投资董事长沈国军、联合金融集团董事局主席蔡朝晖，新奥集团董事长王玉锁、分众传媒董事局主席兼CEO江南春、深圳迈瑞医疗董事长徐航、易居中国董事局主席周忻、中国动向董事长陈义红、五星电器创始人汪建国、七匹狼创始人周少雄、九阳股份董事长王旭宁、优孚控股总裁张幼才等10多位成功企业家也是基金的发起人。云锋基金总部设在上海，并在中国香港、北京、杭州等地设立分支机构。

（3）专业机构的附属机构，尤其是金融机构。不少基金管理公司是从大型机构独立出来的。基金管理公司高管的经历是基金募集时的主要卖点。投资者显然偏好曾在一流专业机构工作过的GP。

（4）其他专业人士，如律师和政府官员。譬如，德太集团（TPG）的创始人戴维·邦德尔曼（DavidBandem. an）和罗斯公司的创始人威尔伯·罗斯（Wilhur Ross）都曾是著名的破产律师，擅长破产投资。而昆吾九鼎的两位年轻创始人吴刚和黄晓捷则分别曾在中国证监会和人民银行研究生部（俗称“五道口”）担任处级干部。

拓展阅读

厚朴基金

厚朴基金是由高盛集团（Goldman Sachs Group Inc.）的中国合伙人方风雷创立的一家私募股权公司，高盛和新加坡淡马锡控股（Temasek Holdings Pte. Ltd.）为该基金提供支持。

厚朴基金酝酿于2003年，2007年水到渠成。这家在海外设立、专注于中国的私人股权投资基金，管理资金规模为25亿美元，完全以国际标准的合伙制模式打造，其投资者全部为世界排名前三位的机构投资者，包括主权财富基金、新加坡淡马锡投资。据悉，厚朴投资的制度设计、后台管理、投资策略都是在淡马锡的帮助下建立起来的。

作为一家初创企业，厚朴基金对于市场的影响力主要来自其三位创始合伙人：高盛高华证券公司董事长方风雷、原毕马威会计师事务所中国及香港业务主席何潮辉和原高盛亚洲投资银行部联席主管王忠信。

“我们要做国际水准的PE。”厚朴基金创始合伙人之一的何潮辉曾称，该基金的投资方向均与中国概念相关，一是直接投资中国企业；二是协助中国企业海外投资；三是协助海外企业投资中国。“不分行业、不分地域，我们最关心的是企业本身。

2008年中，厚朴基金联合淡马锡控股公司购买香港LungMing投资控股公司三年期的可转债，这家公司控股并经营位于蒙古国的铁矿石项目。之后再没有大动作。“如此简单的掘金逻辑，不是谁都可以模仿的。目前在中国能完成超过100亿元股权投资的PE掌舵人，也只有方风雷，只有他才有那样的气魄。”著名私募专家、经济学家、金融专家、国巨资本国际控股集团总裁、美国万通投资银行控股集团执行董事孙飞告诉时代周报记者，PE投资早已多元化，而不仅仅是专注于非上市公司。

厚朴基金以中国为投资目的地、是由中国人自行管理的最大规模的私募股权投资基金。2009年1月，厚朴基金曾以6.5亿美元的总价接手苏格兰皇家银行配售的中行H股股份。2009年5月，厚朴基金牵头的财团以每股4.2港元全数接手了美国银行出售的135亿股建行H股。携手中粮集团于2009年7月6日以61亿港元的高额资本共同入股蒙牛。这一交易也是迄今中国食品行业中交易金额最大的一宗。

资料来源：百度百科。

二、基金管理人的业绩展示

那些历史较长的基金管理公司往往不必纠缠于实现多高的回报，而只需将其投资过的著名企业Logo放在募集说明书中就有足够的说服力了。投资银行每完成一笔承销业务，通常会发布一篇带黑框的发行终结广告，俗称墓碑（Tombstone）。因此，当我们参观一家投行时，只要看其墙上的墓碑数就知道他的实力了。与投行类似，私募股权最好的业绩展示是其曾经投资过并退出的企业名录。基金管理人一般不愿意将基金的历史收益率或回报倍数公开，这些较少在募集说明书中提及。这显然不利于普通投资者对基金管理人的能力进行评价。

中国的基金管理人多数不公开自己的历史业绩，最多只会在主页上提到曾经投资过的企业名单。在这种情况下，技资者评判基金管理人的简单标准之一便是行业的排行榜。清科创投和投中集团每年都对中国市场的基金管理公司进行排名。一般而言，能进入排行榜前50名即为优秀投资机构，进入前10名则属当年表现优异。虽然2家机构的排名标准略有不同，但主要都是从募资、投资案例、退出案例和业绩回报四个方面进行加权平均。

需要注意的是，除了IPO退出案例属于公开信息之外，其他数据多数属于基金管理公司或被投资企业主动提供的数据。这类数据有可能存在偏颇。举个例子，基金管理人显然更乐于向行业调查机构介绍高收益倍数的投资案例，而隐瞒破产清算的案例。还有一些优秀的基金管理人根本不公开任何信息，行业调查机构只能通过媒体报道去推测其投资业绩，数据准确度会大受影响。鉴于此，清科创投和投中集团提供的榜单也只是“仅供参考”而已。

由于中国市场发展迅速，清科创投和投中集团的榜单构成也在不断发生改变。但也有少数机构连续 11 年处于榜单前 10，如深圳创新投资集团、联想投资（现称君联资本）和 IDG。相比创投榜单，大型私募股权投资机构榜单变化更加剧烈。

由于私募股权投资存在明显的 J 曲线效应，将处于投资期和退出期的基金管理人业绩进行对比显然并不公平。中国市场处于“快进快出”型投资占主流的阶段，因而注重在创业板和中小板退出的人民币基金管理人处于相对优势。举个例子，深圳创新投资集团 2011 年共投资 81 家企业，同年有 12 家企业在 A 股市场 IPO 退出。这样的业绩显然是外资基金所难以企及的。随着 IPO 热潮的冷却和 GDP 增速的放缓，注重增值服务的基金管理人将会在未来扳回局面。

拓展阅读

三、投资策略与逻辑

根据前面所述内容，创业投资、并购基金、房地产基金以及破产投资都属于私募股权范畴。基金管理人在设计基金之初应当选择好投资策略，并向投资者展示与投资策略相匹配的专业技能或履历。而投资者所考察的则是基金管理人与众不同的专业技能或背景支持。

从目前中国新募集基金的策略分布来看，以 Pre－IP0 投资为特色的成长资本占据绝对主流地位，同时也适合中国投资者快速套现的要求。这主要是因为在 2010 年和 2011 年，来自中国的 IP0 案例占全球总数的一半左右。但过度竞争导致的高投资成本和退出回报倍数逐步降低将逐渐蚕食成长资本的市场份额。事实上，从 2011 年下半年开始不少基金管理公司开始逐步转向更前期的创业投资策略或更晚期的并购策略。中国投资者的羊群心态并未得到根本改变，2000 年前后中国创业投资“一拥而上，一哄而散”的局面可能在今后几年重新上演。

从行业角度来看，天使投资、创业投资和成长资本中专注于特定行业的专业型基金业绩表现会优于不区分行业的一般型基金。投资者可以从基金管理人投资过的企业看出其投资偏好和经验。投资者可以从基金管理人投资过的企业看出其投资偏好和经验。科技—媒体—通信（TMT）行业是典型的创业投资方向，近年来生物科技和新能源专业基金的表现也不错。在中国经济转型的背景下，专注于消费领域的成长资本基金回报也很丰厚。譬如，鼎晖投资的服装企业（李宁、中国动向、百丽鞋业）和食品（双汇、雨润、蒙牛、现代牧业、梅花味精）都是成功案例。

大型并购基金一般没有特定的行业专注。但受到杠杆收购策略的限制，投资对象一般会集中在制造业、金融、房地产和传统服务业。近年来随着一些科技行业进入稳定增长的成熟期，硬盘制造（希捷）和芯片（飞思卡尔、日月光）等所谓的中国“先进制造业”也开始进入私募股权的视野。在并购基金领域，投资者更应该关注的是基金管理人的并购经验及与金融机构协作的能力而非行业知识。

模块四
基金条款

股权投资基金的募集是指股权投资基金管理人或者受其委托的募集服务机构向投资者募集资金用于设立股权投资基金的行为。具体而言，募集行为包括推介基金、发售基金份额、办理投资者认/申购（认缴）、份额登记、赎回（退出）等活动。

基金的募集分为自行募集和委托募集。自行募集是指由发起人自行拟定资本募集说明材料、寻找投资人的基金募集方式。委托募集是指基金发起人委托第三方机构代为寻找投资人或借用第三方的融资通道来完成资金募集工作，并支付相应的服务费或者“通道费”。

私募股权基金是通过一系列协议结合而成的集合投资平台。普通合伙人、有限合伙人及基金管理人通过有限合合伙协议、管理及顾问协议界定彼此的权利和责任，同时也对基金运作的相关事宜进行事先规范。

私募股权基金的协议体系除了权力机构的设置外，一份完整的有限合伙协议还需要详细规范以下事项：注册和组织事项、资本及合伙人、分配安排、基金运作、投资目标和范围、账簿记录、会计及税收事项、权益转让与债权解散、清算及终止，其他事项，如适用法律和争端解决等。

一、注册和组织事项

主要涉及基金的名称、注册及营业地点、经营目的以及存续期限等事项。

（一）基金名称

中国私募股权基金多数采用有限合伙制，在工商注册时往往冠以××投资中心（有限合伙）或××投资企业（有限合伙）等字样。如果基金采用公司制，则需要遵照公司的命名规则，如深圳市创新投资集团有限公司。需要注意的是，中国私募股权基金如果要冠以“股权投资基金”，如天津零售发展股权投资基金（有限合伙），则需要满足当地政府规定的条件（如注册或目标募集规模在1亿元以上）。

如果需要在中国注册“股权投资基金管理公司”，也需要满足地方政府规定的多项要求。但与股权投资基金相比，股权投资基金管理公司的注册门槛较低（如注册资本为500万元以上）。值得一提的是，多数成功的基金管理公司名称中一般没有“基金”或“基金管理公司”字样，譬如，北京弘毅投资顾问有限公司和鼎晖创业投资管理有限公司。这主要是因为股权投资基金管理公司的概念是在2007年以后才出现的，而不少资深基金管理公司都设立于2000年前后。

"产业投资基金"则需要地方或国家发改委的批文，规模要求一般在10亿元以上。早期的产业投资基金都是由国务院特批，由地方政府发起设立，因而属于典型的官办私募股权基金。但是很遗憾，多数官办基金目前发展状况并不佳，不少基金并未足额募资，较同期设立的民营基金逊色不少。

（二）股权投资基金的设立流程

1. 公司型基金的设立与备案

（1）设立条件。根据《公司法》的相关规定，设立有限责任公司应当具备下列条件：股东符合法定人数；有符合公司章程规定的全体股东认缴的出资额；股东共同制定公司章程；有公司名称，建立符合有限责任公司要求的组织机构；有公司住所。

根据《公司法》的相关规定，设立股份有限公司应当具备下列条件：发起人符合法定人数；有符合公司章程规定的全体发起人认购的股本总额或者募集的实收股本总额；股份发行、筹办事项符合法律规定；发起人制定公司章程，采用募集方式设立的经创立大会通过；有公司名称，建立符合股份有限公司要求的组织机构；有公司住所。

（2）设立步骤与备案。具体如下：

名称预先核准：根据相关法律法规对企业名称的特别规定为企业准备名称，根据所在地工商登记机构的流程要求进行名称预先核准。

申请设立登记：在名称核准通过后，需要依据《公司法》《公司登记管理条例》以及各地工商登记机构的要求提交一系列申请材料，进行设立登记事宜。

领取营业执照：申请人提交的申请材料齐全，符合法定形式，登记机构能够当场登记的，应予当场登记，颁发营业执照。公司营业执照签发日期为公司成立日期，领取营业执照后，还应该刻制企业印章，申请纳税登记，开立银行基本账户等。

基金备案：按照现行自律规则的要求，基金管理人应当在基金募集完毕后在限定时间内通过中国证券投资基金业协会的产品备案系统进行备案，根据要求如实填报相关基本信息。

有限责任公司型基金由全体股东指定的代表或者共同委托的代理人向公司登记机关申请设立登记，股份公司型基金则是由董事会向公司登记管理机关申请设立登记。

2. 合伙型基金的设立与备案

（1）设立条件。根据《合伙企业法》的相关规定，设立有限合伙企业应当具备下列条件：有限合伙企业由2个以上50个以下合伙人设立，但是法律法规另有规定的除外，有限合伙企业至少应当有一个普通合伙人；有书面合伙协议；有限合伙企业名称中应当标明"有限合伙"字样；有限合伙人认缴或者实际缴付的出资；有限合伙人可以用货币、实物、知识产权、土地使用权或者其他财产权利作价出资（但有限合伙人不得以劳务出资，在股权投资基金领域，普通合伙人通常只宜以货币形式出资）；有生产经营场所；法律法规规定的其他条件。

（2）设立步骤与备案。公司型基金与合伙型基金均由工商登记机构进行登记管理，因而设立步骤与基金备案公司型基金相同。

3. 契约型基金的设立与备案

根据相关法律法规的规定，契约型基金的设立不涉及工商登记程序，通过订立基金合同明确投资人、管理人及托管人在私募基金管理业务过程中的权利、义务及职责，确保委托财产的安全，保护当事人各方的合法权益。

基金备案要求与其他组织形式基金一致，应由管理人在基金成立日起在限定日期内到中国证券投资基金业协会办理相关备案手续，基金在中国证券投资基金业协会完成备案后方可进行投资运作。

基金的注册和营业地点可以不相同。通常来说，基金注册地点应唯一，营业地点可以有多个，譬如，有限合伙协议中可能做出如下规定：基金可以在普通合伙人认为合适的地点设立办事处和营业处。从实际注册情况来看，以天津和新疆为注册地的基金数量最多。但从营业地点来看，北京、上海、深圳及中国香港则占据主导地位。

（三）存续期限

私募股权基金通常会设定基金的存续期限。基金期限也称为基金存续期，是基金投资者约定的基金存续时长。通常情况下，基金存续达到了约定的期限，就应该进行基金的清算。在实践中，各方投资者和基金管理人可能会约定，虽然基金达到了存续期限，但是基金所投资的项目仍有一些尚未实现退出时，基金的存续期限可以进行一次或数次延长，通常每次延长期限不超过一年。

如果有限合伙协议中有设定存续期限，则普通合伙人有权决定基金清盘的时间。投资者承诺的资本额度超过事先设定的日期被定义为第一截止日（First Closing Date）。基金的存续期限从第一截止日开始计算。在此之后，基金仍可在普通合伙人的允许下继续吸纳投资者。较为常见的期限结构为“10 +2”“7 +2”以及“5 +2”。其中“10”“7”“5”分别意味着基金会在10年、7年或5年内清盘，而“+2”则意味着在普通合伙人的要求下基金可以延期几次，每次一年。“3 +1 +1”的意思是，3年为投资期，1年为退出期，1年为延长期。延期的原因通常是基金管理人无法及时将投资套现，这是一个糟糕的信号。

中国投资者普遍热衷于快进快出的投资模式。因此在国外流行的“10 +2”模型到了中国就缩水为“5 +2”模式，甚至有个别基金设置为“3 +2”的存续期限。但从投资实践来看，多数基金很难在5年内完成从投资部署到全部套现的过程。

二、资本事项

由于私募股权基金的主要资本由有限合伙人提供，为防止基金管理人为自己的利益过度投机，通常投资者会要求基金管理人出资比例不低于1％。一般来说，经验越丰富的基金管理人出资比例会越高。虽然1%的比例并不高，但对于规模在10亿美元以上的巨型基金来说也是一笔巨款。因此在投资者同意的情况下，某些基金管理人可以用年管理费冲抵出资。

（一）资金到位承诺

私募基金在募集资金的时候，一个棘手的问题是先有钱还是先有项目，如果先有钱而后有项目，一旦资金投不出去，投资人就要承担高昂的资本支出；如果先有项目而后有钱，则会让投资者错失投资机会，因为资金的筹集是个非常漫长的过程，为了避免这个两难的问题，私募基金一般采用承诺资本制。

承诺资本是指投资者在设立基金的合同文件中承诺将向基金出资，并在合同中约定缴款的条件，并在条件达到时实际履行缴款出资义务。承诺资本分为实缴资本和未投资资本。投资者承诺向基金投资的总额度称为认缴资本。投资者在某一时间内实际已经完成的出资称为实缴资本。投资者在实缴资本中尚未投资出去的部分称为未投资资本。

在合伙协议中会有相关资金承诺的条款，例如，一个 LP 所承诺的要投入一只基金的总资金额度。GP 一般也会承诺投入资金，但比例很小。资金承诺后并非一步到位，GP 会根据基金投资的需求向 LP 提出打款要求，在投资期限内所有资金都会被逐步投出去，一般不超过 6 年，这一点与公募基金有明显的区别。因此，股权投资的现金流模式也具有一定的特点，即先负增长，然后才正在增长，就是通常所说的“J－曲线”模式（如图 3－1 所示）。这与其采用的承诺资本制有密切的联系。

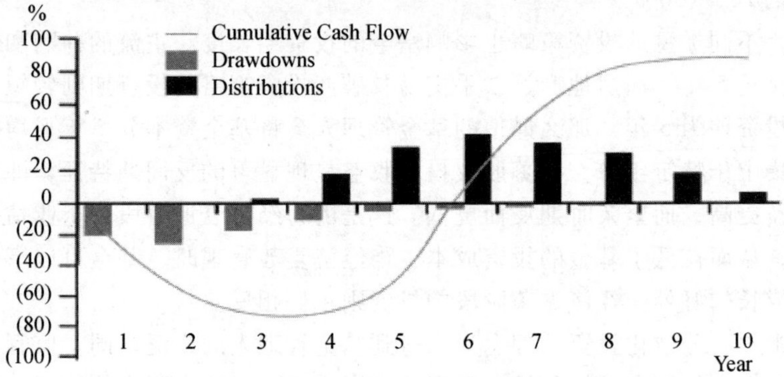

图 3－1 “J－曲线”模式

出于风险分散化和项目储备的考虑，私募股权基金通常不会在短时同内将资金全部投资出去。由于基金存续期限不同，私募股权基金的投资期为 3～6 年不等。除首期出资之外，普通合伙人会在需要资金注入时通知有限合伙人。

承诺资本制的逻辑在于，通过减少资金闲置提高基金整体的内部收益率，这显然可以提高普通合伙人的管理分红。但它的弊端在于，有限合伙人有可能违约。在出现违约的情况下，普通合伙人一般会先尝试和违约合伙人沟通，宽限其出资时间。如果沟通无效，理论上普通合伙人可以诉诸法律，对违约合伙人进行惩罚。

国际私募股权基金的有限合伙人主要为机构投资者。它们的基金规模较大，承受风险能力更强，因而较少出现违约事件。但在次贷危机及欧债危机相继肆虐的背景下，一些有限合伙人开始出现资金周转困难。在没有得到基金套现利润的情况下，部分有限合伙人已经不再响应基金管理人的出资通知。虽然普通合伙人理论上可以依法宣布这些有限合伙人违约，但出于维持长期关系的考虑，不少普通合伙人默认了这种违约行为，不采取惩罚措施。

如前所述，中国的有限合伙人主要是个人投资者，抵御风险的能力更低。2008 年次贷危机全面爆发时，就曾出现一些有限合伙人无法继续出资的情况。但随后而来的创业板很快让基金管理人忘却了这种威胁。从 2011 年底开始，出现部分有限合伙人转让权益或拒绝出资的情况。多数情况下，基金管理人会选择与有限合伙人友好协商，甚至豁免后续出资义务。中国私募股权业目前尚未形成一套符合国内投资文化的行业规则，一切仍在摸索中。

（二）投资期

投资期也称为承诺期，是指股权投资基金对某个投资项目从投资进入到投资退出所花的时间。一般来说，投资期与基金存续期相对应。“10+2”期限结构的基金通常投资期在5~6年，而“7+2”和“5+2”结构的基金投资期在3~4年。由于全球私募股权基金以“10+2”结构最为常见。因此5年的投资期在所有条款中最为常见。在中国3年投资期则是出现频率最高的条款。在此期间，投资者需要依照普通合伙人的指示逐步履行出资。一般来说，私募股权基金成立时有限合伙人需要缴付首期出资，通常为承诺资本的20%~50%。

另外，不同类型的投资策略也影响基金的投资期长度。主流的并购和创投策略平均投资期都接近5年，而房地产、二手交易及破产投资策略的投资期则较短。

如果投资期为5年，那么谨慎的基金管理人会将基金资本分5年平均投资，以避免风险过度集中于特定年份。私募股权投资收益呈现显著的反周期特征，即衰退时期的平均投资收益更高，而繁荣时期反而更低。这是因为经济衰退阶段的企业估值水平和盈利水平较低，从而拉低了基金的投资成本，当经济复苏套现时，基金可以享受估值倍数和盈利双重成长的好处。经济繁荣阶段的投资则正好相反。

但在中国，分散化投资的理念尚未得到基金管理人的广泛认同。监管机构多变的政策导致管理人更加倾向于抓住转瞬即逝的投资窗口。尽管有限合伙协议一般允许3年以上的投资期，但部分基金管理人在筹资后一年内就将投资部署完毕。

（三）基金债务

一般来说，私募股权基金不允许举借债务。但在特定情况下，基金可以向合伙人或者第三方举债。但这些事项必须在合伙协议中有具体规定。英国基金的典型出资结构为少量股权资金及大量有限合伙人贷款。在基金分配利润时，合伙人贷款本金和利息（即优先收益）优先偿还并且后者可以抵扣税收，从而达到节税的目的。

有限合伙协议一般允许基金向第三方借入资金应付暂时的资金缺口。譬如，基金已经与受资企业签订投资协议，在约定时间需要缴付投资款项，而部分有限合伙人未能如时缴付出资。在此情况下，基金管理人可以暂时向银行借入过桥贷款以履行投资协议。在合伙人出资到位后，再偿还贷款。

（四）基金募集过程中的相关限制

1. 股权投资基金募集人数限制

基金应当向合格投资者募集，单只基金的投资者人数累计不得超过《证券投资基金法》《公司法》《合伙企业法》等法律规定的特定人数。目前，我国股权投资基金投资者人数限制如下：

（1）公司型基金：有限公司不超过50人、股份公司不超过200人。

（2）合伙型基金：不超过50人。

（3）契约型基金：不超过200人。

以合伙企业、契约等非法人形式通过汇集多数投资者的资金直接或者间接投资于基金的，基金管理人或者基金销售机构应当穿透核查最终投资者是否为合格投资者，并合并计算投资者人数。

投资者转让基金份额的，受让人应当为合格投资者，且基金份额受让后投资者人数应当仍然符合相关法律规定规定的特定人数。

如果基金在募集中超过了上述的募集人数标准，无论募集机构与投资者沟通方式是否满足“特定化”标准，都将构成公开发行。

2. 禁止性募集行为

募集机构及其从业人员不得从事侵占基金财产和客户资金、利用基金相关的未公开信息进行交易等违法活动。

在推介基金时，不得宣传“预期收益”“预计收益”“预测投资业绩”等相关内容，不得违规使用“安全”“保证”等措辞。基金推介材料中应避免出现相关表述。

基金管理人如果委托未取得基金销售业务资格的机构募集基金的，中国证券投资基金业协会将不予办理基金备案业务。

中国证券投资基金业协会出台的《私募投资基金募集行为管理办法》对募集机构的禁止性行为以及募集媒介渠道进行了较为详细的规定。

3. 投资限制

在合伙协议中，LP一般会要求GP承诺只在特定领域内进行投资或对一个项目的投资资金额度不能超过基金的某一比例限制，以分散风险。这一点类似于公募基金中的相关限制条款。投资限制中一般也会包括基金不能向外贷款，对于基金本身的贷款额度也会有明确的限制，但并不影响所投资的企业向外举债。

三、分配事项

（一）基金收益分配的原则

为了实现基金管理人和基金投资者的利益一致性目标，同时为了对基金管理人产生足够的激励作用，股权投资基金一般采用以下的基金收益分配原则：首先向投资者返还投资本金；其次向投资者支付约定的优先收益；剩余收益按照约定的比例在管理人和投资者之间分配。

（二）基金收益分配的方式

根据基金收益分配是否优先满足投资人的出资及一定比例的收益分为两种分配方式：一种是按基金分配；另一种是按单一项目分配。

按基金分配是指投后退出的所有资金首先用于返还全体投资者的出资本金以及事先约定的优先收益后，基金管理人才参与超额收益的分配。

按单一项目分配是指每个投资项目投后退出的每一笔资金都按照一定的顺序在基金投资者和管理人之间分配，而不是首先满足基金投资者的全部本金出资和优先收益。在逐笔分配模式下，针对每一笔投后退出收入管理人都参与收益分配。

（三）行业惯例

行业惯例是基金处置投资项目所得现金在扣除费用之后分配给合伙人，而不是进行滚动投资。股权投资中的滚动投资是受到严格限制的。有限合伙协议可能规定如下：除特定情况外，投资回收的资金不能再次用于投资，应用于利润分配和缴付基金管理费用。在扣除管理费用后，普通合伙人和有限合伙人按照国际通行的20%和80%的比例进行利润分配。管理费用行业惯例一般是2%。有些合伙协议会规定一个最低的回报率（行业惯例是8%），只有当整只基金的收益达到这一回报率后才能进行分成，这也是限定滥收费以及激励基金管理人的一种方式。

因此，综上所述，“2%~8%~20%”的安排成为市场上较为常见的条款。即年管理费2%，当基金的回报率达到8%以上的时候，基金管理人有权按照20%进行管理分红。

基金的某项投资将会获得收益或者导致亏损，获得收益时需要规定如何分配利益，包括利益支付的时间和形式。当一个投资项目发生亏损时，LP一般要求GP从之前盈利项目所获得的回报分成中拿回一部分用于补偿当前的亏损，这被称为“回拨”机制，或者“钩回”机制。这一部分的谈判内容往往是合伙协议中最困难的部分。回拨机制是指在股权投资基金清算时，对已经分配的收益进行重新计算，如果投资者实际获得的收益少于优先收益，或者收益分配比例不符合基金合同约定的，基金管理人需要从已经分得的业绩报酬金额中返还一部分至基金资产，并分配至基金投资者。

四、清算、解散及终止

合伙终止的条件一般包括：“关键人物”的意外死亡或离开；LP们对GP失去信心；LP缺少足够的资金兑现资金承诺；投资期间到期自然终止；等等。由于协议中可能包含对LP中途退出给予严厉的违约赔偿措施，目前出现了一些大型基金在二级市场上收购LP权益的现象，从而给LP的权益增加了一定的流动性。养老基金等强势LP一般也会要求在合伙协议中增加退出条款，这样做的目的在于，主要针对法律不允许继续投资时可以不受损失的安全退出。

五、信息披露

（一）基金信息披露义务人和信息披露的内容

信息披露义务人是指股权投资基金管理人、股权投资基金托管人，以及法律、行政法规、中国证监会和中国证券投资基金业协会规定的具有信息披露义务的法人和其他组织。

股权投资基金的信息披露应当包含以下内容：基金合同；招募说明书等宣传推介文件；基金销售协议中的主要权利义务条款；基金的投资情况；基金的资产负债情况；基金的投资收益分配情况；基金承担的费用和业绩报酬安排；可能存在的利益冲突；涉及私募基金管理业务、基金财产、基金托管业务的重大诉讼仲裁；中国证监会以及中国证券投资基金业协会规定的影响投资者合法权益的其他重大信息。

（二）基金信息披露的方式

股权投资基金募集期间，信息披露义务人应当准备推介材料，披露以下信息：基金的基本信息（包括基金名称、基金架构、基金类型等）、基金管理人基本信息、基金的投资信息、基金的募集期限、基金的估值政策、合同的主要条款、申购赎回安排、基金管理人近3年的诚信情况说明。

股权投资基金运行期间，信息披露义务人应当及时进行日常经营信息的定期信息披露和重大事项的即时披露。

定期信息披露：包括季度信息披露、年度信息披露。

季度信息披露：在每季度结束之日起10个工作日以内，向投资者披露基金净值、主要财务指标以及投资组合情况等信息。

年度信息披露：在每个财政年度结束之日起4个月以内，向投资者披露报告期末基金净值和基金份额总额；基金的财务情况；基金投资运作情况和运用杠杆情况；投资者账户信息，包括实缴出资额、未缴出资额以及报告期末所持有基金份额总额等；投资收益分配和损失承担情况；基金管理人取得的管理费和业绩报酬，包括计提基准、计提方式和支付方式；基金合同约定的其他信息。

股权投资基金运行期间发生重大事项的，信息披露义务人也应当按照基金合同的约定及时向投资者进行即时披露。

信息披露义务人向投资者进行信息披露的内容、披露频度、披露方式、披露责任以及信息披露渠道等事项应当在基金合同中进行约定。

（三）信息披露的禁止性规定

股权投资基金进行信息披露时，不得存在以下禁止行为：公开披露或者变相公开披露；虚假记载、误导性陈述或者重大遗漏；对投资业绩进行预测；违规承诺收益或者承担损失；诋毁其他基金管理人、基金托管人或者基金销售机构；登载任何自然人法人或者其他组织的祝贺性、恭维性或推荐性的文字；采用不具有可比性、公平性、准确性、权威性的数据来源和方法进行业绩比较，任意使用“业绩最佳、规模最大”等相关措辞；法律、行政法规、中国证监会和中国证券投资基金业协会禁止的其他行为。

六、其他事项

除了上述条款之外，有限合伙协议还可能就争端解决机制、聘任中介机构、信息披露机制及保密等事项进行规范。

（一）争端解决机制

不少基金约定仲裁机构与仲裁地点，且规定仲裁裁决为终局。一般由于协议引起的及与本协议有关的一切争议，首先应由相关各方之间通过友好协商解决；如相关各方不能协商解决，则应提交中国国际经济贸易仲裁委员会，按该会当时有效的仲裁规则仲裁解决。仲裁裁决是终局的，对相关各方均有约束力。

（二）聘任的中介机构

基金聘任的中介机构主要是律师和审计师，他们服务的对象为基金而非普通合伙人。这里的中介机构不同于投资决策过程为尽职调查目的而聘请的中介机构。

（三）保密条款

基金管理人对于基金信息的保密有着偏执的要求，尤其是业绩特别优秀和特别糟糕的管理人。有限合伙人支付给基金的管理费和管理分红以及基金整体收益都属于保密信息。虽然私募股权基金的主要投资者为公共养老基金，但这些信息受制于保密条款也无法公开。2004 年美国加州公务员退休基金（CalPERS）被迫和一家公益团体达成和解，对外公布支付给私募股权基金和对冲基金管理人的费用信息。从此之后，保密条款对公共养老基金这类机构投资者的有效性便存在争议。

私募基金募集说明书（范本）详见书后附录 1，私募基金合同（范本）详见书后附录 2。

本章小结

1. 在欧美市场上，私募股权主要向养老基金、保险公司、捐赠基金、慈善基金、政府投资机构、商业银行、母基金（Fund of Funds，也称组合基金）等机构投资者募集资金。中国市场与国际市场显著不同的一点是，个人投资者在基金投资中占据重要地位。

2. 在美国，投资银行和商业银行都是主要的融资代理机构。而在中国，基金募集的渠道主要是商业银行的私人银行部门（Private Banking）、信托公司、证券公司以及第三方理财顾问。

3. 在募集的过程中，基金管理人要获得投资者的信任，应该努力做到以下三点：向投资者展示其资质，包括市场地位，关系网络以及专长；向投资者介绍历史投资业绩；帮助投资者了解基金的具体投资策略、运作方式以及风险控制 。

4. 私募股权基金的协议体系除了权力机构的设置外，一份完整的有限合伙协议还需要详细规范以下事项：注册和组织事项、资本及合伙人、分配安排、基金运作、投资目标和范围、账簿记录、会计及税收事项、权益转让与债权解散、清算及终止，其他事项，如适用法律和争端解决等。

任务检测

一、单项选择题

1.（　　）的投资期限是所有私募股权投资基金投资者类别中最长的，风险承受能力也最高。

A. 养老基金　　　　　　　　B. 慈善基金

C. 捐赠基金　　　　　　　　D. 母基金

2. 根据财政部和人社部2008年的授权，全国社保基金可以将总资产的（　　）（以成本计）投向私募股权。

A. 10%　　　　　　　　　　B. 20%

C. 30%　　　　　　　　　　D. 40%

3. （　　）是私募股权向个人融资最有效的渠道。

A. 证券公司　　　　　　　　B. 商业银行

C. 保险公司　　　　　　　　D. 基金公司

4. 基金的存续期限从（　　）开始计算。在此之后，基金仍可在普通合伙人的允许下继续吸纳投资者。

A. 第一截止日　　　　　　　B. 第二截止日

C. 第三截止日　　　　　　　D. 第四截止日

5. （　　）是中国最大的养老基金。

A. 全国医疗保障基金理事会　B. 全国社会保障基金理事会

C. 全国养老保障基金理事会　D. 以上三者都不是

6. （　　）一般指为维持公益事业机构而专门设立的非营利基金。

A. 养老基金　　　　　　　　B. 捐赠基金

C. 慈善基金　　　　　　　　D. 主权基金

7. 为维持非营利基金的免税地位，捐赠基金需每年至少将资产的（　　）用于机构开支。由于短期现金需求并不高，捐赠基金可以有灵活甚至激进的投资策略。

A. 10%　　　　　　　　　　B. 50%

C. 5%　　　　　　　　　　 D. 20%

8. 根据《保险资金运用管理办法》（保监会令2018年1号）等相关规定，即日起，保险资产管理机构及其下属机构发起设立股权投资计划和保险私募基金，由（　　）办理注册工作。

A. 中国保险资产管理业协会　B. 中国基金业协会

C. 中国证券业协会　　　　　D. 中国银行业协会

9. 中国的私募基金一般采用的是（　　）。

A. 先有钱，后有项目　　　　B. 承诺资本制

C. 先有项目，后有钱　　　　D. 以上都不对

10. 普通合使入和有限合伙人按照国际通行的利润分配比例是（　　）。

A. 一九分成　　　　　　　　B. 二八分成

C. 三七分成　　　　　　　　D. 四六分成

二、多项选择题

1. 私募股权投资基金的募集对象有（　　）。

A. 慈善基金　　　　　　　　B. 保险公司

C. 母基金　　　　　　　　　D. 商业银行

E. 政府投资机构

2. 在中国，基金募集的渠道主要有（　　）。

A. 商业银行的私人银行部门　B. 信托公司

C. 证券公司　D. 保险公司

E. 第三方理财顾问

3. 在募集的过程中，基金管理人要获得投资者的信任，应该努力做到（　　）。

A. 向投资者展示基金管理人的资质

B. 基金管理人的业绩展示

C. 基金管理人的学历

D. 投资策略与逻辑

E. 投资报告的撰写能力

4. 以下属于捐赠基金的有（　　）。

A. 哈佛基金　B. 耶鲁基金

C. 壹基金　D. 嫣然基金

E. 北大教育基金

5. 一份完整的有限合伙协议还需要详细规范（　　）事项。

A. 注册和组织事项　B. 资本及合伙人

C. 投资目标和范围　D. 会计及税收事项

E. 清算及终止

三、判断题

1. 为维持非营利基金的免税地位，捐赠基金需每年至少将资产的10%用于机构开支。（　　）

2. 中国投资有限责任公司（中投）属于主权财富基金。（　　）

3. 中国私募股权基金如果采用有限合伙制，在工商注册时往往冠以××投资有限合伙中心或××技资有限合伙（企业）等字样。（　　）

4. 投资者在实缴资本中尚未投资出去的部分称为未投资资本。（　　）

5. 在中国，商业银行可以直接投资私募股权。（　　）

四、简述题

1. 私募股权投资的筹资对象有哪些？

2. 私募股权投资的筹资渠道有哪些？

3. 私募股权投资的筹资要领有哪些？

4. 商业银行为什么是中国最有效的筹资渠道？

五、角色扮演

请同学们分成几个小组，每个小组5～6人，通过角色扮演来熟悉本章节的主要内容。其中一位同学扮演GP，扮演GP的同学在网上搜集相关私募基金公司的情况，熟悉该公司的产品特点和优势。其他几位同学扮演LP，如商业银行客户经理、创业者、公司高管等。

4 项目四 股权投资

知识目标

1. 掌握股权投资的宏观经济指标。
2. 掌握股权投资的四种分析方法。
3. 掌握股权投资尽职调查的相关知识。

技能目标

能够发现股权投资机会，并能做出初步的投资预测。

案例导入

“俏江南”对赌失败案

一、俏江南对赌 IPO

2008 年下半年，鼎晖投资了俏江南，鼎晖是一家老牌的私募股权投资机构，它投资 2 亿元获得俏江南 10.53% 的股权，投后俏江南估值大约 19 亿元，双方签订了“对赌协议”：如果非鼎晖方面的原因，造成俏江南无法在 2012 年底之前上市，鼎晖有权要求俏江南用回购的方式退出。这就是一个非常标准的以“上市时间”作为对赌条件的案例。

2011 年 3 月，俏江南向中国证监会提交了 A 股上市的申请，2012 年 1 月 30 日，中国证监会以“采购端和销售端都是用现金交易，收入和成本无法可靠计量，无法保证会计报表的真实性”为理由，终止了俏江南的上市申请。A 股上市没有希望，俏江南不得不转战港股，为了尽快能够满足中国香港上市的监管条件，俏江南实际控制人张兰女士不惜变更国籍，可惜屋漏偏逢连阴雨，2012 年 12 月“中央八项规定”出台，受此影响，奢侈品、高档酒、高端消费都受到很大影响，这对定位为中高端餐饮的俏江南来说，简直是沉重的打击。在中国香港，以狡猾著称、机构为主的投资者对俏江南的上市定价也不认可，俏江南也不想卖得太廉价，于是就想再等一等，等待更好的时机，鼎晖也同意把 IPO 的时间再延长半年，但市场环境越来越恶劣，最终俏江南在中国香港上市的意愿也没有实现，这就导致其触发了和鼎晖签署的“股份回购条款”，而此时正处在经营困难之中的俏江南，确实拿不出钱来回购这笔巨额的现金（本金 2 亿元，加上 5 年的回购利率一共约 3.5 亿元）。上市，没有希望，回购，对方又掏不出钱，这对鼎晖来说，也是很要命的！天不救，唯有自救，那就想办法把股权转让给第三方，这样自己才能够脱身，这时当初鼎晖和俏江南签署的对赌条款里面的另外一个条款“领售权”发挥了作用。

二、对赌中的领售权

领售权，也就是平常所说的强卖权，是指在股权投资中，我们把鼎晖这样的 PE 机构称之为优先股股东的话，如果多数的优先股股东同意出售或者清算这个公司，则其余的股东都应该同意这笔交易，并且要以相同的价格和条件出售他们的股份。在俏江南的股东里面，优先股股东只有鼎晖一家，鼎晖只要能找到愿意收购俏江南的资本方，张兰女士这个大股东就必须无条件跟随。这个时候俏江南的命运就已经不掌握在张兰手中了，一切都是鼎晖说了算。那么领售权是如何存在的呢？下面详解一下它的几种情况：

第一种情况：俏江南的股东鼎晖找来接盘方，如果接盘方不谋求控股或者也不愿意再收购更多的股份，接盘价格也合理，这时候鼎晖只用卖出自己那部分股权就能够拿到预期的回报，那么大股东张兰女士就不用跟着卖出股权了。

第二种情况：假如鼎晖找来的接盘方不愿意当一个 10% 的小股东，一定要当控股股东，这时候领售权就发挥作用了，无论大股东张兰女士是否愿意，都必须跟着卖出股权。

第三种情况：鼎晖找来接盘方给的价格不高，鼎晖卖了自己的股权还不够投资的本金和利息，则必定会行使领售权，要求大股东张兰女士也必须跟着卖出股权，这样才能还够鼎晖的钱。

领售权（强卖权）一旦开始行使，基本上都会导致公司大股东失去控股权。

三、对赌失败后的清算

2013 年 10 月，鼎辉找来欧洲老牌的私募股权基金 CVC 谋划收购俏江南，CVC 会出高价来收购鼎辉持有的俏江南股权吗？若鼎晖卖出自己 10.53% 的股权，还不够自己投资的本金和利息，必定会要求张兰也跟着一起卖出股权，这个时候，就又触发了一个新的对赌条款——“清算优先权条款”，只要合计出售的股权的比例超过了 50%，则可视作是清算事件。

一旦清算事件发生，鼎晖就可以启动另外一个对赌条款，那就是“清算优先权条款”，优先股股东（鼎晖）有权优先于普通股股东（张兰）每股获得初始购买价格2倍的回报，当然，也可以放弃这个条款。那么这个条款最终会导致什么结果？那就是假如张兰和鼎晖一并出售公司的股权，所收到的出售股权价款中，要优先保证鼎晖初始投资额2倍的回报，如果有剩余才能分给张兰，如果没有她则颗粒无收。

2014年4月，CVC发布公告称完成对俏江南的收购。根据媒体的报道，CVC最终用3亿美元的价格收购了俏江南82.7%的股权。由此可以推测，除了鼎晖出售的10.53%的股权，其余超过72%的股权就是张兰所出售的。收购之后新的股权结构为：CVC持股82.7%、张兰持股13.8%、员工持股3.5%。表面上看，张兰这个时候还是俏江南的一个小股东，而且还担任着董事长，但是她已然没有任何办法左右俏江南的发展了，这一切都是因为在最初和鼎晖签署的投资协议里对赌条款的连锁反应：俏江南上市无望，触发了股份回购条款，无钱回购导致鼎晖启动领售权条款，股权的出售成为清算事件又触发了清算优先权条款。

四、资本VS实体

CVC以3亿美元获得82.7%的股权，按照当时的汇率折算，这笔交易中俏江南的整体估值为22亿元，高于鼎晖2008年入股时的19亿元的估值，这也意味着，鼎晖出售自己那部分股权仅仅能保本，假如鼎晖非要按照清算优先权的条款要求获得至少2倍的回报，则差额部分就需要用张兰出售股份的所得款进行补偿。

据推算，张兰出售72%的股权获得近16亿元，除了拿出2亿到4亿元用来补偿鼎晖，她自己变现超过12亿元人民币。

人算不如天算，随着经济增速放缓，CVC所期望的依靠俏江南的现金流来偿还贷款的设想变成了泡影，最后只能任由银行等债权方处置俏江南了。

这就是对赌！对赌的结果，像蒙牛那样双赢的是少之又少，更多的例子都是双输，除了俏江南，还有陈晓与摩根士丹利对赌输掉了永乐电器，李途纯和摩根士丹利、高盛对赌输掉了太子奶，吴长江引入软银赛富最后被逼出雷士照明……对于资本方来说，尽管保护投资者的利益和自身的合法权益是天经地义的，但是，市场形象、口碑也会受到一定的影响，你说这怎么不是一种双输？

资料来源：作者：虎成论金，https：//www.douban.com/note/624713720/。

思考：对赌条款有利于投资人还是创业者？

模块一
股权投资的一般流程

在私募股权投资流程中，最重要的、最能创造价值的环节当属投资环节，所以投资环节在整个流程当中具有承上启下的作用，怎样做好投资，选好项目直接关系到基金未来的发展。一个完整的股权投资基金投资流程通常包括项目收集、项目初审、项目立项、签署投资备忘录、尽职调查、投资决策、签署投资协议、投资后管理、项目退出等主要阶段。股权投资基金管理机构可以根据项目所处周期、机构自身管理特点以及基金协议相关约定适当调整相关程序。

一、项目收集

寻找项目是股权投资流程的开始，俗话说："好的开始是成功的一半。"股权投资基金的项目主要有三个来源：

（1）依托创新证券投资银行业务、收购兼并业务、国际业务衍生出来的直接投资机会，具有贴近一级投资市场、退出渠道畅通、资金回收周期短以及投资回报丰厚等特点。

（2）与国内外股权投资机构结为策略联盟，实现信息共享，联合投资。

（3）跟踪和研究国内外新技术的发展趋势以及资本市场的动态，通过资料调研、项目库推荐、访问企业等方式寻找项目信息。

二、项目初审

项目初审又叫初步尽调，是指项目投资经理在接到商业计划书或项目介绍后，或者听过项目路演后，对项目进行初步调查，提交初步调查报告、项目概况表，并对项目企业的投资价值提出初审意见。

项目初审包括书面初审与现场初审两个部分。股权投资基金对企业进行书面初审的主要方式是审阅企业的商业计划书或融资计划书，股权投资基金在审查企业的商业计划书后，经判断如果符合股权投资基金的投资项目范围，将要求到企业现场实地走访，调研企业现实生产经营与运转状况，即现场初审。

三、项目立项

对通过初审的项目，通常由项目投资经理提交立项申请材料，经基金管理人立项委员会或其他程序批准立项，经批准的项目方可进行下一步工作。

四、签署投资备忘录

项目完成立项后，通常会与项目企业签署投资备忘录。投资备忘录，也称投资框架协议，或投资条款清单，通常由投资方提出，内容一般包括投资达成的条件、投资方建议的主要投资条款、保密条款以及排他性条款。投资备忘录中的内容，除保密条款和排他性条款之外，主要作为投融资双方下一步协商的基础，对双方并无事实上的约束力。

五、尽职调查

立项批准并签署投资备忘录后，项目投资经理、风险控制团队分别到项目企业独立展开尽职调查，并填写完成企业尽职调查报告、财务意见书、审计报告及风险控制报告等材料，尽职调查认为符合投资要求的企业或项目，项目投资经理编写完整的投资建议书。

项目初审和尽职调查是有区别的，在未签订保密协议之前，只能进行项目初审，企业一般不会向投资方开放机密资料。因此，初步调查基金管理人需要根据有限的信息判断投资的价值与风险，主观判断的成分比较大。通过项目初审来决定是否与企业签署投资备忘录。虽然投资备忘录一般没有法律约束力，但却有道德约束力。没有正当理由拒绝投资或降低出价，会影响基金管理人的声誉以及未来项目渠道。

尽职调查则一般是在签订投资条款书之后进行的。在此阶段，基金管理人及其聘请的中介机构通过查阅企业的内部资料并访问企业管理人员，以此判断投资的价值并排查法律风险。尽职调查和初步尽调覆盖的范围大致相当，差别在于资料的准确性和参与方。基金管理公司负责初步尽调，而尽调调查一般会聘请律师和会计师等中介机构参与。中国市场的中介机构竞争非常激烈，因此即便是没有签订顾问合同，律师和会计师也有可能在初步尽调阶段就参与其中。

六、投资决策

股权投资基金管理机构设立投资决策委员会对投资项目行使投资决策权。投资决策委员会的设立应符合关联交易审查制度的要求，确保不存在利益冲突。通常，投资决策委员会由股权投资管理机构的主要负责人（董事长、总裁等）、风险控制负责人投资负责人和行业专家等组成。

七、签署投资协议

投资决策委员会审查同意进行投资的企业或项目经法律顾问审核相关合同协议后，由授权代表与被投资方签署“增资协议”或“股权转让协议”等投资协议；“股东协议”或“合资协议”以及相关补充协议。

八、投资后管理

投资协议生效后，项目投资经理具体负责项目的跟踪管理，管理内容包括但不限于企业的财务状况、生产经营状况、重要合同等方面，并进行有效监控，更要利用自身的业务特长和社会关系网络帮助企业改善经营管理，为企业提供增值服务，包括帮助企业规范运作、完善公司治理结构、提供再融资服务、上市辅导及并购整合等，使企业在尽可能短的时间内快速成长、增值。

九、项目退出

项目退出是指当所投资的企业达到预定条件时，股权投资基金将投资的资本及时收回的过程。具体的退出方式包括：上市转让或挂牌转让退出、股权转让退出（包括回购、并购）、清算退出等。

模块二
股权投资基本面分析

股权投资主要投资于未上市的企业，未上市企业没有能够交易的二级市场，因此没有稳定的、流畅的交易信息可供参考，即使有区域性的股权投资市场，由于交易者比较少，也不会有太大的参考价值，因此，投资于未上市公司的分析思路和分析方法和投资于上市公司的分析思路和分析方法完全不同，未上市公司的投资需要投资者拥有更加广阔的思路和分析能力，拥有更加敏锐的洞察能力。

与股票投资相比，由于股权投资没有发达的二级市场，因此股权投资只能进行基本面分析，而不能进行技术分析。像 K 线、趋势线、形态理论都是无用的。因此，本章要和大家一起探讨如何进行股权投资的基本面分析。股权投资基本面分析是指人们通过各种专业性的分析方法对影响公司价值或价格的各种信息进行综合分析以判断项目价值或价格及其变动的行为，是股权投资过程中不可或缺的一个重要环节。基本分析又称基本面分析，是指根据经济学、金融学、财务管理学及投资学等基本原理，对决定公司价值及价格的基本要素，如宏观经济指标、经济政策走势、行业发展状况、产品市场状况、公司销售和财务状况等进行分析，评估公司的投资价值，判断公司的合理价位，提出相应的投资建议的一种分析方法。

按照经济学的基本原理，基本面分析从上到下主要包括宏观经济分析，行业分析和公司分析，有自上而下或者自下而上两种分析方法。

一、宏观经济分析

宏观经济分析主要探讨各种经济指标和经济政策，通过各种经济指标的变动和经济政策的变化来分析宏观经济对各个行业和公司的影响，从而找到未来经济发展的趋势。

（一）宏观经济分析的意义

1. 把握股权投资市场的总体变动趋势

在证券投资中，宏观经济分析是一个重要环节，只有把握住宏观经济发展的大方向，才能把握股权投资市场的总体变动趋势，才能体做出正确的投资决策；只有密切关注宏观经济因素的变化，尤其是产业政策的变化，才能抓住股权投资的时机。

2. 判断整个股权投资市场的投资价值

股权投资市场的投资价值与国民经济的整体素质及其结构变动密切相关。从一定意义上说，整个股权投资市场的投资价值就是整个国民经济增长质量与速度的反映，因为不同部门、不同行业与成千上万的不同企业相互影响、相互制约，共同影响国民经济发展的速度和质量。宏观经济是个体经济的总和，企业的投资价值必然在宏观经济的总体中综合反映出来，所以，宏观经济分析是判断整个股权投资市场价值的关键。

3. 掌握宏观经济政策对股权投资市场的影响力度与方向

股权投资市场与国家宏观经济政策息息相关。在市场经济条件下，国家通过财政政策和货币政策来调控经济，通过产业政策来引导产业的发展。这些政策将会影响经济增长速度和企业经济效益，并进一步对股权投资市场产生影响。因此，股权投资者必须认真分析宏观经济政策，判断其对股权投资市场的影响程度与方向，才能准确把握好未来的产业发展动向和发展趋势。

（二）宏观经济分析的基本方法

1. 总量分析法

总量分析法是指对影响宏观经济运行总量指标的因素及其变动规律进行分析，如对国内生产总值、消费额、投资额、银行贷款总额及物价水平的变动规律分析等，进而说明整个经济的状态和全貌。总量分析主要是一种动态分析，因为它主要研究总量指标的变动规律；同时也包括静态分析。总量分析包括考察同一时间内各总量指标的相互关系，如投资额、消费额和国民生产总值的关系等。

总量是反映整个社会经济活动状态的经济变量。它包括两个方面：一是个量的总和。例如，国民收入是构成整个经济各单位新创造价值的总和；总投资是指全社会私人投资和政府投资的总和；总消费是指参与经济活动各单位消费的总和。二是平均量或比例量。例如，价格水平是各种商品与劳务相对于基期而言的平均价格水平。

2. 结构分析法

结构分析法是指对经济系统中各组成部分及其对比关系变动规律的分析。如国内生产总值中三次产业的结构分析、消费和投资的结构分析、经济增长中各因素作用的结构分析等。结构分析主要是一种静态分析，即对一定时间内经济系统中各组成部分变动规律的分析。如果对不同时期内经济结构变动进行分析，则属于动态分析。

3. 总量分析和结构分析的相互联系

总量分析侧重于总量指标速度的考察，侧重分析经济运行的动态过程；结构分析侧重于对一定时期经济整体中各组成部分相互关系的研究，侧重分析经济现象的相对静止状态。总量分析非常重要，但它需要结构分析来深化和补充；而结构分析要服从于总量分析的目标。为使经济正常运行，需要对经济运行进行全面把握，将总量分析方法和结构分析方法结合起来使用。

（三）宏观分析资料的搜集与处理

宏观分析所需的有效资料一般包括政府的重点经济政策与措施、一般生产统计资料、金融物价统计资料、贸易统计资料、每年国民收入统计与景气动向、突发性非经济因素等。这些资料来源主要有：①从电视、广播、报纸、杂志等了解世界经济动态与国内经济大事。②政府部门与经济管理部门、省市公布的各种经济政策、计划、统计资料和经济报告，各种统计年鉴，如《中国统计年鉴》《中国经济年鉴》《经济白皮书》等。③各主管公司、行业管理部门搜集和编制的统计资料。④部门与企业内部的原始记录。⑤各预测、情报和咨询机构公布的数据资料。⑥国家领导人和有关部门、省市领导报告或讲话中的统计数字和信息等。其中，数据资料是宏观分析与预测，尤其是定量分析预测的基础。无论是对历史与现状的总结，还是对未来的预测，都必须以它为依据。因此，对数据资料有一定的质量要求，如准确性、系统性、时间性、可比性、适用性等。需要注意的是，有时资料可能因口径不一致而不可比，或是存在不能反映变量变化规律的异常值，此时还需对数据资料进行处理。

（四）宏观经济分析的主要指标

1. 国内生产总值

（1）国内生产总值定义及计算。国内生产总值（GDP）是指一个国家（或地区）所有常住居民在一定时期内（一般按年统计）生产活动的最终成果。区分国内生产和国外生产一般以“常住居民”为标准。只有常住居民在1年内生产的产品和提供劳务所得到的收入才计算在本国的国内生产总值之内。常住居民是指居住在本国的公民、暂居外国的本国公民和长期居住在本国但未加入本国国籍的居民。因此，一国的国内生产总值是指在一国的领土范围内，本国居民和外国居民在一定时期内所生产的、以市场价格表示的产品和劳务的总值。

与以“国民原则”为核算标准的国民生产总值（GNP）相比，以“国土原则”为核算标准的国内生产总值不包含本国公民在国外取得的收入，但包含外国居民在国内取得的收入；相反，国民生产总值包含本国公民在国外取得的收入，但不包含外国居民在国内取得的收入。

GDP = GNP - 本国居民在国外的收入 + 外国居民在本国的收入

= GNP - （本国生产要素在国外取得的收入 - 本国付给外国生产要素的收入）

= GNP - 国外要素收入净额

国内生产总值有三种表现形态，即价值形态、收入形态和产品形态。从价值形态看，它是所有常住居民在一定时期内生产的全部货物和服务价值超过同期中间投入的全部非固定资产货物和服务价值的差额；从收入形态看，它是所有常住居民在一定时期内创造并分配给常住居民和非常住居民的初次收入分配之和；从产品形态看，它是所有常住居民在一定时期内最终使用的货物和服务价值与货物和服务净出口价值之和。

对应于这三种表现形态，在实际核算中，国内生产总值有三种计算方法，即生产法、收入法和支出法。这三种方法分别从不同的方面反映国内生产总值及其构成。最常用的是支出法，统计GDP时，要将出口计算在内，但不计算进口。其公式为：

$$GDP = C + I + G + (X - M)$$

式中，C代表“消费”（即常住居民的个人消费。其中，所有房屋，包括居民住房的购买，都属于固定资本形成，而不属于消费性支出）；I代表“投资”（包括净投资与折旧）；G代表“政府支出”（包括政府购买，但不包括政府转移支付，以避免重复计算)；X 代表“出口”，M 代表“进口”，(X－M) 表示“净出口”。

国内生产总值的增长速度一般用来衡量经济增长率（也称“经济增长速度”）。它是反映一定时期经济发展水平变化程度的动态指标，也是反映一个国家经济是否具有活力的基本指标。对于发达国家来说，其经济发展总水平已经达到相当的高度，经济发展速度的提高相对来说比较困难；对经济尚处于较低水平的发展中国家而言，由于发展潜力大，其经济发展速度可能达到高速甚至超高速增长。

这时就要警惕由此可能带来的诸如通货膨胀、泡沫经济等问题，以避免造成宏观经济的过热。因此，在宏观经济分析中，国内生产总值指标占有非常重要的地位，具有十分广泛的用途。国内生产总值的持续稳定增长是政府追求的目标之一。值得注意的是，通过国内生产总值等总量指标只能对国民经济形势有一个大致的判断，要深入掌握经济运行的内在规律，还必须对经济运行的变动特点进行分析。

(2) 国内生产总值的分析逻辑。与对国内生产总值等总量指标的分析相比，对经济运行变动特点进行分析更偏重于对经济运行质量的研究。其主要包括以下几个方面：一是经济增长的历史动态比较，说明增长波动的特征，即所处经济周期的阶段特征；二是经济结构的动态比较，说明经济结构的变化过程和趋势；三是物价变动的动态比较，说明物价总水平的波动与通货膨胀状况，并联系经济增长、经济结构的发展变化等，说明物价变化的特点及其对经济运行主要方面的影响。

经过近 30 年的高速发展，中国的 GDP 已经进入了一个新的阶段，中国的 GDP 总量位居世界的第 2 位，中国经济已经进入了“新常态”。新常态下的中国经济预示着未来中国各行各业都要面临转型升级，这将带来新的机遇。我们必须要深入剖析“新常态”，才能洞察中国经济的未来，才能找到未来股权投资的逻辑。

从阶段性特征看，中国经济正处于经济增长速度换挡期、结构调整阵痛期、前期刺激政策消化期“三期叠加”的一个新的发展阶段，经济增速换挡已是大势所趋，或者说是一种“新常态”。问题倒逼改革，在此背景之下，经济结构的调整必然会产生一个“结构调整阵痛期”，宏观政策的转型也需要一个“前期政策消化期”。因此，可以预见，在未来较长一段时期内，宏观政策的基本基调是“稳”。

至此，我们可以对中国经济“新常态”的含义作一个简单的概括：中国经济在经历了 30 多年的高速增长之后，支撑发展的各方面条件都在改变，潜在增长率也趋于下降，传统的粗放式增长模式难以为继，中国经济必须适应新情况、新变化，在新的环境中、新的平台上实现新的均衡，以适宜的速度、适当的方式、更高的效率、更好的质量，继续保持健康、平稳的发展状态，是谓新常态。

从现实表征看，近年来，我国经济发展中不断呈现出一些看似矛盾但似乎又合乎逻辑的新现象。主要表现是：虽然经济增速在回落，但物价水平却相对稳定，就业状况不但没有恶化，反而有所改善；在出口需求大幅下降，制造业因全面产能过剩而处于萧条的情况下，服务业依然保持了相对强劲的发展势头；在整体经济景气下滑的过程中，“刘易斯拐点”逼近导致的劳动力成本持续上升的势头不仅没有回落，反而在“民工荒”不断蔓延中保持了较高的涨幅。

①经济增长速度换挡期。中国经济进入“新常态”的显著标志就是经济增速开始放缓，经济发展由过去的高速增长转向中高速增长，这是一个国家或地区经济发展到一

定阶段后的普遍规律，同时也是经济结构再平衡的最佳时间窗口。譬如日本，在20世纪五六十年代，曾经经历了长达20年的高速增长，年均增速接近9%；但在1973年世界石油危机以后，经济增速就开始下降，20世纪七八十年代大致为4.29%，20世纪90年代以后只有0.85%。再如，我国台湾地区，在经历了20世纪六七十年代高达10%的经济增长以后，虽然速度有所下降，但在20世纪80年代到90年代中期，仍然保持了年均7.6%的中高速增长，亚洲金融危机爆发后，降到了4.3%①。

其间，日本和我国台湾地区先后跨越了"中等收入陷阱"，完成了经济结构的再平衡，实现了经济的全面转型升级，顺利进入高收入国家或地区行列。所以，正如耶鲁大学高级研究员、摩根士丹利前亚洲主席史蒂芬·罗奇所言，"对中国来说，要回到过去30年两位数增长的模式，既无必要，也不现实。事实上，备受期待的中国经济再平衡已经开始，增速放缓是这一进程的自然结果"。美国约翰霍普金斯大学教授、华盛顿智库中国问题专家彼得·伯特里尔也认为，中国GDP增速放缓有利于实现经济的内部平衡。对于中国而言，GDP增速放缓出现在一个正确的时间点上。

通过以上分析，我们可以得出结论，未来中国经济要从高速增长换档为高质量增长，这是中国经济未来发展的新方向和新趋势。"新常态"下，中国的经济发展不再是低档次的增长，而是高质量的增长，因此，未来GDP的增长更多地体现的是人们的幸福指数，凡是能够提高人们生活质量的产业都会得到高速发展，所以这个时间节点是一个转型升级的重要时间节点，国家通过供给侧结构性改革等一系列手段，增加产品的质量，未来很多新兴的产业将会扑面而来，股权投资的投资者要积极的应对这个变化，迎接这个新旧动能转换的新时代，放弃以前产能过剩的产业，积极转换思维，才能成功。

怎样让人民住上更加舒适的房子，喝上更加干净的水，呼吸上更加新鲜的空气，怎样实现教育公平，解决看病难，看病贵的问题，这一切都是未来的新的投资方向，为了迎接这个新的变化，国务院在山东济南设立了"新旧动能转换区"，积极进行产业的转型升级。新旧动能转换就是要通过新技术、新产业、新业态、新模式，促进产业智慧化、智慧产业化、跨界融合化、品牌高端化，聚焦未来发展的十大产业：高端装备制造、高端化工、信息产业、能源原材料、海洋经济、现代农业、文化产业、医养健康、旅游产业、现代金融。从某种意义上说，这给股权投资者提供了一个方向。

②结构调整阵痛期。与增长方式转变相伴而行的是发展动力的转变：数量型增长主要依靠要素和资本投入去驱动，而质量型增长则需要创新去驱动。增长方式的转变，实际上也在倒逼中国经济由投资驱动转向创新驱动。随着资本、劳动、资源等投入要素的增加，产出也会随之而增加。但随着要素投入的不断增加，在达到一定程度，或者说临界点后，收益递减规律就会发生作用，产出不但不会增加，反而会减少。这个时候，就必须以创新和技术进步来提高要素生产率，从而减缓或阻止收益递减现象，使相同的投入获得更多的产出。我国前期一直是以投资拉动经济增长，投资拉动经济增长确实能够快速地拉动中国经济腾飞，但是投资拉动经济增长的增长模式不具有可持续性，因此我国以后要以消费为主来拉动经济，经济增长最大的特点是具有可持续性，因此创新驱动

① 李建波．怎样看中国经济新常态［N］．学习时报，2014-10-23.

经济越来越重要。

从另一个层面看，伴随着我国人口红利的降低，以制造业为主的产业发展也要转型升级，从国际发展规律看，高端服务业是我们未来发展的主要方向。特别是伴随着中美贸易战的加剧，中国制造在国际上也遇到了空前的生存危机。《中国制造 2025》，重点发展高端服务业，这也是中国经济未来转型升级的主要方向，同时也给我们的股权投资提供了投资的方向。《中国制造 2025》提出了重点发展的十个领域：包括新一代信息技术产业、高档数控机床和机器人、航空航天装备、海洋工程装备及高技术船舶、先进轨道交通装备、节能与新能源汽车、电力装备、农机装备、新材料、生物医药及高性能医疗器械等。

③前期刺激政策消化期。2008 年面对世界经济危机，我国提出了“4 万亿元救市计划”，强刺激政策带来经济增长的同时，也留下了很多的隐患。例如，物价飞涨，经济停滞不前，房价的进一步上涨，透支了中国经济发展的前景，在这种背景下，宏观政策的转型势在必行。2013 年 4 月 25 日，中共中央政治局常务委员会召开会议，研究经济形势和经济工作。会议提出，宏观政策要稳住，微观政策要放活，社会政策要托底。这实际上就是宏观政策转型的开始，意味着中央调控经济的思路发生了重大变化，即由过去的以“保增长”为中心转向以“调结构”为中心，稳增长、调结构成为宏观调控的主轴。

根据我国经济发展的实际情况，政府将宏观政策的“稳”与微观政策的“活”有机地结合起来，提出了区间调控的基本思路。调控的上限是“通货膨胀”，下限是“就业”，只要通胀在可承受的范围之内，失业率不超出充分就业的界限；或者说，只要经济运行大体处在合理区间，就不会轻易动用强刺激政策，更不会为了零点几个百分点的经济增长而干扰总体工作布局。这也为企业未来的长期发展提供了稳定的预期，有利于企业的长期稳定的发展。

2. 刘易斯拐点

1954 年，诺贝尔经济学奖获得者、发展经济学的领军人物、经济学家威廉·阿瑟·刘易斯（W. Arthur Lewis）发表了题为《劳动无限供给条件下的经济发展》的论文。在论文中，他提出了刘易斯拐点的概念。所谓刘易斯拐点，即劳动力过剩向短缺的转折点，是指在工业化进程中，随着农村富余劳动力向非农产业的逐步转移，农村富余劳动力逐渐减少，最终达到瓶颈状态。与“刘易斯拐点”相对应的是“人口红利”，由于年轻人口数量增多形成廉价劳动力，提供给经济发展相对便宜的要素价格。对于很多发展中国家而言，廉价劳动力是发展的一个重要要素，这一点，在我国的经济增长模式中也表现得较为明显。

刘易斯拐点的到来，预示着剩余劳动力无限供给的时代即将结束，人口红利正在逐渐消失。根据我国的人口统计数据，到 2009 年，我国 18 岁以上人口中，扣除退休人员已经开始负增长，很明显，中国已经进入了人口老龄化的阶段。数目庞大的廉价劳动力在当下的中国经济崛起过程中扮演着十分重要的角色。一旦这个重要角色出现市场短缺，对于整个经济的挑战是巨大的。那种粗放的、低水平的、劳动力密集的经济增长点将面临严重的萎缩。

同样，因为刘易斯拐点的到来无可避免，中国经济发展也面临着一场“重生”。只要我们能够实现产业升级，提高资源利用效率，提高产品附加价值，把传统制造业改造为先进制造业，提高核心竞争力。

刘易斯拐点的到来，告诉我们人口红利不可能无限期延续。因此我们必须考虑与人口红利相伴相随的人口诅咒——当我们过分依赖廉价劳动力优势时，久而久之便会失去创新的能力，以致在人口红利枯竭时，处于不可持续发展的境地。这个意义上，刘易斯拐点不啻为一种倒逼，跨过这道坎，展现在我们面前的将是一番崭新的广阔天地。

3. 失业率

失业率是失业人口占劳动力人口的百分比。凡届满一定下限年龄、具有劳动能力、要求有报酬的工作而尚未获得工作职位的人口，称为失业人口。不愿工作而赋闲的人，或虽有工作愿望而尚未达到规定下限年龄的人，均不得算作失业人口，统称为待业人口。

世界上大多数国家都采用两种失业统计方法。一种是行政登记失业率，另一种是劳动力抽样调查失业率。两种失业率都是政府决策的重要依据。

登记失业率统计的是到公共就业服务机构进行失业登记、享受失业保险待遇并求职的失业人员数量。由于各国公共就业服务和社会保险发展水平不一，登记失业率在国与国之间不能比较。而抽样调查失业率基本依据的是国际化的失业定义，可以进行国际比较。

城镇登记失业率和失业率是两种不同的概念，使用的统计方法也不同。中国公布的城镇失业率，是登记失业率，它是劳动保障部门就业服务机构对失业人员登记统计汇总的结果。应该说，城镇登记失业率，是政府制定就业政策的保障体系还不完善，到劳动保障部门就业服务机构登记求职的失业人员数量不够全面，再加上就业和失业登记办法还不健全和规范，因此，存在着实际失业率高于登记失业率的现象。

4. 新型城镇化

城市化（Urbanization/Urbanisation）也称为城镇化，是指随着一个国家或地区社会生产力的发展、科学技术的进步以及产业结构的调整，其社会由以农业为主的传统乡村型社会向以工业（第二产业）和服务业（第三产业）等非农产业为主的现代城市型社会逐渐转变的历史过程。新型城镇化是以城乡统筹、城乡一体、产业互动、节约集约、生态宜居、和谐发展为基本特征的城镇化，是大中小城市、小城镇、新型农村社区协调发展、互促共进的城镇化。

在经济新常态背景下，想提高经济发展的质量，一定要走新型城镇化的道路。

推进新型城镇化是解决农业、农村、农民问题的重要途径，是推动城乡、区域协调发展的有力支撑，是扩大内需和促进产业升级的重要抓手，对全面建成小康社会、加快推进社会主义现代化具有重大现实意义和深远历史意义。

新型城镇化的基本特征是以民为本、发展人文、生态宜居、产业优化、城镇联动、走廊便捷、循环持续、和谐发展；是具有独特竞争力、自优化的生态产业群。

新型城镇化的核心在于不以牺牲农业和粮食、生态和环境为代价，着眼农民，涵盖农村，实现城乡基础设施一体化和公共服务均等化，促进经济社会发展，实现共同富裕。

从世界范围看，很多经济发达地区都经历一段城市化的进程。韩国、日本的城镇化率高达90%左右，我国目前城镇化率接近60%，发展空间巨大，新型城镇化给我国经济发展带来新的机遇，也给股权投资带来了五大投资机遇。

第一，农业转移人口市民化的巨大内需。城镇化健康有序发展，常住人口城镇化率达到60%左右，户籍人口城镇化率达到45%左右，户籍人口城镇化率与常住人口城镇化率差距缩小2个百分点左右，努力实现1亿左右农业转移人口和其他常住人口在城镇落户。

第二，农业转移人口向第三产业和服务业纵深发展，提升我国结构转型的能力和速度。随着我国城镇化水平和质量稳步提升，资源配置更加优化，服务业的发展空间被进一步地打开。有研究表明，城镇化率和第三产业的发展成正比，城镇化人口越多，就能释放出更多的劳动力从事服务行业，同时也有了更多的内需，城镇化是促进第三产业高速发展的引擎。

第三，新型城镇化蕴含了城市基础设施、公共服务设施和住宅建设等巨大投资需求。例如，交通，到2020年，普通铁路网覆盖20万以上人口城市，快速铁路网基本覆盖50万以上人口城市；普通国道基本覆盖县城，国家高速公路基本覆盖20万以上人口城市；民用航空网络不断扩展，航空服务覆盖全国90%左右的人口。

另外，从新型城镇化的主要发展指标可以看出，基本公共服务、基础设施领域和资源环保领域的投资巨大。在基本公共服务中，教育、医疗、劳动力培训、养老、保障性住房建设等有很大的投资需求。在基础设施领域，交运、供水、污水处理、城市生活垃圾处理、信息化基础设施、城市社区综合服务设施的投资需求巨大。在环境资源领域，新能源、绿色能源及节能环保技术的投资需求巨大。

第四，多方面推进制度改革、消除政策藩篱。允许农业转移人口到城镇落户（明确1亿人的城镇落户目标）、推进农业转移人口享有城镇基本公共服务、农民工的技能培训、改革农村建设用地的征用方法、推进统一的城乡建设用地市场、赋予农民更多的财产权、增加农民的财产性收入、增强土地资源利用的市场化机制，这些改革措施对新型城镇化的成功推进奠立了坚实的基础，也由此释放出巨大的制度红利。

第五，创新城镇化资金保障机制，建立规范透明的城市建设投融资机制。在完善法律法规和健全地方政府债务管理制度基础上，建立健全地方债券发行管理制度和评级制度，允许地方政府发行市政债券，拓宽城市建设融资渠道。创新金融服务和产品，多渠道推动股权融资，提高直接融资比重。发挥现有政策性金融机构的重要作用，研究制定政策性金融专项支持政策，研究建立城市基础设施、住宅政策性金融机构，为城市基础设施和保障性安居工程建设提供规范透明、成本合理、期限匹配的融资服务。理顺市政公用产品和服务价格形成机制，放宽准入，完善监管，制定非公有制企业进入特许经营领域的办法，鼓励社会资本参与城市公用设施投资运营。鼓励公共基金、保险资金等参与项目自身具有稳定收益的城市基础设施项目建设和运营。

深入推进新型城镇化，李克强重点部署这三件事

补充阅读

“城镇化还是中国最大的内需所在！”在2016年1月22日的国务院常务会议上，李克强总理说。

推进新型城镇化，一直以来是李克强总理最为关切的重点工作。李克强总理曾明确表示，我们强调的新型城镇化，是以“人”为核心的城镇化。2016年的《政府工作报告》中，他进一步强调，要用改革的办法解决城镇化难点问题。

李克强总理表示，按照国家新型城镇化规划要求，抓住农民工融入城镇这一关键，通过深化改革加快推进新型城镇化，既是重大民生工程，也有利于扩大有效投资和消费，促进城乡、区域协调发展。他强调，在政策具体实施过程中，必须进一步抓住以下三个“重点问题”：

1. 全面实行居住证制度，更要和若干相应的公共服务挂钩

2015年10月，李克强总理主持国务院常务会议通过《居住证暂行条例（草案）》，以法治助推新型城镇化。这一制度推出至今成效如何，未来如何进一步深入推进，是李克强总理关切的一项重点工作。

李克强总理说，居住证制度的出发点是为那些在城镇常住、有相对稳定就业岗位，但却一时无法转为城镇户口的居民提供一个“半城半乡”的台阶。

“千万不能把过去的暂住证换个牌子，变成‘暂时居住证’，那就没有任何意义了！”李克强总理说。

当天会议要求各地结合本地实际，抓紧制定居住证暂行条例实施细则，使有别于以往各类暂住证、含金量更高的居住证制度覆盖全部未落户的城镇常住人口，让他们尽早在居住地享有义务教育、就业、医疗、法律援助等多项基本公共服务。

李克强总理强调，深化推进居住证制度覆盖全部未落户常住人口，将有力推进新型城镇化。在这一过程中，配套的公共服务必须跟上，同时一定要杜绝“走样”“换个帽子”等问题。

他说：“居住证不仅仅是一张证，更要和若干相应的公共服务挂钩，要有‘含金量’！”

2. 探索进城落户农民对土地承包权、宅基地使用权和集体收益分配权的依法自愿有偿退出机制

当天会议还确定，放宽农业转移人口落户条件，探索进城落户农民对土地承包权、宅基地使用权和集体收益分配权的依法自愿有偿退出机制。这也是总理部署的又一重点工作。

“中国很复杂，各地情况不一样，还要给地方创造更多条件，在推进城镇化试点的过程中开展探索。”李克强总理说。

3. 加大棚户区改造力度，挖掘拉动投资、推进新型城镇化的巨大潜力

棚户区改造，几乎是李克强总理历次基层考察的“固定环节”。三年前，李克强在内蒙古包头北梁棚户区居民高俊平家中考察时，高家年仅4岁的小孙子光着屁股从衣柜里爬进爬出的画面被拍下来，随着《新闻联播》的播出火遍全国。

也正是在这次考察中，李克强总理强调："决不能这边高楼大厦，那边棚户连片，这边霓虹闪烁，那边连基本的生活条件都不具备。"

三年后的今天，这片13平方公里、全国面积最大的集中连片棚户区已经全部改造完成。这项棚改工程不仅让11万棚户居民搬进了新居，更腾出了9平方公里的土地，实现了资金全部"打平"。

22日的国务院常务会议上，推进城市棚户区改造，是总理部署深入推进城镇化的重点工作之一。会议决定，加快城镇棚户区和危房改造，提高棚改货币化安置比例，将棚改政策支持范围扩大到全国重点镇。

李克强总理强调，我国目前仍有1亿居民住在棚户区，改造潜力仍然很大。他要求有关部门通过卫星遥感等方式进一步排查，加大棚户区改造力度，挖掘拉动投资、推进新型城镇化的巨大潜力。

资料来源：http：//politics. people. com. cn/n1/2016/0125/c1001 - 28083619. html。

5. 通货膨胀

通货膨胀（Inflation）是指在纸币流通条件下，因货币供给大于货币实际需求，也即现实购买力大于产出供给，导致货币贬值而引起的一段时间内物价持续而普遍上涨的现象。其实质是社会总需求大于社会总供给（供远小于求）。纸币、含金量低的铸币、信用货币过度发行都会导致通货膨胀。

造成通货膨胀的直接原因是国家财政赤字的增加。政府为了挽救经济危机或弥补庞大的财政赤字，不顾商品流通的实际需要，滥发纸币。之所以要利用这种办法来弥补财政赤字，是因为这种办法比起增加税收、增发国债等办法富于隐蔽性，并且简便易行。

通货膨胀的主要类型有：

（1）低通货膨胀（Low Inflation）。低通货膨胀的特点是，价格上涨缓慢且可以预测。低通货膨胀我们或许可以将其定义为年通货膨胀率为1位数的通货膨胀。此时的物价相对来说比较稳定，人们对货币比较信任。

（2）急剧通货膨胀（Galloping Inflation）。当总价格水平（a stander of price level）以每年20%、100%甚至200%的2位数或3位数的比率上涨时，即产生了这种通货膨胀。这种通货膨胀局面一旦形成并稳固下来，便会出现严重的经济扭曲。

（3）恶性通货膨胀（Hyperinflation）。恶性的通货膨胀，货币几乎无固定价值，物价时刻在增长，其灾难性的影响使市场经济变得一无是处。

通货膨胀对企业一般都有负面影响，因为高通胀会促使央行收紧货币政策，进而导致利率上升，增加企业的融资成本，并降低社会的总需求，造成企业的收入和利润下降。但对于矿产资源类企业，通货膨胀却会使其受益；此外对于零售行业，高通胀也会促进销售收入和利润的增加；对于一些高杠杆的企业，负债的利率通常是固定的，高通胀会使得实际利率降低，他们也可以利用更低价的资金偿还以前的债务。

通货膨胀对基础工业商品的影响最大，例如，石油、铜、铝、煤炭、铁矿石。工业品的可替代性强，需求弹性大，通货膨胀高企往往意味着需求旺盛，此时工业企业开足马力生产，导致上游矿产资源品需求飙升，矿产资源类商品价格随之大幅上涨。贵金属、农产品和化工商品期货价格也会受到通胀的推动，但通胀并不是主导因素。

6. 产业政策

股权投资者要时刻关注产业政策，了解未来产业发展的新动向。产业政策是一个国家对某个具体产业的整体战略规划。产业政策的功能主要是弥补市场缺陷，有效配置资源；保护幼小民族产业的成长；熨平经济震荡；发挥后发优势，增强适应能力。产业政策的主要内容包括：

（1）产业结构政策。其是产业政策的重要组成部分，指一国政府依据本国在一定时期内产业结构的现状，遵循产业结构演进的一般规律，规划产业结构逐渐演进的目标，并分阶段地确定重点发展的战略产业，实现资源的重点配置，引导国家经济向新的广度和深度发展的政策。人类社会经济发展的历史表明：产业结构在长时期内，既有相对稳定的一面，也有不断变化的一面，产业结构事实上是处于一种不同程度的不断变动之中。在自由竞争的资本主义时期，产业结构以自然形成为主要特征；在现代经济生活中，科技革命对产业结构产生了重大影响，而产业结构的变革，又对整个国民经济的发展有着重大的意义。

产业结构政策的实质在于，从推动产业结构的合理演进中求得经济增长和资源配置效率的改善。产业结构政策有以下四个基本点：产业结构政策的目的是促进产业结构优化、产业结构政策制定的主要理论依据是产业结构演变规律、产业结构政策的制定主体是政府，产业结构政策的实施主体是企业。

产业结构政策按照政策目标和措施的不同，可以划分为多种不同的类型，主要有：

①主导产业选择政策。主导产业选择政策是指政府为了引导、促进主导产业的合理发展，从整个经济发展的目标出发，运用经济政策、经济法规、经济杠杆以及必要的行政手段、法律手段来影响主导产业发展的所有政策的总和。

②战略产业扶植政策。战略产业（或称先导产业）是指能够在未来成为主导产业或支柱产业的新兴产业。战略产业的成长必须具有战略意义，即受国家政策保护和扶持的某些产业必须具有能够成为未来经济发展中主导产业和支柱产业的可能性，这种可能性的决定因素，首先是产业本身技术特点、市场前景、成长潜力，其次是国家资源特定条件、现有产业结构状况、产业本身获取资源的能力等。

③衰退产业撤让政策。衰退产业是指在产业结构中陷入停滞甚至萎缩的产业。就具体产业而言，都存在孕育期→成长期→成熟期→衰退期的生命周期。衰退产业是正处于衰退期的产业，其主要特征是产品的需求量和销售量大幅度减少，生产能力严重过剩，技术进步缓慢、创新乏力，从业人员流失和失业现象严重，在国民经济中的地位下降。

产业结构政策的功能主要有：

①促进产业协调发展的功能。在一定的经济发展阶段，产业结构内各产业因不同的发展程度和作用而处于不同的地位，形成产业间有序的排列组合。

产业结构政策的重要作用就是协调产业之间的关系。产业结构政策依据不同产业的地位、作用、现状和发展趋势，分清轻重缓急和主次，对新兴的具有高增长率的未来主导产业进行培育，对薄弱的基础产业进行弥补，对弱小产业进行扶植，对衰退产业进行撤让。通过这些政策措施来促使不同层次的产业保持协调发展。

②促进产业结构转换的功能。所谓产业结构的转换是指产业结构按合乎其规律的发展方向，从较低级型结构向较高级型结构的转变。实现产业结构的转换主要靠两种

力量。

市场力量：当市场需求发生变化时，价格信号会引导资源在产业间流动，从而导致新兴产业的壮大以及传统产业的衰退，逐步实现结构转换。

政府干预力量：政府可以通过实施强有力的产业结构政策，采用调整、保护、扶植、改造、淘汰等措施，加速产业结构的换代。产业结构政策不仅能够使产业结构换代，而且可以使产业结构升级。产业结构政策通过各种措施，提高产业的技术集约化程度，推进产业结构的高度化。

③推动产业技术水平提高的功能。用高新技术武装和改造传统产业，大力发展高新技术产业，是产业政策的重要内容。传统产业的改造和高新技术产业的发展，不仅能够提高产业的技术集约化程度，促使以劳动密集型产业为主的产业结构向以技术密集型、集约型产业为主的产业结构转变，实现产业结构的升级；而且可以推动产业技术的进步、高新技术的普及和运用，提高各种产业的技术水平。

④引导资源配置结构合理化的功能。产业结构间的差别最终会体现在资本、劳动力、技术等资源在不同产业间的配置差异上。市场配置资源在垄断、外在因素、信息不对称等条件下会产生市场失灵。特别是发展中国家市场发育比较迟缓，市场配置资源效率较低，因而更需要有资源配置导向的结构政策。

在开放经济条件下，发展中国家面对已经形成的国际产业分工格局同本国的赶超目标有一定的矛盾。因此，为实施赶超战略，产业结构政策被赋予了引导资源合理配置和加快产业结构优化进程的重大作用。

(2) 产业组织政策。产业组织的一般目标是维护市场的有效竞争，以提高产业内部的资源培植效率。有效竞争是指产业组织处于既能够保持产业内部个企业之间的适度竞争，又能获得规模经济的效益，即可以兼容竞争活力和规模经济效益的竞争。

(3) 产业布局政策。产业布局政策是指政府机构根据产业的经济技术特性、国情、国力状况和各类地区的综合条件，对若干重要产业的空间分布进行科学引导和合理调整的意图及其相关政策措施。

产业布局政策是产业结构政策体系中不可或缺的重要内容，产业布局政策是产业结构政策的衍生形式之一，同时产业布局政策又是区域政策体系中非常重要的组成部分，只是后者更加侧重于建立和完善地区间的产业分工关系。

产业布局政策的内容主要有制定国家产业布局战略、完善产业投资环境、加速产业集中和优化区域产业结构。

产业布局政策的原则主要有：

①经济性原则。保证那些投资效率高、经济效益好、发展速度快的地区优先发展。

②合理性原则。鼓励各地区根据自身资源、经济、技术条件发展具相对优势的产业。

③协调性原则。促进地区间的经济、技术交流，形成合理的分工协作体系。

山东新旧动能转换再起势 高质量发展谋新篇

补充阅读

1. 制造业改造升级方案出台在即，人工智能创新应用先导区将建

加快新旧动能转换，打造高质量发展新引擎，正在中华大地不断掀起热潮。齐鲁大地山东正是勇立潮头者之一。《经济参考报》记者了解到，山东新旧动能转换新一轮蓝图已经绘就，大批新旧动能转换重大工程将加快施工。日前，济南—青岛人工智能创新应用先导区建设已经得到工业和信息化部的批复，2019 年 11 月底前还将出台制造业改造升级方案。随着政策、项目、资金多方加持，山东高质量发展开启新篇章。

2018 年 1 月，我国第一个以新旧动能转换为主题的区域发展战略综合试验区诞生于山东，加快新旧动能转换也成为统领山东经济发展的重大工程。一年多来，山东坚持腾笼换鸟、凤凰涅槃，推动“存量变革”“增量崛起”，开创新旧动能转换的崭新局面。

2. 新旧动能转换成绩亮眼

2019 年前三季度，“四新”（新技术、新产业、新业态和新模式）经济投资占比达到 43.1%，实施投资 500 万元以上的技术改造项目 6543 个，服务业对 GDP 增长贡献率为 77%……10 月 28 日，在山东省政府举行的新闻发布会上，山东交出了新旧动能转换的最新成绩单——传统产业竞相迸发活力，新兴经济正在加速崛起。

山东省政府副秘书长、省政府新闻发言人于成河介绍，山东产业结构持续优化。前三季度，山东“十强”产业快速发展，“四新”经济投资占比达到 43.1%，比上半年提高 2.3 个百分点。高技术服务业投资力度加大，增长 18.5%；研究与实验进展、互联网和相关服务投资分别增长 1.2 倍和 71.4%。

前三季度，山东先进制造业快速发展，航空、航天器及设备、电子及通信系统设备等高技术制造业保持快速增势，实现增加值分别增长 40% 和 10.6%。高品质产品增长较快，光伏电池、稀土磁性材料、光电子器件、服务器等新产品产量分别增长 31.6%、24.3%、17.8% 和 17.3%。

此外，山东实施投资 500 万元以上的技术改造项目 6543 个；计算机通信设备、铁路船舶航空航天设备增加值分别增长 7.7% 和 23.6%。服务业成为支撑经济增长、转型升级的主导力量，前三季度服务业占比超过一半，对 GDP 增长贡献率为 77%。

“新动能项目不断壮大，新一代信息技术制造业、高端装备、新能源材料、高端化工施工项目个数占全部制造业比重的 69.8%，同比提高 6.4 个百分点。”于成河指出。

在 2019 年 10 月 19 日举行的“山东省新旧动能转换重大项目发布会暨国际合作对接洽谈会”上，山东省发展和改革委员会主任周连华表示，2018 年山东省高新技术企业新增 2616 家，达到 8916 家，今年有望突破 10000 家；去年高新技术产业产值占规模以上工业总产值比重达到 36.9%，今年上半年就达到了 40.7%。

新旧动能加快转换的背后，是充足的创新动力和不断加大的创新力度。于成河说，山东布局建设 20 家“政产学研金服用”创新创业共同体，开展了 50 个重大基础研究攻关项目。高技术服务业投资增长 18.5%，登记技术成交额增长 28.8%。重大创新平台加速建设，山东产业技术研究院揭牌成立，中科院海洋大科学中心、山东能源研究院启动

建设。大力培育“专精特新”企业，国家科技型中小企业库入库企业达到8125家。

3. 重大项目提速推进

山东新旧动能转换综合试验区，是山东经济加快转型升级的重大平台。2018年1月3日，国务院正式批复《山东新旧动能转换综合试验区建设总体方案》（以下简称《方案》），同意设立山东新旧动能转换综合试验区。这是全国第一个以新旧动能转换为主题的区域发展战略综合试验区。《方案》指出，加快提升济南、青岛、烟台核心地位，形成三核引领、区域融合互动的动能转换总体格局。到2022年，“四新”经济占比达到30%，基本形成新动能主导经济发展的新格局。

与此同时，加快新旧动能转换成为统领全省经济发展的重大工程。一批老项目相继转型，为经济转型注入新动能；一批新项目开工建设，成为拉动高质量发展的新引擎……齐鲁大地上，新旧动能转型重大项目火热开建。

大批新旧动能转换重点项目需要大量资金。据悉，山东以400亿元财政资金为引导，充分吸收社会资本，建立了2000亿元规模的新旧动能转换母基金和6000亿元规模的基金群，加快推动“十强”产业发展。同时，强化项目支撑，依托省重点项目、新旧动能转换优选项目、重大活动签约项目，建立重大项目库，集聚土地、融资、人才等各类政策优先支持。

数据显示，截至2019年9月底，山东两批新旧动能转换优选项目完成投资1602亿元，完成年度计划的80%。104个省重点建设项目已全部开工，完成投资849亿元，完成年度计划的84.7%。此外，10亿元以上项目数量、计划总投资、完成投资额分别增长15.9%、15.7%和11%。337个项目、867亿元的2020年提前下达专项债券已获国家批复。

日前，山东省新旧动能转换引导基金参股的鲁信新旧动能转换创投母基金首期实缴出资2亿元，目前已全部完成投资。创投母基金主要对创业及风险股权进行投资，重点投资生物技术、医疗及器械、智能制造等产业领域。

4. 发展新蓝图浮现

山东新旧动能转换新一轮蓝图正在浮现。其中，《山东省新旧动能转换促进条例》已由山东省十三届人大常委会第十三次会议审议通过，2019年10月1日起正式施行。该条例是全国首部以新旧动能转换为主题，促进高质量发展的地方性法规，将推动资源要素向优质高效领域集中。

此外，工业和信息化部日前批复支持山东省济南—青岛人工智能创新应用先导区建设。先导区建设将采取“一区两翼”模式，构建贯穿产业链、创新链的跨区域人工智能创新生态，促进人工智能与山东省优势产业尤其是制造业、医疗、家居、轨道交通等领域的深度融合应用。山东省还将建成一批新一代人工智能产业创新应用“试验场”，放大人工智能新技术、新产品的“赋能”效应，探索形成我国人工智能与实体经济深度融合发展的新范式。

于成河透露，下一步山东还将强力推进新旧动能转换。实施“现代优势产业集群+人工智能”倍增计划，完成30个“雁阵型”产业集群和50个领军企业入库培育工作，

2019年11月底前出台制造业改造升级方案。聚焦"十强"产业，指导各地因地制宜策划一批专业化产业园区，推动企业进区入园。启动实施"卡脖子"关键共性技术攻关行动，组织实施150项大科学计划项目，安排200项"卡脖子"技术攻关项目。

据了解，未来，山东还将在改革、开放、基础设施等方面集中发力，进一步释放新旧动能转换潜力。齐鲁大地还将再续写高质量发展新华章。(记者 班娟娟 袁军宝)

资料来源：http：//www. xinhuanet. com//fortune/2019 - 11/01/c_ 1125178976. htm。

二、行业分析

行业是指从事国民经济中同性质的生产或其他经济活动的经营单位和个人构成的组织结构体系。行业虽然有职业人员，也具有特定的功能，但一般没有规模的约定。构成产业一般必须满足规模性 、职业化、社会功能性三个特点。

（一）行业分析的意义

行业经济是宏观经济的构成部分，宏观经济活动是行业经济活动的总和。行业分析是介于宏观经济与微观经济分析之间的中观层次的分析。通过宏观经济分析能够把握宏观环境以及市场的整体走势，但是宏观经济分析并不能为具体的投资领域与投资对象的决策提供参考。由于不同行业在一个国家不同的经济发展阶段以及在经济周期的不同阶段表现是不同的，因此就需要进行行业分析。

行业分析是公司分析的前提，通过行业分析可以发现近期增长最快的行业，这些行业内的龙头公司如果没有被高估，显然就是未来投资的理想品种。此外，可以通过行业分析发现目前没有被市场认识，但是在未来相当长一段时间内能够保持高速稳步增长的行业，这就是投资者可以考虑长期投资的行业。

（二）行业分析的主要任务

解释行业本身所处的发展阶段及其在国民经济中的地位，分析影响行业发展的各种因素以及判断对行业的影响力度，预测并引导行业的未来发展趋势，判断行业投资价值，揭示行业投资风险，为政府部门、投资者以及其他机构提供决策依据或投资依据。

（三）行业分析的方法

行业分析主要从行业的市场结构、行业的周期性和行业的生命周期三个方面进行分析。

1. 行业市场结构分析

根据各行业的厂商数量、产品性质、厂商的价格控制能力和其他一些因素，可以把各行业划分为完全竞争、垄断竞争、寡头垄断和完全垄断四种市场类型。从投资的角度看，一般要投资与有垄断特点的行业，特别是有高科技的垄断行业，未来会有很大的成长。

2. 行业的周期性

行业景气状况变动与国民经济总体的变动有关系，但关系密切的程度又不一样，据此可以将行业分为：

(1) 增长性行业。行业变动不总是随经济的变动而同步变动，经济增长时高增长，经济衰退时有一定增长。

(2) 周期性行业。行业的变化态势和经济周期紧密相关，典型的周期性行业有钢铁、有色、煤炭、水泥等。

(3) 防御性行业。行业的经营状况在经济周期的上升和下降时期都很稳定。如食品业和公用事业。

3. 行业的生命周期

每个行业都要经历从成长到衰退的发展演变过程，这个过程就是行业生命周期。行业的生命周期主要分为幼稚期、成长期、成熟期、衰退期四个时期，创业资本一般选择初创期的企业，成长资本一般选择处于成长期的企业，并购资本一般选择成熟期的企业，困境资本一般选择衰退期的企业。各个时期的特点分析见表4－1。

表4－1　　行业的生命周期分析

阶段因素	幼稚期	成长期	成熟期	衰退期
(1) 市场增长速度	通常比较缓慢	高于GDP的速度增长，但增长速度逐渐减慢，直到该阶段结束	大约与GDP的增长速度相当	需求下降，随着顾客购买欲望的转变，市场萎缩
(2) 增长的可预见性	需求只被满足一小部分。增长潜力难预料	需求已被满足一大部分，需求上线开始清晰	增长潜力已经很好确定	增长潜力明显有限
(3) 顾客的稳定性	顾客以很少的信任使用该产品	有一定的信任。顾客尚没有形成品牌忠诚，试用不同品牌的产品	对产品形成品牌购买倾向。新进入者很难获得高额利润	极稳定。顾客很少有寻求其他供应者的动机
(4) 产品系列的拓展性	产品品种单一	产品系列迅速扩展	扩展减慢或停止	亏损产品逐渐退出，产品品种减少
(5) 技术的作用	为了生产适合市场需要的产品，技术是重要角色	前期，产品技术至关重要；后期，生产技术更为重要	生产工艺和材料替换是重点。可以用新技术更新该行业使其延伸	技术完全成熟、稳定、易于掌握
(6) 产品技术	高度的产品创新；尚未产生主导性的设计	主导性的产品设计已经出现；强调产品多样性	小的渐进的革新，基本围绕节省成本提高效益来展开	产品很少有改变
(7) 生产技术	强调柔性制造，在主导性产品出现以前都不固定	随着主导性设计的出现，生产工艺开始专门化	强调效率，尤其是通过自动化手段	很少或没有工艺改变
(8) 定价模式	价格高且易变	随着成本下降和竞争加剧，价格迅速下降	随着生产力允许的成本下降而下降，很慢	价格低且稳定

三、公司分析

不管是宏观经济分析还是行业分析，最终的目的都是为了选择好的公司，如何在好行业中选择出好的公司，对于股权投资者来说非常重要。

（一）公司的行业地位分析

如果一个行业里连龙头企业的盈利能力和成长性都很差，更何况行业中的其他二流企业，这样的行业基本不值得投资。如果是行业中的新兴企业，则需要具有独有的竞争优势。了解公司的行业地位，就是了解公司在行业中的竞争地位、市场占有率、未来发展趋势和行业增速等内容，就是对公司所属行业的竞争情况、市场情况、发展前景的了解。

（二）公司竞争优势和劣势分析

公司的竞争优势需要通过对其产品及盈利能力等进行分析研究。至于劣势，只有深入分析行业，进行同行业对比，才能了解到公司的差距在哪里。

（三）募投项目研究

要分析公司为什么融资，融资要投向哪些项目，这些项目建成后有何影响，都需要我们进行评估。研究的重点是分析公司融资多少、项目投向、预计对未来的影响、何时建成、建设进度跟踪等。

（四）公司主业分析

具体包括公司主营业务的构成及占比分析；主营业务核心产品的营收增幅和毛利率分析；包括公司主营业务有哪些项目和产品构成，各占主营业务收入的比重如何；这些产品上市以来的营收增长情况如何，毛利率情况如何。通过分析这些主营产品的结构比例、增长情况、毛利率变化，分析公司的盈利能力是在增强还是在减弱。

（五）公司的成长性分析

成长性分析的重点就是营收和净利的增长分析，营收和净利增长最好越高越好，同时二者增长尽量协调一致，这是最理想的情况；其次是营收增长较慢，但利润增长较快；最差的是营收、净利不增长或负增长。

营收增长较慢，但净利增长较快的情况，这个重点介绍一下。这里面有几种情况：①行业可能本身增长有限，但行业存在一定的门槛，少数企业在行业门槛的保护下，虽然营收增长有限，但竞争相对缓和，因而毛利率能不断提高，利润增长超越营收增长。②公司本身增速一般，但企业管理能力突出，费用控制能力较强，造成净利增速远超营收增速，但长远看这是不可持续的，费用的压缩有一定的限度。

当然，长期看，只有营收增长前提下的净利增长，才是高质量的增长。因为无论是通过压缩成本费用带来的利润增长还是靠提价、提升毛利率带来的净利成长，长期看都是不可持续的，只有营收增长才是唯一的高质量增长的途径。

（六）企业盈利能力分析

企业盈利能力分析是企业财报分析的核心内容和重点，通过这项分析，投资者基本能够确定公司有没有竞争优势，竞争优势是在增强还是在减弱；公司的运营模式大致是什么样的；公司的运营效率和负债水平如何。

企业盈利能力分析的核心指标是：分析公司自上市以来毛利率、净利率、ROE、ROA、ROIC 的变化趋势；同时要对 ROE 进行拆解分析（即进行杜邦分析），从而识别企业 ROE 变化的主导因素是什么，究竟是销售净利率、总资产周转率还是负债杠杆的作用，同时可以大致识别企业的运营模式究竟是高利润模式、高周转模式还是高杠杆模式。

（七）企业营运能力分析

企业营运能力分析的核心就是通过对企业应收账款周转率、存货周转率和总资产周转率的分析，了解企业的运营效率，识别管理层的管理营运水平。

重点是对上市以来企业应收账款周转率、存货周转率、总资产周转率进行对比分析，依据其变化趋势，大致分析企业营运水平的变化。

（八）企业资产负债分析

资产负债表分析其实就是对企业家底的分析和摸底。分析的核心是把握住企业资产负债表的整体概貌，是资产比较优良，负债较低；还是资产一般，负债很高。

分析要点：

（1）看企业资产、负债、股东权益的数字情况，对企业有个整体印象。

（2）看资产中的大项：货币资金、应收账款、存货、固定资产和在建工程的占比情况，从而识别企业是轻资产企业还是重资产企业，是现金结算模式还是赊销模式；是高存货企业还是低存货企业。

（3）看负债中的大项：有无短期大额借款、有无大额预收款。其中大额预收款往往体现了企业超强的竞争优势。

（九）企业现金流分析

现金流是企业的血液，失去现金流的企业很快会供血不足导致破产，因此现金流是企业的生命之源。

在对现金流量表进行分析时，需要重点把握以下几个要点：

（1）经营性现金流净额分析。经营性现金流净额 = 经营性现金流入 - 经营性现金流出，净额为正，说明与经营有关的收入大于与经营有关的支出，没有产生入不敷出的情况，总体有现金流入，这是企业现金流供血正常的第一个表现。

（2）自由现金流分析。自由现金流 = 经营性现金流净额 - 资本性支出，这个其实就是在经营现金流的基础上考虑了公司必须花费在维持或扩张业务上的资金。自由现金流为正的企业，可以给公司的融资带来很大的弹性，它可以不依赖资本市场的融资来进行扩张，因为自己的现金非常充足；而自由现金流为负的企业，往往需要举债或其他手段来维持扩张或保持地位，这给企业的发展蒙上了阴影。

(3) 净利润现金含量指标。净利润现金含量 = 经营活动现金流/净利润，该指标如果长期大于 1，说明企业的利润实实在在收到了现金，是企业强势和现金充足的表现。

(4) 销售收入的现金含量指标。销售收入的现金含量 = 销售商品或提供劳务收到的现金/营业收入，该指标如果持续大于 1，说明企业的营收是实实在在的现款现货交易，而不是赊销产生的；如果持续小于 1，则说明企业的销售有可能是放宽了信用政策，进行了大量赊销，企业只能通过赊销占领市场，是企业产品弱势的表现。

(十) 企业亮点

其核心是挖掘企业最新的看点，这些看点可以是企业的新产品、新模式、新布局、新需求、新技术，总之是和市场当时的热门题材结合十分紧密或资本市场特别关注的政策相关的一些因素。

模块三
股权投资策略

股权投资策略远比证券投资策略要复杂得多，因为股权投资是面向各个阶段的公司进行投资，特别是向没有上市的公司进行投资，投资风险要远高于上市公司。因此，股权投资一定要更加注重策略，针对不同行业的特点可以将股权投资的策略分为长期稳健型消费投资策略、周期轮转投资策略、技术投资策略和主题型投资策略。

一、长期稳健型消费投资策略

随着我国消费市场的平稳增长，我国消费结构向服务型转变日趋明显。消费个性化、差异化、多元化、高端化等趋势明显。从对经济发展的贡献看，服务业对中国经济的支撑作用不断加大。2016 年上半年的中国经济增长有两个特点：一是最终消费支出对国内生产总值的贡献率达到 73.4%；二是第三产业增加值占到国内生产总值的 54.1%。在中国的城市化进程中，服务业的增长非常明显，北京市的服务业占比接近 80%，高于全国平均水平 29.3 个百分点；上海市的服务业占比也提高到了 67.8%，服务业从业人员占总从业人员比重超过 60%。在向消费和服务业拉动型经济转型方面，沿海地区、民营经济发达地区增长较快，广州、深圳和杭州等城市服务业占比已超过 60%。

中国服务业发展的需求极大，不管是生产性服务还是生活性服务，尤其是教育、医疗、旅游、金融、信息、养老、娱乐、休闲等多个服务业领域，都有巨大的产业发展空间和市场空间。

相比而言，随着中国中产阶级数量扩大，中档零售部门正在与之同步增长，这也带来中端消费品市场的扩张。2013～2015年，日本服装公司优衣库（UNIQLO）在中国市场的年化销售增长率高达62%。法国体育用品零售商迪卡侬（DECATHLON）利用这种注重性价比的消费趋势，将中国门店数量从2012年的55家增至2015年的166家。

可以预见在资源型行业告别暴利时代后，消费型行业将迎来"春天"。自2008年以后，中国经济增速逐步走低，经济增长逐渐由服务业消费市场提供主要动力，工业尤其是重工业的需求逐步降低，利润率将整体逐步走低，而与居民消费有关的行业，尤其是涉及消费升级的行业，包括如何提供更干净的水、更健康的食品、更安全的汽车以及更值得信赖的医药等都有巨大的需求，利润率也越来越高。相关数据显示，截至2015年，中国健康产业市场规模已达2万亿元。据美国斯坦福大学研究预测，2020年中国健康产业市场规模将高达8万亿元。另外，当前中国养老服务产业迎来了前所未有的高速发展机遇，根据全国老龄办第四次中国城乡老年人生活状况抽样调查结果显示，中国有超过2亿的老年人口，2014的消费总量已经突破3万亿元，达到3.27万亿元的规模。而据国家社科基金《养老消费与养老产业发展研究》课题组测算，到2050年中国老年市场规模将达48.52万亿元，养老产业规模将达21.95万亿元，预计老年市场和养老产业分别将以9.74%和11.48%的年增长率高速发展。

总之，中国向消费社会的转型已经到来，政府和企业都亟须在发展思路、政策以及资源准备上进行调整，主动迎接这个新时代。

（一）马斯洛需求层次理论

马斯洛需求层次理论是亚伯拉罕·马斯洛于1943年提出的，其基本内容是将人的需求从低到高依次分为生理需求、安全需求、社交需求、尊重需求和自我实现需求。马斯洛需求层次理论是人本主义科学理论之一，其不仅是动机理论，同时也是一种人性论和价值论。

马斯洛认为，人类具有一些先天需求，人的需求越是低级就越基本，越与动物相似；越是高级的需求就越为人类所特有。同时这些需求都是按照先后顺序出现的，当人的较低的需求得到满足之后，才能出现较高级的需求，即需求层次。

马斯洛需求层次理论把需要分成生理需要、安全需要、爱和归属感、尊重和自我实现五类，依次由较低层次到较高层次排列（如图4－1所示）。在自我需要实现之后，还有自我超越需要，但通常不作为马斯洛需要层次理论中必要的层次，大多数会将自我超越合并至自我实现需求当中。

通俗理解：假如一个人同时缺乏食物、安全、爱和尊重，通常对食物的需求量是最强烈的，其他需求则显得不那么重要。此时人的意识几乎全被饥饿所占据，所有能量都被用来获取食物。在这种极端情况下，人生的全部意义就是吃，其他什么都不重要。只有当人从生理需求的控制下解放出来时，才可能出现更高级的、社会化程度更高的需求——安全的需求。

第一层：生理需求。这一层的需求主要集中于衣食住行领域，以及基础服务领域。如果这些需要（除性以外）任何一项得不到满足，人类个人的生理机能就无法正常运转。换而言之，人类的生命就会因此受到威胁。从这个意义上说，生理需求是推动人们行动最首要的动力。马斯洛认为，只有这些最基本的需求满足到维持生存所必需的程度

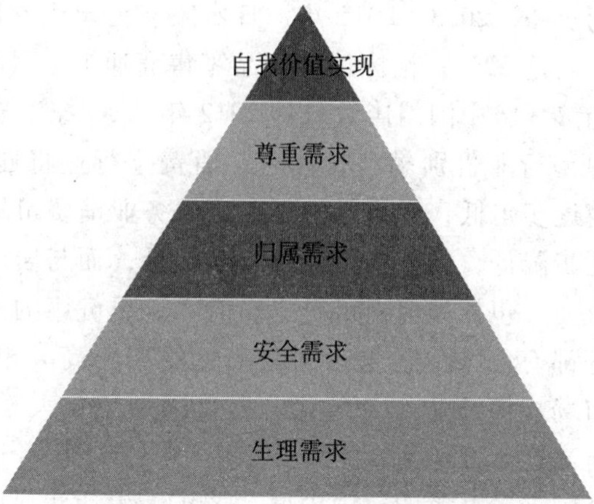

图 4-1 马斯洛需求层次理论

后，其他的需求才能成为新的激励因素，而到了此时，这些已相对满足的需求也就不再成为激励因素了。相关创业领域典型案例如百度、谷歌、阿里、京东等衣食住行领域的 O2O。

第二层：安全需求。人身的健康和安全、财物的安全、家庭和工作的安全以及环境安全。马斯洛认为，整个有机体是一个追求安全的机制，人的感受器官、效应器官、智能和其他能量主要是寻求安全的工具，甚至可以把科学和人生观都看成是满足安全需求的一部分。当然，当这种需求一旦相对满足后，也就不再成为激励因素了。这一层的典型案例，比如，医疗领域的春雨医生和丁香园，以及人脸识别在安保领域的应用，乃至食品安全以及环境安全（空气净化器等）。

第三层：社会需求。人人都希望得到关心和照顾。感情上的需求比生理上的需求更细致，它和一个人的生理特性、经历、教育、宗教信仰都有关系。相关创业领域典型案例如，腾讯、陌陌、微博、Facebook、Pinterest、WhatsApp、Instagram 等。

第四层，尊重的需求。人人都希望自己有稳定的社会地位，要求个人的能力和成就得到社会的承认。尊重的需求又可分为内部尊重和外部尊重。内部尊重是指一个人希望在各种不同情境中有实力、能胜任、充满信心、能独立自主。总之，内部尊重就是人的自尊。外部尊重是指一个人希望有地位、有威信，受到别人的尊重、信赖和高度评价。马斯洛认为，尊重需求得到满足，能使人对自己充满信心，对社会满腔热情，体验到自己活着的用处和价值。相关创业领域典型案例如很多名牌奢侈品。

第五层：自我实现的需求。这是最高层次的需求，它是指实现个人理想、抱负，发挥个人的能力到最大程度，达到自我实现境界的人，接受自己也接受他人，解决问题能力增强，自觉性提高，善于独立处事，要求不受打扰地独处，完成与自己的能力相称的一切事情的需要。也就是说，人必须干称职的工作，这样才会使他们感到最大的快乐。马斯洛提出，为满足自我实现需求所采取的途径是因人而异的。自我实现的需求是在努力实现自己的潜力，使自己越来越成为自己所期望的人物。相关创业领域典型案例如整形、留学中介、宠物医生、殡葬等。

后两层需求相关领域的创业门槛将会越来越高，行业细分也会越来越精细化，越来越垂直，对创业者要求也会越高。

研究马斯洛需求层次理论，人们的消费需求主要分为两个大类。

(1) 基础消费需求。基础消费主要是为了满足人们最基本衣、食、住、行等生活的消费，这些需求是刚性需求，需求较为稳定。主要针对前三类需求。食品饮料、服装、家电、住房、商业零售、汽车、医药、养老等都属于基础消费。

(2) 消费升级需求。这类需求是在人们满足了基础性的生活需求之后，为提高生活品质而进行的消费，是社会生产力提高后，人类财富积累到一定阶段的结果。此类需求主要针对后两类需求。例如，一些奢侈品、医美、宠物消费、文化产业等。

（二）投资策略

对以上两类消费需求，可以采用两种投资策略。

1. 固守基本需求的投资策略

中国有句古话——“善战者无赫赫战功”，意思是说越是高手越是低调，投资领域中的好企业其实也是这样的。真正能给投资者带来巨额财富的不是大家都看到的那些大公司，往往是那些和人们生活密切相关的消费类公司。让大家耳熟能详的案例就是巴菲特投资可口可乐，可口可乐是一家消费型的公司，饮料行业服务的是人们的基本需求。巴菲特除了投资可口可乐公司以外，他也曾经投资过一些未上市的公司，大多是消费类的公司，这是巴菲特成为股神的秘诀。巴菲特曾经投资一家叫作喜诗糖果的公司，1972年巴菲特花了2500万美元买下整个喜诗糖果公司。到2010年，喜诗糖果的收入为3.83亿美元，税前利润为8200万美元。2010年末的账面净资产为4000万美元，这意味着自1972年以来，该公司只投入了3200万美元的额外资金。如果采用同样的11.9倍市盈率，使用现在更为普遍的公司所得税率30%计算，喜诗糖果2010年的估值为6.83亿美元。在不考虑分给股东股息现金的情况下，喜诗糖果现在的估值已经超出了最初购买价格的25倍。

美国证券市场中有上万家公司，在1957～2005年近50年间，投资回报最高的20家上市公司里就有11家是日常消费品公司，如菲利普莫里斯、可口可乐、百事可乐、箭牌、宝洁、好时食品等；有6只股票来自医药行业，如雅培制药、辉瑞制药、默克、百时美等；消费行业和医药行业占据了最牛的20只股票中的17只。另外还有1只资源股，即壳牌石油。通过以上案例可以得到启示，真正值得投资的公司和行业都是默默无闻的生活必需品行业，这一点值得长期关注。消费类公司历来是投资者关注的焦点，因此，股权投资者一定要关注和固守人们的基本需求，并且长期持有才能获得巨额回报。

通过以上分析可以看出本投资策略的目标行业是：卫生、保健、生活日常消费品等行业，本投资策略一定要长期持有，只有这样才能获得高额回报。

拓展阅读

鼎晖的衣食住行投资

鼎晖投资成立于2002年，是中国最大的另类资产管理机构之一，截至2016年12月，管理的资金规模达1200亿元。鼎晖投资前身是中国国际金融有限公司的直接投资部，由吴尚志、焦震等六位创始人，联合新加坡政府直接投资有限公司、中国投资担保有限公司和苏黎世保险资本集团创立。鼎晖投资发端于私募股权投资业务，私募股权投资业务的蓬勃发展促进了鼎晖投资另类资产管理平台的建立。

鼎晖运营团队成立以后负责的第一个项目是梅花味精。

刚刚投资梅花味精时，该公司正面临企业第二代接班和环境污染治理等问题的困扰。为更多地帮助梅花味精解决问题，鼎晖将原华润培训总监介绍到梅花味精参与企业的培训，“通过群策群力的过程，持续发现问题并提出解决方案，同时培养了干部。”负责营运团队的应伟如此总结鼎晖与被投企业的方式。

据介绍，在引入鼎晖之前，梅花味精曾请国际知名咨询公司，鼎晖进入后，则要求梅花味精“一年只做好一件事”——精细化管理、质量、预算一样一样来。

梅花味精的业绩增长也不负众望。2009 年，实现净利润为 2 亿多元。而根据梅花味精发布的《梅花集团 2012 年年度报告》，该公司 2012 年度净利润超过 6 亿元。

“包括奇瑞、河套王、梅花、德邦物流，我们都做了很多投后方面的事情。”应伟介绍，很多被投企业曾斥巨资聘请知名咨询公司，但涉及预算、考核等具体事宜，仍愿意与鼎晖商量。

跨国并购的机会与风险——吴尚志坚持认为，跨境并购要想清楚何时做、如何做。

目前，鼎晖还在印度尼西亚、越南等东南亚国家寻找投资机会。

2013 年 8 月 5 日，鼎晖投资的被投企业百丽国际在港交所发布公告称，将与鼎晖联合收购日本女装零售企业巴罗克日本（Baroque Japan）54.96%的股权，整笔交易规模约 1.6 亿美元。

鼎晖主导的另一收购，双汇与史密斯菲尔德的整个交易价值约 71 亿美元，被认为是一桩“蛇吞象”的交易：2012 年，双汇国际旗下上市公司双汇发展的营业收入为 397 亿元；而史密斯菲尔德 2012 财年的营业收入则高达 131 亿美元（约 803 亿元人民币）。

这次“双汇并购史密斯菲尔德案”中，鼎晖投资方面总指挥为总裁焦震，焦震及其所带领的项目团队对该并购案产生积极影响。而焦震的另一个身份是双汇副董事长。根据双汇发展 2012 年财报，鼎晖通过旗下 4 只基金共持有双汇 33.7%的股份，为后者最大股东。

在鼎晖看来，中国企业已经强大到世界级的量级，中国的市场规模和增长也足以实现并购方和被并购方的供应，在这样的市场环境下，PE 基金和被投企业合作参与国际并购是 PE 参与国际并购在起步阶段重要的途径。

即便如此，在跨国并购上，鼎晖还是坚持有所为有所不为。

产业链投资成败：如何从创造企业到平台优势?

产业链布局的思路让鼎晖可以通过被投企业发现更多投资机会，也为日后的退出奠定了基础。

随着投资项目的增多和与被投企业关系的加深，鼎晖开始获得了更多的机会，在投资业绩上的体现则是各个产业链投资机会的增加。

在与蒙牛深入接触后，鼎晖投资了现代牧业和纷美包装；同样的产业链布局还包括传媒领域的航美传媒和分众传媒，房地产领域的思源、融创和链家，汽车行业的奇瑞、南京奥特佳、协众国际、内蒙古利丰和新焦点。

2002 年 11 月，鼎晖投资联合摩根士丹利、英联投资公司同时投资蒙牛。而通过蒙牛，鼎晖开始对乳业行业有更深入的认识，相继投资了产业链上的现代牧业和纷美包装。这一方面为蒙牛节约了成本，另一方面创造了丰厚的资本价值。

而蒙牛如今却又成为鼎晖项目退出的接盘者。

然而，鼎晖的产业链投资并非一帆风顺。

反观鼎晖在汽车行业的投资。鼎晖在该领域先后投资的企业包括奇瑞、南京奥特佳、协众国际、内蒙利丰、新焦点等。

2009 年，中国汽车生产商奇瑞汽车向华融、鼎晖、渤海产业基金、中科招商、融德资产等 5 家机构投资人出售 20% 的股权，筹资 29 亿元。

知名机构的蜂拥，一度也被市场诠释为奇瑞汽车 IPO 的前奏。但在 2010 年 4 月，奇瑞汽车董事长尹同跃表示市场不理想，奇瑞汽车并没有如期启动 IPO 的计划。当年 9 月，尹同跃再次对媒体表示，将暂缓 IPO，这给“押注”奇瑞汽车上市的投资者们浇下一盆冷水。

面对奇瑞汽车遥遥无期的上市时间表，股东们选择轮番撤离也在情理之中。

而鼎晖自然不能幸免于来自市场关于投资失误的质疑。据称，鼎晖投资已经实现部分退出，并且获得一定的回报。如此，无论回报多少，鼎晖对 LP 也算有了交代。

鼎晖在汽车领域的另一笔投资亦曾受到企业界人士的质疑。有汽车行业人士指出，鼎晖在内蒙古利丰的投资中未能踩准时间节点。

“汽车经销商渠道投资的黄金时间并不多，鼎晖错过了行业发展的最佳时期。”据该人士介绍，汽车经销商渠道在 2002 年开始发展，到 2005～2006 年开始进入高速发展期，并于 2010 年进入上市高峰期，到 2012 年，行业已经基本成熟。鼎晖注资内蒙利丰的时间是 2009 年，这意味着，鼎晖错过了 2005～2006 年这一黄金投资期。

然而上述挫折并未打乱鼎晖在汽车领域的布局。南京奥特佳已成功整体出售，回报在 4 倍以上，协众国际也已成功在中国香港上市。2013 年 6 月，新焦点汽车技术控股有限公司（以下简称“新焦点”）宣布与鼎晖达成投资协议，鼎晖将向其投资 9737 万美元。预示着鼎晖投资将以新焦点为平台大举进军大陆和中国台湾汽车后服务市场。

而事实上，鼎晖投资入主内蒙古利丰后，对内蒙古利丰进行了大规模的重组。除了 4S 店数目由 45 家增加到约 140 家外，更重要的是内蒙古利丰已被打造成为全国范围内区域市场占有率（内蒙古整个市场的 30%）和控制力最强的一个品牌之一，覆盖内蒙古全境的唯一的一个汽车服务集团已形成。鼎晖投资创始合伙人王振宇坦言：目前内蒙古利丰已成为区域汽车后服务市场的一个成熟的平台。

据了解，未来几年，医疗领域内的产业链式投资将是鼎晖的重点领域之一。

“我们要做个医疗管理公司，由我们自己找人来管。”负责营运团队的应伟透露，鼎晖将在不久之后建立一个管理平台，主要负责医疗项目的投资。这一消息亦在鼎晖创始合伙人、在 PE 团队负责医疗项目的王霖处得到了印证。“打造一个平台，把医院通过改制、收购等方式发展起来，实现集群式发展。”王霖说。

资料来源：http：//blog. sina. com. cn/s/blog_ 155fed8250102xd4i. html。

2. 需求升级策略

根据马斯洛需求层次理论，人们的需求根据收入的增长而不断提升，以实现自我价值的增值。消费升级就是消费观念升级引发的消费需求由低层次往高层次的升级，由此引发消费群体和消费结构的升级，引发产品和服务朝着“品质、品味、品格”的方向升级，最终引发整个社会和商业生态的变革。消费升级即是从物质层面到精神层面的需求升级，从功能消费向精神消费的升级，从数量消费向品质、品味和品格消费方向升级。在消费升级时代，消费者更喜欢购买有品质的产品，更喜欢有品格的品牌，更享受有品位的体验。品质代表了更高端、健康及便捷；品味代表更具个性化、定制化、科技化；品格代表消费的社群共享、价值认同和情怀连接。

我国之所以进入消费升级，主要原因有以下几个：

首先，中国经济由高速增长阶段进入高质量阶段，效益与质量成为政府审美新标准，这意味着消费、进出口与投资格局将在未来发生趋势性调整。伴随中国制造业向全球产业价值链中高端冲刺迈进，在经济增速缓慢下行趋势中，消费将成为贡献高质量增长的主要动力。中高端、个性化、多样化的消费成为主流，并保持快速增长势头，中高收入群体将成为拉动这方面消费的主体。当下中国，正在经历着一场消费升级的革命。2020 年，中国将全面建成小康社会，人均 GDP 将超越 1 万美元大关，按照经济的发展规律，当中国经济增长到一定阶段，消费升级就是我们必须要面对的现象。

其次，伴随着“互联网 +”时代的到来，云物大智时代已经冲击了所有的产业，对消费升级起到了推波助澜的作用。譬如新零售代表盒马鲜生，这一代表阿里系完全重构线下超市的新零售业态。它既是超市，是餐饮店，也是菜市场，消费者可到店购买，也可以在盒马 App 下单；它可以快速配送，门店附近 3 公里范围内 30 分钟送货上门。

最后，“90 后”“00 后”已经成为社会的主流消费人群。这部分人是成长于物质丰裕时代的中国第一代人，不同于他们的父辈“60 后”“70 后”，他们更关注商品的实际功能，而价格则是第二位甚至第三位的，性价比对他们来说已经不是最主要的考虑方面。能吃饱、能穿暖早已不是他们所担忧的了，而吃得更好，获取更有品质的商品，体验更好更丰富的生活成为这部分人的主要诉求。

消费升级的主要领域主要有以下几个方面：

第一，精神消费，主要体现在休闲、旅游和体验的消费。伴随着中国经济的增长，人们的物质生活已经得到极大的满足，特别是中国经济进入小康社会以后，中产阶级数量越来越多，中产阶级的消费特点已经不是满足于物质需求，而是更多地追求精神需求，当物质极大丰富的时候，最先是社会公平的追求，人们会更多地追求教育、医疗方面的公平，这会促进商业保险、民办教育以及医疗机构的发展；另一个方向就是传统文明的发展，中国的传统文化将是一个大的消费升级的方向，例如，以传统文化为载体的一些物质，像汉服、故宫等都已经成为现在消费升级的主要代表。以故宫为例，从鞋子到冷饮，到一个书签，一本书，一个口红，都可以和故宫联系在一起。2019 年以故宫为代表的产品产值大概在 200 亿元。

第二，知识消费，表现在人们愿意为知识和自我提升花钱，在物质极大丰富的前提下，人们更多地追求精神的享受，其中知识的提升是人们精神追求的一个重要方面，不仅如此，知识也是一个人内在修养的重要表现形式，在现在知识社会下，知识更新日新月异，加之快节奏的生活，书本的学习已经难以满足人们对知识爆炸的需求，因此更多的人愿意为知识付费，特别是年轻人更愿意为知识付费，知识付费已经成为一个主要的发展潮流，伴随着互联网的普及，知识付费已经成为人们生活的一部分。

第三，健康消费，随着人们生活质量的提升，健康已经成为所有人关注的焦点，“90后”已经不像“60后”“70后”那样，为了工作而忽略自己的身体，他们更加注重一种健康的生活方式，一种有品位的生活方式，“90后”更愿意为了健康而买单，例如，在健身馆，羽毛球馆、滑雪场等健身场所有更多“90后”的身影，另外，人们对饮食、环保等所有涉及健康生活的方面都非常关注，这也是未来消费升级的一个主要方面。

第四，智能化消费，科技对于消费者而言代表着时尚，所有的领域都在往智能化方向发展。企业利用数字化技术实现与消费者多渠道的交流互动，且覆盖消费者购物和社交的全环节。不仅消费者获得更完整的客户体验，企业也拉近了品牌与消费者的距离，同时，在与消费者的互动过程中，企业获得更完整的消费者数据和反馈信息，这将进一步指导企业的大数据营销。体验经济、量身定做已经成为未来智能化的代名词。

第五，养老消费，伴随着人口拐点的到来，老龄化社会已经成了不可避免的现实，老龄化社会的到来即是挑战，也是机遇。老年人这个消费群体是一个特殊的群体，他们有自己不同的需求，专门针对老年人的消费势必会成为一个焦点，针对老年人的养老公寓以及老年人吃穿住行等整个产业链都需要我们重新进行完善和规划，并且老年人的精神世界也是一个很大的消费领域，如会带来宠物经济的发展等。

第六，品质消费。伴随着人们收入越来越高，人们已经不满足于一般的生活，希望更加高档次的生活，因此会带来传统行业的转型升级，人们对餐饮、旅游、出行等都有了更高的需求，中国现在还有很多人没有坐过飞机，还有很多人没有出过国，还有很多人没有享受过高档次的餐饮服务，这些都是未来消费行业发展的方向，如高端餐饮、国际旅游、医美等消费领域将迎来发展契机。

通过以上分析，本投资策略的目标行业包括文化产业、旅游产业、高端消费品、高端餐饮等。

补充阅读

布局海外体育旅游　复星在赌下一个风口

复星在旅游领域的布局以海外旅游相关资产为主，复星全球合伙人钱建农表示，复星的投资逻辑是：不会在国内旅游业竞争激烈的领域投资，而是希望在中国旅游消费升级，也就是旅游供给侧改革端找到他们的产品。

作为国内最早在境外旅游领域开展投资并购的复星集团，近两年就已经在国外布局与体育旅游相关的资产。

2017年7月12日，复星集团高级副总裁兼旅游及商业集团总裁钱建农在巴黎举行的法中投资论坛期间表示，复星仍在洽谈收购法国滑雪胜地和游乐场运营商Compagnie des Alpe的股份。

对于滑雪爱好者来说，从全球范围看，公认最优质的滑雪场主要位于欧洲阿尔卑斯地区。数据统计，全球滑雪场数量为2131家，其中超过1/3的滑雪场位于阿尔卑斯地区。

阿尔卑斯地区是世界上最大的滑雪胜地，吸引了43%的滑雪者。第二大的滑雪胜地是美洲（主要是北美），占全球滑雪人次的21%。

每年冬季平均滑雪人次达100万以上的全球主要滑雪场数量为44家，其中80%以上位于阿尔卑斯地区；而滑雪产业主要集中在年均滑雪人次超过百万人次的顶级滑雪场。尽管他们只占滑雪场数量的20%，但占所有滑雪人次的80%。

此外，阿尔卑斯地区还是最国际化的滑雪胜地，吸引了全球滑雪者来此旅行。

收购一年未果，复星仍未放弃追逐的Compagnie des Alpes成立于1989年，是一家总部位于法国的旅游及休闲产业集团，在法国阿尔卑斯地区、意大利和瑞士经营滑雪度假地；此外，还通过子公司Grevin & Cie SA在法国、荷兰、德国、比利时、瑞士和英国经营休闲乐园，形式包括主题乐园、动植物公园和旅游景点。

根据Compagnie des Alpes官网信息，其在滑雪度假地领域排名全球排名第一，其中，欧洲滑雪市场的市场占有率达30%，休闲乐园排名欧洲第四。

财报显示，Compagnie des Alpes2016财年（截至2016年9月30日）销售收入为7.2亿欧元，EBITDA2.06亿欧元，同比分别增长4.4%和4.7%，其中来自滑雪领域的收入和EBITDA分别为4.09亿欧元和1.47亿欧元。

2016年，Compagnie des Alpes旗下25个乐园共计接待游客2250万人次，其中1370万人次来自11个滑雪度假地，另外870万人次来自休闲公园和室内乐园。

业绩增长乏力，迫切需要嫁接外部资源是Compagnie des Alpes寻求投资的主要原因，而复星确实是最佳的合作对象，除了手握大把现金，在海外旅游领域已经有诸多布局的复星旅游有能力为Compagnie des Alpes源源不断带入来自中国的滑雪爱好者。显而易见，这一数字在未来将会无比庞大。

事实上，早在2015年，复星就已经开始布局境外的优质滑雪场，2015年11月，复星集团旗下上海豫园旅游商城（600655.SH）宣布以183亿日元（约合9.5亿元）收购日本北海道的滑雪度假村“星野TOMAMU（Hoshino Resorts TOMAMU）”100%的股权。

日本星野Resort Tomamu公司的主要资产为Tomamu滑雪场度假村（约335万平方米土地和6.73万平方米物业），该度假村内有757间房、25道滑雪场、18洞高尔夫球场等设施。复星的全球旅游布局从2010年投资地中海俱乐部（Club Med）开始到此番洽购Compagnie des Alpes，已将分拆独立上市提上议事日程的复星旅游板块这些年在海外多处进行了布局。2016年8月19日，时任复星集团副董事长兼首席执行官梁信军表示，会将分散在复星集团各个板块与旅游相关的200多亿元的总资产项目单列出来，组建一个在未来2~3年可以单独上市的平台。

2010年，复星第一次入股地中海俱乐部，获得后者近10%的股权和两个董事会席位。2015年，击败竞购对手意大利Bonomi，以9.6亿欧元接近全资控股收购地中海俱乐部。自2010年开始陆续在黑龙江亚布力、珠海东澳岛、桂林、三亚开业了4家酒店。

2013年，复星作价5.12亿元持有中国国旅1.97%的股权，成为国旅第三大股东。2015年与英国休闲旅游集团Thomas Cook组建合资公司，将在9月8日发布中文品牌托迈酷客。还投资了加拿大国宝级演艺公司太阳马戏团以及印度最大的OTA“Make My Trip”等。

不难看出，复星在旅游领域的布局以海外旅游相关资产为主。复星旅游掌门人钱建农在阐释复星旅游的投资逻辑时表示："我们不会在国内旅游业竞争激烈的领域投资，而是希望在中国旅游消费升级，也就是旅游供给侧改革端找到我们的产品。"

通过全球化战略收购或入股海外成熟旅游企业，并将其对接中国市场或引入中国经营。复星试图通过布局旅游全产业链整合跨界资源，打造全球生态圈。

资料来源：晨哨并购，何晓鹏，2017-07-19。

二、周期轮转投资策略

周期是投资当中最需要关注的事情，万事万物都有周期，各行各业都有周期，只有很好地把握住周期，才能把握住投资的节奏，才能获取盈利。周期轮转投资策略就是对于周期性行业如何进行投资的一种策略，要想能够利用好本策略，必须对经济周期、心里周期等规律有一定的了解，才能够稳操胜券。

此策略主要投资于周期性的行业，由于经济是有周期的，每一次经济周期都经历了繁荣、衰退、萧条和复苏四个阶段，所以周期性行业也会周而复始的变化，所以此类周期性行业的投资要把握好周期性行业的节奏，才能投资成功。

此策略一般要求当周期处于底部的时候选择强周期行业进行布局，例如，银行、地产、金属、能源和航运等板块，当周期处于顶部的时候选择防御性行业进行布局，例如，食品、医药、传统服务等行业。此策略对投资者要求较高，一定要走在趋势的前面，才能真正把握好各个行业的行情。

（一）经济周期

宏观经济周期经历复苏、繁荣、衰退和萧条四个阶段，直观地看，经济周期可以只使用产出（GDP）一个维度进行描述，通过观察一段时间内的实际经济产出与潜在经济产出之间的关系就可以大致判断出所处的经济周期阶段。但只了解经济周期各个阶段这一概念，对投资似乎并没有什么帮助。要想利用各阶段的投资机会，就必须对经济周期不同阶段的内涵有所了解。对经济周期各阶段大类资产如何配置，最有名的当属美林投资时钟了。如图4-2所示。

通过对经济增长和通货膨胀这两个重要的指标进行分类来描述经济周期的不同阶段，并且给出明确的资产配置建议，是美林投资时钟的最大特点。美林投资时钟的最大优点在于简洁、容易理解，但对于具体的投资标的过于概括。恐怕最随便的投资者也不会只根据宏观周期处于复苏阶段就掷骰子一样随便买入一只股票。即便处于同一经济周期下，不同行业的公司业绩和回报也千差万别，不同类别的商品更是可能走势完全相反。对于投资者而言，更详细的了解宏观周期对具体投资标的影响无疑十分重要。

当经济快要复苏的前夕，金融市场首先会得到反映，因为企业的投资开始增加，对银行的信贷需求也会增长，银行业绩会得到改善。此外，企业的并购活动也会增多，业务会增加。因此，经济复苏之前与经济周期密切相关的行业经营会得到很大的改善。特别是房地产行业、金融行业一般会成为经济增长的最大受益者。因此，在经济复苏的前夕，要密切关注周期性的行业，主要包括金融类的公司、房地产行业等。

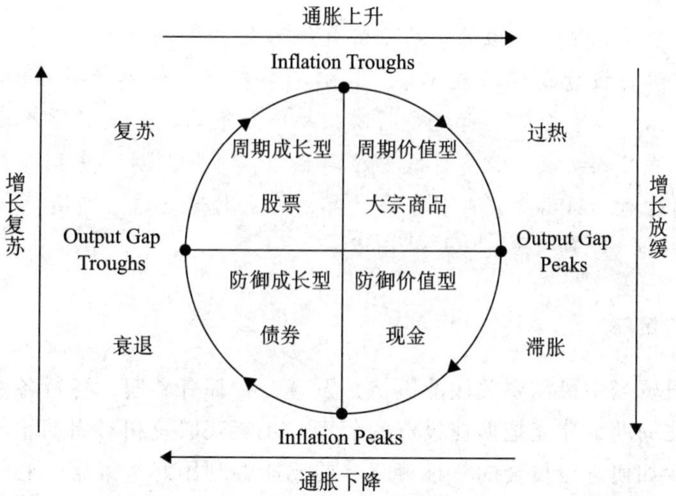

图 4-2 美林投资时钟

当经济走出谷底出现复苏时，企业经营压力得到一定缓解，利润由负增长变为正增长，员工薪资获得提升。以前提心吊胆担心被裁员的日子终于熬过去了，以前舍不得买的东西也终于舍得买了，随着消费者信心和个人收入的提升，耐用消费品（汽车、电脑、空调等）需求增长。

一旦大家充分意识到经济已经复苏，企业也开始更新设备以满足不断增长的需求并降低成本，企业资本支出大幅提升，资本商品制造业（飞机、轮船、重型汽车、机械设备等）企业经营开始提升。

经济复苏的早期阶段，周期性（房地产、钢铁、电力等）行业的盈利开始变得有吸引力，因为周期性行业的销售收入随着经济周期的不同波动剧烈，并且周期性行业普遍具有较高的负债率，高杠杆企业在收入增长时能够获得巨大的收益。

随着经济进入波峰，通货膨胀率往往也会快速上涨，此时资源、矿产类（石油、有色金属、煤炭、铁矿石等）企业经营会大放异彩。通货膨胀率的上升意味着商品价格的上升和需求的旺盛，而处于最上游的资源类商品价格往往是上涨最快的，资源类生产企业销售收入大幅提升，但生产成本基本跟产品价格没有关系，此时资源类企业业绩异常亮眼。

当经济增速放缓，进入萧条时期，一般企业的销售收入和利润都会随之下降，消费者的信心和收入都下降，但对于食品、饮料、医药的支出却不会减少，因此，生活必需品生产企业往往能够抵抗住经济的下降，保持收入和利润的平稳增长，相关企业也会受到追捧。在经济萧条时期，人们更喜欢购买物美价廉的商品，更喜欢网购，因为网购更加便宜，萧条时期人们有更多的娱乐时间，因此，娱乐产业也会变得特别兴盛，电影等娱乐产业会成为重点的投资品。

（二）心理周期

谈到心理周期，不得不谈到股神巴菲特的名言："别人疯狂时我贪婪，别人贪婪时我疯狂。"这体现了巴菲特对投资者心理周期的一个完美把握。大多数投资者都是非理性的，证券市场的情绪波动就像钟摆运动，在兴奋和沮丧之间摆动，在值得庆祝的积极发展和令人困扰的消极发展之间摆动。弧线的中点，相当于钟摆的“平均”位置。

不过，钟摆停留在中点的时间很短，几乎总是在弧线上摆动，要么朝着端点，要么背离端点，不可能始终停留在端点处。美国著名私募基金经理马克斯列出了牛市和熊市的3阶段，很好地阐明了投资者在投资周期中的心理变动周期。

1. 牛市的3个阶段

（1）少数有远见的人，开始相信一切会更好。

（2）大多数投资者意识到进步的确已经发生。

（3）人人断言，一切永远会更好。

2. 熊市的3个阶段

（1）少数善于思考的投资者意识到尽管形势一片大好，但不可能永远称心如意。

（2）大多数人意识到势态的恶化。

（3）人人相信，势态只会更糟。

这里面很关键的一点是，大家对风险态度的摆动。

市场繁荣，大家害怕错失机会，就慢慢把风险抛之脑后，积极买进，最后造成泡沫；投资者在这个阶段的心理可以总结为，大多数投资者看到别人赚钱以后，首先产生妒忌心理，特别是看到身边的亲戚好友赚钱，更是妒忌，凭什么大家都一样，我不能赚钱他们却能够赚钱，妒忌心理会促使投资者进入相关的投资市场，妒忌和攀比让很多投资者忘记了曾经失败的投资经历，更是放弃了对投资产品的逻辑分析，凭借着一时的冲动就冲入了市场，妒忌最终演变成了对金钱的渴望，最终演变成了贪婪。贪婪是投资者心理的第二个阶段，贪婪使投资者忘记了风险，开始疯狂的进入投资市场，谨慎的投资者因为看到别人赚钱，慢慢地也开始激进，最终贪婪弥漫了整个投资市场，当越来越多的人开始赚钱的时候，最终人人都认为自己是股神，贪婪又演变成了自负的心理，自负的心理更助推投资者大胆地、疯狂地进入投资市场，整个社会弥漫着看多的气息，自负让投资者更加疯狂，甚至开始断言投资会永远赚钱，此时，羊群效用开始发挥作用，所有的人都会涌入市场，所有的投资者都不会考虑风险的存在。投资市场已经到了崩溃的边缘。当所有的资金都进入投资市场以后，已经没有接盘侠可以推动投资市场继续前进，崩盘成了早晚的事情。当市场真的开始崩盘的时候，最终又诱发了投资者的恐慌，此时的心理便是恐惧，恐惧会导致投资者纷纷卖出自己的投资品，每次投资导致的结果是，盈利的只有少数，大多数投资者都成了投资市场的牺牲品。过度恐慌，即使投资品的估价已经低得离谱，也无人问津。以上简单地分析了一个完整的投资心理闭环。

面对大多数投资者的投资心理，应对投资心理周期的最好的投资策略是逆向投资。所谓逆向投资，又称为相反理论，就是要把握好投资的节奏，大多数投资者最恐慌的时候，就是抄底的时候，当大多数投资者最疯狂的时候，就是卖出的时候。例如，不管是股票市场还是股权投资市场，当投资市场到了崩溃的时候，都会表现出极度繁荣的景象。例如，所有的人都开始谈论投资，连那些最不相信投资的人都开始尝试进入投资市场，主要的媒体开始鼓吹投资市场永远看好等，这就是要清仓的信号；当所有的人都对投资市场漠不关心，一片萧条的时期，就是投资抄底的时刻。

三、技术投资策略

此投资策略主要是针对高速增长型行业进行投资的策略，增长型行业一般无视经济周期的波动，长期处于高速上升阶段。此投资策略主要针对新兴的技术行业，例如，新能源汽车、3D 打印技术、物联网技术、互联网金融等行业。

高增长型技术行业有其显著的特点，就是此类行业一定要投资于可能成为行业或细分市场领头羊的行业，否则将会一无所获。此类行业一般都是寡头垄断行业，行业的典型特征就是赢家通吃。很多股权投资者特别是天使基金都喜欢投资于高科技企业，因为高科技公司代表着未来的先进技术，很多股权投资者都对高科技行业非常的挚爱，但是最后的结果却是由于技术更新换代太快导致很多投资都一无所获，当然少数的投资者却获得了惊人的回报。股神巴菲特就对高科技公司不感冒，原因在于高科技行业有很强的技术壁垒，在研发的过程需要大量的烧钱，如果没有研制出可以盈利的技术，只能是死路一条，但是一旦研制成功，就可以垄断这个市场，从而实现赢者通吃，因此不管哪个高科技领域，最终能够赚钱的不会超过三家，这在行业内被称为“7－2－1 定律”，意思是说，领头羊公司一般能垄断市场达到 70%，剩下的所有的公司市场占有率不会超过 30%。真实的情况可能还要极端。

技术投资策略的理论基础是技术成熟度曲线（如图 4－3 所示）。技术成熟度曲线（The Hype Cycle），又称为技术循环曲线、光环曲线、炒作周期，指的是企业用来评估新科技的可见度，利用时间轴与市面上的可见度（媒体曝光度）决定要不要采用新科技的一种工具。

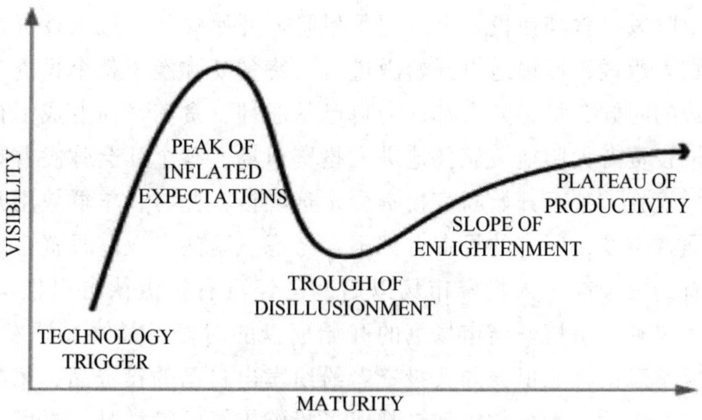

图 4－3 技术成熟度曲线

技术成熟度曲线是指新技术、新概念在媒体上曝光度随时间的变化曲线，技术成熟度曲线（The Hype Cycle）诞生于硅谷。

1995 年开始，高德纳咨询公司依其专业分析预测与推论各种新科技的成熟演变速度及要达到成熟所需的时间，将技术成熟度曲线分成 5 个阶段（如图 4－4 所示）。

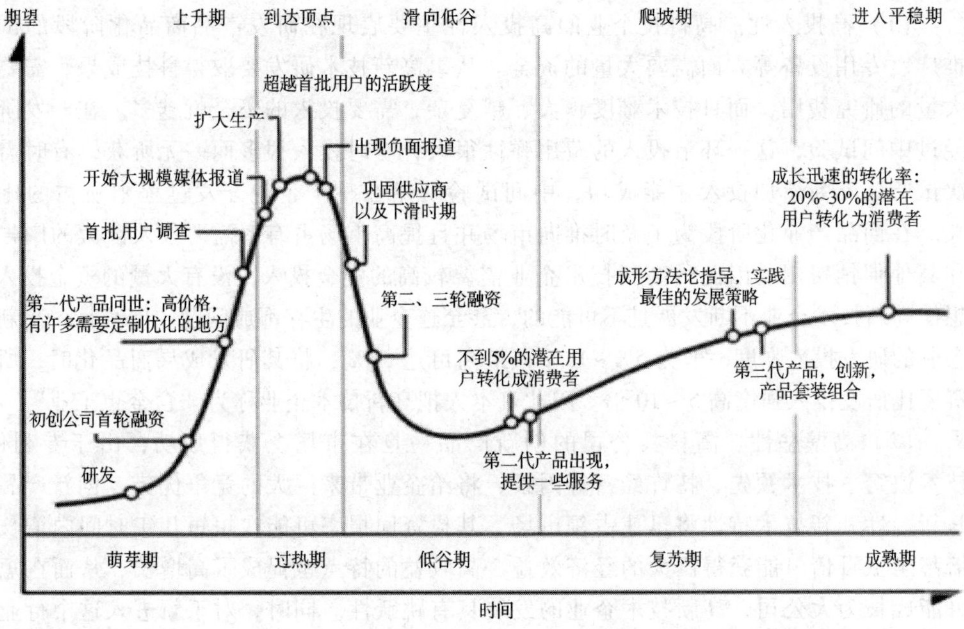

图 4-4　技术成熟度曲线

科技诞生的促动期（Technology Trigger）：在此阶段，随着媒体的大肆报道，非理性的渲染，产品的知名度无所不在，然而随着这个科技的缺点、问题、限制出现，失败的案例大于成功的案例，例如，.com 公司 1998～2000 年的非理性疯狂飙升期。

过高期望的峰值（Peak of Inflated Expectations）：早期公众的过分关注演绎出了一系列成功的故事，当然同时也有众多失败的例子。对于失败，有些公司采取了补救措施，而大部分公司却无动于衷。

泡沫化的底谷期（Trough of Disillusionment）：经过激烈的竞争，大量的科技公司被淘汰，只有少数科技公司幸免于难，依靠自身的优势存活下来。

稳步爬升的光明期（Slope of Enlightenment）：在此阶段，有新科技的诞生，在市面上受到主要媒体与业界高度的注意，例如，1996 年的 Internet、Web。

实质生产的高峰期（Plateau of Productivity）：在此阶段，新科技产生的利益与潜力被市场实际接受，实质支援此经营模式的工具、方法论经过数代的演进，进入了非常成熟的阶段。

团购网刚开始兴起的时候，曾经出现过“千团大战”的情形，为了能生存下去，他们只能通过不断地“烧钱”来生存，大量的投入到最后却是亏损，最终只有美团找到了盈利的模式，迅速垄断了整个市场，并最终在美国成功上市。打车软件也是如此，刚开始的时候为了迅速占领整个市场，都是 10 亿元级别的资金进行烧钱，最终滴滴打车将其他软件公司全部击败，并成功实现垄断。成为一家巨无霸公司，主要原因是高科技公司生存的基础就是大数据，如果公司太多，不能实现规模，根本就无法盈利。相似的案例也存在于互联网金融行业，第三方支付行业几乎被支付宝和微信所垄断。

高科技行业有其独特的投资策略，主要原因是和传统企业相比，高科技企业的主要特点可以概括如下：

（1）高投入性。高科技企业的高投入性主要表现在研发产品商品化阶段的试验和推广、专用设备等方面需要大量的资金。从事高新技术研发要取得科技成果，需要投入大量的研究费用，而且技术难度越大、越复杂，需要投入的资金就越多。在开发阶段要经过中间试验，这一环节投入的费用弹性很大，有时投入很多而一无所获，有时需要多次试验、不断追加投入才能成功，中间试验费用在整个企业开发过程中所占的比例很大。在商品产业化阶段为了及时推向市场并且提高市场占有率需要投入巨大的广告费用和其他促销费用。因此，高新技术企业需要较高的资金投入，没有大量的资金投入，要想使高新技术企业不断发展是不可能的，甚至连企业的生存都成问题。据统计，高新技术企业的研发投入强度一般为5%~15%，最高可达50%，将其研发成果商品化时，所需投资要比研发投入强度高5~10倍。因此日本人把高新技术企业称为“食金虫工业”。

（2）高壁垒性。高科技公司的创新产品一旦在市场上获得成功，由于专利保护、技术诀窍、技术领先、特许经营等因素，将给企业带来巨大的竞争优势，创新产品凭借其新颖性和新技术特性将迅速占领市场，其投资回报率可能在短短几年时间内增长几十倍甚至上百倍，能获得巨大的经济效益，高收益的特点也促成了高增长，从而在短期内可能成长为大公司，高新技术企业的发展具有跳跃性。同时，对于新进入这个行业的公司就形成了一个无形的壁垒，很难逾越。例如，飞机行业，刚开始的时候制造飞机的行业有200多家，随着技术的不断完善，最终存活下来的只有少数的几家，这里最关键的是对技术的掌控，其他飞机公司想在进入这个领域，一方面要支付高昂的专利费；另一方面新的飞机公司很难确保更高的安全性。

（3）高风险性。高科技公司的高风险性主要来自于技术的不确定性和市场的不确定性。高科技产品的研发过程本身具有的不确定性，决定了研发活动具有很高的失败率。新技术转化为现实的商品或服务也具有明显的不确定性，存在着技术失败而造成损失的风险。新技术的形成还有一个生成、发展、应用、淘汰的周期规律，它总是处于动态变化中，其更新换代的周期在不断缩短，前一时期确认为新的技术，随着技术的进步与发展，很快会被新的更高的技术所代替而遭淘汰。市场的不确定性主要体现在市场接受能力难以把握，新市场的开发受许多因素制约，具有不确定性；高新技术产品生命周期短、更新快、时效性强，难以预料，这使得高新技术企业市场风险更大。高新技术企业的风险性与高新技术的复杂创新性呈同步增长趋势，技术的复杂程度越高，技术的含量越大，技术的创新难度越大，企业所承担的风险也大。此外，科技公司还面临人才风险。高新技术企业对科技人才的高度依赖带来了人才风险。高科技公司在技术创新中对科技人才的依赖性极强，而科技人才又有着市场竞争激烈、流动性强的外部环境，如若关键技术人才流失，会使高科技公司遭受沉重的打击。

典型的案例就是P2P行业，由于初创阶段太多的公司进入这个行业，导致无法形成垄断，不能利用大数据对客户进行筛选，最终的结果就是“一地鸡毛”。P2P公司没有一定的规模，没有大数据的支撑，不能形成垄断，也就无法正常运转，这就是高科技行业的特点，投资这个行业的关键是要有眼光，找到行业的领头羊。

（4）高收益性。高新技术企业的高收益性来源于其技术和产品的高创新性，这种创新在一定时期内具有垄断性特征，由于市场的旺盛需求和技术的垄断，能吸引愿意支付高价格的购买者，能带来高额的利润回报。高新技术企业在创业成功之后，通常可以得到数十倍于初始投入的巨大收益。在风险投资基金投资的高新技术项目中，虽然70%是失败的，但30%成功的项目所带来的利润足以弥补他们的全部损失，并使其保持较高的盈利水平。

神话都是会破灭的，特斯拉会是下一个吗？

“我是第一批定车的，不过至今没有下文，自己下的订单，含着泪也要等下去。”2017 年 7 月，特斯拉 Model 3 在美国开始交车了，不过只有区区 30 辆，北京一位媒体朋友焦躁而又无奈。不过，作为全球五十万分之一的订车者，他可能要望眼欲穿到 2019 年才能提车。

通用、福特公司的 CEO 们一定对特斯拉这样的对手怀着极其复杂的情绪，与特斯拉相比，通用、福特的体量简直就是巨无霸，但在新时代之下，披上“引领未来”神话光环的却是产量仅为自己零头的特斯拉。显然，越来越多的人沉迷于埃隆·马斯克身上的英雄色彩和神秘主义。

这家电动汽车制造商最近在网站上更新了预定信息，低配版 Model 3 要到 2018 年才能交付。根据特斯拉此前的规划，整个三季度要生产 1500 辆，年底月产量要提高到 2 万辆。不过最新的特斯拉财报显示，第三季度 Model 3 只生产了 220 辆，远未达到目标。消息一出，这匹股市“黑马”立马在证券市场被投资者“啪啪”打脸，连续几天股票累计下跌近 10%，创 16 个多月以来的最大跌幅。

当然，产能瓶颈并非特斯拉目前唯一的困境。特斯拉想要大规模生产电动汽车，除了自身工厂的组装能力之外，足够多的电池供应量以及足够多的充电桩业务都是必不可少的，美国投行奥本海默分析师 Colin Rusch 透露，少数供应商未能及时保证零部件的供应，已经有至少一位供应商被特斯拉开除掉，转而被内包取代。而在 10 月份，特斯拉进行了多达 400 ~ 700 人的大规模裁员，其中涉及合作人、团队领袖及监察人，这对特斯拉来说是一次巨大的人事地震，员工士气难免受到影响。

更为糟糕的是，特斯拉第三季度财报显示亏损高达 6.711 亿美元，创下了自成立以来季度最大亏损纪录，甚至已经远远超出此前华尔街预测的 5.31 亿美元。对于特斯拉来说，电动车、Autopilot、太阳能屋顶、特斯拉半挂车和特斯拉网络等众多项目已经产生了严重的相互牵制，而且烧钱速度惊人。巨大的野心和糟糕的财务表现之间的差距，让特斯拉遭到华尔街投资人的抛弃。

而特斯拉在汽车领域最大的成就，是引爆了纯电动汽车市场，它像一条巨大的鲨鱼，搅动了原本平静的池水，让传统车企巨无霸们被迫加速了变革的步伐。这对于特斯拉来说，也意味着更大挑战的到来，它必须要提高那少得可怜的产能，否则随时会有被传统汽车巨头碾轧的风险。

或许，马斯克迫切希望在中国市场寻找到解决危机的钥匙。顺利在这块全球潜力最大的电动车市场建立自己的工厂，将成为特斯拉扩充产能的关键一环。不过，特斯拉在中国国产成真，竞争对手们的反弹力度也会变得更大，众多豪华品牌，以及已经建立一定优势的本土汽车制造商们，将在这里提早上演电动车军备竞赛。到 2020 年才能正式投产的国产特斯拉，比起对手，何来一定更大优势？

资料来源：http：//www. sohu. com/a/205262577_ 616701。

四、主题型投资策略

主题型投资策略说得通俗一点就是炒作概念，是指寻找市场的短期热点，快进快出的投资策略。此种投资策略一般投资者很难把握，主要是以投机为主，不是主流的投资策略。此种投资策略主要是一种心理投资策略，是一种纯粹的博杀式的投资，利用很多“散户”急于求成的投资心理，利用羊群效应投资赚钱。此投资策略不是主流的投资策略，在这里就不展开介绍了。

拓展阅读

模块四 尽职调查

尽职调查起源于1933年美国的《证券法》。该法规定，经纪人在出售证券给客户时应做到应尽的勤勉，即合理充分地调查发行人信息并向客户披露，如果后来因为发行人其他未披露的信息导致客户遭受损失，经纪人也可免责。

一、项目来源

在详细讲授尽职调查之前，我们必须先给大家讲授一下项目的来源，也就是私募股权投资基金如何寻找项目，这是至关重要的，如何低成本地找到好的项目是一项非常重要的内容，只有有了好的项目，才能有后续的投资等工作。一个好的项目可能要花费项目基金经理人很长的时间去搜寻，在国内寻找项目的方法主要有以下几种：

（1）借助于人际关系网络寻找项目。这种方法是当今最主要的方法，私募股权投资在国际国内都形成了一定的关系网络，如果没有进入这个圈子，就很难找到好的项目。例如，美国的“硅谷”就是一个这样的市场，所有的创业者为了能够被发现，都想方设法进入硅谷创业，这就给风投者提供了很好的项目来源，很多风投都集中于硅谷的旁边，经常在这里搜索项目，这也成就了美国股权投资市场的大发展。西雅图是美国西海岸又一个创业的集中地，微软、Facebook和亚马逊等公司的总部都设在这里。

创投业的扎堆现象可能还与基金投后管理有关。创投基金管理人一般会担任企业的董事会成员，为企业发展提供建议和帮助。一些顶级基金管理人可能同时担任5家以上公司的董事，同时还要参与基金本身的工作，包括资金募集、尽职调查和退出操作等。因此投资于邻近地区的企业对于提高基金的运营效率而言非常重要。经常会有基金宣称，只投资于半小时或一小时或两小时车程以内的企业。

在中国也散落着很多创业中心，比较有名的如北京的“中关村”。中关村科技园，起源于20世纪80年代初的“中关村电子一条街”，位于北京市海淀区，是中国第一个国家级高新技术产业开发区、第一个国家自主创新示范区、第一个国家级人才特区，也是京津石高新技术产业带的核心园区。中关村科技园是我国体制机制创新的试验田，被誉为“中国硅谷”。

补充阅读

车库咖啡——早期创业者的聚集地

车库咖啡，成立于2011年4月7日，是第一家入驻中关村创业大街的孵化器，同时也是一家以创业为主题的咖啡厅。车库咖啡的目标非常明确，就是降低早期创业团队的创业成本。在这里，你只需点上一杯咖啡，就可以待上一整天。没有其他任何费用。开放式的办公环境，无须预约，没有门槛，带上你的电脑，这里就是你的办公室。

为什么叫“车库”？2011年车库看门儿大爷——苏药，去了一趟美国，这次为期一个多月的美国之行。他拜谒了多处著名的车库，其中包括60多年前惠普的两位创始人曾经奋斗过的地方。在美国硅谷的创业史上，车库是个孕育传奇的地方。所以，车库咖啡也希望能够孕育出中国的微软、谷歌。车库咖啡愿意为任何有想法有创意的人提供一个实现梦想的平台。

“车库咖啡”什么样？车库咖啡面积有800平方米，位于鑫鼎宾馆二层。这里为早期创业团队提供全开放的办公环境，宽松的交流氛围，让你在创业群体最聚集的地方与其他创业者沟通交流。车库咖啡还建立了一个非常务实的会员服务体系，搭建起创业者互助协作平台，实现创业者之间的资源互补，抱团取暖，共同发展。

每天有200人以上的创业群体在车库咖啡聚集，包括近20支常驻创业团队、投资人、媒体、大公司企业等。当然，还有很多是第一次来车库的心怀梦想的创业者。他们在车库咖啡交流项目、洽谈合作。每周一至周五中午一点半到两点，“车库咖啡午间半小时”会开放自己的小舞台。这个时候，任何人都可以在这个舞台上介绍自己的项目、发布自己的需求，让更多的创业者认识你。

“车库咖啡签到墙”会告诉你今天在车库办公的团队，在车库的投资人，在车库的技术人员以及他们的位置，以便你可以顺利地找到你要找的人。

找合伙人是一件极讲缘分的事情，“车库咖啡招聘墙”是一个非常好的鹊桥。别小看这面小小的墙，奇迹无时无刻不在发生。

2012年5月，车库咖啡成立会员俱乐部，帮助创业团队整合资源，为创业者提供深度的创业孵化服务。现在服务会员团队近300支，涵盖互联网、IT、教育、医疗、智能家居、汽车等10多个行业。车库会员俱乐部的合作供应商有40多家，其致力于打造成为国内最活跃的创业者互助协作平台。到目前为止，其中近百支团队在车库寻得投资，其中有3支团队年收入在亿元以上。另外，有超过60多支团队在车库组建起项目团队。

车库咖啡是创业者的乌托邦。

（2）借助于创业大赛寻找项目。伴随着中国“大众创业，万众创新”时代的到来，创业大赛如火如荼地在中国神州大地绽放。比较有名的创业大赛有教育部举办的“互联网+创业大赛”“创青春创业大赛”等项目，吸引了海外很多知名高校的学生参赛，水平非常高。美国大学对科研投入巨大，每年都会有数百家初创企业脱胎于大学的科研成果。譬如，谷歌、雅虎和Facebook都是在校生创立的。一些大学甚至成立了针对学生创业的投资办公室，如斯坦福大学。美国的创投基金也非常关注来自大学校园的创业者以及大学技术转让形成的企业。

（3）同行合作。一些小基金管理公司会将发现的项目推荐给大型基金管理公司。其中的逻辑是，大型基金管理公司对项目的甄别能力更强，对受资企业提供的支持力度也更大。这样小的私募基金可以和大的私募基金进行合作，如果大的私募基金决定投资于该项目，那么小的私募基金就可以跟投。同行的意见会成为基金管理人判断的重要依据。当同时有多家基金对一个企业感兴趣时，共同投资便成为基金管理人不可避免的选择。这时，出资金额最高的基金管理人便会作为领投基金与企业就投资条款进行谈判，其他基金则选择跟随或放弃投资。

（4）中介机构。创投基金管理人与律师、会计师、投资银行、商业银行的合作关系也是项目渠道之一。在中国市场，收费中介的作用是非常重要的。这主要是因为中国企业家多数缺乏融资经验和专业知识，因此通过中介来接触投资机构是更加有效的渠道。对于需要进行大额融资的企业来说，聘请专业中介来协助条款的谈判也是较为常见的。这些中介机构在为企业提供服务的过程中会发现一些合适的投资项目，并将之引荐给基金管理人。部分中介机构向基金管理人推荐项目并不要求回报。但有一些机构提供的是付费服务，中介机构可能代表基金也可能代表企业，但不管代表哪一方他们都会收取介绍费，介绍费的收取比例一般在1%~3%，有的则采取累进计费方式。

（5）政府机构。在中国，企业上市要经过审批，因此企业上市需要获得工商、税务等近20个部门的批准。在地方，金融办主要负责地方政府和“一行两会”的关系，因此金融办会协调很多上市资源。正因如此，通过地方政府这个渠道来寻找Pre-IPO项目是较为快捷的方式。特别是地方金融办为了进一步支农支微，各地陆续成立了一批区域性的股权交易市场，能够在四板市场挂牌和托管的企业都是未来要重点培养上市的企业，因此通过政府渠道可以提前获得很多优秀的企业，并可以提前通过第四市场进行股权交易，提前进行股权投资，这在中国是非常有效的手段，效率非常高。

二、尽职调查的目的

尽职调查的作用在于最大限度地消除信息不对称带来的劣势，为投资决策提供依据。同时，这也是基金管理人对基金投资者“应尽的勤勉”。尽职调查的目的体现在三方面，即价值发现、风险发现和投资可行性。

（1）价值发现。尽职调查的作用除了验证过去财务业绩的真实性外，更重要的是在于预测企业未来的业务和财务数据，并在此基础上对企业进行估值。根据尽职调查所发现的风险投资人可以对目标公司做出进一步估值调整，得出符合目标企业实际价值的估值结果。

（2）风险发现。基金管理人需要收集充分的信息，全面识别投资风险，评估风险大小并提出风险应对的方案。企业经营风险、股权瑕疵、或然债务、法律诉讼、环保问题以及监管问题都是考察的内容。最终在交易文件中可以通过陈述和保证、违约条款交割前义务、交割后承诺等进行风险和责任的分担。

（3）投资可行性分析。尽职调查还有助于交易各方了解投资的可操作性并帮助各方确定交易的时间表。

三、尽职调查的范围

尽职调查的范围一般涵盖对被投资企业所在行业的研究、企业股东、历史沿革、人力资源、营销与销售、研究与开发、生产与服务、采购、法律与监管、财务与会计、税收、管理信息系统等。尽职调查主要可以分为法律、财务和业务三大部分。其中法律尽职调查一般是由聘请的外部律师负责，财务尽职调查一般是由基金管理人与外聘的会计师负责，业务尽职调查则由基金管理人及外聘的行业专家或管理咨询公司完成。

业务尽职调查涵盖了企业商业运作中涉及的各种事项，包括市场分析、竞争地位、客户关系、定价能力、供应链、环保和监管等问题。由于基金管理人的投资团队对企业所处行业不一定了解，因此往往需要行业专家的协助。譬如，当基金管理人在决定是否对一家高科技公司进行投资时，往往需要借助相关领域专家的帮助才能对相关技术进行判断。

财务尽职调查一般会涵盖企业的历史经营业绩、未来盈利预测、现金流、营运资金、融资结构、资本性开支以及财务风险敏感度分析等内容。财务尽职调查的主要目的是评估企业存在的财务风险以及投资价值，而一般审计的目的则是验证企业财务报表与实际情况是否一致。因此财务尽职调查一般不采用函证、实物盘点、数据复算等财务审计方法，而更多地使用趋势分析、结构分析等分析工具。在企业的投资并购等资本运作流程中，财务尽职调查是投资及整合方案设计、交易谈判、投资决策不可或缺的前提，是判断投资是否符合战略目标及投资原则的基础。它对了解目标企业资产负债、内部控制、经营管理的真实情况，充分揭示其财务风险或危机，分析盈利能力、现金流，预测目标企业未来前景有重大作用。

法律尽职调查一般是律师基于企业所提供的企业法律文件完成的，其内容一般涵盖企业的土地和房屋产权、税收待遇、资产抵押或担保、诉讼、商业合同、知识产权、社会保险以及关联交易事项。法律尽职调查的作用是帮助基金管理人全面地评估企业资产和业务的合法性以及潜在的法律风险。

四、尽职调查的方法

尽职调查的操作流程大致经历以下几个阶段：制定调查计划、访谈、调查及收集资料、起草尽职调查报告、进行内部复核、设计投资方案。仅就尽职调查本身面言，其中最为重要的部分为资料收集与分析。收集资料的渠道主要有以下几个：

（1）审阅文件。查阅企业的工商登记、财务报告、董事会会议记录、业务文件及重大法律合同等。除此之外，尽职调查方可以在企业同意的情况下要求企业的审计师等中介机构提供工作底稿。

（2）外部信息。通过网络、杂志和报纸等媒体查阅相关信息，了解并验证行业及企业情况。收集企业竞争对手和上下游企业信息（尤其是上市公司的信息披露）对评估企业和行业的真实状况有很大帮助。

（3）访谈。分别对企业高层、中层及基层员工进行访问，了解并验证相关业务、财务及法律问题。此外，与企业外聘的法律顾问和审计师的沟通也非常重要。尽职调查团队也应拜访竞争对手及上下游企业负责人并获取他们对目标企业的评价。

（4）现场调查。对企业相关的场所进行现场调查，包括但不限于厂房、设备 、土地、产品和存货等。譬如，走访企业的销售现场（如超市、门店或经销商）有助于评估真实销售情况。

（5）内部沟通。尽职调查团队内部各方就彼此收集的信息进行沟通，可以相互补充。在尽职调查期间，电话会议相比现场会议是更常见的沟通方法。

收集完资料后，尽职调查团队还要验证其可信程度，评估其重要性，并将之归纳总结于最终的尽职调查报告。企业运营中会存在各种各样的风险。基金管理人需要审慎地进行评估，承担风险也是投资的一部分。

五、业务尽职调查的内容

业务尽职调查是整个尽职调查工作的核心，涉及财务、法律、资源、资产以及人事方面的尽职调查。业务尽职调查的目的是了解过去及现在企业创造价值的机制，以及这种机制未来的变化趋势，在此基础上，预测企业未来的财务业绩并对之进行估值。

实践操作中，尽职调查团队向目标企业提出的问题清单往往多达数百个。归结起来，业务部分的问题大概有以下几类：

（1）企业基本情况。包括企业的工商登记资料、历史沿革、组织机构、股权架构以及主要股东的基本情况等。

（2）管理团队。包括董事会成员及主要高级管理人员的履历介绍、薪酬体系、期权或持股激励机制等。

（3）产品/服务。包据产品/服务的基本情况、生产和销售情况、知识产权（商标和专利）、核心技术及研发事项等。

（4）市场。包括企业所属的行业分类、相关的产业政策、竞争对手、供应商及经销商情况、市场占有率以及定价能力等。

（5）发展战略。包括企业经营理念和模式、中长期发展战略及近期策略、营销策略以及未来业务发展等。

（6）融资运用。包括企业融资需求及结构、计划投资项目、可行性研究报告及政府批文（如适用）等。

（7）风险分析。企业面临的主要风险来自市场、项目、资源、政策、竞争、财务及管理等方面。

东方富海总裁陈玮将业务尽职调查总结为简单的9个数字，即“987654321”，这是他多年的经验总结，不仅便于记忆，还易于操作。下面我们简单地介绍一下：

“9”意思是要见过一家公司90%以上的股东和管理层。投资人在与项目企业股东洽谈时容易犯的一个错误就是只和企业的实际控制人接触，而忽略了与小股东的沟通。事实上，有时候与实际控制人以外的其他股东，特别是小股东进行访谈，往往会起到意想不到的作用。

“8”意思是8点钟原则。投资人到企业考察时，有一个小的技巧非常有用，那就是选择与项目企业作息一致的时间到现场。比如，企业8点钟上班，那你一定要在8点钟到企业，这就是“8点钟原则”。一家朝气蓬勃的企业，从上班那一刻起就可以判断出它的活力。反之，对一家大面积存在员工和管理人员迟到的企业，在决定投资前一定要多打几个问号。

“7”意思是到过一家公司7个以上的部门。有些投资对象是技术型的企业，投资人在对企业现场进行走访时，当然要关注研发、市场、生产等部门，但还应该走访企业的办公室、仓库、物流、财务、人力资源等部门，以对企业有全面、客观了解和公正判断。企业的成功是各个部门综合努力的结果，企业管理水平的高低也是企业各个职能部门管理水平的综合体现。

“6”意思是在一家公司连续待过6天。投资人对项目企业的尽职调查虽然大多是走马观花，但也绝对不可蜻蜓点水，一带而过，连续在企业工作6个工作日十分必要。由此，投资人不仅可以看到企业日常的运作状态，还可以通过观察员工的加班情况来体会其文化、业务和生产情况。

“5”意思是对团队、管理、技术、市场、财务5个要素要进行详细调查。影响企业最关键的是团队、管理、技术、市场、财务5个要素，这也是投资机构需要着重关注和详细调查的要素。这5个要素就像是企业发展的5根支柱，缺一不可。尽职调查要突出重点、找准关键问题。从投资角度而言，在这5个要素上花费时间和精力对决定投资是完全值得的。

“4”意思是至少访问4个上下游客户。对项目企业的尽职调查还要包括其上下游客户，这种考察往往具有验证的性质。一般情况下，至少应该选择4个样本企业，即至少有2个上游供应商和2个下游客户。

对供应商的调查主要集中于与企业的供应关系，考察合同的真实性、数量、期限和结算方式；对下游客户的考察除了对其与企业之间的销售合同等相关资料进行核查外，还要看客户对企业产品的评价和营销方法。

“3”意思是考察项目企业3个以上的竞争对手。对竞争企业的考察有时比对项目企业的调查还要有用。因此，要选择与企业相关度最高的3个以上的竞争企业作为样本，比较竞争企业与项目企业的优劣，发现项目企业的竞争优势和不足，考量企业的市场地位和产品占有率。

“2”意思是要永远对项目企业保持20个关键问题。尽职调查过程中，有一个技巧不能忽略，就是去项目企业现场前一定要设计好访谈企业不同人员时的问题，要保持20个以上的不同问题。如何提问，如何设计，怎样找问题，这都需要在去企业之前做好准备。

“1”意思是至少与企业普通员工吃一次饭。与普通员工谈企业是尽职调查的一种有效渠道，投资人一定要找机会与员工至少吃一次饭，利用这种非正式的机会和员工交流。针对依靠人力资源和管理的企业，这是一定要走的步骤。

从员工的谈话中得到的信息，有时比企业管理者按照商业计划书准备的问题所带来的信息更能反映企业的问题。

突出重点、关注细节、重视程序是尽职调查成败的关键。经过以上9种方法的尽调，投资者对于企业的情况一般都可以形成比较全面的认识，并可以对是否投资做出初步的判断。

东方富海陈玮：从业 17 年来，我是如何做尽职调查的？

1. 五类数据

从业 17 年的经验告诉我，判断项目时常识很重要，不少项目的失败就是在诱惑面前忘记了常识，而任何违背常识的东西都是不正常的。在投资中，我们经常看到项目企业有很高的利润率，但是，除非企业有技术、成本、管理上的超高壁垒，否则高利润率很有可能有水分。

一般情况下，对于销售利润率高于 30% 的数据，都需要予以特别关注，要用怀疑的目光识别财务数据背后可能的陷阱。此外，对远高于同行的财务指标需要十分小心，比别人聪明一点已经不太容易了，要聪明很多更是难上加难。

如果你收到一份商业计划书，里面有“我什么都不缺，就缺钱，如果有了投资，企业利润就会翻倍”的魔术式结论，对于这种项目要格外警觉。

当然，有些项目确实可能存在成长的“奇迹”，如以互联网为特征的企业，但这是一个“成一败万”的行业，即使你有运气投资这样一家企业，也一定要找到可以充分说服自己的理由。

对项目企业真实经营情况进行判断，可以利用那些经过第三方验证的“硬数据”，这些信息对审计来说可能不是很重要，但对投资人判断企业投资价值有着不小的参考意义。我常用的“硬数据”有 5 类。

（1）通过工资表判断企业的人才竞争优势。将项目企业的员工薪酬与行业平均工资水平进行比较，可以看出其吸引人才的能力。

（2）通过水电费、运费单判断企业的生产、销售能力。对于制造型企业，水电费和运费是甄别其生产规模、产能、销售能力的试剂，有时对判断企业的真实生产和销售情况比从营销入手更为有用和可靠。

（3）通过银行借款判断企业的诚信度和财务弹性。企业如果对自己的发展有信心，其融资的首选一般是债务融资。因此，在企业有可抵押资产的情况下不选择银行融资是需要关注的；反过来，如果银行给予信用借款，那对企业的评价就可以加分。

（4）通过供应商账期判断企业的行业竞争力。账期跟产业链地位有关系，跟项目企业本身也有关系，供应商会比较了解下游的客户，如果给予的账期高于或低于行业水平，都需要关注。

（5）通过纳税判断企业的盈利能力。一般情况下，没有一个企业会在没有销售或利润的情况下去缴税，因此，完税证明是判断企业销售和利润最直接的方法。

2. 成功创业者的特质

投资界有一句十分流行的话，投资只有三个标准：第一是人；第二是人；第三还是人。投资就是投人、投团队。但什么样的团队更易受到投资人的青睐，却是见仁见智，从来没有统一的标准。

我们在过去投资经历中接触超过 4000 家企业、投资超过 100 家企业后，发现同时具有这三种特质的创业者取得成功的可能性更大：

（1）大气的人，胸怀宽广。胸怀有多广决定了事业能做多大，大气的人往往凝聚力强，能团结一批人才在自己的周围，从而更好地成就自己的事业。

投资人喜欢管理团队在一起工作过 3～5 年以上，而且管理团队不断有新的人员加入，创始人能把 10%～20% 的股份分给核心管理层。柳传志在联想初创期，为了留住技术骨干、核心人员，将最好的住房、最好的车子让给他们，以其不争，终得成其业，大气是企业家精神的重要组成部分。

（2）一根筋的人，执着专注。投资人最怕创业团队花心，今天做这个，明天想那个，缺乏专注和专业性，容易受外界的诱惑。在复杂多变的环境下，每家企业都一直面临生存压力，因此，不执著专注，企业就很难有长远发展。

一些企业家在房地产市场热的时候去买地盖房，矿产资源热的时候去买矿开矿，也有一些企业家热衷于担任很多社会职务，成为社会活动家。对这样的团队，投资人一般都会比较小心。投资人不会投资给名片有折页的创业者，为什么？企业太多了，兼职太多了，操心太多，职务一页都写不下，投资人如何能放心？

（3）好面子的人，责任天下。所谓好面子就是爱惜自己的声誉，维护自己的声誉，有责任感，注重自己的品牌和声誉。特别是在作任何决策时都要担负起“做老板的责任”，审慎，不轻率，表里如一，言行一致。

我们接触过这样的创业者，在税收、社保以及经营上完全按照法律规范来做，与某些偏执于追逐利润的企业形成鲜明的对照。问其理由，创业者的答复很简单，自己的命运要掌握在自己的手中，一旦破坏了声誉，后面的成本会更大，修补也更难。

资料来源：http：//app.myzaker.com/news/article.php？pk＝5850edc31bc8e01974000001。

不同投资策略针对的目标企业类型及所处发展阶段也不同，因而业务尽职调查的重点也不同。创业投资的考察重点为管理团队和产品服务部分。这主要是因为目标企业所出的阶段较早，未来存在巨大的不确定性。发展战略和市场会随着时间的推移而不断改变。预测结论与实际结果往往有巨大的差异。因此，决定企业未来发展方向最主要的因素还是管理团队或产品服务。

成长投资策略也会关注管理团队事项。但相比创投策略，成长投资对产品服务、发展战略及市场因素的关注程度更高一些。这是因为目标企业往往已经进入成长或成熟阶段。目标市场已经成型，企业的竞争策略和市场发展对企业财务的影响较为明显。

并购策略关注的问题则更为广泛，管理团队、资产质量、融资结构、融资运用、发展战略乃至风险分析都是需要考察的部分。并购策略比其他两种策略更加关注财务事项，尤其是企业的资产变现能力和现金流。这主要是因为并购基金投资的对象往往是传统制造或服务业。高杠杆的应用导致企业生产及管理的压力巨大。

六、财务尽职调查

财务尽职调查重点关注标的企业过去的财务业绩情况。财务尽调团队应收集标的企业相关的财务报告及相关支持材料，了解其会计政策及相关会计假设，进行财务比率分析，重点考察企业的现金流、盈利及资产事项。不同于审计，财务尽职调查强调现企业的投资价值和潜在风险，注重对企业未来价值和成长性的合理预测，经常采用趋势分析和结构分析工具，在财务预测中经常会用到场景分析和敏感度分析等方法。

现场调查是财务尽职调查不可或缺的环节。尽职调查团队向企业提出资料清单或问题清单，参观目标企业现场，了解其业务操作流程，对企业中高层管理人员进行访谈，走访重要客户、经销商、供应商、竞争对手、贷款银行、法律顾问、审计师和政府部门等。财务尽职调查在横向或纵向上比较目标企业财务业绩时，需要注意会计政策和财务假设不同造成的影响，包括折旧摊销、收入与成本确认、资产问题、关联交易等。

（一）盈利能力分析

盈利能力分析主要根据公司的资产负债表和利润表计算公司各年度的毛利率、资产收益率、净资产收益率、每股收益等指标，还要分析公司各年度盈利能力及其变动情况。对于集团型公司，还要分析母公司报表和合并报表的利润结构和利润来源，判断公司盈利能力的持续性。

（二）偿债能力分析

计算公司各年度的资产负债率、流动比率、速动比率、利息保障倍数等，结合公司的现金流量状况、在银行的资信状况、可利用的融资渠道及授信额度、表内负债、表外融资及或有负债等情况，分析公司各年度偿债能力及其变动情况，判断公司的偿债能力和偿债风险。

在进行偿债能力分析时，一定要关注现金流量表，经营现金流一定要和净利润进行比较，一般要求经营现金流要和净利润大致相当，否则净利润可能造假；投资收益要和投资现金流进行对比，如果投资收益比较高，而投资现金流入比较低，说明投资出现了很大的问题。企业的偿债能力分析一定要结合现金流量表，如果没有现金，只有利润会严重影响企业的偿债能力，不能只看指标，净利润是不能够偿还贷款的。

（三）运营能力分析

计算公司各年度的资产周转率、存货周转率和应收账款周转率等，结合市场发展、行业竞争状况、公司生产模式及物流管理、销售模式及赊销政策等情况，分析公司各年度营运能力及其变动情况，判断公司经营风险和持续经营能力。

通过上述比率分析，与同行业可比公司的财务指标比较，综合分析公司的财务风险和经营风险，判断公司财务状况是否良好，是否存在持续经营问题。

（四）与损益有关的项目

1. 销售收入

销售收入最关键的是要判断收入是否被高估。为了提高净利润，企业一般都会采用压货策略来调节企业的利润。企业一般会在年末以较为优惠的价格让进货商进货，这样可以提前确认收入，会导致今年收入提高，应付投资者的调查。但是这样会为未来的利润下降埋下伏笔，这种透支未来的做法一定要重点防范。由于进货商积压了大量的商品，会采用打折的方式出售，会严重影响企业的品牌，对企业的长期发展是非常不利的。如果进货商按照正常的销售节奏向厂商付款，那么压货策略会导致利润和经营净现金流量无法同步。因此，可以通过对比净利润和经营现金流来验证企业是否造假。具体流程如下：

(1) 了解实际会计核算中该行业收入确认的一般原则以及公司确认收入的具体标准，判断收入确认具体标准是否符合会计准则的要求，是否存在提前或延迟确认收入或虚计收入的情况。

(2) 核查公司在会计期末是否存在突击确认销售的情况，期末收到销售款项是否存在期后不正常流出的情况。

(3) 分析公司经营现金净流量的增减变化情况是否与公司销售收入变化情况相符，关注交易产生的经济利益是否真正流入企业。

(4) 取得公司收入的产品构成、地域构成及其变动情况的详细资料，分析收入及其构成变动情况是否符合行业和市场同期的变化情况。

(5) 如公司收入存在季节性波动，应分析季节性因素对各季度经营成果的影响，参照同行业其他公司的情况，分析公司收入的变动情况及其与成本、费用等财务数据之间的配比关系是否合理。

(6) 取得公司主要产品报告期价格变动的资料，了解报告期内的价格变动情况，分析公司主要产品价格变动的基本规律及其对公司收入变动的影响。

(7) 关注公司销售模式对其收入核算的影响及是否存在异常，了解主要经销商的资金实力、销售网络、所经销产品对外销售和回款等情况。

(8) 核查公司的产品销售核算与经销商的核算是否存在重大不符。

2. 销售成本与销售毛利

应该重点关注毛利率和净利率，毛利 = 主营业务收入 - 主营业务成本，毛利率 = 毛利 ÷ 主营业务收入。毛利率是最能体现公司产品竞争能力的指标。如果毛利率比较高，则说明公司的产品具有很强的市场占有率，垄断性比较强，具有很强的投资价值，如果毛利率比较低，则说明公司的市场竞争能力比较差，在上下游关系中处于弱势，必须要提高研发能力，进行产品创新。净利率 = 净利润 ÷ 主营业务收入，由于净利润是毛利减掉销售费用、管理费用和财务费用以后的利润，能够体现出公司的管理水平和营销能力的高低，如果净利率比较高，说明公司的内部管理水平、营销水平和筹资管理能力都比较好。毛利率和净利率水平都很高，说明企业的内外经营环境都不错，说明公司具有极强的投资价值。具体分析流程如下：

(1) 根据公司的生产流程，搜集相应的业务管理文件，了解公司生产经营各环节的成本核算方法和步骤，确认公司报告期成本核算的方法是否保持一致。

(2) 获取报告期主要产品的成本明细表，了解产品单位成本及构成情况，包括直接材料、直接人工、燃料和动力、制造费用等。报告期内主要产品单位成本大幅变动的，应进行因素分析并结合市场和同行业企业情况判断其合理性。

(3) 对照公司的工艺流程、生产周期和在产品历史数据，分析期末在产品余额的合理性，关注期末存货中在产品是否存在余额巨大等异常情况，判断是否存在应转未转成本的情况。

(4) 计算公司报告期的利润率指标，分析其报告期内的变化情况并判断其未来变动趋势，与同行业企业进行比较分析，判断公司产品毛利率、营业利润率等是否正常，存在重大异常的应进行多因素分析并进行重点核查。

3. 期间费用

期间费用主要包括销售费用、管理费用和财务费用，费用的计量方法有两种，一种是计入当期费用；另一种是对费用进行资本化。这就为企业降低费用，操纵利润提供了条件。费用的资本化降低了企业的当期费用，变相地提高了企业的利润。具体分析流程如下：

(1) 取得营业费用明细表，结合行业销售特点、公司销售方式、销售操作流程、销售网络、回款要求、售后承诺（如无条件退货）等事项，分析公司营业费用的完整性、合理性。

(2) 对照各年营业收入的环比分析，核对与营业收入直接相关的营业费用变动趋势是否与前者一致。二者变动趋势存在重大不一致的，应进行重点核查。

(3) 取得公司管理费用明细表，分析是否存在异常的管理费用项目，如存在，应通过核查相关凭证、对比历史数据等方式予以重点核查。

(4) 关注控股股东、实际控制人或关联方占用资金的相关费用情况。

(5) 取得财务费用明细表，对公司存在较大银行借款或付息债务的，应对其利息支出情况进行测算，结合对固定资产的调查，确认大额利息资本化的合理性。

4. 非经常性损益项目

一定要关注公司的主营业务对公司利润的贡献，很多公司为了提高利润，经常在非经常损益上做文章，因此，一定要重点关注。具体分析流程如下：

(1) 逐项核查是否符合相关规定，调查非经常性损益的来源、取得依据和相关凭证以及相关款项是否真实收到、会计处理是否正确，并分析其对公司财务状况和经营业绩的影响。

(2) 结合业务背景和业务资料，判断重大非经常性损益项目发生的合理性和计价的公允性。

(3) 计算非经常性损益占当期利润比重并分析由此产生的风险。

（五）与资产状况有关的项目

1. 货币资金

企业的货币资金对企业非常重要，货币资金的使用效率是最值得关注的，要重点关注货币资金是如何取得的，货币资金的主要来源是利润的增长，还是负债的增加，如果货币资金的增加对应的是负债的增加，就要关注背后的原因，如果货币资金的增加是基于利润的积累，这才能体现企业的可持续增长。具体分析流程如下：

(1) 取得或编制货币资金明细表。

(2) 通过取得公司银行账户资料、向银行函证等方式，核查定期存款账户、保证金账户、非银行金融机构账户等非日常结算账户形成原因及目前状况。对于在证券营业部开立的证券投资账户，还应核查公司是否及时完整地核算了证券投资及其损益。

(3) 抽查货币资金明细账，重点核查大额货币资金的流出和流入，分析是否存在合理的业务背景，判断其存在的风险。

(4) 核查大额银行存款账户，判断其真实性。

(5) 分析金额重大的未达账项形成的原因及其影响。

（6）关注报告期货币资金的期初余额、本期发生额和期末余额。

2. 应收款项

应收账款要结合应收票据、预收账款和应收账款周转率来进行判断，这直接体现了公司的上下游关系问题。特别要注意的是，对应收账款的分析要根据公司所处的市场环境进行深入的分析，如果公司的产品非常具有竞争力，面对进货商，公司可以通过预收账款等方式提前锁定资金，如果公司的预收账款和应收票据比较多，而应收账款比较少，说明公司的商品是非常畅销的，不仅可以提前收回货款，并且应收票据的信用要高于应收账款，说明公司的运营能力非常好。如果公司的应收账款增长比较快，预收账款和应收票据比较少，则说明公司的商品不受市场欢迎，为了增加净利润，企业就大量采用赊销的方式进行销售，这说明企业的净利润没有现金流的支撑，不利于企业的正常经营。大量的应收账款是否计提应收账款减值准备也需要重点关注。具体分析流程如下：

（1）取得应收款项明细表和账龄分析表、主要债务人及主要逾期债务人名单等资料，并进行分析核查。了解大额应收款形成原因、债务人状况、催款情况和还款计划。

（2）抽查相应的单证和合同，对账龄较长的大额应收账款，分析其他应收款发生的业务背景，核查其核算依据的充分性，判断其收回风险；取得相关采购合同，核查大额预付账款产生的原因、时间和相关采购业务的执行情况。调查应收票据取得、背书、抵押和贴现等情况，关注由此产生的风险。

（3）结合公司收款政策、应收账款周转情况、现金流量情况，对公司销售收入的回款情况进行分析，关注报告期应收账款增幅明显高于主营业务收入增幅的情况，判断由此引致的经营风险和对持续经营能力的影响。

（4）判断坏账准备计提是否充分、是否存在操纵经营业绩的情形。

（5）分析报告期内与关联方之间往来款项的性质，是正常业务经营往来还是无交易背景下的资金占用。

3. 存货

存货是尽职调查中必须重点关注的对象。存货要结合应付票据、应付账款以及存货周转率等进行综合分析，并要根据公司所处的市场环境进行深入的分析，如果公司的产品非常具有竞争力，面对供货商，公司可以长时间占用供货商的资金，表现在运营能力上就是公司的应付账款和应付票据远远小于公司的存货，公司的存货周转率很快，但并没有提前付款，这样就极大地提高了公司的经营成本。如果企业的经营出现了问题，就会出现存货增加，而应付票据和应付账款小于存货，说明存货周转率降低，这时要关注企业的存货状况，是否应该计提跌价准备，因为这会对企业的利润造成很大的影响。具体分析流程如下：

（1）取得存货明细表，核查存货余额较大、周转率较低的情况。结合生产情况、存货结构及其变动情况，核查存货报告期内大幅变动的原因。

（2）结合原材料及产品特性、生产需求、存货库存时间长短，实地抽盘大额存货，确认存货计价的准确性，核查是否存在大量积压或冷备情况，分析提取存货跌价准备的计提方法是否合理、提取数额是否充分；测算发出存货成本的计量方法是否合理。

4. 长期股权投资（关联交易）

当私募基金进行企业尽职调查时，如果面临的是一家集团公司，往往集团内部的关联交易会非常的重大，关联交易往往表现在长期股权投资科目上。对于集团公司要重点通过合并报表和母公司报表来分析企业的关联交易，这一点是非常重要的。长期股权投资要结合两个报表进行。母公司的长期股权投资科目 - 合并报表的长期股权投资科目 = 集团公司的控制性投资。通过这一项能看出企业投资于子公司的资金。除了长期股权投资，其他应收款也体现了母公司和子公司之间的关系。关联交易会严重扭曲公司的利润，很多公司为了上市，会通过关联公司进行大量的关联交易，以此来提高自己的利润和总资产，因此需要重点关注。具体分析流程如下：

（1）查阅公司股权投资的相关资料，了解其报告期的变化情况；取得被投资公司的营业执照、报告期的财务报告、投资协议等文件，了解被投资公司经营状况，判断投资减值准备计提方法是否合理、提取数额是否充分，投资收益核算是否准确。对于依照法定要求需要进行审计的被投资公司，应该取得相应的审计报告。

（2）取得报告期公司购买或出售被投资公司股权时的财务报告、审计报告及评估报告（如有），分析交易的公允性和会计处理的合理性。

（3）查阅公司交易性投资相关资料，了解重大交易性投资会计处理的合理性；取得重大委托理财的相关合同及公司内部的批准文件，分析该委托理财是否存在违法违规行为。

（4）取得重大项目的投资合同及公司内部的批准文件，核查其合法性、有效性，结合项目进度情况，分析其影响及会计处理合理性。

（5）了解集团内部关联企业相互投资以及间接持股的情况。

5. 固定资产

固定资产是企业的主要资产，企业可以通过改变固定资产折旧的方法来操纵利润。为了提高净利润，企业一般通过延长折旧年限来修饰利润，如果企业的固定资产折旧年限突然拉长，则要注意企业是否要掩饰利润降低。另外，企业还可以通过在建工程账户进行固定资产的减少，这样可以减少折旧，提高利润。具体分析流程如下：

（1）取得固定资产的折旧明细表和减值准备明细表，通过询问生产部门、设备管理部门和基建部门以及实地观察等，核查固定资产的使用状况、在建工程的施工进度，确认固定资产的使用状态是否良好，在建工程是否达到结转固定资产的条件，了解是否存在已长期停工的在建工程、长期未使用的固定资产等情况。

（2）分析固定资产折旧政策的稳健性以及在建工程和固定资产减值准备计提是否充分，根据固定资产的会计政策对报告期内固定资产折旧计提进行测算。

6. 无形资产

无形资产最需要关注的是商誉这个账户。所谓商誉就是通过高估值买入其他公司造成的，高商誉意味着高估值，也意味着高风险，这个一定要重点关注。很多公司创业者利用商誉转移资产，例如，自己通过关系注册一家公司，然后以高于市场价格的估值购买这个公司，形成了高商誉，这样就成功地转移了资产，所以要重点关注。

中国企业面临的一个典型问题就是土地产权手续不全，如果土地产权在企业中占到相当比例，那么确认土地产权的合法性并督促企业完成相关产权证明的办理是非常必要的。另一个典型问题是商标，不少中国企业在融资时并没有将商标所有权转移给融资主体。商标的办理和转移所需要的行政审批手续比较烦琐往往成为创业者的理由。国美电器的黄光裕就是通过商标的所有权成功击退了贝恩资本，重新掌控了国美电器。具体分析流程如下：

（1）对照无形资产的有关协议、资料，了解重要无形资产的取得方式、入账依据、初始金额、摊销年限及确定依据、摊余价值及剩余摊销年限。

（2）无形资产的原始价值是以评估值作为入账依据的，应该重点关注评估结果及会计处理是否合理

七、法律尽职调查

法律尽职调查更多的是定位于发现风险，其目的主要有：第一，确认目标企业的合法成立和有效存续；主要是通过查询公司在工商管理部门的登记文件和出资情况，可以通过企查查或者天眼查等相关软件进行查询。第二，核查目标企业所提供文件资料的真实性、准确性和完整性。第三，充分了解目标企业的组织结构、资产和业务的产权状况以及法律状态，确认企业产权（如土地所有权）业务资质以及其控股结构的合法合规；可以通过全国企业信用信息公示系统查询企业的信用状况（http：//wenshu. court. gov. cn），通过中国裁判文书网查询借款人或借款企业是否有涉诉信息，通过全国法院被执行人信息查询平台查询借款人被执行情况。第四，发现和分析目标企业现存的法律问题和风险并提出解决方案。第五，出具法律意见并将之作为准备交易文件的重要依据。

法律尽职调查关注的重点问题包括历史沿革问题、主要股东情况、高级管理人员、债务及对外担保情况、重大合同、诉讼及仲裁、税收及政府优惠政策等。

法律尽职调查收集资料的渠道包括：企业依照资料清单提供的材料，对目标企业管理团队的访谈、对目标企业的现场调查；从政府部门获得的信息；公开信息，如互联网信息等。在某些重大事项上，律师如果对企业提供的资料存在疑虑，则应按照审慎原则进行调查，不应单纯依赖企业提供的资料。对目标企业的现场调查也是法律尽职调查的必要程序。

在进行完财务尽职调查、法律尽职调查以及行业分析后，识别项目投资的具体风险，结合项目上市或并购退出可行性、风险可控性、成长性设计风险控制方案，出具尽职调查报告和风险控制报告。股权投资基金投资环节通常设立独立的风险控制体系，风险控制组织、业务流程相对独立。风险控制一般包括风险识别、风险评估以及风险应对三个步骤。风险控制报告由风险控制经理出具，并经风险控制部负责人签署后独立出具。

尽职调查报告是投资团队根据尽职调查结果，对标的企业进行客观评价，从而形成详尽的尽职调查报告。尽职调查报告至少包括业务尽职调查、财务尽职调查和法律尽职调查的内容。业务尽职调查报告主要包括企业基本情况、管理团队、产品/服务、市场、发展战略、融资运用、风险分析等。财务尽职调查报告主要包括评估目标企业的财务健康程度；评估目标企业的内控程序及业务的主要流程；提供交易条款的建议，包括估值条款保护性条款以及交易结构的具体设计等。法律尽职调查报告主要包括目标企业法律风险的识别、评估和应对建议。投资团队依据尽职调查报告，形成一份最终的投资建议书，并提交给投资决策委员会。

风险控制报告是风险控制团队依据业务尽职调查、财务尽职调查、法律尽职调查发现的风险，从公司层面业务层面、信息系统层面对风险进行分析，充分评估，并独立出具的报告。投资决策委员会根据尽职调查报告和风险控制报告进行决策。

补充阅读

“创投狙击手”徐新：从小镇姑娘到风投女王 最高收益800倍

2014年5月22日，京东在美国纽约纳斯达克上市，市值达286亿美元。今日资本持有京东7.8%的股份，账面赚了100多亿元，投资回报率高达150多倍。

作为京东最早的投资人、刘强东最早的伯乐，今日资本掌门人徐新彻底打响“风投女王”的名号。

而在投资京东之前，徐新在她此前就职的两家机构和个人天使投资中都取得了惊人的成绩。

1995年，徐新进入中国香港当时最大的本土券商百富勤，在中国还没有人喝瓶装水的时候，便参与了对娃哈哈的投资。2010年、2012年，娃哈哈掌门人宗庆后2次登上中国首富宝座。

1999年，在霸菱投资期间，徐新以600万美元入股网易，最终获得8倍投资收益，2003年网易创始人丁磊当选中国首富。

同样在1999年，徐新个人天使投资中华英才网并担任其董事长，2006~2008年是中华英才网发展最迅速的时期，它与智联招聘、前程无忧三足鼎立。此次投资徐新个人获得了800倍以上的收益。

慧眼识出刘强东、丁磊，投资的两家公司创始人宗庆后、丁磊共计3次当选中国首富，投资最高收益率800倍……风险投资行业向来是男人的天下，然而对于徐新来说，却是个例外。

熟悉投资圈的人都知道徐新并没有什么显赫的背景。

1967年她出生于重庆大足，是我们今天所说的典型的“小镇姑娘”，她有一个并不安分的读书岁月。

“我小时很调皮，喜欢跟男孩子一起玩。还经常和我的好朋友逃课，她在岸边看红楼梦，我在河里摸鱼。”如果不是因为父亲的一顿狠打和管束，或许如今的资本圈和商业圈会有截然不同的格局。初中毕业，徐新考上重庆南开中学，高中毕业，她考上南京大学。

1988年，徐新大学毕业后进入中国银行总行工作，3年后她凭借热情和耐心取得了突出的业绩，得到了去香港普华永道工作实习的机会，一只脚踏入了资本圈。

1995年，徐新进入香港本土投资机构百富勤。1998年转入霸菱投资集团，任霸菱投资中国区董事总经理。2005年，她创立今日资本。

彻底成就徐新“风投女王”地位的是京东。

2006年10月，徐新碰到刘强东时，京东商城只有50个员工，年销售额6000万元。见面那天，徐新和刘强东从晚上10点聊到凌晨2点，“4个多小时问了老刘的创业经历，直觉告诉我：这是一匹黑马，必须马上拿下！”当天，徐新就帮刘强东定了和自己同一班北京飞上海的航班，到了上海就把投资框架签了，“生怕他跟其他投资人见面”。当时刘强东说需要200万美元，徐新直接给了1000万美元。

而让徐新印象最深、成长最大、回报率最高的投资是中华英才网。1999年，徐新个人天使投资中华英才网，并担任董事长。2000年，正值互联网的冬天，中华英才网很难再筹到钱，好几次到了几乎发不出工资的地步。既是创业者又是投资人的徐新感觉“好像头上悬了一把剑，随时都会掉下来，心理压力很大”。当时，徐新不仅要把家里的存款拿出来给几百号员工发工资，而且要在自己都不知道答案在哪里的情况下，硬着头皮跟员工说“面包会有的，牛奶会有的，一切都会有的”。不过徐新没有看错，中华英才网最终在寒冬中挺了过来，2006~2008年，中华英才网与智联招聘及前程无忧呈三足鼎立之势。徐新卖出持有的中华英才网一部分股份，算下来赚到800倍的收益。有过此次“创业”经历后徐新也更加了解创业者的艰辛。

徐新的投资理念，简单来说主要归结为3点：找对人、找好品类、长线投资。

找对人。徐新认为投项目最重要的是投人，她非常看重具有狼性的企业家。2015年，徐新在接受《投资界》的专访中透露找对人具体而言有三点：

第一，嗅觉灵敏，有洞察力。有些人确实能够感受到别人感受不到的东西，先看到别人看不到的东西。

第二，学习能力强。8年前的刘强东和现在的刘强东完全不同，他进步太多了，现在我们都要向他学。以前管工程师他能管理，京东做物流，一大帮司机、搬运工，那么难管理，他也能管理得很好，学习能力超强。

第三、领导力。能够吸引一帮牛人跟你一起干，带人“打胜仗”那种感觉也很重要的。

找对品类。她投资过的娃哈哈、网易、京东、三只松鼠等企业都在品类上有所创新。娃哈哈开创了纯净水品类，网易的《大话西游》游戏开创了大型多人在线游戏品类，京东开创了3C电商品类，三只松鼠开创了互联网休闲零食品类……

长线投资。在徐新看来，伟大的公司本来就不多。如果你运气够好，又非常努力，正好撞到几个伟大的公司，那么，你真的要长期持有，在它身上赚很多很多的钱。

“我做了20年投资，最大的经验就是好公司不要卖太早。我相信现在的中国属于财富创造的早期阶段，好日子长着呢，不要把好公司卖了。”徐新说。

一般的基金也就是10年，人民币基金是七八年，今日资本的第一期基金是12年。她对网易、京东等的长期持有也说明这一点。

徐新形容自己是狙击手的投资风格：“不轻易开枪，开枪打得比较准。”今日资本成立后徐新放大了自己特立独行的投资风格，别人1年投3家，她3年投1家。在今日资本精挑细选的投资项目里，最终选择投资京东，从而奠定了今日资本的地位，她挑项目的“快狠准”风格也就此确立。

2005年前后，中国VC行业发生了第一次大规模裂变。这一年吴尚志创办鼎晖创投，阎焱带领赛富独立，张帆、沈南鹏成立红杉中国，高瓴资本诞生……也是在这一年，徐新离开霸菱投资，创办了今日资本。

今日资本成立的时候，徐新定了三个投资领域和三个投资目标。2015年《投资界》独家专访徐新时，她表示投资目标已基本完成。

三个领域：互联网，尤其是B2C的互联网，互联网消费品品牌和零售。

三个目标：第一，3个Home Run，徐新的定义是8倍的回报率就可以算做Home Run；第二，8个被投企业变成行业第一品牌；第三，平均5年赚5倍。

第一个目标已经超额完成。仅京东就赚了150多倍，相宜本草早已超过8倍，土豆网也差不多8倍。第二个目标也基本完成。今日资本第一期基金投了15个案子，有11个现在还在积极参与，这其中有7个已经变成行业级品牌。第三个目标超额完成。今日资本很多项目都是2007年、2008年投的，平均回报率可达15倍。

资料来源：https//www.sohu.com/a/85920326_114984。

模块五 股权投资常用估值方法

估值是投资最重要的环节之一，也是投资协议的重要内容，投资前需要明确评估目标资产的公允价值。在评估一项投资的公允价值时，应考虑该项投资的性质及背景，并为之选择恰当的估值方法。在估值时应结合市场参与者的假设采用合理的市场数据和参数。不管采用何种估值方法，估值都应根据评估日的市场情况从市场参与者的角度出发。估值时应采取谨慎态度。

估值方法通常包括相对估值法、折现现金流法、成本法、清算价值法、经济增加值法等。其中，股权投资行业主要用到的估值方法为相对估值法和折现现金流法。相对估值法的种类最多，相对估值法是早期创业投资基金较常用的方法，定增基金、并购基金等也往往以之作为参考。如果目标企业现金流稳定，未来可预测性较高，则现金流折现价值更有意义。折现现金流法则多用于以成长和成熟阶段企业作为投资标的的中后期创投基金和并购基金，成本法主要作为一种辅助方法存在，主要原因是企业历史成本与未来价值并无必然联系。清算价值法则常见于杠杆收购和破产投资策略。经济增加值法主要应用于一些特殊的行业。

一、相对估值法

相对估值法是指将企业的主要财务指标乘以根据行业或参照企业计算的估值乘数，从而获得对企业股权价值的估值参考结果，包括市盈率法、市现率法、市净率法和市售率法等多种方法。初创阶段和成长早期企业的未来业绩不确定性较大，对这类企业的估值参考标准为相对估值乘数。传统的估值指标包括市盈率、市现率、市净率和市售率等。

用相对估值法来评估目标企业价值的工作程序包括：①选定相当数量的可比案例或参照企业；②分析目标企业及参照企业的财务和业务特征，选择最接近目标企业的几家参照企业；③在参照企业的相对估值基础上，根据目标企业的特征调整指标，计算其定价区间。

（一）市盈率法

市盈率是企业股权价值与净利润的比值（每股价格/每股净利润）。相应地企业股权价值等于企业净利润乘以市盈率。市盈率是中国股权市场应用最为普遍的估值指标。投资时常用的两个概念是静态市盈率和动态市盈率（或称滚动市盈率）。这两个指标的差别在于净利润计算的方法不同。前者使用的净利润为上市公司上一财政年度公布的净利润，而后者采用的则是最近 4 个季度报告的净利润总和。动态市盈率反映的信息要比静态市盈率更加贴近当前实际，但季度财务报告通常没有经过审计，其可信度要低于经审计的年度净利润。此外，市场上还存在前瞻市盈率的说法，即当前股票价格与分析师对该公司下一年度净利润主流预测值的比值，主要应用于 PEG 比率的计算。

不同行业的市盈率会有很大差别。企业的净利润容易受经济周期的影响，市盈率指标也一样受经济周期的影响。两种因素相互叠加会导致周期性企业估值水平在一个周期内呈现大幅起落的特征。对于股权投资基金之类的长期投资者而言，估值参考标准不应只是特定时刻的市盈率。

（二）市现率法

市现率是企业股权价值与税息折旧摊销前收益（EBITDA）的比值。相应地，企业股权价值等于 EBITDA 乘以市现率。EBITDA 为税后净利润、所得税、利息费用、折旧和摊销之和。

市现率法有以下不足之处：①市现率和市盈率一样要求企业的业绩相对稳定，否则可能出现较大误差；②EBITDA 未将所得税因素考虑在内，税收减免或者补贴会导致两家企业的 EBITDA 相等，但税后净利润却相差较大。

（三）市净率法

市净率（PB）也称市账率，是企业股权价值与股东权益账面价值的比值，或者每股价格除以每股账面价值。相应地，企业股权价值等于股东权益账面价值乘以市净率。

不同行业的市净率可能存在巨大差别。一方面，不同行业的资产盈利能力差异巨大；另一方面，一些企业拥有的无形资产并未进入其资产负债表，如垄断或寡头垄断、品牌、专利和特定资源等。制造企业和新兴产业的企业往往不适合采用这种估值方法。前者多数资产采用历史成本法计价，与市场公允价值差别较大；而后者的主要价值并不体现在资产价值上。除了行业因素之外，不同市场对企业的定价水平也有较大差异。

（四）市销率法

市销率（P/S 或 PSR）也称市售率，是企业股权价值与年销售收入的比值。相应地，企业股权价值等于销售收入乘以市销率。创业企业的净利润可能为负数，账面价值比较低，而且经营净现金流可能为负。在这种情况下，市盈率、市现率及市净率都不太适用，用市销率估值反而更有参考价值。

二、折现现金流法

折现现金流法是通过预测企业未来的现金流，将企业价值定义为企业未来可自由支配现金流折现值的总和，包括红利模型和自由现金流模型等。自由现金流模型又包括股权自由现金流量贴现模型和公司自由现金流量贴现模型。

三、成本法

成本法包括账面价值法和重置成本法。

（一）账面价值法

账面价值法是指公司资产负债的净值，但要评估标的公司的真正价值，还必须对资产负债表的各个项目做出必要的调整，在此基础上，得出双方都可以接受的公司价值。

（二）重置成本法（重置全价）

重置成本是指在现时条件下重新购置一项全新状态的资产所需的全部成本。重置成本法是用待评估资产的重置全价减去其各种贬值后的差额作为该项资产价值的评估方法，其计算公式为：

为待评估资产价值 = 重置全价—综合贬值

或

待评估资产价值 = 重置全价 × 综合成新率

综合贬值包括有形损耗（物质的）和无形损耗（技术的）等。

重置成本法的主观因素较大，且历史成本与未来价值并无必然联系，因此，成本法主要作为一种辅助方法。

四、清算价值法

清算大致分为破产清算和公司解散清算。

清算价值法的主要方法是：假设企业破产和解散时，将企业拆分为可出售的几个业务或资产包，并分别估算这些业务或资产包的变现价值，加总后作为企业估值的参考标准。一般采用清算价值法估值时，使用较低的折扣率。

对于股权投资机构而言，清算很难获得很好的投资回报，在企业正常可持续经营的情况下，不会采用清算价值法。

五、经济增加值法

经济增加值是一种新型的公司业绩衡量指标，能比较准确地反映了公司在一定时期内为股东创造的价值，即企业价值除了资产的账面价值之外，还有管理团队经营成果贡献的价值。经济增加值法的基本理念是：资本获得的收益至少要能补偿投资者承担的风险，即股东必须赚取至少等于资本市场上类似风险投资回报的收益率，产生剩余收入或经济利润。

EVA = 税后净营业利润 - 资本成本 =(R - C) × A

R 是资本收益率，即投入资本报酬率，等于税前利润减去现金所得税再除以投入资本；C 是加权资本成本，包括债务成本以及所有者权益成本；A 为投入资本，等于资产减去负债，其中，资产中除去现金，负债中除去长期负债和短期负债以及递延税款；R × A 为税后净营业利润。

模块六 股权投资协议关键条款解析

在股权投资业务中，投资方通过对拟投资的标的公司进行初审后，会与标的公司的控股股东或实际控制人进行谈判，确定估值、投资交易结构、业绩要求和退出计划等核心商业条款，并签署“投资意向书”，投资方会聘请律师、会计师等专业机构对标的公司进行全面的尽职调查。获得令人满意的尽职调查结论后，就进入股权投资的实施阶段，投资方将与标的公司及其股东签署正式的“投资协议”，作为约束投融资双方的核心法律文件。

一、交易结构条款

投资协议应当对交易结构进行约定。交易结构即投融资双方以何种方式达成交易，主要包括投资方式、投资价格、交割安排等内容。

投资方式包括认购标的公司新增加的注册资本、受让原股东持有的标的公司股权，少数情况下也向标的公司提供借款等，或者以上两种或多种方式相结合。确定投资方式后，投资协议中还需约定认购或受让的股权价格、数量、占比，以及投资价款支付方式，办理股权登记或交割的程序（如工商登记）、期限、责任等内容。

在对企业进行定价估值时，一般采用两个概念，即融资前估值和融资后估值。它们分别指的是按照本轮融资价格计算，企业在投资者注资前和注资后的股权价值。用公式来表达就是：

融资后估值 = 融资前估值 + 本轮融资额

我们主要用的估值指标是市盈率，所谓市盈率就是企业的市场价格除以企业的盈利。要注意市盈率是融资前市盈率还是融资后市盈率，不同的市盈率计算企业的估值不一样。下面举例来介绍一下：

请思考：假设某企业预期本年利润为 1000 万元，经谈判某股权投资基金愿意以 10 倍的市盈率对其进行投资，如果投资者投资 1000 万元，那么，基金所占有的股权投资比例是多少呢？如果市盈率是融资前市盈率，该如何计算？如果市盈率是融资后市盈率，该如何计算？

二、先决条件条款

在签署投资协议时，标的公司及原股东可能还存在一些未落实的事项，或者可能发生变化的因素。为保护投资方利益，一般会在投资协议中约定相关方落实相关事项或对可变因素进行一定的控制，构成实施投资的先决条件，包括但不限于：

（1）投资协议以及与本次投资有关的法律文件均已经签署并生效。

（2）标的公司已经获得所有必要的内部（如股东会、董事会）、第三方和政府（如须）批准或授权；全体股东知悉其在投资协议中的权利义务并无异议，同意放弃相关优先权利。

（3）投资方已经完成关于标的公司业务、财务及法律的尽职调查，且本次交易符合法律政策、交易惯例或投资方的其他合理要求；尽职调查发现的问题得到有效解决或妥善处理。

三、承诺与保证条款

对于尽职调查中难以取得客观证据的事项，或者在投资协议签署之日至投资完成之日（过渡期）可能发生的妨碍交易或有损投资方利益的情形，一般会在投资协议中约定由标的公司及其原股东做出承诺与保证，包括但不限于：

（1）标的公司及原股东为依法成立和有效存续的公司法人或拥有合法身份的自然人，具有完全的民事权利能力和行为能力，具备开展其业务所需的所有必要批准、执照和许可。

（2）各方签署、履行投资协议，不会违反任何法律法规和行业准则，不会违反公司章程，亦不会违反标的公司已签署的任何法律文件的约束。

（3）过渡期内，原股东不得转让其所持有的标的公司股权或在其上设置质押等权利负担。

（4）过渡期内，标的公司不得进行利润分配或利用资本公积金转增股本；标的公司的任何资产均未设立抵押、质押、留置、司法冻结或其他权利负担；标的公司未以任何方式直接或者间接地处置其主要资产，也没有发生正常经营以外的重大债务；标的公司的经营或财务状况等方面未发生重大不利变化。

（5）标的公司及原股东已向投资方充分、详尽、及时地披露或提供与本次交易有关的必要信息和资料，所提供的资料均是真实、有效的，没有重大遗漏、误导和虚构；原股东承担投资交割前未披露的或有税收、负债或者其他债务。

（6）投资协议中所作的声明、保证及承诺在投资协议签订之日及以后均为真实、准确、完整。

四、公司治理条款

投资方可以与原股东就公司治理的原则和措施进行约定，以规范或约束标的公司及其原股东的行为，例如，董事、监事、高级管理人员的提名权，股东（大）会、董事会的权限和议事规则，分配红利的方式，保护投资方知情权，禁止同业竞争，限制关联交易，关键人士的竞业限制等。

（1）董事会席位条款。该条款约定目标企业董事会的席位数量、初始分配方案和后续调整规则，是目标企业控制权分配的重要条款。通常，持股达到某一最低比例的投资人有权任命若干名董事。

（2）保护性条款。该条款是为保护股权投资基金利益而进行的安排，根据该条款，目标企业在执行某些可能损害投资人利益或对投资人利益有重大影响的行为或交易前应事先获得投资人的同意。保护性条款实际上赋予了股权投资基金作为投资人对一些特定重大事项的一票否决权。重大事项通常包括一定规模以上股权或债权的发行；一定规模以上的资产处置；涉及公司知识产权的交易；重大关联交易；导致公司控制权发生变化的兼并、收购、分立、合并或清算事件；公司章程、董事会结构或议事规则的变更；公司业务范围或业务活动的本质性变化；会计政策的重大变更或外部审计机构的变更；等等。

（3）优先分红权条款。《公司法》第 34 条规定："股东按照实缴的出资比例分取红利……但是，全体股东约定不按照出资比例分取红利或者不按照出资比例优先认缴出资的除外。"第 160 条规定："公司弥补亏损和提取公积金后所余税后利润……股份有限公司按照股东持有的股份比例分配，但股份有限公司章程规定不按持股比例分配的除外。"因此，股东之间可以约定不按持股比例分配红利，为保护投资方的利益，可以约定投资方的分红比例高于其持股比例。

（4）信息披露条款。为保护投资方作为标的公司小股东的知情权。一般会在投资协议中约定信息披露条款，如标的公司定期向投资方提供财务报表或审计报告、重大事项及时通知投资方等。

（5）竞业禁止条款。本条款的目的是为了保证目标公司的利益不受损害，从而保障投资人的利益。为了防止创始人或团队核心成员离职后从事与公司相竞争的业务，创投基金可能视情况要求创始人和团队核心成员签署竞业禁止协议。该协议通常规定员工在离职一段时间内，不得从事与公司相竞争的业务，也不得招揽公司的雇员或客户。作为对价，公司将在该雇员离职时向其支付一定的赔偿金。竞业禁止协议的期限通常为 1 年，部分地区的法律允许高至 2 年的竞业禁止期限。

五、反稀释条款

反稀释条款又称反摊薄条款，是一种用来保证股权投资基金权益的约定，目的是确保不会因公司以更低的发行价进行新一轮融资而导致投资人的股权被稀释从而投资被贬值。反摊薄条款根据新一轮融资发行的股数的比例、价格的不同，可能采取完全棘轮法或者加权平均法，在调整完成前，公司不得增资。

我们通过一个简单的例子来解释反摊薄条款的应用。假设某基金以每股 10 元的价格参与了某企业 A 轮融资，买入的股份数是 100 万股。如果该企业的 B 轮融资价格降至每股 5 元，则依据反摊薄条款，基金可以免费得到 100 万股，从而使得持股成本也降到 5 元。反摊薄条款的设定也不一定是通过发行新股来实现的。投资者可以选择调整优先股的转换比例，或者免费期权方式来获得价格保护。在上面的例子中，假设 A 轮优先股对普通股的初始转换比例为 1∶1。在 B 轮融资价格降低到 5 元的情况下，如果将 A 轮优先股的转换比例提高到 1∶2，事实上也可以起到反摊薄的作用。

为防止标的公司后续融资稀释投资方的持股比例或股权价格，一般会在投资协议中约定反稀释条款（Anti - Dilution Term），包括反稀释持股比例的优先认购权条款（First RefusalRight）以及反稀释股权价格的最低价条款等。

（1）优先认购权。投资协议签署后至标的公司上市或挂牌之前，标的公司以增加注册资本方式引进新投资者，应在召开相关股东（大）会会议之前通知本轮投资方，并具体说明新增发股权的数量、价格以及拟认购方。本轮投资方有权但无义务按其在标的公司的持股比例，按同等条件认购相应份额的新增股权。

（2）最低价条款。投资协议签署后至标的公司上市或挂牌之前，标的公司以任何方式引进新投资者，应确保新投资者的投资价格不得低于本轮投资价格。如果标的公司以新低价格进行新的融资，则本轮投资方有权要求控股股东无偿向其转让部分公司股权，或要求控股股东向本轮投资方支付现金，即以股权补偿或现金补偿的方式使本轮投资方的投资价格降低至新低价格。

六、估值调整条款

估值调整条款又称为对赌条款（Valuation Adjustment Mechanism，VAM），即标的公司控股股东向投资方承诺，未实现约定的经营指标（如净利润、主营业务收入等），或不能实现上市、挂牌或被并购目标，或出现其他影响估值的情形（如丧失业务资质、重大违约等）时，对约定的投资价格进行调整或者提前退出。

Valuation Adjustment Mechanism，其直译意思是“估值调整机制”，是指投资人在投资企业的时候，与企业家的估值不一样，一般是投资人估值低，企业家估值高。那么，就签订一个对赌协议来平衡二者之间的分歧。如果企业达不到协议约定的业绩就要给投资人补偿。所以，也可以将它理解为一种特殊的“赌博”。

虽然对赌协议表面上是受资企业或控股股东与投资者之间的“赌博”，但是往往只有两种结果：业绩达标，双赢；或者业绩不达标，双输。作为一种基于未来业绩决定收益分配的条款，估值调整机制更接近于一种激励机制。实践中达到双赢结果的案例不在少数，如2002年和2003年摩根士丹利、鼎晖和英联投资蒙牛，2005年高盛投资雨润食品，2006年摩根士丹利、鼎晖投资中国动向等。双输的案例也不少，但真正见诸报端的都是极失败的案例，如2007年高盛、英联及摩根士丹利投资太子奶，2009年红杉投资飞鹤乳业等。

签订对赌协议是投资人自我保护的一种方式。一般情况下，企业家比外部投资者更了解企业的真实经营信息，对业绩增长前景的判断更有把握，因此对投资者设立对赌机制的要求，往往认为是投资者对企业增长前景没有信心，不愿承担经营风险。当然对赌也加大了企业家的经营压力。

估值调整条款包括：

（1）现金补偿或股权补偿。若标的公司的实际经营指标低于承诺的经营指标，则控股股东应当向投资方进行现金补偿，应补偿现金 =（1 - 年度实际经营指标 ÷ 年度保证经营指标）× 投资方的实际投资金额 - 投资方持有股权期间已获得的现金分红和现金补偿；或者以等额的标的公司股权向投资方进行股权补偿。但是，股权补偿机制可能导致标的公司的股权发生变化，影响股权的稳定性，在上市审核中不易被监管机关认可。

（2）回购请求权（Redemption Option）。如果在约定的期限内，标的公司的业绩达不到约定的要求或不能实现上市、挂牌或被并购目标，投资方有权要求控股股东购买其他股东持有的标的公司股权，以实现退出；也可以约定溢价购买，溢价部分用于弥补资金成本或基础收益。如果投资方与标的公司签署该条款，则触发回购义务时将涉及减少标的公司的注册资本，该操作程序较为复杂，不建议采用。

案例分析

对赌成功案例——摩根士丹利 vs 蒙牛

1999 年 1 月，牛根生创立了“蒙牛乳业有限公司”，公司注册资本 100 万元。后更名为“内蒙古蒙牛乳业股份有限公司”（以下简称“蒙牛乳业”）。

2003 年，摩根士丹利等投资机构与蒙牛乳业签署了类似于国内证券市场可转债的“可换股文据”，未来换股价格仅为 0.74 港元/股。摩根士丹利等投资机构通过“可换股文据”向蒙牛乳业注资 3523 万美元，折合人民币 2.9 亿元。“可换股文据”实际上是股票的看涨期权。不过，这种期权价值的高低最终取决于蒙牛乳业未来的业绩。如果蒙牛乳业未来业绩好，“可换股文据”的高期权价值就可以兑现；反之，则成为废纸一张。

为了使预期增值的目标能够兑现，摩根士丹利等投资机构与蒙牛管理层签署了基于业绩增长的对赌协议。双方约定，从 2003～2006 年，蒙牛乳业的复合年增长率不低于 50%。若达不到，公司管理层将“输给”摩根士丹利约 6000 万～7000 万股的上市公司股份；如果业绩增长达到目标，摩根士丹利等投资机构就要拿出自己的相应股份奖励蒙牛管理层。

2004 年 6 月，蒙牛业绩增长达到预期目标。摩根士丹利等投资机构“可换股文据”的期权价值得以兑现，换股时蒙牛乳业股票价格达到 6 港元以上；给予蒙牛乳业管理层的股份奖励也都得以兑现。摩根士丹利等投资机构投资于蒙牛乳业的业绩对赌，让各方都成为赢家。

对赌失败案例——碧桂园 vs 美林

2008 年 2 月 15 日，碧桂园宣布发行可转债融资，并将融资的一半金额 19.5 亿港元作为抵押品，与美林国际订立了一份以现金结算的公司股份掉期协议。碧桂园当时表示，公司有意回购股份，但公众流通量只有 16.86%，如果在市场上回购，可能会令公众流通量低于 15% 的要求（一般上市公司要求公众流通量在 25% 以上，但因碧桂园市值较大，所以获豁免降至 15%）。当日后这批债券被换成股份，届时便可以回购股份，而签订上述掉期协议，目的便是令公司锁定未来的回购成本。该项合约的年期为 2013 年。

根据协议，若最终价格高于初步价格，则公司将向美林收取款项；若最终价格低于初步价格，则美林会收取款项。初步价格将按股份掉期公式厘定，而最终价格将参考指定平均日期有关股份价格的算术平均数。简而言之，碧桂园赌的是股价涨，美林赌的是股价跌。

最终碧桂园股价大跌，令碧桂园不得不承受上述股价对赌协议的亏损。年报显示，以2008年12月31日碧桂园的收市价计算，上述股份掉期合约的公允价值损失扩大至约为12.415亿元。在股价对赌亏损的拖累下，碧桂园净利润大幅下滑了66.7%，为13.78亿元。在2007年，该公司净利润高达42亿元。从以上案例可以看出，对赌协议可谓是把“双刃剑”，既有可能让企业“倾家荡产”，也有可能把企业带上巅峰。如此危险的游戏毫不亚于真正的赌博啊！

七、出售权条款

为了在标的公司减少或丧失投资价值的情况下实现退出，投资协议中也要约定出售股权的保护性条款，包括但不限于：

（1）随售权/共同出售权条款（Tag - Along Rights）。如果标的公司控股股东拟将其全部或部分股权直接或间接地出让给任何第三方，则投资方有权但无义务在同等条件下，优先于控股股东或者按其与控股股东之间的持股比例，将其持有的相应数量的股权售出给拟购买待售股权的第三方。

（2）拖售权/强制出售权条款（Drag - Along Right）。如果在约定的期限内，标的公司的业绩达不到约定的要求或不能实现上市、挂牌或被并购目标，或者触发其他约定条件，投资方有权强制标的公司的控股股东按照投资方与第三方达成的转让价格和条件，和投资方共同向第三方转让股份。该条款有时也是一种对赌条款。

八、清算优先权条款

私募股权投资者通常还会要求清算优先权（Liquidation Preference）。假设某创业者拥有一项注册专利，但尚未投入商业化。经谈判某基金愿意以20万美元投资于创业者新注册的企业，占股50%。创业者则以专利资产占股50%。如果创业者立即宣布企业进入清算程序，专利价值假定为0。那么基金只能拿回初始投入的50%，即10万美元。这样的案例在美国的确发生过。后来创投界发明了清算优先权这一条款。在企业清算、解散或终止时，拥有清算优先权的股东有权优先于其他股东获得相当于其初始投入一定倍数的回报。常见的清算优先权倍数在1～2倍。

如果标的公司经营亏损最终破产清算，投资方未能及时退出，可以通过清算优先权条款（Liquidation Preference Right）减少损失。在企业清算、解散或终止时，拥有清算优先权的股东有权先于其他股东获得相当于其初始投入一定倍数的回报。

我国现行法律不允许股东超出出资比例分取清算剩余财产。《公司法》第187条规定：“公司财产在分别支付清算费用、职工的工资、社会保险费用和法定补偿金，缴纳所欠税款，清偿公司债务后的剩余财产，有限责任公司按照股东的出资比例分配，股份有限公司按照股东持有的股份比例分配。”

虽然有以上规定，但是股东之间可以约定再分配补偿机制。例如，投资协议中可以约定，发生清算事件时，标的公司按照相关法律及公司章程的规定依法支付相关费用、清偿债务、按出资比例向股东分配剩余财产后，如果投资方分得的财产低于其在标的公司的累计实际投资金额，控股股东应当无条件补足；也可以约定溢价补足，溢价部分用于弥补资金成本或基础收益。

九、保密条款

所谓保密条款是指除当法律要求或/和遵守相关监管机构/权威机构（视情况而定）的披露要求外，投资协议中规定投资方应对投资中了解的目标公司的商业秘密和其他信息承担保密义务，保证不将这些信息泄露给第三方。此外，对于股权投资基金而言，其所投资的目标公司也属于商业秘密，所以保密条款也针对目标公司施加保密的义务，因此，保密条款有利于保护双方的利益。

十、排他性条款

排他性条款一般会约定一个为期几个月的排他期限，在排他期限内，目标企业现任股东及其董事、雇员、财务顾问、经纪人在与股权投资基金进行谈判的过程中不得再与其他投资机构进行接触，从而保证双方的时间和经济效率。同时，投资方如果在协议签署之日前的任何时间决定不执行投资计划，应立即通知目标企业。

股权投资协议（范本）详见书后附录3。

本章小结

1. 股权投资基本面分析是指人们通过各种专业性分析方法对影响公司价值或价格的各种信息进行综合分析，以判断项目价值或价格及其变动的行为，是股权投资过程中不可或缺的一个重要环节。基本分析又称基本面分析，是指根据经济学、金融学、财务管理学及投资学等基本原理，对决定公司价值及价格的基本要素，如宏观经济指标、经济政策走势、行业发展状况、产品市场状况、公司销售和财务状况等进行分析，评估公司的投资价值，判断公司的合理价位，提出相应的投资建议的一种分析方法。

2. 中国经济正处于经济增长速度换挡期、结构调整阵痛期、前期刺激政策消化期“三期叠加”这么一个新的发展阶段，经济增速换挡已是大势所趋，或者说是一种“新常态”。

3. 股权投资策略主要有长期稳健型消费投资策略、周期轮转投资策略、技术投资策略和主题型投资策略。

4. 尽职调查起源于1933年美国的《证券法》。该法规定，经纪人在出售证券给客户时应做到应尽的勤勉，即合理充分地调查发行人信息并向客户披露，如果后来因为发行人其他未披露的信息导致客户遭受损失，经纪人也可免责。

5. 尽职调查的操作流程大致经历以下几个阶段：制定调查计划；访谈、调查及收集资料；起草尽职调查报告，进行内部复核；设计投资方案。仅就尽职调查本身而言，其中最为重要的部分为资料收集与分析。

任务检测

一、单项选择题

1. 一国经济增长的主要核算指标是（　　）。

A. GNP　　B. GDP

C. CPI　　D. PPI

2. （　　）是整个尽职调查工作的核心。

A. 法律尽职调查　　B. 业务尽职调查

C. 财务尽职调查　　D. 以上都不是

3. 不属于公司治理条款的是（　　）。

A. 一票否决权条款　　B. 反稀释条款

C. 优先分红权条款　　D. 信息披露条款

4. 随售权或者托售权属于（　　）。

A. 出售权条款　　B. 清算优先权条款

C. 估值调整条款　　D. 反稀释条款

5. 判断中国人口红利的关键指标是（　　）。

A. 刘易斯拐点　　B. GDP

C. CPI　　D. 城镇化水平

6. （　　）的目标行业是卫生保健活日常消费品行业。

A. 固守基本需求的投资策略　　B. 需求升级策略

C. 周期轮转投资策略　　D. 技术投资策略

7. 当经济周期处于顶部的时候，应选择（　　）行业进行布局。

A. 奢侈品　　B. 银行

C. 医药　　D. 高科技

8. 根据美林投资时钟理论，当经济处于滞涨阶段的时候，人们选择的投资品种应该是（　　）。

A. 股票　　B. 大宗商品

C. 债券　　D. 现金

9. 假设某企业预期本年利润为1000万元，经谈判某股权投资基金愿意以10倍的投资前市盈率对其进行投资，如果投资1000万元，那么，基金所占有的股权投资比例是（　　）。

A. 10%　　B. 9.09%

C. 11%　　D. 12%

10. 对赌条款又称为（　　）。

A. 最低价条款　　B. 估值调整条款

C. 一票否决权条款　　D. 优先分红权条款

二、多项选择题

1. 基本分析的主要内容包括（　　）。

A. 宏观经济分析　　B. 行业分析

C. 公司分析　　D. 技术分析
E. 心理分析

2. 尽职调查的目的有（　　）。
A. 价值发现　　B. 价格发现
C. 筹资可行性　　D. 风险发现
E. 投资可行性

3. 中国经济的“新常态”是指（　　）。
A. 经济增长速度换挡期　　B. 人口红利的消化期
C. 结构调整阵痛期　　D. 货币政策的稳定期
E. 前期刺激政策消化期

4. 股权投资宏观经济分析的主要指标有（　　）。
A. GDP　　B. CPI
C. MA　　D. MACD
E. 刘易斯拐点

5. 股权投资策略有（　　）。
A. 固守基本需求的投资策略　　B. 需求升级策略
C. 周期轮转投资策略　　D. 技术投资策略
E. 主题型投资策略

三、判断题

1. 尽职调查起源于1933年美国的《证券法》。该法规定，经纪人在出售证券给客户时只要做到应尽的勤勉，即合理充分地调查发行人。（　　）

2. 充分就业就是完全就业。（　　）

3. 技术分析是股权投资最主要的分析方法。（　　）

4. 刘易斯拐点，即劳动力短缺向过剩的转折点，是指在工业化进程中，随着农村富余劳动力向非农产业的逐步转移，农村富余劳动力逐渐减少，最终达到瓶颈状态。（　　）

5. 布局文化产业、旅游产业、高端消费品、高端餐饮等行业属于周期轮转策略。（　　）

四、简述题

1. 私募股权投资的宏观经济指标有哪些？

2. 私募股权投资的投资策略有哪些？每一种投资策略具体的投资行业有哪些？

3. 财务尽职调查的主要内容有哪些？

4. 业务尽职调查的“987654321”是什么？

五、实训项目

请同学们根据本章所学的内容，寻找一些好的创业项目，你会选择投资吗？为什么？

5 项目五 投后管理

知识目标

1. 掌握投后管理的相关定义。
2. 掌握投后管理的要点。

技能目标

能够熟练掌握投后管理的流程，能够对一家创业的企业进行持续的关注。

案例导入

“人、事、资本”三步走助老牌私募 KKR 开启投后管理之门

“交易完成之时，就是工作开始之日。”——Paul Raether（KKR 合伙人）

微软、雅虎、谷歌、苹果、甲骨文、思科等都是通过私募股权投资基金的支持和培育而迅速成长为国际知名企业。发展至今，PE 对美国经济的影响已超越中小企业和高科技产业领域，渗透到美国经济的各行各业。而美国知名的几大私募中，KKR 集团（Kohlberg Kravis Roberts & Co. L. P.，简称 KKR）是老牌的杠杆收购天王，是美国乃至全球历史最悠久也是经验最为丰富的私募股权投资机构之一。KKR 成立于 1976 年，企业价值总额超过 5000 亿美元，截至 2016 年 6 月 30 日，管理资产规模 1310 亿美元，完成超过 335 笔私募股权交易，内部回报率达 26%，下面我们通过 KKR 的几个投资案例来分析其投后管理工作。

1. Safeway（西夫韦股份公司）投后管理实例

20 世纪 80 年代中期，美国食品连锁店 Safeway 拥有遍及美国本土 29 个

州以及欧洲、中美洲和中东等地的2300多家连锁店。1986年7月下旬，KKR以每股69美元的价格入股Safeway。

KKR投资时，Safeway正处于快速扩张阶段，快速扩张使其暴露了一系列问题，公司面临倒闭的危险，它所处的竞争环境要求Safeway提供给客户成本更低、更有效率的服务。企业的首要任务是通过剥离资产和削减劳动成本创造价值，KKR正是抓住了在投后管理系列报告中提到的三大需求：从管人管事到管资本，从而实现Safeway的增值。

第一步管人，投资机构多倾向于为企业聘请外部管理人才，但KKR更热衷于更新现有管理层的激励，解决委托代理问题。具体表现为：一方面，KKR以市场回报率ROMV替代销售额，从而达到控制成本的目的；另一方面，KKR要求管理层将相当比例的个人财富入股所投企业，并通过期权等方式确保管理层持股达到一定比例并得到足够的激励，与股东站在同一立场上进行企业经营。

第二步管事，KKR通过分析其财务报表发现了Safeway在利润率不突出的情况下劳动力成本远高于行业平均水平、大量房地产资源没有得到充分利用且占用资金的问题，在收购后迅速解决这些问题。在管事的问题上，正如投后管理系列报告中提到的："投资方帮助被投企业进行下游开拓，推广品牌，辅助市场营销。投资机构借助股东背景和已有关系网络为被投资企业提供合适的供应商、销售商等，帮助企业顺利进行生产、销售和售后服务。"投资机构除了解决现实问题也需要在业务拓展方面出谋划策。

第三步管资本，KKR邀请第三方咨询公司做顾问帮助Safeway处理大规模不具有发展潜力的资本投资，并通过一系列增发等活动有效改善了Safeway的财务结构。对于中小企业来说，管资本意味着吸引投资者，并通过整合银行贷款、担保公司等金融手段，配套解决企业融资问题。投资机构还可以通过策划兼并重组、上市等资本运作方式，为企业的后续融资进行安排。

1991~1996年，Safeway的商店数量从1020家降为881家，雇员数量从92800人降到82800人，但经营利润率从2.9%上升至4.4%。到1997年末，KKR1.3亿美元的原始股权投资所积累的投资收益为49.7亿美元，以复利计算的年回报率高达42.7%。

KKR始终坚持自己"LBO+MBO"的投资模式，不仅将杠杆收购发扬光大，更开创了管理层收购的模式。所谓管理层收购（MBO）是指：公司的经理层利用借贷所融资本或股权交易收购本公司的一种行为，从而引起公司所有权、控制权、剩余索取权、资产等变化，以改变公司所有制结构。通过收购使企业的经营者变成了企业的所有者。MBO的核心思想是通过股权认购、股票期权或权证等形式向管理人员提供基于股票价格的激励报酬，使管理人员成为公司的所有者和经营者，其收入及权益与公司盈亏直接挂钩，能够得到基于利润等经营目标的股东报酬，从而充分发挥其管理才能和敬业精神。

2. Duracell（金霸王电池公司）投后管理实例

Duracell 作为 Kraft（卡夫食品）的一个事业部，在 1988 年由于二线业务经营有误盈利下降被以 18 亿美元的价格分割出售。而在 KKR 看来，Duracell 是一家十分有潜力的公司，尚未发掘的国际扩张潜力巨大；通过改善产品组合、扩大广告投入和降低生产成本，公司的利润率能够进一步提高。但 Duracell 的主要问题在于，作为一个事业部，它没有法律、税务部门，也没有审计和财务控制机制，公司的结构不完整。

KKR 的主要措施：

（1）Duracell 的 35 位经理共投入 630 万美元购买股份，KKR 给每一股分配 5 份股票期权，让管理层拥有了公司 9.85% 的股权，极大比例的个人净财富得到投资。同时 KKR 要求 Duracell 管理层根据一份 5 年计划来扩张业务，计划要求每年的销售增长率超过 15%。

（2）KKR 为 Duracell 招聘人员，设立职能部门，改革财务体制，同时教授管理层如何重视现金流和资产的高效利用。KKR 将自己丰富的企业内部控制经验应用于 Duracell，要求管理层依据经济增长的指标来评估项目和绩效；并将管理下级经济报酬等权利交由公司管理层，给管理层自由的同时也赋予他们为公司负责的意识。

（3）KKR 鼓励 Duracell 沿着原有销售轨道前进，继续国际扩张；通过大规模营销手段如广告等扩大产品知名度，并专注于研究和开发。在严格成本控制体系的约束下 Duracell 的生产效率得到提高，企业生产趋于标准化与合理化。

（4）KKR 为 Duracell 安排了一系列募资。在投资后 3 年内，Duracell 发行 3450 万股普通股，之后增发 1200 万股，公司得以偿还 3.47 亿美元债务并进一步进行投资。

1989～1995 年，Duracell 的营运现金流以每年 17% 的复利增长，它成功的很大一部分正是来自 KKR 看好的国际业务。Duracell 迅速成为知名品牌，其碱性电池占据了约 50% 的市场份额。同时公司在拉丁美洲和南美洲、非洲、中东和环太平洋地区的销售也得以扩大。KKR 在 1988 年投资 Duracell，1996 年将其以换股的形式出售给吉列公司。出售时，KKR 3.5 亿美元的原始股权投资所积累的投资收益为 42.2 亿美元，以复利计算的年回报率高达 39%。

资料来源：《The New Financial Capitalists》by George P. Baker & George David Smith。

思考：投后管理对股权投资者的重要性有哪些？

模块一 从"投"到"管"

1984年，投后管理第一次由T. Tyebjee和Bruno提出，股权投资机构帮助企业发展、提升企业价值的部分主要体现在投后管理环节。投后管理是VC/PE项目投资之后，短则1~2年，多则3~5甚至更长时间，对所投资项目进行管理的所有业务的总称。

项目投资的不确定性和来自市场以及政策方面的多重风险是客观存在的，而投后管理正是为了减少或消除潜在的投资风险，实现投资保值增值而进行的一系列活动。

投后管理是指股权投资基金与被投资企业签署正式投资协议之后，基金管理人积极参与被投资企业的重大经营决策，为被投资企业实施风险监控，并提供各项增值服务等一系列活动，在完成项目尽职调查并实施投资后直到项目退出之前都属于投后管理的期间。投后管理关系到投资项目的发展与退出方案的实现，良好的投后管理能从主动层面减少或消除潜在的投资风险，实现投资的保值增值，因此，投后管理对于投资工作具有十分重要的意义。

分时期看，投后管理的前期目标是深入了解被投资企业，尽可能地达成一致的经营管理思路及企业管理形式，完成企业的规范管理。投后管理的中期目标是通过不断地帮助被投资企业改进经营管理，控制风险，推动其健康发展。投后管理的后期目标则是强化资本运作，发挥资本市场的功能，帮助企业迅速扩张。

一、投后管理现状：重投轻管

2015年天使、VC和PE投资案例数量和投资总金额同比均有上升，投资案例数量是2014年的2倍，而投资总金额为2014年的1.2倍，这表明平均投资规模在下降。其中，新三板在2015年发展迅速，PE机构大量新三板投资，且越来越多的国内PE机构开始布局早期投资甚至天使轮投资，进而引致平均投资规模下降明显。

根据私募通的数据显示，截至2015年11月底，早期阶段投资1807起，占投资案例数的58.4%，涉及投资金额74.39亿美元，占投资总金额的42.6%。从结构性看，投资阶段前移趋势明显。投资和扶植高成长性的中小企业是股权投资高收益的本质，资金流向早期项目、流向实体经济同样是新三板的初衷，二者相合，未来不容小觑。

在中国市场，绝大多数基金管理公司都是由发起项目的投资经理负责投后管理。只有少数基金管理公司设立了专门的投后管理部门。譬如，鼎晖创投有专设的运营合伙人，负责受资企业的投后运营管理。此外，一些基金管理人本身就拥有丰富的创业经验，可以为受资企业提供战略建议。红杉资本的沈南鹏（携程创始人）、鼎晖创投的王功权（万通地产创始人）和经纬创投的邵亦波（易趣创始人）就是这方面的典型例子。

PE引领股权投资高歌猛进，但潜在风险也日渐凸显：

第一，投后管理意识淡薄。PE关注点聚焦投资阶段，主要将精力投入到项目的筛选、尽职调查和合约制定中，而在投资后，没有足够重视投后管理及对接企业的增值服务，有可能令企业后续发展陷入不利形势甚至导致创始人“净身出户”。

第二，赚快钱心态未减。前几年受M2超发的影响，热钱涌入创投圈，同时，中小板、创业板快速成长，使得股权投资过于关注后期阶段项目，直接导致没有精力和意愿提供投后管理服务。随着IPO暂停，退出渠道受阻，PE经营难度渐增。

第三，服务水平良莠不齐。为早期或高速成长期企业提供增值服务，要求从业人员不单具备金融学、管理学知识，还要对被投企业的技术、行业趋势等有所了解，并能够利用关系网络提供外部资源。显然，同时具备上述能力的专业人士极度稀缺，增值服务水平受限。

二、“管”对“投”的意义

对被投企业而言，成长期企业缺少在市场竞争中获得成功的重要资源，这些资源一般需要通过长期的发展才能逐步积累起来。投后管理则成为股权投资机构向企业提供这类资源的“绿色通道”。

“资金无差别，服务是关键”，有远见的企业选择VC/PE，不仅要基于投资实力上的比较，更要衡量选择的机构是否适合自身的发展，能否在专业领域对企业发展提供指导性意见，从而将资本与投资机构资源结合起来，最终实现“1+1>2”的效果。

对股权投资机构而言，第一，提供投后管理的水平是衡量机构实力的重要标志，良好的管理服务能够增加机构品牌的内涵和价值。此外，管理服务能力较强的机构在投资谈判时能获得较强的议价能力，获取项目的能力更强。

另外，大量已投资但尚未退出的项目需要机构提供帮助，投后管理降低了企业治理、经营等风险，使企业能够持续增值并可持续发展，从而提高机构投资退出时的现实收益水平，增强VC/PE盈利确定性。

三、信息获取的主要渠道

由于股权投资存在信息不对称、外部性较强以及财务投资人通常难以积极主动参与被投资企业管理等问题，因而需要有效机制来保证信息披露的充分性，保证企业的经营活动不损害股权投资基金的利益，并从客观上将二者的利益结合起来。股权投资基金管理人一般通过如下几种渠道和方式参与投资后管理，获取被投资企业信息：

（一）参与被投资企业股东大会（股东会）、董事会、监事会

股东大会（股东会）是公司的最高权力机构，由全体股东组成，负责修改公司章程，聘任和解聘公司董事，公司上市、增资、减资、利润分配，审批重大关联交易等重大事项的决策。董事会负责批准公司发展战略、批准公司年度财务预算与决算、聘任和解聘公司高级管理人员、决定公司高级管理人员的薪酬和考核与激励制度等重要决策。监事会作为公司内部专门行使监督权的监督机构，对公司董事和高管的行为是否符合法律法规和公司章程的规定行使监督权力，是公司法人治理结构的重要组成部分。

股权投资基金管理人参与被投资企业股东大会（股东会）、董事会和监事会，可以全面了解被投资企业发展相关的重要信息，并通过行使相应职权保护股权投资基金的利益，促进被投资企业的良性发展。

（二）关注被投资企业经营状况

通常来说，主投基金会获得董事会席位，而跟投的其他基金不一定拥有董事会席位。因此，受资企业提供的年报和定期报告成为跟投基金的重要信息渠道。定期（每月或每季，视项目企业具体情况而定）取得企业财务报表、生产经营 进度表、重要销售合同等，并分析整理《企业情况月度分析表》就非常重要了。

（三）日常联络和沟通工作。

从国内基金管理人的经验看，企业提供的信息披露文件不能全面反映其实际情况。定期现场访问受资企业，尤其是对生产和销售场所的访问，往往能够获取基金管理人想要的信息。一般要求基金管理人每季度对企业进行至少一次访谈，了解企业经营状况、存在的问题、提出相关咨询意见并形成《企业情况季度报告》。

四、投后管理主要内容

投后管理主要划分为监控与增值服务两个方面内容。

（一）监控

对于监控，要求投资方及时参与到被投资方的管理工作中去。一方面，投资方要确保被投企业在发展过程中决策的正确性，要让其增值最大化；另一方面，投资方要保护自己的股权利益，必须预防一切危害企业利益的行为出现。

企业的不同阶段所需要关注的重点是不一样的，所以基金管理人一定要把握好重点关注的指标，只有这样才能做好投后管理。

1. 初创阶段的监控指标

初创阶段的企业研发比较多，盈利模式还没有形成，因此此时的企业不可能盈利，烧钱成为其迅速打开市场的主要手段。因此，基金管理人在财务指标方面一般关注运营成本的规模以及亏损占持有现金的比例，也就是所谓的“烧钱速度”。另外，还要严格控制企业的运营成本，只有这样才能支撑企业有更多的资金进行研发。创业企业账上现金与每月现金流出的比例是基金管理人在早期需要重点关注的指标。一般来说，当企业账上现金只够6~12个月开支时，基金管理人便会要求创始人开始融资活动。许多“流血上市”案例背后的原因都是企业现金支撑不了近期发展。这方面的典型例子包括2000年的搜狐和网易，2012年的唯品会和欢聚时代。在必要的时候，基金管理人甚至会强迫创始人将企业出售给第三方收购者以避免投资的彻底失败。

在业务方面，伴随着“烧钱速度”，一定要关注企业产品开发的状况，疯狂的烧钱能不能带来产品质量的提升和产品的创新，如果不能带来更好的产品，烧钱就没有意义，另外，团队的建立也是这个阶段关注的重点，公司团队成员是否持续的增减是至关重要的，如果团队成员不断减少或者离开，将会导致业务研发的中断。

2. 有销售收入但未盈利阶段的监控指标

当产品研发结束，企业开始销售时，财务指标监控的重点开始转移到销售收入成长率上，当然，企业的运营成本和烧钱速速还是需要持续关注的，因为企业不能因此就停止前进的步伐。在业务指标方面，基金管理人开始关注企业的客户增长率，销售渠道的建立与拓展，以及市场和销售团队的建设。但是此时基金管理人不会过度强调利润和现金流，因为企业在这个阶段仍然需要投入大量的营销费用去拓展市场。

3. 企业盈利阶段监控的指标

在企业接近盈利或盈利阶段，财务监控指标除了销售收入增长率和营运成本之外，开始关注销售利润率和现金流。相当多的基金经理对现金有很强的偏好。基金经理强调利润和现金流指标的原因在于，此时已经可以考虑退出策略，而较好的利润和现金流指标显然对退出收益有很大帮助。在业务指标方面，基金管理人开始关注企业整体团队的构建以及营销计划的实施，特别对订单要格外关注，这直接关系到企业产品的市场占有情况。基金管理人要根据行业的发展情况和竞争对手的情况，重点打造一个适合企业自身的营销计划。例如，分众传媒的先加盟后收购计划，巨人网络的免费游戏战略，盛大的网吧营销策略等都是非常成功的营销计划。

（二）增值服务

对于增值服务，一方面，增值服务是投后管理的重点，它包括公司治理、业务扩张、资本运作三维度的增值服务内容；另一方面，专业化的增值服务贯穿于投资的整个进程，投后管理同样也是增值服务的重心。

增值服务的供给对应于被投企业对投资机构的期望需求，归纳而言，分为公司治理、业务拓展、资本运作三大领域。

1. 公司治理方面，重在管人

一方面，投资机构帮助企业寻找相关人才，向企业推荐高级管理人才；另一方面，投资机构利用关系网络帮助被投企业聘请外部专家，尤其是高新技术企业的管理提升有必要借助外部专家的力量。除了人力资源外，还包括财务管理、内部运营等服务。

2. 业务拓展方面，重在管事

投资机构帮助被投企业进行下游开拓，推广品牌，辅助市场营销。投资机构借助股东背景和已有关系网络为被投企业提供合适的供应商、销售商等，帮助企业顺利进行生产、销售和售后服务。

3. 资本运作方面，重在管资本

当被投企业发展到快速成长阶段，投资机构可以为被投企业策划增资扩股，吸引其他投资者进入企业，并通过整合银行贷款、担保公司等金融手段，配套解决企业融资问题。投资机构还可以通过策划兼并重组、上市等资本运作方式，为企业的后续融资进行安排。

三大需求结构方面存在先后发展路径。第一步，通过股权优化、人力资源等完善内部治理，以此作为企业扩张的基石；第二步，待企业内控稳定，再引进外部资源如战略合作者，完善供应链，拓宽业务渠道；第三步，用金融手段为第一步、第二步的扩张做润滑剂，如并购重组再扩疆域等。增值服务体系的全面覆盖不可能一蹴而就，必然在不同发展阶段有轻有重，从管人管事到管资本，层层递进，最终实现企业价值增值。

五、投后管理模式：专职投后团队负责制渐成趋势

股权投资机构的投后管理模式大体分为 4 种：投资团队负责制、投后团队负责制、

投资+投后团队负责制和子公司制。

投资团队负责制是指投资项目负责人除负责项目的开发、筛选、调查和投资外，也负责投资完成后对被投企业的管理工作。一站式是目前国内主流模式，投后管理完全取决于投资经理的个人专业能力和职业操守，易出现投而不管。从总体看，不少机构并没有对投后管理着力太多，或重视程度不够，或出于成本考量。

投后团队负责制是将投后管理这一职责独立出来，由专门人员负责，而投资团队更专注于项目开发，强调的是专业化分工。目前中信产业基金、凯鹏华盈以及九鼎投资等多家机构已经组建了专门的投后管理团队。

投资+投后团队负责制则将前二者模式结合，双管齐下，优势互补。达晨创投坚持实行专业投后团队与项目组成员联合管理的模式。

子公司制是国外流行的模式，如 KKR 拥有一支行业分析团队，这支团队与运营咨询团队以及高级顾问等对提高企业商业收入等提出规划和建议。

目前主流模式是投资团队负责制，这也是投资机构发展初期在项目集中、管理成本不高阶段的首选。当 VC/PE 发展到一定阶段，规模化运作的基金中，在基金出资人关系管理、被投项目增值服务、项目退出路径选择与设计及相关中介机构协调等层面的事务越来越多，凭借个人力量已经难以周详兼顾，建立专职的投后管理团队进行专业化操作成为需要。

国内 PE 发展不过短短 20 余年，投后管理的专业团队远远达不到成熟、专业的要求，伴随增值服务意识增强，专职化的投后团队会是投后管理模式的成熟路径。此外，如借助第三方咨询中介服务机构等创新服务模式亦待探索前行。

六、各轮次的投后管理

投资资金体量大的项目，VC/PE 机构甚至有可能专门组建服务团队，严密把控风险，实时关注企业的发展动态，提供更好的增值服务。当然，企业发展的阶段不一样，对应的投后管理工作也不一样。这里从融资轮次角度分别阐述每个阶段投后管理的侧重点。考虑到相近轮次，例如，天使轮和 Pre－A 轮时，企业的成熟度和发展状况并没有太大区分，故讨论的各轮次大体分为 4 个部分：天使资本、A+轮到 C 轮、D 轮到 Pre－IPO、IPO 及以后。

（一）天使资本的投后管理

1. 攒团队，搭班子，合理化股权架构

A 轮之前的企业，往往团队配置不完善，股权架构也不够合理。在这个阶段，与其说是投资项目，不如说是投资创始人或者核心团队。对于早期项目，人的因素起着至关重要的作用。团队在种子期就已经十分合理的项目是很稀缺。对于大多数早期项目而言，团队往往具有瑕疵或者不足，那么资方为了更快地孵化出优质项目，就需要多费功夫协助企业把团队建立起来，并在股权方面给予建议。等发展到 A 轮时，核心骨干班子已完美搭建，这为后期的爆发式增长提供了基础。有的投资机构为此甚至设立专门的人员招聘部门，长期为所投企业物色合适的人选。在孵化器里，这类问题也常会碰到，但孵化器和产业园区的好处是资源共享性更高。

2. 商业模式梳理

不同领域的商业模式梳理不尽相同。例如，处在天使轮或者 Pre - A 轮阶段的 TMT 公司，前期要能抓住核心业务，快速迭代，并且不断试错业务方向和模型。一旦发展到 A 轮，产品形态和模式需要基本稳定，这时需要更注重产品的完备和稳定，包括稳定度、完善度、安全性等各个方面。资方在这个阶段应协助企业方多探讨更合理更有想象空间的商业模式，减少企业的试错成本，避免为走弯路交学费的情况发生。

3. 融资对接

对于早期的项目而言，融资几乎是在企业自身还没有良好造血能力的情况下，保证企业资金链稳定，能够持续发展的必要支撑。如果企业在早期就具备优质的造血能力，那是最好不过的了。但一般而言，早期项目一是缺乏合理的财务分配，二是没有很好的变现渠道，甚至于能够盈亏平衡都是不错的，在这个阶段，资金链的断裂极有可能直接毁掉一个项目。对于能够造血的企业来说，前期的资本介入仍然有利，例如，缩短产品的周期，更快地面向市场。

考虑到引入下一轮的投资机构还需要一段时间的接洽和磨合，在这种情况下，资方与项目方需要未雨绸缪，比如，在企业账面资金能够支撑 4 个月的运营成本时，就要梳理出融资规划，开始启动下一轮融资，并着手开始对接各路投资机构。当然最好是在企业融资之初就定好规划，比如，企业的运营状况达到某一层级时启动某轮融资，而不是因为需要钱而融资。

很多企业在这个阶段上会问“我该定多少估值”诸如此类的问题，其实在这个阶段上，能融到资，可能会比按照多少估值融资更有价值。并且，估值本身与企业成长的成熟度和商业模式的未来发展空间挂钩，不是简单地因为企业要融多少钱，愿意释放多少股权就定多少。企业估值应具有市场合理性，才能在企业产品出现同质化的情况下，更好更快地对接到合适的投资机构。那么，投后部门一方面帮助企业梳理融资规划；另一方面协助企业确定投后估值和节奏。

除了清流资本“一边找靠谱的人，一边找靠谱的项目”外，红杉资本的投后部门独到之处在于设立了“内部猎头”，意图搜罗高层次人才。真格基金的投后管理也相对比较系统，涵盖人员招聘、PR 品牌、资本对接、财务法务顾问等。对于已经投资的项目，按照季度为周期进行跟进，通过横向纵向对比，分层对接。IDG 则以内部月度推荐的形式建立核心人才库。据 IDG 相关负责人介绍，现在全国每月有超过 500 次技术、产品及 UI/UX 方面的高质量候选人匹配。这种类似于猎头的工作只是 IDG 投后服务中的一部分，其余还包括：资源开拓、公关活动、创业指导。

（二）A + 轮到 C 轮

1. 盈利模式—变现渠道

在这个阶段，资方投后部门一方面协助企业完善商业模式；另一方面深究变现渠道，即盈利模式的梳理和开发。纵使对天使轮而言，盈利模式也是思考的重点，但在 A + 轮尤为重要。当项目发展到 A + 轮到 C 轮时，合理的盈利模式会给企业带来更多的流量和现金流，开始大规模启动造血功能。例如，到了 B 轮的 TMT 公司，在规模上已经具有一定的优势，着力点转变成扩展性和性能效率，以及细节处理和变现渠道。

2. 战略融资

在这个阶段上，融资不单单仅是找资金，更多的是搜寻符合企业文化、契合企业未来战略的投资机构，这样不仅能够带来资金上的帮助，更多的是带来资源上的补充。投后部门要更加深入地了解企业未来发展战略和规划，并对当前符合企业文化属性的资方进行梳理，然后再进行资本对接。在资本对接过程中，不断解决资方的质疑，梳理清楚企业未来的发展方向。在这个阶段上，甚至于必要的转型或者跨领域拓展都有可能发生，但一定要慎重考量。

（三）D 轮到 Pre - IPO

1. 战略布局

接盘 D 轮或者 Pre - IPO 的一般是大体量的基金。在这一阶段，企业往往具备较成熟的商业模式，也有很好的盈利增长点。在这一阶段，投后部门需要协助项目方进行有效的战略布局，例如，业务并购，完善产业链，为上市做准备。

2. 战略融资或并购

吸纳中小型企业，并购补充企业短板成为这个阶段企业发展的重点。必要的战略融资与并购成为这轮跟进的投资机构应该实时关注的重点。从当前的投后管理工作看，这一阶段的投后角色开始减弱，更多的是定期跟进，资源补充对接。至于到战略层面，例如，融资或并购，投后管理工作的深度还需要加强。

当然，被并购也是实现资本退出的路径之一。一般企业在 B 轮左右就大致敲定被并购的意愿和可行性。当企业发展到 D 轮左右，如果希望被并购时，投后部门在此时应该协助对接产业内或者可以形成战略补充的企业，并协助对接。

（四）IPO 及以后

IPO 及以后的投后管理工作相比较于前期而言，价值增加点少了很多，但并不是代表不需要。定期的财务回访，及必要事件的披露和跟进，确保企业在上市后能够有效的扩张，从而确保投资机构的利益。在这个阶段，投后部门更多地担任起“医生”的职责，确保企业一直在健康的发展。

多数企业 IPO 后都能够有效地扩张自己的版图，但也有部分企业盲目收购。

阿里收购 UC 和高德地图，使两大行业领先企业逐渐式微。腾讯投入数百亿元并购几十家公司，很多就此销声匿迹。而被百度收购的 91 无线如今也寂寂无闻。可见，投入巨资的并购整合并未对 BAT 形成业务推动，反而在很大程度上消耗企业资本，造成了管理内耗。在产业层面，BAT 的模仿抄袭让很多中小创业胆寒，整合资源能力短板使得并购扼杀了很多创业方向，对产业的推动有限，甚至成为阻力。

无论是战略布局，还是投融资并购，企业不仅要了解清楚自身的产业格局，还要思考并购后的作为。无论是商业模式上，还是技术层面上，企业在哪个阶段都不可停止创新。

模块二
投后管理的价值

一、把控风险

投后部门所需要把控的不仅包括了基金的经营风险，也涵盖了已投企业在经营环境和市场大趋势不断变化下，各因素带来的不确定性。此时的投后管理可以尽可能地降低企业的试错成本，尽量少走弯路，从而缩短完成初设目标所需要的周期，或者促使企业朝着更合适的目标前进。

企业在 A 轮之前，尤其是在种子轮、天使轮，财务体系和人员匹配甚至于商业模式，几乎都不够完善的，那么投后管理应在主观和客观大体两个方面，从政策、市场、管理、资金链（财务）等多个维度降低企业潜在的风险，从而实现投资的保值增值。

二、增强企业软实力

深耕投后管理，也可以成为增强投资机构软实力的一种方式。清科报告显示，截至 2016 年第一季度，中国股权投资市场 LP 数量增至 16287 家，其中披露投资金额的 LP 共计 10348 家，可投资本量增至 6 万亿元。虽然资本市场大体量的增长，但优质的项目毕竟是少数。因此，投前部门也要尽可能地降低企业孵化成本。为了吸引到足够多优质的项目，单纯依靠资金的支持已经很难留住优质的企业方。2015 年，和讯网数据显示，约有 66% 的投资人更加看重投后管理带来的绩效改善，进而实现企业保值增值。

三、反哺投前

（一）检验投资逻辑

其承载了投前投后互相辅佐的价值。在投前部门短期内完成企业投资后，投后人员通过长期的跟进回访，甚至于纠错打磨后，对当初投资人员的投资逻辑进行检验。比如，当初投资某平台，是打算通过下游人员的引入吸引到上游企业，最终开放电商平台。资方也希冀企业通过一年的打磨后，电商平台的流量可以达到一定规模。但经过大半年发展后，企业发现之前的商业模式很难走通，转而成为一个为专门面向下游产业人员的服务提供商，导致没有多少吸引力，门槛也降低了不少。在这个时候，投后部门就要对该项目亮起红灯，在帮助项目方梳理商业模式的同时，及时地反馈给投前项目负责人。投前人员一方面解决当前企业存在的问题；另一方面在考察类似项目时规避这类风险。

（二）调整投资布局

多数投资机构在设立基金时，都会提前设定投资领域和轮次范围，但随着市场红利爆发，很容易引起某一领域的项目扎堆，比如，2014~2015 年互联网金融等各种“互联网+”产品。那么投后部门在这个时候就要严格把控每个领域的占比和项目质量。比如，当下已经投了某一领域细分下的多家企业，在这个时候，投后部门就要及时反馈给投前人员在之后看这一类别的项目时，要有更加严格的门槛或者差异化。当然，不排除一些大体量的基金可以多项目操盘，赌在同样的商业模式下哪家团队可以跑得更快更好。但在不考虑基金量级的情况下，单纯从投后管理的角度看，避免同质化，尽可能地投资多样化产品，投资多元化领域，一是可以降低一篮子风险；二是从全局提高基金的覆盖面和成长空间；三是可以在同一领域同一产品下，投后人员可对接更多的资源，更快更好的孵化项目。

模块三 投后管理工作注意事项

投资是短周期行为，投后管理是长周期行为。随着专业度的提高，投后管理团队在对企业的认知度上甚至可能会高于投资决策人（如果投资机构只是将投后管理团队作为扫尾部门，那么也谈不上投后团队对投资企业的认知）。在投前部门项目负责人提供投资建议书（内容包括产品优势、产品核心竞争力、行业环境、投资必要性、整合前景等）并完成相关尽职调查后，自投资协议签署完成时点起，项目归总到投后部门（可能会具体到工商变更完成的时间节点，因项目和资方规定而异）。为了更好地确保投资价值，在投后管理方面，应侧重以下几个方面工作：已投项目运营，分层管理，资源资本对接，人才举荐、法律等顾问服务，价值输出。

一、项目运营

运营工作主要通过以下几个方面分别展开：

（一）基础运营

搭建已投项目库，从基本信息（工商变更等常规资料汇总）、财务状况、业务状况、融资需求及进展、当前问题及策略等方面定期回访企业，一般以月或者季度为单位走访企业，汇总资料，并且上报给管理层或者投资管理部门。

（二）定期诊断

针对走访过程中企业提及的或者在交涉过程中发现的问题，运营人员需出具具体的诊断报告及相应解决方案，和企业负责人一同解决当前的问题或者给予所需的帮助。在定期诊断时，企业所面临的问题或者需要的帮助也分为轻重缓急，优先劣后，运营人员需酌情处理，必要时联合项目负责人一同解决。

（三）负责人制

所有的投资机构可能都会遇到少数企业拿到投资款后，不配合或者难配合的状况，从而人为加大投后人员的运营难度。在这种情况下，在不影响企业正常业务的前提下，需要发挥团队整体的价值，联合投前负责人一同尽力解决，努力使企业保值增值，确保资方的投资价值。

二、分层管理

基于基础运营工作所提供的数据，VC 可以依据企业的业务运营状况、企业状况、投融资需求及进展、团队状况等数据，对企业进行等级划分，并通过每次企业回访实时更新，动态滚动发展。对于不同分层的项目，资源对接的力度和关注的角度实行差异化。随着投资的项目数量逐步增加，分层管理有助于投后人员精力聚焦化。

三、资源资本对接

资源资本对接是前两个业务的穿插延伸，也可以说是深度发展。在通过基础运营进行数据抓取后，投后团队了解到项目方的需求或者痛点，并依据分层管理表，结合当前所拥有的资源给予帮助。下面从资源和资本两个方面来说明。

（一）资源对接

资源对接又可以细分为内部对接和外部对接。早期 VC 一般在成立之初就确定了投资领域。那么，同一领域间的互相促进和不同领域的火花碰撞都可能给企业带来超出预期的惊喜。在外部资源对接上，则没有过多的限制。因此，应基于 VC 机构投资的主要领域不同而“定制化”地搜罗外部资源。

（二）资本对接

为了更好地协助企业，更有效地进行资本对接，投后团队一方面需要了解项目方的商业模式、当前发展以及融资规划；另一方面需要尽可能地清晰认知投资机构的投资方向、投资逻辑和轮次以及当年的规划等。

四、人才举荐、法律等顾问服务

关于人才举荐，清流资本是值得学习的对象，对于 A 轮之前，团队搭配往往十分不完善，专业度也有可能十分欠缺。而对于 VC 机构而言，投资早期项目其实更看重人或者是团队的价值，那么随着后期项目的累计，在促进企业间发挥协同效应的同时，也会提供这类帮助。关于法律、税务等方面的后勤工作，应结合 VC 机构自身实力，选择外包和直接雇用等方式，以此降低资方自身的法律风险和财务成本。另外，也要尽可能地为早期项目提供这类帮助，减少企业不必要的税务成本和时间花费。

五、价值输出

这里所说的价值输出，主要是指从商业模式以及投资逻辑两个方面对重点投资的企业给予分析反馈，亮点精华沉淀总结，糟粕错误反馈总结，给予投资负责人一定程度的价值补给。具体形式包括：结合具体投资案例针对某一领域的分析研究应失败案例的总结汇报、投资退出的建议研究等。不同方面的研究应汇总成相关报告，一方面对投资逻辑予以检验；另一方面在 VC 机构内部实现价值共享，反哺投前。

拓展阅读

本章小结

1. 分时期看，投后管理的前期目标是深入了解被投资企业，尽可能地达成一致的经营管理思路及企业管理形式，完成企业的规范管理。投后管理的中期目标是通过不断地帮助被投资企业改进经营管理，控制风险，推动其健康发展。投后管理的后期目标则是强化资本运作，发挥资本市场的功能，帮助企业迅速扩张。

2. 投后管理主要划分为监控与增值服务两个方面内容。

3. 对于监控，要求投资方及时参与到被投资方的管理工作中去。一方面，投资方要确保被投企业在发展过程中决策的正确性，要让其增值最大化；另一方面，投资方要保护自己的股权利益，必须预防一切危害企业利益的行为出现。

4. 对于增值服务，一方面，增值服务是投后管理的重点，它包括公司治理、业务扩张、资本运作三维度的增值服务内容；另一方面，专业化的增值服务贯穿于投资的整个进程，投后管理同样也是增值服务的重心。

任务检测

一、单项选择题

1. 项目投资的不确定性和来自市场以及政策方面的多重风险是客观存在的，而（　　）正是投资以后减少或消除潜在的投资风险为实现投资保值增值而进行的一系列活动。

A. 投资调研　　　　B. 尽职调查
C. 投后管理　　　　D. 投资决策

2. 投后管理的中期目标是（　　）。

A. 深入了解被投资企业
B. 完成企业的规范管理
C. 帮助被投资企业改进经营管理，控制风险，推动其健康发展
D. 强化资本运作，发挥资本市场的功能，帮助企业迅速扩张

3. 提供（　　）的水平是衡量机构实力的重要标志。

A. 募集资金　　B. 资本运作

C. 投后管理　　D. 资本退出

4. 公司治理方面，重在管（　　）。

A. 人　　B. 事

C. 资本　　D. 以上都管

5. 业务拓展方面，重在管（　　）。

A. 人　　B. 事

C. 资本　　D. 以上都管

6. 资本运作方面，重在管（　　）。

A. 人　　B. 事

C. 资本　　D. 以上都管

7.（　　）渐成投后管理模式的主要趋势。

A. 投资团队负责制　　B. 投后团队负责制

C. 投资+投后团队负责制　　D. 子公司制

8. 以下不属于投后管理的价值的是（　　）。

A. 把控风险　　B. 增强企业软实力

C. 反哺投前　　D. 增强企业硬实力

9. KKR 的投后管理模式是（　　）。

A. 投资团队负责制　　B. 投后团队负责制

C. 投资+投后团队负责制　　D. 子公司制

10. 以下对投后管理的论述正确的是（　　）。

A. 投后管理是股权投资的最后一个环节

B. 投后管理要求投资方要完全介入企业的经营，掌握充分的主动权

C. 投后管理不是很重要，还是以企业管理为主，尽量减少干预

D. 投后管理非常重要，要把握好度，才能做到真正的双赢

二、多项选择题

1. 中国股权投资投后管理重投轻管的风险有（　　）。

A. 投后管理意识淡薄　　B. 赚快钱心态未减

C. 服务水平良莠不齐　　D. 没有任何投后管理

E. 以上都对

2. 投后管理对股权投资的意义（　　）。

A. 提供投后管理的水平是衡量机构实力的重要标志

B. 良好的管理服务能够增加机构品牌的内涵和价值

C. 管理服务能力较强的机构在投资谈判时能获得较强的议价能力，获取项目的能力更强

D. 大量已投资但尚未退出的项目需要机构提供帮助

E. 投后管理降低了企业治理、经营等风险

3. 监控的主要内容有（　　）。

A. 投资方要确保被投企业在发展过程中决策的正确性，要让其增值

最大化

B. 投资方要保护自己的股权利益

C. 必须预防一切危害企业利益的行为出现

D. 利用自己的资源为企业进行增值服务

E. 以上选项都正确

4. 增值服务是投后管理的重点，它包括（ ）三维度的增值服务内容。

A. 公司治理 B. 业务扩张

C. 实时监控 D. 适时退出

E. 资本运作

5. 股权投资机构的投后管理模式有（ ）。

A. 投资团队负责制 B. 投后团队负责制

C. 投资+投后团队负责制 D. 子公司制

E. 分公司制

三、判断题

1. 投后管理主要划分为监控与增值服务两个方面内容。（ ）

2. “资金无差别，服务是关键”，这句话说明投资企业最看重的是资金。（ ）

3. 对于监控，要求投资方及时参与到被投资方的管理工作中去。（ ）

4. 投后管理的监控分为公司治理、业务拓展、资本运作三大领域。（ ）

5. 子公司制是国外流行的模式，如KKR拥有一支行业分析团队，这支团队与运营咨询团队以及高级顾问等对提高企业商业收入等提出规划和建议。（ ）

四、简述题

1. 投后管理的意义。

2. 投后管理的价值。

3. 投后管理的模式。

五、实训项目

寻找一些股权投资失败的案例，主要分析一下投后管理还有哪些可以改进的地方？

6 项目六 退出策略

知识目标

1. 掌握退出策略的种类。
2. 掌握 IPO 退出策略的优缺点。

技能目标

能够熟练掌握世界各大主要交易所的上市条件。

案例导入

平安入主深发展 “银行修理工”新桥投资即将交班

“银行修理工”新桥投资即将退出之时，心仪深发展已久的平安集团终于迅速出手，为其金融控股之局敲下重要一子，但这桩交易将经受的考验，不仅在于能否通过表决与审批，更在于平安和深发展将如何互相协同，共同航向更为广阔的天地。

这是 A 股市场迄今为止最大的一次并购。数载风雨之后，同处一城的中国平安保险和深圳发展银行终于走到一起。

2019 年 6 月 12 日晚，停牌一周的两家上市公司同时发布公告，宣布中国平安预计收购深发展不超过 30% 股权，取代新桥投资成为深发展控股股东。

公告显示，这一控股过程包含两部分：

一是深发展以定向增发的方式向中国平安增发至少 3.70 亿股但不超过 5.85 亿股的新股，每股定价 18.26 元；二是作为定向增发的前提之一，中国平安与深发展原大股东新桥投资达成协议，承诺在 2010 年 12 月 31 日前以现金或换股方式收购新桥投资手中 16.76% 的深发展股权。

这一“两截式”的股权交易，将由2家上市公司的股东大会分别表决：深发展增发的议案将在2周后由深发展股东大会表决，而收购新桥投资股权的议案则在8月份由中国平安股东大会表决。

在后一收购议案中，若双方选择换股方式，因涉及H股增发，按照中国香港证券监管规定，还应由中国平安H股流通股东进行分类表决。

如果能通过股东大会表决，并获得监管层批准，到2010年底，“银行修理工”新桥投资将功成身退，中国第二大保险公司将成为中国第十大银行的大股东。

“各方都非常gentle。”一位接近交易人士如此向南方周末记者形容这桩谈判的整个过程。而在交易公布之后，投资者也表达了他们的欢迎——两家公司复牌首日双双上涨。

资料来源：http：//finance. sina. com. cn/stock/s/20090618/07086365490. shtml。

思考：股权投资者如何顺利退出投资？

具体而言，私募股权基金运作分为四个阶段，即募集资金、投资项目、投后管理、项目退出。作为私募股权基金的最后一环，私募股权基金退出是私募股权基金在其所投资的企业发展到一定阶段后，将股权转化为资本形式而获得利润或降低损失的过程。项目退出，是指股权投资基金选择合适的时机，将其在被投资企业的股权变现，由股权形态转化为资本形态，以实现资本增值，或及时避免和降低财产损失。资本的退出是私募股权投资循环的核心环节，不仅直接关系到投资人及私募股权基金投资机构的收益，更体现了资本循环流动的活力性特点。因此，私募股权基金退出方式的选择及操作显得尤为重要。目前，私募股权投资基金的退出方式主要有IPO、兼并收购、股票回购和清算。

模块一　IPO退出方式

股票的一级市场就是股票的发行方直接或者通过中介机构间接向投资者出售新发行的股票的交易场所。新发行的股票主要包括首次发行股票和再发行股票。再发行的股票一般是在首次发行股票的基础上进行的增发和配股。

首次公开发行股票并上市（IPO）一般在私募股权投资基金所投资的企业经营达到理想状态时进行。当被投资的企业公开上市后，私募基金再逐渐减持该公司股份，并将股权资本转化为现金形态。IPO可以使投资者持有的不可流通的股份转变为可交易的上市公司股票，实现资本的盈利性和流动性。IPO退出方式可以使私募股权投资基金获得最大幅度的收益。

IPO 主要包括两个环节：公开发行和上市。在国外，这两个环节是分开的，既可以直接上市，也可以先公开发行，当股东数量达到一定要求以后再上市。而在中国，这两个环节是一体的，先公开发行，然后上市。所谓公开发行，指的是企业首次公开向不特定的公众投资者公开发行股票，募集资金的过程。所谓上市，指的是企业的股票或债券在证券交易所挂牌交易的行为。一般来说，证券交易所要求证券在上市前必须具有足够的持有人数量。因此，企业一般通过 IPO 扩大股东数量之后再申请上市。证券交易所对申请股票上市的企业的经营业绩也有一定要求。但是，某些特殊情况下（如分拆上市），企业已经满足上市的股东人数和业绩要求，可以不经过 IPO 而直接上市交易。在境外市场，不经 IPO 而直接上市的方式称为介绍上市。

首次公开发行并上市一般是在被投资企业经营达到理想状态时进行的，股权投资基金通过企业上市将其拥有的不可流通的股份转变成可以在公开市场上流通的股份，通过股票在公开市场转让实现投资退出和资本增值。

私募股权基金的 IPO 退出策略主要有两种模式，即在 IPO 时出售股票（献售），以及在上市之后以公开交易或配售方式出售股票。一般来说，在中国境内 A 股上市时只能选择上市后出售的方式，而在境外上市时则两种模式都是可行的。

根据清科数据统计显示，在我国 2008～2012 年退出的案例中，每年以 IPO 退出的占比均超过 70%，无可争议地成为国内私募股权基金最主要的退出方式。2009 年创业板开启以来，国内私募股权基金开启了“暴利时代”，根据投中集团数据统计，2009～2011 年，国内 PE 机构通过 IPO 实现退出的平均账面回报率超过 7 倍，2009 年达到峰值 11.40 倍。此后，由于 PE 行业的激烈竞争以及二级市场高估值的降温，PE 机构通过 IPO 退出获得的平均账面回报率也逐渐下跌。但即便如此，相信随着 PE 投资市盈率的理性回归，IPO 闸门的再次开启，IPO 仍是私募股权投资基金较为理想的退出方式。

境内 A 股 IPO 市场包括主板、中小企业板、创业板和科创板。主板市场是国内最重要的证券市场，一般对企业的资本条件、盈利水平等指标要求都比较高。中小企业板市场是深圳证券交易所为了鼓励自主创新而专门设置的中小型公司聚集板块。交易实行运行独立、监察独立、代码独立、指数独立，遵循与主板市场相同的法律规章、上市条件及信息披露要求。创业板市场主要面向成长型创业企业，重点支持自主创新企业。创业板市场的推出有效提高了我国资本市场运行效率及竞争力，对于丰富股权投资基金的退出渠道也发挥了重要作用。科创板主要服务于符合国家战略、突破关键核心技术、市场认可度高的科技创新企业。重点支持新一代信息技术、高端装备、新材料、新能源、节能环保以及生物医药等高新技术产业和战略性新兴产业。

对我国企业来说，境外 IPO 市场主要可供选择的证券交易所主要有纽约证券交易所（NYSE，纽交所）、纳斯达克交易所（NASDAQ）、香港交易所（HKEX，联交所）、伦敦证券交易所创业板（AIM）、新加坡交易所（SGX）等。

一、不同国家不同市场上市条件对比

(一) 境内上市

1. 境内主板上市基本要求

根据现行上市规则，境内主板上市要求主要包括：

(1) 具备健全且运行良好的组织机构。

(2) 具有持续经营能力。

(3) 最近3年财务会计报告被注册会计师出具无保留意见审计报告。

(4) 发行人及其控股股东、实际控制人最近3年不存在贪污、贿赂、侵占财产、挪用财产或者破坏社会主义市场经济秩序的刑事犯罪。

(5) 经国务院批准的国务院证券监督管理机构规定的其他条件。

(6) 发行人在独立性方面无严重缺陷，即发行人的资产完整，人员、财务、机构和业务独立。

(7) 发行人具备健全且运行良好的组织结构，已经依法建立健全股东大会、董事会、监事会、独立董事、董事会秘书制度，相关机构和人员能够依法履行职责。

(8) 发行人财务状况良好。最近3个会计年度净利润均为正数且累计超过人民币3000万元，净利润以扣除非经常性损益前后较低者为计算依据；最近3个会计年度经营活动产生的现金流量净额累计超过人民币5000万元，或者最近3个会计年度营业收入累计超过人民币3亿元；发行前股本总额不少于人民币3000万元；最近一期期末无形资产（扣除土地使用权、水面养殖权和采矿权等后）占净资产的比例不高于20%；最近一期期末不存在未弥补亏损。

(9) 发行人依法纳税，各项税收优惠符合相关法律法规的规定。发行人的经营成果对税收优惠不存在严重依赖。

(10) 发行人募集资金用途符合规定。募集资金应当有明确的使用方向，原则上应当用于主营业务；募集资金数额和投资项目应当与发行人现有生产经营规模财务状况、技术水平和管理能力等相适应；发行人董事会应当对募集资金投资项目的可行性进行认真分析，确信投资项目具有较好的市场前景和盈利能力，有效防范投资风险，提高募集资金使用效益。

(11) 发行人不存在违法行为。

2. 创业板上市基本要求

根据现行上市规则，我国创业板上市要求主要包括：

(1) 发行人是依法设立且持续经营3年以上的股份有限公司。

(2) 最近2年连续盈利，最近2年净利润累计不少于1000万元；或者最近1年盈利，最近1年营业收入不少于5000万元。净利润以扣除非经常性损益前后孰低者为计算依据。

(3) 最近一期期末净资产不少于2000万元，且不存在未弥补亏损。

(4) 发行后股本总额不少于3000万元。

(5) 发行人的注册资本已足额缴纳，发起人或者股东用作出资的资产的财产权转移手续已办理完毕。发行人的主要资产不存在重大权属纠纷。

（6）发行人应当主要经营一种业务，其生产经营活动符合法律、行政法规和公司章程的规定，符合国家产业政策及环境保护政策。

（7）发行人最近2年主营业务、董事和高级管理人员没有重大变动，实际控制人没有发生变更。

（8）发行人具有完善的公司治理结构，依法建立健全股东大会董事会、监事会以及独立董事、董事会秘书、审计委员会制度，相关机构和人员能够依法履行职责。

（9）发行人资产完整，业务及人员、财务、机构独立，具有完整的业务体系和直接面向市场独立经营的能力。与控股股东、实际控制人及其控制的其他企业间不存在同业竞争，以及严重影响公司独立性或者显失公允的关联交易。

（10）发行人会计基础工作规范，财务报表的编制符合企业会计准则和相关信息披露规则的规定，在所有重大方面公允地反映了发行人的财务状况、经营成果和现金流量，并由注册会计师出具无保留意见的审计报告。

（11）发行人内部控制制度健全且被有效执行，能够合理保证公司财务报告的可靠性、生产经营的合法性、营运的效效率与效果，并由注册会计师出具无保留结论的内部控制鉴证报告。

（12）发行人的董事、监事和高级管理人员应当忠实、勤勉、尽责，具备法律行政法规和规章规定的资格。

（13）发行人募集资金应当用于主要业务，并有明确的用途。

（14）发行人及其控股股东、实际控制人最近3年内不存在损害投资者合法权益和社会公共利益的重大违法行为。

3. 项目在境内申报上市流程

以首次发行股票为例，介绍一下股票一级市场的上市流程。

（1）成立股份公司。主要内容包括：确定成立途径；制订改制方案；聘请验资、资产评估、审计等中介机构；申请设立资料；召开创立大会；等等。

（2）选择合格的股票承销商。股份有限公司通过公募方式发行股票的时候，由于发行程序复杂，手续烦琐，股份有限公司很难独立完成这样一项复杂的“工程”，这时候就需要有一家信誉良好的专业的金融机构来帮助该公司进行股票的发行，在美国，公开发行股票一般都是通过投资银行来完成的，投资银行所扮演的这一角色叫作“承销商”，在中国，承销商一般是由综合性的证券公司来担任。在承销过程中，投资银行的主要工作是对发行公司进行尽职调查和辅导上市，不仅为公司提供强有力的资金和技术支持，帮助公司建立良好的公司治理结构、形成独立运营和持续发展的能力，树立进入证券市场的诚信意识与法律意识，还借助于其在证券市场上的信誉和影响力，确保这次募集资金能够成功，辅导期一般为一年。如果股票的发行数量在5000万股以上，一般采用承销团的方式来承销。

在私募的情况下，一般采用直接发行的方式，由发行公司和投资者直接商定发行条件，此种方式手续简单，但发行时间较长，不易于迅速获取所需资金。

（3）准备申请文件。为了能够成功上市，承销商要在对股份有限公司进行辅导上市的基础上，准备相关的申请文件，主要的申请文件有：招股说明书、资产评估报告、审计报告、盈利预测审核报告、法律意见书和律师工作报告等。在这些申请文件中，最重要的是招股说明书。

股份有限公司的招股说明书是供社会公众了解发起人和将要设立公司的情况，说明公司股份发行的有关事宜，指导公众购买公司股份的规范性文件。公司首次公开发行股票，必须制作招股说明书。招股说明书必须包括财务信息和公司经营历史的陈述、高级管理人员的状况、筹资目的和使用计划、公司内部悬而未决的问题如诉讼等。

(4) 证监会注册。申请文件准备好以后，要报证监会注册，准予注册后，股份有限公司才有资格发行股票。

(5) 确定发行价格。确定股票的发行价格是股票一级市场上的关键环节，股票的发行价格是指股份公司在发行市场上发行股票时的价格，发行价格主要有平价、溢价和折价三种。平价发行就是发行价格等于股票的面值，溢价发行是指股票的发行价格高于股票的面值，折价发行就是股票的发行价格低于股票的面值。根据我国《公司法》第131条规定，股票发行价格可以按票面金额也可以超过票面金额发行，但不得低于票面金额发行。

确定一个合理的股票发行价格对于发行方和承销方都显得非常重要。如果定价过高，会使股票的发行数量减少，进而使发行公司不能筹到所需资金，股票承销商也会遭受损失；如果定价过低，发行公司却会蒙受损失，对于再发行的股票，价格过低还会使老股东受损。所以，为了能够确定一个合理的价格，发行方一般都会通过路演的形式，也就是通过召开网上推介会，通过充分了解供需双方的信息来确定一个合理的价格。

(6) 认购与销售。发行公司着手完成准备工作之后即可按照预定的方案发售股票。对于承销商来说，则是执行承销合同批发认购股票，然后出售给投资者。具体方式通常有以下几种：

①包销。包销是指承销商以低于发行定价的价格把公司发行的股票全部买进，再转卖给投资者，这样承销商就承担了在销售过程中股票价格下跌的全部风险。承销商所得到的买卖差价是对承销商所提供的咨询服务以及承担包销风险的报偿，也称为承销折扣。在包销发行时，发行公司与承销商正式签订合同，规定承销的期限和到期承销商应支付的款项，如到截止期股票销售任务尚未完成，承销商必须按合同规定如数付清合同确定的价款，若财力不足又不能申请延期，则须向银行借款支付。在销售过程中，如果股票的市场价格跌到发行报价之下时，主承销商可能会根据承销协议在市场上按市价购买股票以支持发行价格。但如果市场价格已显著低于发行价格，从而预定的发行额难以完成，则承销银团只好解散，各个成员尽力去处理自己承诺完成的部分，最终损失也各自承担。

②代销。代销，即“尽力销售”，是指承销商许诺尽可能多地销售股票，但不保证能够完成预定销售额，任何没有出售的股票可退给发行公司。这样承销商不承担风险。

③备用包销。备用包销是指承销机构不垫付资金，只负责按发行公司的条件推销，但要承担部分发行风险，即推销一定时间后，所剩股票由承销机构全部买进，所以其手续费高于代销。

4. 已上市企业股份转让的交易机制及操作流程

(1) 竞价交易。竞价交易制度又称委托驱动制度，其主要内容是：开市价格由集合竞价形成，随后交易系统对不断进入的投资者交易指令按价格优先与时间优先原则排序，将买卖指令配对竞价成交。

我国证券交易所采用两种竞价方式，即集合竞价方式和连续竞价方式。竞价结果有三种可能：全部成交、部分成交、不成交。

我国上市公司股票交易实行涨跌幅限制，无论买入或者卖出，股票（含A、B股票）在一个交易日内交易价格相对上一个交易日收市价格的涨跌幅不得超过10%，其中ST股票和＊ST股票价格涨跌幅不得超过5%。

（2）大宗交易。大宗交易（Bokhdng）又称大宗买卖，是指达到规定的最低限额的证券单笔买卖申报，买卖双方经过协议达成一致并经证券交易所确认成交的证券交易。各个证券交易所在其交易制度中或者在其大宗交易制度中都对大宗交易有明确的界定，而且各不相同。

大宗交易分为协议大宗交易和盘后定价大宗交易。

（3）协议转让。协议转让是指买卖各方依据事先达成的转让协议，向股份上市所在证券交易所和登记机构申请办理股份转让过户的业务。

根据转让股份类型的不同，上市公司股份协议转让可以分为流通股协议转让和非流通股协议转让；根据转让主体类型的不同，可以分为国有股协议转让和非国有股协议转让；根据转让情形的不同，可以分为协议收购、对价偿还、股份回购等。

5. 间接上市流程

间接上市又称重组上市，重组上市是指一家非上市公司通过把资产注入一家已上市公司，从而得到该公司一定程度的控股权，利用其上市公司地位，原非上市公司得以间接上市。在重组上市的方式中，原上市公司一般处于不景气行业，具有收购成本低、股本扩张能力强等特点。

重组上市一般有两条路径：一是上市公司以非公开发行方式直接向收购方发行股份购买其资产，从而达到重组上市的目的；二是非上市公司首先通过协议或直接二级市场购买等方式取得上市公司控制权。非上市公司控制上市公司后，通过上市公司收购非上市公司的资产，将非上市公司的有关业务和资产注入上市公司，从而实现重组上市的目的。

6. 全国中小企业股份转让系统挂牌的基本要求

全国中小企业股份转让系统是经国务院批准设立的第一家公司制证券交易场所，也是继上海证券交易所，深圳证券交易所之后第三家全国性证券交易场所，简称全国股份转让系统，通常称为新三板。

股份有限公司申请股票在新三板挂牌，不受股东所有制性质的限制，不限于高新技术企业，但应当符合下列条件：

（1）依法设立且存续满2年，有限责任公司按原账面净资产值折股整体变更为股份有限公司的，存续时间可以从有限责任公司成立之日起计算。

（2）业务明确，具有持续经营能力。

（3）公司治理机制健全，合法规范经营，

（4）股权明晰，股票发行和转让行为合法合规。

（5）主办券商推荐并持续督导。

（6）全国股份转让系统公司要求的其他条件。

7. 全国中小企业股份转让系统的交易机制和规则

（1）新三板交易机制。新三板挂牌股票的转让方式主要包括做市转让和协议转让。与沪深股票市场类似，已开设全国股转系统账户并在托管券商开立资金结算账户的合格投资者，可通过托管券商柜台、互联网、自助终端等方式委托买卖股票。

（2）新三板交易基本规则。新三板现行交易规则主要包括：

①以机构投资者为主，合格的自然人也可以投资。

②实行股份转让限售期。新三板对发起人、控股股东及实际控制人、高级管理人员所持股份转让设定一定的限售期。

③设定股份交易最低限额。每次交易要求不得低于1000股，投资者证券账户某一股份余额不足1000股的，只能一次性委托卖出。股票转让单笔申报最大数量不得超过100万股。

④投资者委托交易。投资者委托分为意向委托、定价委托和成交确认委托，委托当日有效。意向委托、定价委托和成交确认委托均可撤销，但已经报价系统确认成交的委托不得撤销或变更。

⑤交易须券商代理。投资者通过券商交易系统进行报价申报、转让或购买委托、成交确认、清算交收等手续，挂牌公司及投资者在代办系统所进行的股份交易的相关手续均须通过券商办理。

⑥分级结算原则。新三板交易制度对股份和资金的结算实行分级结算原则。分级结算是指证券登记结算机构与证券公司等结算参与人进行资金和证券的法人结算（又称一级结算）；证券公司再与投资者进行二级结算。

⑦依托新三板代办交易系统。新三板交易方式可以采用协议方式、做市方式、竞价方式。主板、中小板、创业板目前采用的是竞价交易方式，以及协议大宗交易和盘后定价大宗交易方式。挂牌股票还可以转换转让方式，采取协议转让方式的，系统同时提供集合竞价转让安排。挂牌股票采取做市转让方式的，须有2家以上“做市商”为其提供做市报价服务，做市商应当在全国股份转让系统持续发布买卖双向报价，并在报价价位和数量范围内履行与投资者的成交义务。新三板挂牌公司股票可以实行标准化连续交易，实行T+1规则。

8. 科创板股票上市条件

（1）发行人是依法设立且持续经营3年以上的股份有限公司，具备健全且运行良好的组织机构，相关机构和人员能够依法履行职责。

（2）有限责任公司按原账面净资产值折股整体变更为股份有限公司的，持续经营时间可以从有限责任公司成立之日起计算。

（3）发行人会计基础工作规范，财务报表的编制和披露符合企业会计准则和相关信息披露规则的规定，在所有重大方面公允地反映了发行人的财务状况、经营成果和现金流量，并由注册会计师出具标准无保留意见的审计报告。

（4）发行人内部控制制度健全且被有效执行，能够合理保证公司运行效率、合法合规和财务报告的可靠性，并由注册会计师出具无保留结论的内部控制鉴证报告。

（5）发行人业务完整，具有直接面向市场独立持续经营的能力。

①资产完整，业务及人员、财务、机构独立，与控股股东、实际控制人及其控制的其他企业间不存在对发行人构成重大不利影响的同业竞争，不存在严重影响独立性或者

显失公平的关联交易。

②发行人主营业务、控制权、管理团队和核心技术人员稳定，最近 2 年内主营业务和董事、高级管理人员及核心技术人员均没有发生重大不利变化；控股股东和受控股股东、实际控制人支配的股东所持发行人的股份权属清晰，最近 2 年实际控制人没有发生变更，不存在导致控制权可能变更的重大权属纠纷。

③发行人不存在主要资产、核心技术、商标等的重大权属纠纷，重大偿债风险，重大担保、诉讼、仲裁等或有事项，经营环境已经或者将要发生重大变化等对持续经营有重大不利影响的事项。

（6）发行人生产经营符合法律、行政法规的规定，符合国家产业政策。

（7）最近 3 年内，发行人及其控股股东、实际控制人不存在贪污、贿赂、侵占财产、挪用财产或者破坏社会主义市场经济秩序的刑事犯罪，不存在欺诈发行、重大信息披露违法或者其他涉及国家安全、公共安全、生态安全、生产安全、公众健康安全等领域的重大违法行为。

（8）董事、监事和高级管理人员不存在最近 3 年内受到中国证监会行政处罚，或者因涉嫌犯罪被司法机关立案侦查或者涉嫌违法违规被中国证监会立案调查，尚未有明确结论意见等情形。

（9）发行人的招股说明书和保荐人的上市保荐书应当明确说明所选择的具体上市标准：

①预计市值不低于人民币 10 亿元，最近 2 年净利润均为正且累计净利润不低于人民币 5000 万元，或者预计市值不低于人民币 10 亿元，最近 1 年净利润为正且营业收入不低于人民币 1 亿元。

②预计市值不低于人民币 15 亿元，最近 1 年营业收入不低于人民币 2 亿元，且最近 3 年累计研发投入占最近 3 年累计营业收入的比例不低于 15%。

③预计市值不低于人民币 20 亿元，最近 1 年营业收入不低于人民币 3 亿元，且最近 3 年经营活动产生的现金流量净额累计不低于人民币 1 亿元。

④预计市值不低于人民币 30 亿元，且最近 1 年营业收入不低于人民币 3 亿元。

⑤预计市值不低于人民币 40 亿元，主要业务或产品需经国家有关部门批准，市场空间大，目前已取得阶段性成果。医药行业企业需至少有一项核心产品获准开展二期临床试验，其他符合科创板定位的企业需具备明显的技术优势并满足相应条件。

前款所称净利润以扣除非经常性损益前后的孰低者为准，所称净利润、营业收入、经营活动产生的现金流量净额均指经审计的数值。

9. 科创板交易规则

（1）权限开通要求。申请权限开通前 20 个交易日证券账户及资金账户内的资产日均不低于人民币 50 万元（不包括该投资者通过融资融券融入的资金和证券）；参与证券交易 24 个月以上；符合适当性要求及上交所其他要求。

（2）申报要求。通过限价申报买卖科创板股票的，单笔申报数量应当不小于 200 股，且不超过 10 万股；通过市价申报买卖的，单笔申报数量应当不小于 200 股，且不超过 5 万股。卖出时，余额不足 200 股的部分，应当一次性申报卖出。

（3）竞价交易 20% 涨跌幅。科创板股票涨跌幅价格的计算公式为：涨跌幅价格 = 前收盘价 ×(1 ± 涨跌幅比例)。

首次公开发行上市的股票，上市后的前5个交易日不设价格涨跌幅限制。

（4）交易方式。投资者通过以下方式参与科创板股票交易：

①竞价交易。

②盘后固定价格交易。

③大宗交易。

盘后固定价格交易是指在收盘集合竞价结束后，上交所交易系统按照时间优先顺序对收盘定价申报进行撮合，并以当日收盘价成交的交易方式。盘后固定价格交易的具体事宜由上交所另行规定。

每个交易日的15：05至15：30为盘后固定价格交易时间，当日15：00仍处于停牌状态的股票不进行盘后固定价格交易。

（5）最严退市。上市公司股票被实施退市风险警示的，在公司股票简称前冠以“＊ST”字样，以区别于其他股票。其中，重大违法强制退市，包括下列情形：

①上市公司存在欺诈发行、重大信息披露违法或者其他严重损害证券市场秩序的重大违法行为，且严重影响上市地位，其股票应当被终止上市的情形。

②上市公司存在涉及国家安全、公共安全、生态安全、生产安全和公众健康安全等领域的违法行为，情节恶劣，严重损害国家利益、社会公共利益，或者严重影响上市地位，其股票应当被终止上市的情形。

另外，还有交易类强制退市，包括：

①通过上交所交易系统连续120个交易日实现的累计股票成交量低于200万股。

②连续20个交易日股票收盘价均低于股票面值。

③连续20个交易日股票市值均低于3亿元。

④连续20个交易日股东数量均低于400人。

（6）新股申购。

①可参与网上申购条件：上海市场持有市值达到1万元以上且开通科创板交易权限。

②申购单位：每一个新股申购单位为500股，每5000元市值可申购一个申购单位，不足5000元的部分不计入申购额度。

③申购上限：申购数量不得超过当次网上初始发行数量的1‰；申购数量≤9999.95万股，如超过则该笔申购无效。

（二）中国香港上市

内地企业申请香港上市的条件：

（1）符合我国有关境外上市的法律、法规和规则。

（2）筹资用途符合国家产业政策、利用外资政策及国家有关固定资产投资立项的规定。

（3）净资产不少于4亿元人民币，过去1年税后利润不少于6000万元人民币，并有增长潜力，按合理预期市盈率计算，筹资额不少于5000万美元。

（4）具有规范的法人管理结构及完善的内部管理制度，有较长期稳定的高级管理层及较高的管理水平。

（5）公司上市后分红派息有可靠的外汇来源，符合国家外汇管理的有关规定。

（6）证监会规定的其他条件。

香港资本市场有主板和创业板市场之分。创业板市场主要面对规模较小，但是具有较高增长潜力的公司，对上市企业的要求较为宽松。主板市场面对规模大、较为成熟的企业，对上市企业的要求较为严格。

1. 香港主板市场

（1）财务要求。

①过去 3 个财政年度至少盈利 5000 万港元（最近 1 个财务年度盈利至少 2000 万港元，以及前 2 年累计盈利至少 3000 万港元），同时上市时市值至少达到 5 亿港元。

②上市时市值至少达到 40 亿港元且最近 1 个经审计财务年度的收入至少为 5 亿港元。

③ 上市时市值至少达 20 亿港元，最近 1 个经审计财务年度的收入至少 5 亿港元，且前 3 个财务年度来自营运业务的现金流入合计至少 1 亿港元。

（2）会计准则为《香港财务报告准则》或《国际财务财务准则》，经营银行业务的公司必须同时遵守香港金融管理局发布的《本地注册认可机构披露财务资料》。

（3）营业记录及管理层。在至少前 3 个财务年度有营业记录且管理层维持不变，在至少经审计的最近 1 个财务年度所有权和控制权维持不变。在某些情况可以获得适当豁免。

（4）最低市值。新申请人上市时证券与其市值至少为 5 亿港元。

（5）公众持股的市值。新申请人证券上市时由公众人士持有的股份的市值至少为 1.25 亿港元。

（6）公众持股量。无论何时，发行人已发行股本总额必须至少有 25% 由公众人士持有。

如发行人预期在上市时的市值逾 100 亿港元，则香港交易所可酌情接纳介乎 15% 至 25% 之间的一个较低的百分比。

（7）股东分布。持有有关证券的公众股东须至少为 300 人，持股量最高的 3 名公众股东实益持有的股数不得占证券上市时公众持股量逾 50% 。

（8）控股股东的上市后禁售期（上市前投资者的基石投资者的股份亦受禁售期限制）1 年（上市后首 6 个月内不得出售股份，第 2 个 6 个月可以出售股份但必须维持控股地位）。

2. 香港创业板市场

（1）财务要求。创业板申请人须具备不少于 2 个财政年度的营业记录，日常经营业务有现金流入，于上市文件刊发之前 2 个财政年度合计至少达 3000 万港元（未计入调整营运资金的变动和已付税项）。

（2）会计准则为《香港财务报告准则》或《国际财务报告准则》，经营银行业务的公司必须同时遵守香港金融管理局发出的《本地注册认可机构披露财务资料》。

（3）营业记录及管理层。新申请人必须具备 2 个财政年度的营业记录：①管理层在最近 2 个财政年度维持不变；②最近一个完整的财政年度内拥有权和控制权维持不变。

（4）最低市值。新申请人上市时证券与其市值至少为 1.5 亿港元。

（5）公众持股的市值。新申请人与其证券上市时有公众人士持有的股份市值须至少为 4500 万港元。

（6）公众持股量。须占发行人已发行股本至少 25%。

（7）股东分布。持有有关证券的公众股东须至少为 100 人，持股量最高的 3 名公众股东实益持有的股数不得占证券上市时公众持股量逾 50%。

3. 香港 IPO 费用

在港交所上市成本包括支付给保荐人、法律顾问、会计师等中介的费用，总费用根据首次发行规模的大小会有很大差异，企业应准备将 5%～30% 的募集资金作为发行成本。其中，标准的承销费用为募集资金的 1.5%～4.0%。

4. 内地公司在港上市主要方式

（1）发行 H 股上市。中国注册的企业，可通过资产重组，经所属主管部门、国有资产管理部门（只适用于国有企业）及中国证监会审批，组建在中国注册的股份有限公司，申请发行 H 股在香港上市。多数香港上市的国有企业采用的都是 H 股架构，如中石油、中石化和四大国有商业银行等。

优点：企业对国内公司法和申报制度比较熟悉；中国证监会对 H 股上市在政策上较为支持，所需的时间较短，手续较直接。

缺点：未来公司股份转让或其他企业行为方面受国内法规的牵制较多。不过，随着近年多家 H 股公司上市，香港市场对 H 股的接受能力已大为提高。

（2）发行红筹股上市。红筹上市公司指在海外注册成立的控股公司（包括香港、百慕达或开曼群岛），作为上市个体，申请发行红筹股上市。红筹并非正式的法律名称，而是市场对那些控股公司在境外而运营实体在境内的中国企业的称谓。红筹结构使得那些由于行业限制（如房地产业）或财务门槛（无连续 3 年盈利）限制而无法在境内上市的企业实现海外上市。

搭建红筹结构的过程涉及境外项目公司收购境内实体企业，而企业创始人在境外一般没有美元资金来完成这一收购。实际操作中，上市主体可以在境外以过桥贷款、可转换债券或可转换优先股等形式向投资者融资。私募股权往往就在这个融资阶段介入企业。蒙牛、李宁、百丽、中国动向和尚德电力等都是这方面的典型案例。

优点：红筹公司在海外注册，控股股东的股权在上市后 6 个月已可流通；上市后的融资如配股、供股等股票市场运作灵活性最高。

什么是 VIE 架构

拓展阅读

一、VIE 定义

“VIE 结构”，即可变利益实体（VariableInterest Entities；VIEs），也称为“协议控制”，即不通过股权控制实际运营公司，而是通过签订各种协议的方式实现对实际运营公司的控制及财务的合并。

VIE 架构现在主要被运用于中国企业海外上市、融资以及外国投资者规避对外资产业准入的限制的情况下。VIE 架构存在已久，但是其一直处于一个“灰色”地带，虽然在一些部门规章中已经有一些关于 VIE 架构相关内容的规定，但是现行有效的中国法律并未对 VIE 架构做出定性。

通俗来讲，VIE 架构实际上是拟上市公司为了实现在海外上市，在国外的开曼群岛或英属维尔京群岛设立一个平行的离岸公司，以这个离岸公司作为未来上市或融资的主体，其股权结构反映了拟上市公司真实的股权结构，而国内的拟上市公司本身则并不一定反映这一股权架构。

其后，这个离岸公司经过一系列投资活动，最终在国内落地为一家外商投资企业（WFOE），WFOE 与拟上市公司签订一系列的协议，并把自己利润的大部分输送给 WFOE，这样最顶层的离岸公司就成为拟上市公司的影子公司，就可以以此登陆国外资本市场。

例如，最典型的技术咨询服务业（以下简称“技术公司”），技术公司对境内的运营公司（以下简称“国内牌照公司”）提供实际出资，共负盈亏，并通过合同关系拥有控制权，最终实现外国投资者间接投资原本被限制或禁止的领域。

由于外资准入方面的历史原因，中国大多数接受了美元基金投资的互联网公司（包括 BAT 等互联网巨头）大多采用当年新浪最早采用的 VIE 架构。图 6－1 就是一个典型的 VIE 架构，其中的内资公司就是拟上市公司。

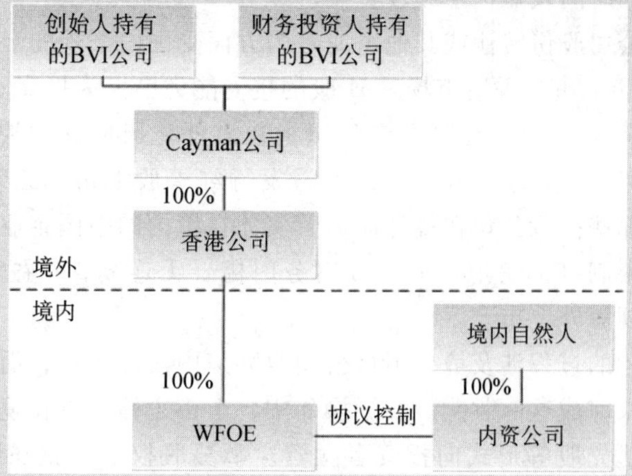

图 6－1　典型的 VIE 架构

注：BVI——英属维尔京群岛（The British Virgin Islands，B. V. I）是世界上发展最快的海外离岸投资中心之一。

Cayman——开曼群岛（Cayman Islands），是著名的离岸金融中心和“避税天堂”。

WFOE——Wholly Foreign Owned Enterprise，外商投资企业/外商独资企业。

创始人通过在国外设立一层 BVI 公司，作为自己的持股主体，发起设立 cayman 公司，作为未来的上市主体。Cayman 公司在上市前，可以引入财务投资者，一般也是一个 BVI 公司，募集公司发展所需要的资金。

之所以在国外设立 BVI 公司主体的原因是，在 BVI 层面转让股权所得基本不用缴纳任何税收，将来创始人或财务投资者退出时的税收负担基本为零。不过这也存在较大的风险。

二、VIE 架构诞生的背景

中国政府出于主权或意识形态管制的考虑，禁止或限制境外投资者投资很多领域，如电信、媒体和科技（TMT）产业的很多项目，但这些领域企业的发展需要外国的资本、技术、管理经验，于是，这些领域的创业者、风险投资家和专业服务人员（财会、律师等）共同开拓了一种并行的企业结构，以此规避政府管制。

(1) 资本先在中国国内找到可以信赖的中国公民，以其为股东成立一家内资企业(也可以收购)，这家企业可以经营外资不被获准进入的领域，比如，互联网经营领域，办理互联网出版许可证、网络文化经营许可证、网络传播视听节目许可证等都要求内资企业。

(2) 同步地，资本在开曼群岛或者英属维尔京群岛等地注册设立母公司，母公司在香港设立全资子公司，香港子公司再在中国国内设立一家外商独资公司（香港公司设立这个环节主要为了税收优惠考虑)。

(3) 独资公司会和内资公司及其股东签订一组协议，具体包括：《股权质押协议》《业务经营协议》《股权处置协议》《独家咨询和服务协议》《借款协议》《配偶声明》。

(4) 通过这些协议，注册在开曼群岛或者英属维尔京群岛的母公司最终控制了中国的内资公司及其股东，使其可以按照外资母公司的意志经营内资企业，并分配、转移利润，最终在完税后将经营利润转移至境外母公司。

三、VIE 结构下的利润是如何转移的

VIE 结构下，利润一般产生在境内的运营实体，境外的控股公司、香港公司及外商独资企业（WFOE）往往没有实质性的资产及业务运营，因此一般也不产生利润。

总的来讲，VIE 结构下，利润转移的路径是：境内运营实体→WFOE→香港公司→境外控股公司。由于 WFOE 在股权上 100% 受控于香港公司，香港公司股权上又 100% 受控于境外控股公司（即图 6－1 中的 Cayman 公司)，因此，利润从 WFOE 到香港公司，并进一步从香港公司到境外控制公司，都是以“子公司向母公司”进行红利分配的形式完成的。问题的关键在于利润如何从境内的运营实体转移到 WFOE。

VIE 结构下，由于境内公司与 WFOE 不存在股权控制关系，是通过 VIE 协议实现控制的，因此，境内运营实体产生的利润也是通过 VIE 协议转移到 WFOE 的，具体说来：①WFOE 向境内运营实体独家提供技术咨询服务、企业管理等服务，并向境内运营实体收取咨询服务费；②在 VIE 结构下，往往将法律上可以由 WFOE 持有的 IP 都转让给 WFOE，而后 WFOE 再许可给境内运营实体使用，并向境内运营实体收取知识产权许可使用费。WFOE 通过上述一种或多种方式从境内运营实体收到的费用往往能够占到几乎境内运营实体利润的全部，由此实现利润从境内运营实体到 WFOE 的转移。

一旦 VIE 结构形成，根据美国通用会计准则（US GAAP）或者国际会计报告准则，境外控制公司就能直接合并境内运营实体、WFOE 及香港公司的财务报表，这往往是 VIE 结构在财务上要实现的主要目的，而实践中，VIE 结构的公司鲜有真正将利润实质性转移到境外控股公司的。

四、政府为什么默许 VIE 架构的存在

新浪公司是第一家通过 VIE 架构在美国成功上市的公司，此后，VIE 架构几乎成为中国蓬勃发展的互联网企业在海外上市的唯一方式。

在互联网技术高速发展的大背景下，VIE 协议使外国的资本、技术、管理经验源源不断进入中国，使中国有了自己独立的互联网产业，在很多领域推动中国快速变革，从政府到整个产业的国内外资本、创业者以及网民都获益匪浅，毫不夸张地说，VIE 结构创造了一个多赢的格局。

实际上，政府之所以默许 VIE 架构的存在，其原因在于，一方面，互联网的发展需要大量资金的投入，这是政府及国内的众多风险投资基金在当时的环境下，无法承担的巨大投入，因此，默许 VIE 架构的存在，让这些互联网企业到海外上市，用海外投资者的钱来发展中国的互联网事业，就成为必然的选择；另一方面，政府又深刻意识到媒体、文化、出版、互联网等领域涉及国家意识形态安全等问题，必须加强引导和监管。所以一直以来，政府对 VIE 架构的态度既纠结又暧昧。

资料来源：百度文库。

（3）买壳上市。买壳上市是指向一家拟上市公司收购上市公司的控股权，然后将资产注入，达到“反向收购、借壳上市”的目的。香港联交所及证监会对买壳上市有几个主要限制：

①全面收购。收购者如购入上市公司超过 30% 的股份，须向其余股东提出全面收购。

②重新上市申请。买壳后的资产收购行为，有可能被联交所视作新上市申请。

③公司持股量：香港上市公司须维护足够的公众持股量，否则可能被停牌。

买壳上市初期未必能达至集资的目的，但可利用收购后的上市公司进行配股、供股集资；根据《红筹指引》规定，凡是中资控股公司在海外买壳，都受严格限制。买壳上市在已有收购对象的情况下，筹备时间较短，工作较精简。然而，需更多时间及规划去回避各监管的条例。买壳上市手续有时比申请新上市更加烦琐。同时，很多国内及香港的审批手续并不一定可以省略。

5. 优势和局限

优势：

（1）中国香港优越的地理位置。中国香港和中国内地的深圳接壤，两地只有一线之隔，是 3 个海外市场中最接近中国的一个，在交通和交流上获得了先机和优势。

（2）中国香港与中国内地特殊的关系。中国香港虽然在 1997 年主权才回归中国，但港人无论在生活习性和社交礼节上都与内地居民差别不大。随着普通话在中国香港的普及，港人和内地居民在语言上的障碍已经消除。因此，从心里情结来说，中国香港是最为内地企业接受的海外市场。

（3）中国香港在亚洲乃至世界的金融地位也是吸引内地企业在其资本市场上市的重要筹码。虽然中国香港经济在 1998 年经济危机后持续低迷，但其金融业在亚洲乃至世界都一直扮演重要角色。中国香港的证券市场是世界十大市场之一，在亚洲仅次于日本（这里的比较是基于中国深沪 2 个市场分开统计的）。

（4）在中国香港实现上市融资的途径具有多样化。在中国香港上市，除了传统的首次公开发行（IPO）之外（其中包括红筹和 H 股二种形式，二者主要区别在于注册地的不同，这里不详述），还可以采用反向收购（Reverse Merger），俗称买壳上市的方式获得上市资金。

局限：

（1）资本规模方面。与美国相比，中国香港的证券市场规模要小很多，它的股市总市值大约只有美国纽约证券交易所（NYSE）的1/30、纳斯达克（NASDAQ）的1/4，股票年成交额也远远低于纽约证券交易所和纳斯达克，甚至比中国深沪两市加总之后的年成交额都要低。

（2）市盈率方面。中国香港证券市场的市盈率很低，大概只有15，而在纽约证券交易所市盈率一般可以达到30以上，在NASDAQ市盈率也在20以上。这意味着在中国香港上市，相对美国来说，在其他条件相同的情况下，募集的资金要小很多。

（3）股票换手率方面。中国香港证券市场的换手率也很低，大约只有55%，比NASDAQ 300%以上的换手率要低很多，同时也比纽约证券交易所的70%以上的换手率要低。这表明在中国香港上市后股份退出相对来说要困难一些。

（三）美国上市

在美国最主要的证券交易市场有三个，纳斯达克（NASDAQ）、纽约股票交易市场（NYSE）、美国股票交易市场（AMEX）。公司只有在满足各市场对公司的要求后其股票或者是证券才能在市场上发行、交易。这里主要介绍纽约股票交易市场和纳斯达克的上市要求。

1. 纽约证券交易所上市要求

作为世界性的证券交易场所，纽约证券交易所也接受外国公司挂牌上市，上市条件较美国国内公司更为严格，主要包括：

（1）社会公众持有的股票数目不少于250万股。

（2）有100股以上的股东人数不少于5000名。

（3）公司财务标准（三选其一）：

①收益标准。公司前3年的税前利润必须达到1亿美元，且最近2年的利润分别不低于2500万美元。

②流动资金标准：在全球拥有5亿美元资产，过去12个月营业收入至少1亿美元，最近3年流动资金至少1亿美元。

③净资产标准：全球净资产至少7.5亿美元，最近财务年度的收入至少7.5亿美元。

（4）对公司的管理和操作方面的多项要求。

（5）其他有关因素，如公司所属行业的相对稳定性，公司在该行业中的地位，公司产品的市场情况，公司的前景，公众对公司股票的兴趣等。

子公司上市标准：

子公司全球资产至少5亿美元，公司至少有12个月的运营历史。母公司必须是业绩良好的上市公司，并对子公司有控股权。

股票发行规模：股东权益不得低于400万美元，股价最低不得低于3美元/股，至少发行100万普通股，市值不低于300万美元。

公司财务标准（二选一）：

①收益标准。最近一年的税前收入不得低于75万美元。

②总资产标准。净资产不得低于7500万美元，且最近1年的总收入不低于7500万美元。

2. 美国NASDAQ上市条件

美国纳斯达克的上市要求分为以下3类，见表6-1。

表6-1 美国纳斯达克的上市要求

要求	标准1	标准2	标准3
股东资产总值	1500万美元	3000万美元	无
市值	无	无	7500万美元
总资产	无	无	7500万美元
总收入			7500万美元
净收入（最近1个或2个财政年度）	100万美元	无	无
经营年限	无	2年	无
公众流通股	110万股	110万股	110万股
公众流通股市值	800万美元	1800万美元	2000万美元
最低股价	5美元	5美元	5美元
股东（100股以上）	400	400	400
做市商	3	3	4

3. 优势和劣势

优势：

（1）美国证券市场的多层次多样化可以满足不同企业的融资要求。在美国场外交易市场（OTCBB）柜台挂牌交易对企业没有任何要求和限制，只需要3个券商愿意为这只股票做市即可，企业可以先在OTCBB买壳交易，筹集到第一笔资金，等满足了纳斯达克的上市条件后，便可申请到纳斯达克上市。

（2）美国证券市场的规模是中国香港、新加坡乃至世界任何一个金融市场所不能比拟的。在美国上市，企业融集到的资金无疑要比其他市场多得多。

（3）美国股市极高的换手率，市盈率；大量的游资和风险资金；股民崇尚冒险的投资意识等鲜明特点对中国企业来说具有相当大的吸引力。

劣势：

（1）中美在地域、文化和法律上的差异。很多中国企业不考虑在美国上市的原因是因为中美两国在地域、文化、语言以及法律方面存在着巨大的差异，企业在上市过程中会遇到不少这些方面的障碍。因此，华尔街对大多数中国企业来说似乎显得有点遥远和陌生。

（2）中国企业在美国获得的认知度有限。除非是大型或者是知名的中国企业，一般的中国企业在美国资本市场可以获得的认知度相比在中国香港或者新加坡来说是比较有限的。因此，中国中小企业在美国可能会面临认知度不高，追捧较少的局面。但随着“中国概念”在美国证券市场越来越清晰，这种局面近年来有所改观。

（3）上市费用相对较高。如果在美国选择IPO上市，费用可能会相对较高，但如果选择买壳上市，费用则会降低不少。

4. 美国市场状况

（1）无限的资金来源。因为美国资本市场汇集了全世界的资金，融资的机会和空间极大，并且再融资不受限制。因为美国资本市场是完全市场化的，只要民营企业的业绩足够好，它一年中的融资规模和融资次数是不受限制的。

（2）极高的公司市值。美国市场崇拜高品质、高成长率的企业，在美国上市的公司具有极大的市值增长空间。除国内的 A 股市场外，美国市场迄今仍是全世界市盈率最高的市场。标准普尔的平均市盈率是 24～26 倍，那斯达克高科技股的平均市盈率为 30～40 倍。而中国香港、新加坡的平均市盈率仅仅是 8～10 倍。因此，在美国能以更高的市盈率筹到更多的资金。如中国三大网站（新浪、网易和搜狐），在股市连续 3 年不景气的情况下市值依然达 10 亿美元以上。而且此类股票也只属于小型股票而已，一般成型的大型企业，比如，雅虎，亚马逊等均享有接近 200 亿美元的市值，这还是经过三年大熊市调整以后的市值，由此可见，美国股市赋予成长型公司的市值之高。正是因为美国股市拥有如此强大的融资功能，所以，多数成长型企业选择美国股市，尤其是在纳斯达克 NASDAQ 市场挂牌。

（3）极大的市场流通量。由于资金的充足、体制的健全等原因，美国股市是世界上最大和最流通的市场。目前国内股市一天的交易总金额约在 10 亿美元，只相当于美国蓝筹股，如英特尔、微软等个股的平均每天交易额。可见美国市场容量之大。

（4）成熟而有经验的投资者。因为美国市场以基金为最主要的投资者，散户起不到很大作用，所以对懂得应付基金投资者的上市公司而言，将会获得一批成熟和有经验的股东，并且有相当稳定的高市值。

（5）合理的上市费用。与国内股市和中国香港股市相比，到美国借壳上市的费用成本较低，也比较合理。尤其是买壳上市，成本更低，上市前的现金费用只需 40 万～60 万美元，比中国香港、新加坡要低得多，而且上市标准不高。相较海外众多上市地点，美国依据其上市公司众多，干净的“壳”资源公司也较低廉丰富，且借（买）壳上市已有很长的历史，相关法律政策限制也较少而独具优势。还有很重要的一点是借壳上市的结果可保证。

（6）严谨的法律，极高的透明度。对于注重企业长期发展、正规化和国际化的大型上市公司来说，美国股市的法律保障和透明度对其会产生深远的影响，这不仅能提升公司的形象和内部文化，更能吸引更多有信心的世界级投资者。

（7）借壳上市操作时间短。通过借壳上市的方式在美国国家级市场挂牌，从正式签署协议算起，最长需要 6 个月，短的只需要 3 个半月。

二、IPO 退出方式的好处

（一）能够让投资者获得较高的收益回报

对于 PE 的投资方来说，通过 IPO 退出能使其获得较其他方式更为可观的收益，一般可达投资金额的几倍甚至几十倍。尤其是在股票市场整体估值水平较高的情况下，目标企业公开上市的股票价格相应较高，基金公司通过在二级市场上转让所持股份，可以获得超过预期水平的高收益。例如，2002 年 9 月，摩根士丹利等 3 家投资公司以 4.77

亿元投资蒙牛乳业，在其后中国香港挂牌上市后获得了约26亿港元的回报；2006年6月，同洲电子在深圳中小板上市，其投资者深圳达晨创投等4家机构获得超过20倍的收益率；2007年11月6日，阿里巴巴在中国香港联交所挂牌上市，融资额高达15亿美元，其投资者软银、高盛约获得超过34倍的收益率。IPO是金融投资市场对被投资企业价值评估的回归和投资的价值凸显，资本市场的放大效应使得PE退出获得高额的回报。

（二）其是实现投资者、企业管理层、企业自身三方利益最大化的理想途径

在投资者获得丰厚回报的同时，企业家和企业管理者所持股份也会因股市较高的市盈率而获得大幅增值，若在二级市场套现可获得巨大的经济利益。被投资企业也由私人企业变为公众企业，除了提升企业的知名度外，更增强了企业资金的流动性，IPO所募集的资金有力地保障了企业规模经营和战略发展的需要，满足了企业进一步发展和扩张的需求。企业为成功上市经历的股改、完善治理结构、清理不良资产等过程，也为企业建立了良好的内部发展环境，从而对企业长期发展有着积极而长远的影响。

（三）有利于提高PE的知名度

目标企业IPO的成功，实际是对私募股权基金资本运作能力和经营管理水平的肯定，不仅提高了目标企业的知名度，同时也提高了私募股权基金的知名度。私募股权基金通过IPO退出所获得的丰厚收益将吸引更多有着强烈投资愿望和一定资金实力的投资者前来投资，以便更好地开展下一轮私募股权投资。另外，在市场优质项目源较为匮乏的时期，IPO退出的成功也会扩大基金公司和基金管理人在市场中的影响力，为其获得优质企业项目资源创造了条件。

三、IPO退出退出方式的局限性

（一）上市门槛高

各国股票主板市场的上市标准都比较高，因为涉及社会公众投资者的利益，所以对其监管十分严格。拟上市企业需要满足诸如主体资格、经营年限、公司治理方面的较高规范和要求，这使得大批企业望而却步，而PE的投资收益也可能因为退出渠道不顺畅而有所减少甚至发生亏损。鉴于此，很多企业选择在监管较为宽松的创业板市场上市，尤其是在美国、英国等多层次资本市场较为发达的国家，创业板上市成为新兴中小企业的第一选择。

（二）IPO所需时间长、机会成本高

即使被投资企业满足上市条件，烦琐的上市程序使得企业从申请上市到实现上市交易需要经过一个漫长的过程，再加上对包括私募股权投资基金在内的原始股东持股锁定期的规定，PE从投资到真正退出的周期相当长。从机会成本考虑，在等待IPO退出过程中，市场上一定存在很多投资机会，可能会错失更好的投资项目。

（三）IPO 退出面临诸多风险

首先，国内的证券监督管理机构有可能根据市场情形，适当控制场内上市公司数量，甚至阶段性地停止对企业上市申报材料的审批股票，使得 IPO 退出渠道。其次，目标企业上市后的股票价格直接影响到 PE 的退出收益，而我国股票市场的股价波动不仅取决于公司的自身状况，在很大程度上还要受股票市场整体活跃度以及政府宏观政策的影响。股票市场瞬息万变，股票价格也可能出现大幅度的涨跌，倘若 PE 因为审批程序和持股锁定期的耽搁未能在合适的时机转让股权变现退出，其预期收益可能无法实现，甚至可能遭受严重损失。

科创板与主板、中小板、创业板规则有哪些区别

澎湃新闻记者 王基炜 葛佳

2019 年 1 月 30 日，证监会发布《关于在上海证券交易所设立科创板并试点注册制的实施意见》（以下简称《实施意见》）。上海证券交易所（以下简称“上交所”）当日发布科创板股票发行上市审核规则、科创板股票上市委员会管理办法、科技创新咨询委员会工作规则、科创板股票发行与承销实施办法、科创板股票上市规则、科创板股票交易特别规定等 6 项配套业务规则征求意见稿。

作为一个新设立的板块，科创板的规则设计较 A 股主板、中小板、创业板有哪些差异呢？上海市锦天城律师事务所陈炜、乔辰安、王佳超团队将科创板发行上市条件与主板、中小板及创业板在发行上市条件和信息披露要求中有关应披露交易标准的规则进行了比对。简单来看，科创板规则在发行上市条件层面相较于传统 A 股资本市场有所创新，但仍能看到中国香港、美国等境外成熟资本市场发行上市规则的影子，例如，明确接受未盈利企业提交的上市申请、明确接受红筹企业首发或者发行存托凭证、明确接受 VIE 架构、需保荐人提交验证版招股说明书、设置绿鞋机制等；同时，与之配套的则是史上最严退市规则，设置重大违法、交易类、规范类以及财务类四大强制退市标准并取消暂停上市和恢复上市机制。

在首发配售方面，除 A 股市场原本的网上 + 网下/网上配售模式外，科创板规则还新增了 4 种新的配售机制。二级市场交易方面，科创板在锁定期上又给了大家一个“惊喜”，以往 A 股市场首发中需要锁定 36 个月的主体无外乎控股股东、实际控制人及其一致行动人以及突击入股的股东，但科创板规则把核心技术人员也纳入锁定 36 个月的主体范围内，旨在防止核心技术人员解锁后套现离场。涨跌幅限制方面，以往的个股每日涨跌幅限制在科创板变为“上市后前 5 日（含首日）无涨跌幅限制，此后每个交易日的涨跌幅为 20%”。

在信息披露方面，科创板股票上市规则中应当披露的交易采用市值基准。根据上交所、深交所的股票上市规则，对于上市公司应披露的交易，一般以上市公司最近一期经审计总资产/净资产/净利润/营业收入的 10% 以上作为基准。科创板规则对于上市公司应披露的交易则采用上市公司市值作为基准。科创板规则项下的市值是指交易披露日前 10 个交易日收盘市值的算术平均值。市值财务标准主要用于交易成交金额以及交易标的。

资料来源：https：//news. 163. com/shuangchuang/19/0203/10/E735TDL5000197V8. html。

模块二
兼并收购

兼并收购是指私募股权投资基金在时机成熟时，将目标企业的股权转让给第三方，以确保所投资资金顺利的撤出。作为私募股权投资资本退出的一个重要方式，实际上就是私募股权基金和目标公司管理层认为企业的价值已达到预期，而把企业出售给其他PE或者另一家公司。

企业并购包括兼并和收购两种方式，兼并是指两家或更多的独立的企业合并组成一家企业，通常由一家占优势的企业吸收一家或更多的企业；收购则是指一家企业用现金、股票或者债券等支付方式购买另一家企业的股票或者资产，以获得该企业控制权的行为。与一般的股权转让交易相比，并购交易通常涉及企业控制权的转移。并购是股权投资基金常见的退出方式。

在我国，企业公开上市后的股票价格可能远远高于其所代表的资产净值。因此，并购只是在股票市场低迷或者IPO退出受阻时的次要选择，PE更愿意选择公开上市的退出方式，以实现较高的资本增值。而在美国、英国等资本市场成熟的国家，股票二级交易市场的价格也较为公允，通过IPO方式退出并不一定能获得比并购退出更多的资本溢价。因此，在这些国家，并购已成为一种主要退出方式，能够有效缩短退出时间，减少时间成本和机会成本。

根据投中集团数据显示，我国并购退出的回报率近几年一致维持在5倍以下，与IPO高达10倍以上的退出回报相比较低。但随着国内资本市场的成熟，以及未来并购退出渠道的逐步完善，相信国内PE的并购退出也将成为主流。

一、并购退出的流程和方法

当股权投资基金通过并购的方式退出被投资企业时，股权投资基金作为卖方参与交易。从卖方（被出售企业、出售方）的角度看，并购的流程主要包括三个步骤。

（1）前期准备阶段。企业根据自身发展战略来制定并购策略，明确对目标企业的预期标准，如规模、核心设备、主要产品、营销渠道、市场占有率等。然后在产权交易市场或通过其他渠道搜寻并购对象，对各个目标企业在各个方面进行初步比较，选择目标企业与相关主体进行转让洽谈。达成初步意向后，进一步就目标企业的资产、财务、税务、技术、管理和人员等关键信息进行尽职调查。在调查所得信息的基础上，针对目标企业的特点，设计并购模式以及进行相应的并购融资、对价支付、法律文件起草等方面的事务安排。

（2）谈判签约阶段。确定并购基本方案之后，双方就并购价格和支付方式等核心内容展开最后的协商与谈判，达成协议之后签订并购合同。

（3）交割和整合阶段。双方签约后，进行相关的产权变更，办理相关登记手续，并对目标企业的业务、人员、技术等方面进行合理化的整合。对企业整合时，需要充分考虑原目标企业原有的组织文化和适应性，不可操之过急。整合是整个并购程序的最后环节，也是决定并购是否成功的关键环节。

二、并购退出的优势

（1）并购退出更高效、更灵活。相比较 IPO 漫长的排队上市苦等窗口期、严格的财务审查、业绩的持续增长压力，并购退出程序更为简单，不确定因素小。并购退出在企业的任何发展阶段都能实现，对企业自身的类型、市场规模、资产规模等都没有约束，双方在经过协商谈判达成一致意见后即可执行并购，能迅速实现资本循环，有利于提高基金公司的资本运作效率，减少投资风险。

（2）并购退出只要在并购交易完成后，即可一次性全部退出，交易价格及退出回报较为明确。而 IPO 退出则要等待 1～3 年的上市解禁期，即使到了解禁期也要考虑被投资公司上市后的股价波动，可能要分批次才能实现全部退出，届时上市公司股价也不得而知，增加了退出回报的不确定性。

（3）并购退出可缓解 PE 的流动性压力。对于 PE 机构来讲，相对于单个项目的超高回报，整只基金尽快退出清算更具吸引力，因为在基金的众多投资组合中，某个项目的延期退出将影响整只基金的收益率，如若没有达成与投资者间的协议承诺，后续基金募集等将受到重大影响。

三、并购方式退出的弊端

（1）潜在的实力买家数量有限。并购资金量较大，市场上潜在的购买者数量有限，目标企业不容易找到合适的并购者，或者出价可能不具有吸引力。

（2）收益率较 IPO 低。由于市场的变化甚至是信息的不对称，为了能迅速退出可能导致企业价格被低估。

（3）企业管理层可能对并购持反对意见。并购成功后，企业的产权或者控制权可能会发生转移，原先的管理层需要让渡一部分权利与利益。他们从自身利益考虑可能会出现抵制并购的情况，使原本简单的过程复杂化。

模块三 股份回购

股份回购是指企业或者公司管理人员按照约定的价格将公司的股份购回，从而使私募股权投资基金退出的方式。与并购相同，回购的本质也是一种股权转让，二者的区别在于股权转让的主体有所不同。若企业具有较好的发展潜力，则企业的管理层、员工等有信心通过回购股权对企业实现更好的管理和控制，于是从 PE 机构处回购股权，属于积极回购；若 PE 机构认为企业发展方向与其私募基金的投资增值意图不相符合，主动要求企业回购股权，则对企业而言，属于消极回购。通常情况下，股份回购是一种不理想的退出方式，私募股权投资协议中回购条款的设置其实是PE为自己变现股权留有的一个带有强制性的退出渠道，以保证当目标企业发展达不到预期时，为确保PE已投入资本的安全性而设置的退出方式。

一、回购的流程和方法

发起、协商、执行和变更登记构成股权回购的基本运作程序。

（一）发起

发起人既可以是股权投资基金，也可以是被投资企业股东、管理层。发起人选择时机提出回购要约。

（二）协商

股权回购协商的过程是股权投资各主体利益博弈的过程。在整个过程中，围绕股权价格的争论是重中之重，股价的定位既要符合市场的基本行情，又要满足各利益主体的基本要求。

（三）执行

根据协商形成的股权回购协议，回购双方进行交割。回购方按约定的进度向股权投资基金支付议定的回购金额。

（四）变更登记

股权回购完毕后，企业股东发生变化，应当及时根据《公司登记管理条例》的相关规定在工商行政管理部门办理变更登记。变更登记事项涉及修改公司章程的，应当向公司登记机关提交修改后的公司章程或者公司章程修正案。

二、股份回购的优势

（1）交易过程简单。管理层收购是发生在企业内部的产权转移，明晰的产权关系和合作已久的双方会使回购交易简便易行，所以会减少不必要的磨合期。

（2）资本安全得到保障。在目标企业难有大作为的情况下，一味死守意味着对机会成本的浪费，回购可以保证资本安全并使其重获自由为投资者带来更大的收益。

三、股份回购的弊端

（1）错失未来潜在的投资机遇。PE投资的企业多为成长类型的企业，在发展过程中存在着很多不确定的因素。若PE的退出是在目标企业业绩大爆发之前，则可能错失潜在的投资机遇。

（2）存在较多法律障碍。

模块四
清 算

清算是指企业结束经营活动，处置资产并进行分配的行为。清算退出是指股权投资基金通过被投资企业清算实现退出，其主要是针对投资项目未获得成功的一种退出方式。当企业出现重大问题没有继续发展空间，抑或持续经营会带来更大的损失，其他投资者和企业管理层、原有股东等内部人员也不愿意接手时，只有果断对目标企业进行清算才能及时收回资本，避免损失扩大。在私募股权投资基金的几种退出方式中，清算退出是基金公司最不愿意采取的方式，只有在目标企业前景堪忧或者客观上已经资不抵债的情况下，基金公司才会不得已而为之。一旦启动清算程序，基金公司能够收回投资成本已经是较为理想的结果，获得保底收益基本是一种奢望，更多的时候，清算退出意味着基金公司将遭受部分甚至全部损失。通过破产清算方式退出，往往意味着投资失败，可能会引起外界对该私募基金投资能力及市场判断力的质疑。

一、清算退出的方法

清算退出主要有两种方式。一是破产清算，即公司因不能清偿到期债务，被依法宣告破产的，由法院依照有关法律规定组织清算组对公司进行清算；二是解散清算，即企业股东自主启动清算程序来解散被投资企业。

二、清算退出的流程

（一）组织清算组

人民法院裁定受理破产申请的，应当同时指定管理人。管理人向人民法院报告工作，并接受债权人会议和债权人委员会的监督。管理人应当列席债权人会议，向债权人会议报告职务执行情况，并回答询问。管理人可以由有关部门、机构的人员组成的清算组或者依法设立的律师事务所、会计师事务所、破产清算事务所等社会中介机构担任。人民法院根据债务人的实际情况，可以在征询有关社会中介机构的意见后，指定该机构具备相关专业知识并取得执业资格的人员担任管理人。管理人履行下列职责：接管债务人的财产、印章和账簿、文书等资料；调查债务人财产状况，制作财产状况报告；决定债务人的内部管理事务；决定债务人的日常开支和其他必要开支；在第一次债权人会议召开之前，决定继续或者停止债务人的营业；管理和处分债务人的财产；代表债务人参加诉讼、仲裁或者其他法律程序；提议召开债权人会议；人民法院认为管理人应当履行的其他职责。

清算组自成立之日起接管公司，开展以下业务：接管公司财产；了结公司未了结的业务；收取债权、清理债务；分配剩余财产；注销公司法人资格、吊销营业执照。

（二）通知债权人申报债权

人民法院受理破产申请后，应当确定债权人申报债权的期限。债权申报期限自人民法院发布受理破产申请公告之日起计算，最短不得少于30日，最长不得超过3个月。未到期的债权，在破产申请受理时视为到期。附利息的债权自破产申请受理时起停止计息。附条件、附期限的债权和诉讼、仲裁未决的债权，债权人可以申报。债权人应当在人民法院确定的债权申报期限内向管理人申报债权。

（三）提出清算方案

清算组在清理公司财产、编制资产负债表和财产清单后，拟定提出清算方案，报股东会讨论通过或者主管机关确认。清算方案的主要内容有：清算费用；应支付的职工工资、劳动保险费；应缴纳的税款；清偿公司债务。

（四）对外投资与对外债权的清算

企业的对外投资一般包括项目投资、证券投资和股权投资三种形式。对破产企业项目投资的清算首先应了解该项目的具体情况，包括了解相关法律文件、破产企业对该项目的实际投资情况、该项目本身的实际运作情况、投资各方对投资协议的履行情况等。然后委托评估师对该项目及破产企业在该项目中的投资权益进行评估。在得到相应的参考依据后，清算组对该项目投资进行处理，进行清算或将投资权益有偿转让。

对破产企业证券投资的清算一般应在清算前对以下情况进行了解：证券投资的凭证情况；证券的所有权归属情况；该项投资的现状；投资的数量及投入的时间。对证券投资的处理一般应按照国家有关证券交易的规定进行。

对破产企业股权投资的清算，一般而言，企业的股权投资有与他人合资设立新公司和设立独资子公司两种方式。对与他人合资设立新公司，应了解被投资企业的注册登记情况，其他股东投资的情况和该企业的财务状况及资产负债情况。对股权投资的处理不能采取一般的变卖或拍卖的形式，必须按照有关法律规定的程序进行转让。对于设立独资子公司，除了对其的登记注册情况、资产负债情况、生产经营情况及经济效益情况的了解外，更重要的是对子公司的资产是否和如何并入破产企业进行清算的决定。

对外债权的清算一般包括两个方面：一是将真正的对外债权清理出来，将不实的对外债权清理出去；二是对已确认的对外债权进行实际追讨。破产企业对外债权清理的程序和步骤一般包括：由清算组会计师对破产企业的应收账款进行审计，并编制成册；由清算组律师根据该应收账款账册，通过与破产企业法定代表人或知情人的谈话，了解每笔应收账款的形成过程和证据情况；由清算组律师根据审计报告以及相关证据，起草破产企业对外债权确认报告，提交法院。

破产企业对外债务追讨的程序和步骤通常包括：了解债务人的基本情况；对未知债务人进行调查；对已知债务人，核定数额，列明清单，并向法院申请《偿还财物通知书》；向债务人送达《偿还财物通知书》；做好追讨债务的登记工作。

（五）破产债权的申报与审核

破产债权的申报与审核是破产清算中非常重要的部分，律师在此过程中发挥重要作用。就其主要工作内容和程序来说，一般包括：由债权人向法院申报；清算组对申报的债权的期限、诉讼时效、债权凭证、数额等进行审核，并编制破产债权申报一览表以及对担保债权的审核。全部审核完毕后，出具破产债权审核报告和破产债权确认报告。

（六）分配剩余财产与终结清算

清算组在支付了破产费用后，如果仍有剩余财产，按股东出资比例进行再次分配。清算组在终结分配后，应制作清算终结报告，报股东会或主管机关认可后，申请注销公司法人资格，吊销营业执照。

破产人无财产可供分配的，管理人应当请求人民法院裁定终结破产程序。管理人在最后分配完结后，应当及时向人民法院提交破产财产分配报告，并提请人民法院裁定终结破产程序。人民法院应当自收到管理人终结破产程序的请求之日起 15 日内做出是否终结破产程序的裁定。裁定终结的，应当予以公告。管理人应当自破产程序终结之日起 10 日内，持人民法院终结破产程序的裁定，向破产人的原登记机关办理注销登记。管理人于办理注销登记完毕的次日终止执行职务。但是，存在诉讼或者仲裁未决情况的除外。若债务人财产不足以清偿破产费用的，管理人应当提请人民法院终结破产程序。人民法院应当自收到请求之日起 15 日内裁定终结破产程序，并予以公告。自破产程序终结之日起 2 年内，有下列情形之一的，债权人可以请求人民法院按照破产财产分配方案进行追加分配：

（1）发现有依照《破产法》相关规定应当追回的财产的。

（2）发现破产人有应当供分配的其他财产的。但财产数量不足以支付分配费用的，不再进行追加分配，由人民法院将其上缴国库。

（3）破产人的保证人和其他连带债务人，在破产程序终结后，对债权人依照破产清算程序未受清偿的债权，依法继续承担清偿责任。

IPO、并购、股份回购、清算是目前市场上四种主要的 PE 退出方式。IPO 是我国 PE 最愿意选择的退出方式，其投资回报率最高。并购退出更为灵活、高效，已逐渐成为 PE 退出的主流方式。股份回购在目标企业发展前景与预期变数较大的情况下，能够快速收回资本，确保了 PE 已投入资本的安全性。清算是 PE 项目投资失败时的无奈之举，防止损失的扩大化。

本章小结

1. 私募股权投资基金的退出方式主要有 IPO、兼并收购、股票回购和清算。

2. 对于中国企业来说，可供选择的证券交易所主要有纽约证券交易所（NYSE，纽交所）、纳斯达克交易所（NASDAQ）、香港交易所（HKEX，联交所）、伦敦证券交易所创业板（AIM）、新加坡交易所

(SGX)、上海证券交易所、深圳证券交易所、深圳创业板和中小板。

3. 兼并收购是指私募股权投资基金在时机成熟时，将目标企业的股权转让给第三方，以确保所投资资金顺利的撤出。

4. 股份回购是指企业或者公司管理人员按照约定的价格将公司的股份购回，从而使私募股权投资基金退出的方式。

任务检测

一、单项选择题

1. IPO 的全称是（　　）。

A. 首次公开发行　　B. 上市

C. 首次公开发行并上市　　D. 以上全错

2. 成为国内私募股权基金最主要的退出方式是（　　）。

A. IPO　　B. 股份回购

C. 兼并收购　　D. 清算

3.（　　）不是美国的交易所。

A. 美国股票交易市场　　B. 纳斯达克交易所

C. 伦敦证券交易所创业板　　D. 纽约股票交易市场

4. 中国的科创板在（　　）上市。

A. 上海证券交易所　　B. 深圳证券交易所

C. 香港证券交易所　　D. 以上全错

5. 中国的创业板在（　　）上市。

A. 上海证券交易所　　B. 深圳证券交易所

C. 香港证券交易所　　D. 以上全错

6.（　　）市场上市条件最为苛刻。

A. 主板市场　　B. 中小板市场

C. 创业板市场　　D. 科创板市场

7.（　　）市场采用做市商交易制度。

A. 主板市场　　B. 中小板市场

C. 创业板市场　　D. 新三板市场

8. 在中国主板上市，要求连续（　　）年盈利。

A. 1 年　　B. 2 年

C. 3 年　　D. 4 年

9. 在中国创业板上市，要求连续（　　）年盈利。

A. 1 年　　B. 2 年

C. 3 年　　D. 4 年

10. 科创板上市的企业上市 5 日后，涨跌幅限制幅度为（　　）。

A. 5%　　B. 10%

C. 20%　　D. 无涨跌幅限制

二、多项选择题

1. 对于中国企业来说，可供选择的证券交易所主要有（　　）。

A. 东京证券交易所　　B. 纳斯达克交易所

C. 伦敦证券交易所创业板　　D. 新加坡交易所

E. 上海证券交易所

2. 以下上市条件中，符合中国主板市场上市条件的有（　　）。

A. 3 年连续盈利

B. 近 3 个年度净利润超过 3000 万元

C. 近 3 个会计年度现金流累计超过 5000 万元

D. 最近一期末无形资产占比不能高于 20%

E. 公司股本总额不少于 5000 万元

3. 新三板交易方式大幅创新，可以采用（　　）做市方式。

A. 协议方式　　B. 做市方式

C. 竞价方式　　D. 议价方式

E. 调价方式

4. IPO 退出策略的优点有（　　）。

A. 能够让投资者获得较高的收益回报

B. 是实现投资者、企业管理层、企业自身三方利益最大化的理想途径

C. 有利于提高 PE 的知名度

D. 上市门槛低

E. IPO 所需时间短

5. 兼并收购退出策略的优点有（　　）。

A. 并购退出更高效、更灵活

B. 是实现投资者、企业管理层、企业自身三方利益最大化的理想途径

C. 有利于提高 PE 的知名度

D. 并购退出只要在并购交易完成后，即可一次性全部退出

E. IPO 所需时间短

三、判断题

1. 所投资的企业 IPO 后，私募基金可以立即退出。（　　）

2. 股份回购是私募股权投资失败后的退出选择。（　　）

3. 兼并收购的收益率较 IPO 低。（　　）

4. 兼并收购是指企业或者公司管理人员按照约定的价格将公司的股份购回，从而使私募股权投资基金退出的方式。（　　）

5. 股份回购是指私募股权投资基金在时机成熟时，将目标企业的股权转让给第三方，以确保所投资资金顺利的撤出。（　　）

四、简述题

1. IPO 退出策略的优缺点有哪些？

2. 兼并收购退出策略的优缺点有哪些?
3. 股份回购退出策略的优缺点有哪些?

五、实训项目

能够熟练掌握所有证券交易所的上市条件。

7 项目七 民间资本管理实务概述

知识目标

1. 掌握民间资本管理公司的定义。
2. 掌握民间资本管理公司的业务。

技能目标

能够掌握民间资本管理公司的相关业务。

案例导入

“亿万富姐”吴英案

吴英，1981年出生于浙江东阳歌山镇西宅村。1999年，她从浙江东阳技校辍学，到美容店当学徒；2005年后在东阳市区经营千足堂理发休闲屋、贵族美容美体中心等。

在一审法庭上，吴英自述，她在辍学后的那几年所做生意都是实业，且都是赚钱的。

2006年4月，吴英成立东阳市本色商贸有限公司，同年10月更名为浙江本色控股集团有限公司，同年11月又更名为本色控股集团有限公司，下辖浙江本色酒店管理有限公司等8家子公司，在东阳等地频频大手笔投资。

彼时，吴英神秘发迹，出手阔绰，在媒体高调亮相，引发广泛关注。

2007年2月10日下午，金华当地警方出动近千名警察包围了本色集团。当晚东阳市政府发布公告称，本色控股集团有限公司及法定代表人吴英因涉嫌非法吸收公众存款罪，现已由东阳市公安局立案调查。

公诉人称：“吴英案集资诈骗数额特别巨大，并造成特别重大损失。”

2009年4月16日，吴英案一审开庭。检方指控，2005年5月至2007年2月，吴英以非法占有为目的，用个人或企业名义，采用高额利息为诱饵，以注册公司、投资、借款、资金周转等名义，从林卫平、杨卫陵、杨卫江等11人处非法集资，所得款项用于偿还本金、支付高息、购买房产、汽车及个人挥霍等，涉嫌集资诈骗近3.9亿元。吴英做无罪辩护。辩方认为，吴英的11名借款对象均是其亲朋好友，并非社会公众，主观上没有诈骗的故意；所借资金大部分用于公司经营，用于购买个人用品极少，不存在肆意挥霍；没有以公开宣传的方式向社会集资，也没有虚假宣传。

2009年4月一审开庭后，吴英检举揭发了浙江和湖北两地10余位涉嫌受贿的官员。其中，被吴英检举揭发的原湖北荆门市政府秘书长李天贵被以受贿罪判处有期徒刑8年；原荆门市农行副行长周亮被以受贿罪判处有期徒刑3年，缓刑5年；原农行丽水灯塔支行行长梁骅被以受贿罪判处有期徒刑10年6个月。

资料来源：https：//baike. baidu. com/item/% E5% 90% B4% E8% 8B% B1/6621？fr = aladdin。

思考：“吴英案”给了我们哪些启示？

模块一 民间融资机构概述——以山东省为例

近年来，山东省积极鼓励支持民间资本参与地方金融市场建设，各类地方金融组织发展较快。2012年3月，山东省人民政府办公厅发布《关于促进民间融资规范发展的意见》（鲁政办发〔2012〕18号）（以下简称《意见》），确定在山东省内开展民间融资规范引导试点工作。自该项工作开展以来，试点地区大胆审慎探索，发展了民间资本管理公司和民间融资登记服务公司两类新型民间融资形式，对于规范民间融资秩序、促进民间资金供给与需求的有效对接发挥了积极作用。

一、民间融资机构的定义

（一）民间资本管理机构

民间资本管理机构是指由符合条件的自然人、企业法人和其他经济组织发起，经批准在一定区域内设立，针对当地实体经济项目开展股权投资、债权投资、资本投资咨询、短期财务性投资及受托资产管理等业务的公司。

（二）民间融资登记服务机构

民间融资登记服务机构是指经批准在一定区域内设立，为当地民间借贷双方依法提供资金供需信息发布、中介、登记等综合性服务交易平台的公司或民办非企业单位。

二、民间融资机构的设立条件与经营规范

（一）民间资本管理公司

(1) 注册资本不低于3000万元，应为实收货币资本，须一次足额缴纳。主发起人持股占公司注册资本比例不低于20%、不高于51%，其他单个发起人出资不低于300万元。

(2) 股东人数不超过15人，法人股东持股比例合计不低于注册资本的50%。

(3) 股权投资和债券投资比例原则上不低于注册资本的70%，短期财务性投资（6个月以下）不超过公司注册资本和融资总量的30%。不得从事股票、期货、黄金以及金融衍生产品等交易（由于股权投资而持有上市公司股票的除外，但持有期不得少于6个月）。

(4) 公司可在注册资本金充分使用后，经批准可采取向股东借款、引进优先股东和定向私募的方式，拓宽融资渠道。当年设立的公司，融资额不得超过注册资本的3倍。达到分类评级标准一级的公司，融资额不得超过注册资本的4倍。连续2年以上（含2年）达到分类评级标准一级的公司，融资额不得超过注册资本的5倍。

(5) 公司经批准开展私募融资，其合格投资者不超过35人。私募融资应针对项目进行，募集资金不得与公司注册资本金和其他形式融入资金混用，应当在公司所在地银行设置专门账户，实行分账管理。私募融资合格投资者须为具备相应风险识别和承担能力的本地自然人或法人，一次性出资额不得低于200万元。公司应与合格投资者约定披露募集资金使用情况信息的时间和方式，按约定履行披露义务。公司运营中，资本净额低于注册资本的，不得以定向私募方式进行融资。

(6) 对单一企业或项目投融资余额不超过公司注册资本的30%。公司原则上不向股东及关联方、股东及关联方直接或间接控制的企业投资（含担保），如确有必要，应在满足公司关联交易相关规定条件下，投融资余额（含担保）不超过公司注册资本的10%。

(7) 股东和私募融资合格投资者向公司投入的资金，必须为自有合法资金，并应出具承诺书。不得以委托资金、债务资金等非自有资金作为出资。严禁非法集资；严禁资金集合、信托理财计划等“一带多”类型的出资；严禁银行信贷资金进入。股东应对彼此资金来源进行必要的合法性调查，公司应对私募融资合格投资者资金来源进行必要的合法性调查，运用“穿透原则”核查确认股东和私募融资合格投资者是否为最终出资人。

(8) 公司应建立审慎规范的资产分类和拨备制度，准确进行资产分类，对承担风险和损失的资产计提准备金，确保准备金充足率始终保持100%以上。按照有关财会制度和核销要求，对公司呆账及时进行核销。对损失准备不足的，应依次及时以利润、资

本金冲抵。公司不得隐瞒或拖延不报、长期挂账和掩盖不良资产。

（9）公司以当地作为资金来源地（股东、私募投资者所在地）与资金投向地（项目所在地），原则上不得跨区域经营。应按照核准的区域范围在本县（市、区）或者本设区市的特定区域（包括全市）内开展业务。

（10）符合下述条件设立的公司，经批准可在全省范围内开展业务，不受前款经营区域规定以及主发起人持股比例上限规定的限制：①最近1个会计年度经审计总资产不低于30亿元、资产负债率不高于65%，且前2个年度连续盈利的国内企业作为主发起人；②发起设立注册资本3亿元以上；③注册地在济南市或青岛市。

（11）民间资本管理公司管理团队及重要岗位负责人，应当具有金融、投资经验或相应资质。工作人员须具有较强的依法合规经营意识，无犯罪记录和不良信用记录。

（12）民间资本管理合伙企业的设立和经营，在符合法律法规的前提下，参照对民间资本管理公司的规定执行。

（二）民间融资登记服务机构

（1）登记服务机构应按照核准的业务范围在本县（市、区）开展业务活动，即资金借入方和借出方均为当地法人或自然人。

（2）资金供给方的出借资金须为自有合法资金，并应出具承诺书。必要时，登记服务机构可对大额或活跃参与者的资金来源进行合法性调查。

（3）进入登记服务机构登记的出借资金，原则上每笔不低于2万元、不高于300万元。为降低成本和控制风险，对单一借出方原则上不分拆资金贷出。

（4）进入登记服务机构登记的单一借入方，其借入资金一般不超过1500万元，且资金供给方不超过10人。借入方在登记服务机构登记的借贷交易尚未清偿完毕时，不得再次借入资金。

（5）在登记服务机构登记的借贷当事人，协商确定借贷利率、期限、资金用途、抵（质）押物等内容，其约定应当符合国家法律法规的规定。

（6）在登记服务机构登记的借贷当事人应保证所提供信息真实、准确、完整，登记服务机构应认真审核。

（7）严禁以登记服务机构名义吸收资金、发放贷款。当事人借贷交易资金不得与登记服务机构账户发生往来。登记服务机构未获相关业务许可的，不得为借贷交易提供任何形式担保。

（8）登记服务机构应当向当事人充分提示风险警示，主要内容包括：从事民间借贷交易具有较大风险；当事人必须自担风险、自负盈亏；进入经政府批准设立的登记服务机构进行交易行为，不意味着政府或该机构将承担任何的担保或“兜底”责任。

（9）登记服务机构应对客户履约情况、信用记录等建立信息库，条件成熟时可与银行、工商、税务等部门（单位）建立信息互联。各市要积极推动登记服务机构信息库实现联网互通。登记服务机构应对客户的登记信息保密。

（10）对民间融资登记服务机构管理团队、重要岗位负责人及工作人员从业资质的要求，参照对民间资本管理公司管理团队及重要岗位负责人从业资质的规定执行。

（11）对利用互联网技术为民间借贷提供中介、登记服务的，在相应的具体办法出台前，可参照对民间融资登记服务机构的规定进行规范。

（三）民间融资机构的注册登记与备案

民间融资机构申请设立登记前，应先期进行名称预先核准，并将筹建方案、章程或协议、主要管理制度等报设区市地方金融管理部门。设区市金融管理部门根据拟设立的民间融资机构的组织形式，会同工商或民政部门，联合公安、人民银行、银监机构等部门（单位）进行可行性评估。工商或民政部门凭设区市地方金融管理部门出具的可行性评估报告，办理民间融资机构登记。

民间融资机构在工商部门或民政部门注册登记之日起15个工作日内，将筹建方案、章程或协议、工商注册登记营业执照副本复印件或民办非企业单位登记证书复印件等材料送设区市地方金融管理部门，由设区市地方金融管理部门报省金融工作办公室备案。

本《意见》发布前设立的民间融资机构，在本《意见》发布之日起6个月内，按照本《意见》要求进行整改并备案。

三、监督管理和风险防控

（1）县（市、区）政府是民间融资机构风险防范与化解的第一责任主体，承担监督管理和风险处置责任；要加强日常监管和年度检查，督促民间融资机构合规经营，及时识别、预警和化解风险。设区市政府及其地方金融管理部门等要进一步建立健全民间融资机构市场准入和监督管理制度，做好准入把关工作，加强监测分析和督促检查；要定期调度民间融资机构情况，重点考量资金投向、融资额度及人数、资本净额、风险准备等经营管理和风险控制指标。山东省金融工作办公室等有关部门要指导和督促设区市、县（市、区）政府加强对民间融资机构的监管，研究制定全省统一的民间融资机构分类评级办法和经营情况定期报告制度，建立分类监管、扶优汰劣的动态监管机制。

（2）民间融资机构在经营过程中，发现有非法吸收公众存款、非法高利放贷、以隐瞒和欺骗方式募集资金、暴力催收债务等严重违法违规行为的，由设区市地方金融管理部门会同驻地国家金融管理等部门依法查处，并依法追究主要负责人及相关人员的法律责任。

（3）对违反本《意见》规定的，各级金融管理、工商、公安等部门根据各自职能，依法采取风险提示、警告、约见高级管理人员谈话、劝令退出等措施，督促其整改。

（4）各设区市和县级地方金融管理部门对民间融资机构进行日常监管时，可委托指定的外部审计机构对其进行独立审计。

（5）民间融资机构的解散和破产按照国家有关法律法规及相关规定实施。

四、民间融资机构的监管

民间融资机构的监管部门为地方金融监督管理局。其主要职责是负责协调、配合中央驻地方金融监管机构对全省各类金融机构的监管工作。

（1）研究分析金融形势、国家金融政策和全省金融运行情况；拟定全省金融业发展规划和政策，提出改善金融发展环境、促进金融业发展的建议。

（2）负责协调、配合中央驻地方金融监管机构对全省各类金融机构的监管工作；

负责联系协调驻鲁金融机构，做好相关服务工作。

（3）负责地方金融机构重大事项的指导、协调工作，会同有关部门做好省属金融机构的管理工作。

（4）拟定全省多层次资本市场培育、改革和发展的政策措施；协调和推动企业上市工作，根据省政府授权，对拟上市企业发行股票提出审核意见；指导协调非省属国有控股上市公司资产重组工作，参与省属国有控股上市公司资产重组工作；协助驻地方证券监管机构做好上市公司的规范发展工作。

（5）拟定全省融资性担保机构管理政策，负责全省融资性担保机构的设立、变更审批和业务监管工作。

（6）指导、协调、推荐农村金融机构改革发展，负责全省小额贷款公司的设立审批和监督管理；协调有关部门推动新型农村金融机构的规范发展。

（7）组织协调有关部门防范化解和处置地方金融风险，处理地方金融突发事件和重大事件；协调有关部门依法查处非法集资和非法证券活动。

（8）拟定全省各类交易场所发展规划并组织实施；调度分析各类交易场所运行情况，提出有关政策建议；协调指导各类交易场所设置及发展工作，牵头办理新设各类交易场所的论证审批工作；拟定权益类交易场所监管政策并实施监管，会同有关方面防范金融风险。

拓展阅读

五、民间融资机构的行业自律管理组织

2014 年下半年，山东岚桥民间资本管理中心等 9 家机构作为主发起人，发起设立山东省民间融资机构协会。2015 年 2 月山东省民政厅批准成立山东省民间融资机构。山东省民政厅是山东省民间融资机构协会的登记管理机关。

山东省民间融资机构协会是由全省民间资本管理机构、民间融资登记服务机构及相关行业协会自愿组成的全省性、行业性、非营利性社会团体，是独立的法人社团。其宗旨是：开展行业自律、维护行业利益、提供会员服务、促进行业发展。遵守国家宪法、法律、法规和经济金融政策，认真履行自律、维权、协调、服务职能，加强高管人员培训，维护会员合法权益，优化会员发展环境，为会员提供优质服务，促进行业持续健康发展。

模块二 民间融资机构业务介绍

民间资本管理公司经营业务非常灵活，主要包括股权投资、债券投资、短期财务性投资、资产证券化、受托资产管理、私募基金管理、不良资产收购处置等业务。但是民间融资机构主要是以股权投资为主，其他业务为辅的一个民间组织。这里简单介绍一下其相关业务。

一、股权投资

股权投资是指通过投资取得非上市公司的股权，以期获得经济利益的行为。民间资本管理公司可以用自有资金开展股权投资。民间资本管理公司股权投资应重点投向创业创新型企业。

被投资主体应符合以下条件：

依法登记设立，具有法人资格的非上市公司；产权完整清晰，股权或者所有权结构优化；公司治理结构完善，内控、财务制度健全，管理团队的专业知识、行业经验和管理能力与其履行的职责相适应；具有市场、技术、资源、竞争优势和价值提升空间，预期能够产生良好的现金回报；符合国家产业政策，具备国家有关部门规定的资质条件，市场主体资格合法；在区域性股权交易中心挂牌或者已完成规模企业规范化公司制改制；产业处于成长期、成熟期或者是战略新型产业，或者具有明确的上市意向及较高的并购价值；未涉及重大法律纠纷，不存在法律瑕疵。

被投资主体不得为下列企业或项目：

不符合国家产业政策的；不具有稳定现金流回报预期或者资产增值价值的；高污染、高耗能、未达到国家节能和环保标准、技术附加值较低的；上市公司；与民间资本管理公司存在关联关系，且投资余额超过公司注册资本金 10% 的；监管机构认定的其他不适合股权投资的企业或项目。

拓展阅读

民资填补阳信养牛业融资缺口

2018 年 10 月 12 日，在阳信盈鑫畜牧养殖有限公司（以下简称“盈鑫公司”）的养殖场，六个标准化牛棚里站满了 2000 头肉牛，工人们正在添草料，草料是仓库里的搅拌机制作，再由专车运送过来的。

相比于 2012 年公司刚成立时，厂长杨振林感慨变化巨大，最初公司只有 500 头的存栏量，厂房是简易棚，配料仓库、医护室都不具备。变化起始于 2015 年初，阳信中兴民间资本管理有限公司（以下简称“中兴民资”）一次性投资 1500 万元，让盈鑫公司有了迅速扩张的资本。

在不远处的商店镇，阳信瑞丰畜牧养殖专业合作社（以下简称“瑞丰合作社”）发展的社员已有 250 户，在周边 20 多个村建立了肉牛规模养殖厂，发展了多个肉牛养殖小区，辐射带动全县 2 万多个养殖户增产增收，普通的两口之家利用休息时间养殖肉牛，每年能净赚 1 万元。它的背后也有中兴民资的支持，自 2015 年 3 月开始，瑞丰合作社一直从中兴民资贷款，一期 500 万元，每半年一期，补充流动性资金。

养牛产业具有投资大、周期长、短期效益低等特点。中兴民资总经理张怀亮介绍，前些年因为病疫防治技术不够，当地有“活物不算资产”的说法，即便是现在，虽然养殖业长期收益稳定，但融资难的状况依然没有改变，相关企业发展壮大均是靠自我积累。杨振林算了一下，平均下来每头牛每天的饲料成本在 20 元左右，还不包括电费、水费等其他成本。瑞丰合作社理事长杨晓雄说，一头牛从繁育到屠宰至少要一年半时间，针对合作社的社员大多数是缺乏购牛资金的贫困户这一情况，合作社采用的是“赊小收大、赊瘦收肥”模式，将犊牛和饲料赊销给贫困户，等育肥收购时再结清，70%的牛和50%的混合饲料都是赊销，成本压力很大。

受制于抵押物不足，这些企业从银行融资难度很大，瑞丰合作社的厂房是租赁的，银行准入门槛都未达到。令外人不解的是，这样的客户反而得到了中兴民资的青睐。截至目前，中兴民资已投放长期股权投资3000万元，短期财务性投资1900万元，全部投向畜牧养殖业上下游企业。这与当地的经济社会状况有直接关系，阳信县是中国畜牧百强县、全国农业标准化肉牛示范县，全国十大牛肉品牌中有四个来自这里，养牛产业是当地的历史传统产业。另外，中兴民资的发起公司阳信华阳集团自身也是畜牧业龙头企业，对行业风险更有把握。正是认准肉牛养殖业产、加、销一体化多赢机制尚未真正建立、产业层次尚待提升，未来市场还有很大的增值空间，华阳集团支持中兴民资寻找产业链条上的实体经济进行投资，加快推进肉牛产业的生产基地化、规模养殖园区化、园区生产标准化进程。

现在，有了民间资本管理公司的资金支持，他们得到快速的发展。瑞丰合作社2015年获得贷款之前，存栏量不过八九百头肉牛，而现在已经接近翻番，杨晓雄不用担心贷款偿还后出现断贷情况，因为“牛的数量清清楚楚，价值双方都认可，万一出了风险，华阳集团也能处置。”对盈鑫公司的股权投资即将到期，鉴于这3年公司利润较好，中兴民资正在考虑继续投资，杨振林说：“去年光利润就有400多万元。最近刚购买了一台30万元的牵引式搅拌机，以后从拌料到喂养，全部流程都用机器，能节省很大一部分人力。”

资料来源：山东省民间融资机构协会。

二、债券投资

债券投资是指民间资本管理公司投资依法在中国境内发行的人民币债券和外币债券，包括政府债券、准政府债券、企业（公司）债券及符合规定的其他债券，以获得投资回报为目的的经营活动。债券投资余额不能超过公司注册资本和融资总额的20%。

民间资本管理公司开展债券投资业务，不得有下列行为：

（1）投资同一期单品种金融企业（公司）债券和有担保非金融企业（公司）债券的份额，超过该期单品种发行额的20%。

（2）投资同一期单品种无担保非金融企业（公司）债券的份额，超过该期单品种发行额的5%（含）。

（3）出租、出借各类债券。

（4）非法转移利润或者利用其他手段进行利益输送，谋取不当利益。

（5）法律和行政法规禁止的其他行为。

三、受托资产管理

受托资产管理是指对受托非货币性资产进行转让、租赁、债转股、股转债、兼并重组、资产证券化及经营管理等，以期使资产保值增值或获得最大投资回报。

非货币性资产是指货币性资产以外的资产，包括存货、固定资产、无形资产、股权投资以及不准备持有至到期的债券投资等。

民间资本管理公司应当将受托资产与其固有财产、不同委托人委托的资产分别管理、分别记账。同一委托人委托的不同资产，应分别核算。

民间资本管理公司作为受托人，应为委托人的最大利益经营管理受托资产，不得有下列禁止性行为：

（1）利用受托人地位谋取不当利益。

（2）未经委托人允许，将受托资产办理转委托。

（3）未经委托人允许，挪用受托资产。

（4）未经委托人允许，用受托资产提供担保。

（5）将受托资产用于可能承担无限责任的投资。

（6）利用虚假或者误导信息、商业贿赂或者不正当竞争行为等误导、诱导委托人。

（7）法律法规规定的其他禁止性行为。

四、私募基金管理

私募基金管理是指民间资本管理公司可作为私募基金管理人，发起设立与经营管理基金。

私募基金管理机构应建立合格投资者制度。私募基金合格投资者是指具备相应风险识别能力和风险承担能力，投资于单只私募基金或者产品的金额不低于100万元且符合下列相关标准的单位和个人：

（1）净资产不低于1000万元的单位。

（2）金融资产不低于300万元或者最近3年家庭年均收入不低于50万元的个人。

下列投资者应视为合格投资者：

（1）社会保障基金、企业年金等养老基金、慈善基金等社会公益基金。

（2）依法设立并按照有关规定进行备案的投资计划。

（3）投资于所管理私募股权投资基金的基金管理机构及其从业人员。

（4）获得民间资本管理业务许可的民间资本管理公司。

（5）法律法规规定的其他投资者。

应当采用私募方式，向特定的合格投资者募集资金。不得向合格投资者之外的单位和个人募集资金，不得通过报刊、电台、电视、互联网等公众传播媒体或者讲座、报告会、分析会和布告、传单、手机短信、微信、博客和电子邮件等方式，向不特定对象宣传推介。

私募资金应由主办银行存管。应建立完善的财产分离制度，私募基金财产与私募股权投资基金管理机构固有财产之间、不同私募基金财产之间、私募基金财产和其他财产之间均应独立运作，分别核算。

私募股权投资基金管理机构及其从业人员从事私募股权投资基金管理业务，不得有以下禁止性行为：

（1）将其固有财产或者他人财产混同于基金财产从事投资活动。

（2）不公平地对待其管理的不同基金财产。

（3）利用基金财产或者职务之便，为本人或者投资者以外的人牟取利益，进行利益输送。

（4）合规或风控负责人从事投资业务。

（5）侵占、挪用基金财产。

（6）泄露因职务便利获取的未公开信息，利用该信息从事或者明示、暗示他人从事相关的交易活动。

（7）从事损害基金财产和投资者利益的投资活动。

（8）玩忽职守，不按照规定履行职责。

（9）从事内幕交易、操纵交易价格及其他不正当交易活动。

（10）虚构投资项目，夸大投资项目收益前景。

（11）承诺投资者资金不受损失或承诺最低投资收益。

（12）法律法规禁止的其他行为。

五、不良资产收购处置

不良资产收购处置是指民间资本管理公司按照有关法律、法规，综合运用经营范围内的手段和方法，以所收购的不良资产价值变现为目的的经营活动。

不良资产是指不能参与企业正常资金周转的资产，如债务单位长期拖欠的应收款项，企业购进或生产的呆滞积压物资以及不良投资等。

民间资本管理公司可通过追偿债务、转让、重组、资产置换、委托处置、债权转股权、资产证券化等多种方式收购处置不良资产。民间资本管理公司可按照有关法律法规规定探索收购处置方式，实现处置收益最大化目标。

民间资本管理公司开展不良资产收购处置业务余额不得超过注册资本的50%。

民间资本管理公司开展不良资产收购处置业务不得有下列禁止性行为：

（1）收购企业之间虚构的或尚未发生的应收账款等非真实存在的债权、资产。

（2）以收购不良债权、资产名义对企业或项目进行债权投资或短期财务性投资。

（3）未经规定程序审批同意，放弃民间资本管理公司应有、应得权益。

（4）抵债资产管理不善，擅自使用，造成资产损失。

（5）资产处置档案管理混乱。

（6）法律法规禁止的其他行为。

六、资产证券化

资产证券化是指以基础资产所产生的现金流为偿付支持，通过结构化等方式进行信用增级，在此基础上发行资产支持证券的业务活动。基础资产是指符合法律法规，权属明确，可以产生独立、可预测的现金流且可特定化的财产权利或者财产。基础资产可以是企业应收款、信贷资产、信托受益权等财产权利，基础设施、商业物业等不动产财产或不动产收益权。

民间资本管理公司可作为发起人、承销商等主体参与资产证券化。发起人是基础资产的原始权益人。承销商为证券的发行进行促销，以帮助证券成功发行。

民间资本管理公司开展资产管理业务，不得有下列禁止性行为：

（1）超出约定投资范围和比例进行投资。

（2）接受来源不当的资产从事洗钱活动。

（3）利用虚假或者误导信息、商业贿赂或者不正当竞争行为等误导、诱导客户。

（4）通过报刊、电视、广播、互联网和其他公共媒体公开推介具体的资产管理计划。

（5）未按照规定履行通知、报告义务。

（6）以签订补充协议等方式，掩盖非法目的或者规避监管要求。

（7）法律法规禁止的其他行为。

本章小结

1. 民间资本管理机构是指由符合条件的自然人、企业法人和其他经济组织发起，经批准在一定区域内设立，针对当地实体经济项目开展股权投资、债权投资、资本投资咨询、短期财务性投资及受托资产管理等业务的公司。

2. 民间融资登记服务机构是指经批准在一定区域内设立，为当地民间借贷双方依法提供资金供需信息发布、中介、登记等综合性服务交易平台的公司或民办非企业单位。

3. 民间资本管理公司经营业务非常灵活，主要包括股权投资、债券投资、短期财务性投资、资产证券化、受托资产管理、私募基金管理、不良资产收购处置等业务。

任务检测

一、单项选择题

1. 山东省发展了民间资本管理公司和民间融资登记服务公司两类新型（　　）形式，对于规范民间融资秩序、促进民间资金供给与需求的有效对接发挥了积极作用。

A. 民间投资　　B. 民间融资

C. 民间借贷　　D. 民间小贷

2. 民间资本管理公司注册资本不低于（　　）万元，应为实收货币资本，须一次足额缴纳。

A. 1000　　B. 3000

C. 5000　　D. 7000

3. 公司经批准开展私募融资，其合格投资者不超过（　　）人。

A. 35　　B. 45

C. 55　　D. 65

4. 民间资本管理公司开展不良资产收购处置业务余额不得超过注册资本的（　）。

A. 30% B. 40%

C. 50% D. 60%

5. 进入登记服务机构登记的单一借入方，其借入资金一般不超过（　）万元，且资金供给方不超过（　）人。借入方在登记服务机构登记的借贷交易尚未清偿完毕时，不得再次借入资金。

A. 1500，10 B. 1600，15

C. 1700，20 D. 1800，25

6.（　）是指由符合条件的自然人、企业法人和其他经济组织发起，经批准在一定区域内设立，针对当地实体经济项目开展股权投资、债权投资、资本投资咨询、短期财务性投资及受托资产管理等业务的公司。

A. 民间融资登记服务机构 B. 小额贷款公司

C. 民间资本管理公司 D. 融资担保公司

7. 民间融资机构的监管部门是（　）。

A. 银行保险监督管理委员会 B. 中国人民银行

C. 证券监督管理委员会 D. 地方金融监督管理局

8. 下列属于民间融资机构行业自律组织的是（　）。

A. 民间资本管理公司 B. 民间融资登记服务机构

C. 山东省民间融资机构协会 D. 山东省地方金融监督管理局

9.（　）是指以基础资产所产生的现金流为偿付支持，通过结构化等方式进行信用增级，在此基础上发行资产支持证券的业务活动。

A. 股权投资 B. 短期财务性投资

C. 资产证券化 D. 不良资产收购

10. 私募基金管理机构应建立合格投资者制度。私募基金合格投资者，是指具备相应风险识别能力和风险承担能力，投资于单只私募基金或者产品的金额不低于（　）万元。

A. 10 B. 50

C. 100 D. 200

二、多项选择题

1. 民间资本管理公司股权投资和债券投资比例原则上不低于注册资本的（　），短期财务性投资不超过公司注册资本和融资总量的（　）。

A. 30% B. 50%

C. 70% D. 90%

E. 10%

2. 民间资本管理公司可以开展的业务有（　）。

A. 股票投资 B. 股权投资

C. 期货投资 D. 债券投资

E. 短期财务性投资

3. 山东省积极鼓励支持民间资本参与地方金融市场建设，各类地方金融组织发展较快。2012年3月，发布山东省人民政府办公厅《关于促进民间融资规范发展的意见》（鲁政办发〔2012〕18号），确定在山东省内开展民间融资规范引导试点工作。自该项工作开展以来，试点地区大胆审慎探索，发展了（　　）新型民间融资形式，对于规范民间融资秩序、促进民间资金供给与需求的有效对接发挥了积极作用。

A. 民间资本管理公司　　B. 融资担保公司

C. 典当公司　　D. 小额贷款公司

E. 民间融资登记服务公司

4. 地方金融监督管理局的职责有（　　）。

A. 负责协调、配合中央驻地方金融监管机构对全省各类金融机构的监管工作

B. 负责全省银行类金融机构的监管工作

C. 负责全省证券、期货等金融机构的监管工作

D. 负责全省保险公司等金融机构的监管工作

E. 负责全省民间资本管理公司等机构的监管工作

5. 民间资本管理公司可通过（　　）等多种方式收购处置不良资产。

A. 追偿债务　　B. 债权转股权

C. 资产置换　　D. 委托处置

E. 暴力催收

三、判断题

1. 民间融资登记服务机构是指经批准在一定区域内设立，为当地民间借贷双方依法提供资金供需信息发布、中介、登记等综合性服务交易平台的公司或民办非企业单位。（　　）

2. 公司以当地作为资金来源地（股东、私募投资者所在地）与资金投向地（项目所在地），原则上可以跨区域经营。（　　）

3. 进入登记服务机构登记的出借资金，原则上每笔不低于2万元、不高于300万元。为降低成本和控制风险，对单一借出方原则上不分拆资金贷出。（　　）

4. 民间资本管理公司可以从事股票、期货、黄金以及金融衍生产品等交易。（　　）

5. 民间资本管理公司可通过追偿债务、转让、重组、资产置换、委托处置、债权转股权、资产证券化等多种方式收购处置不良资产。（　　）

四、简述题

1. 民间融资机构有哪些类型？

2. 民间资本管理公司的定义。

3. 民间资本管理公司有哪些业务？

五、实训项目

请大家找一下你所在的城市有哪些民间融资机构，民间融资机构与小额贷款公司有哪些区别呢？

8 项目八 房地产私募基金

知识目标

1. 掌握房地产私募基金的定义。
2. 掌握房地产私募基金的业务流程。
3. 掌握房地产私募基金的“五优投资”策略。
4. 了解房地产项目的相关计算指标。

技能目标

能够利用“五优投资”策略对相关的房地产项目进行分析。

案例导入

五优投资，把脉地产投资风险与收益

鼎信长城集团（以下简称“鼎信”）是专门从事房地产私募股权基金投资、管理并提供相关咨询服务的房地产基金管理公司。鼎信是章华先生带领的专业基金管理团队，团队成员主要来自国内龙头房地产企业、大型金融机构以及国内外顶尖评估机构等，自2003年起开始房地产基金领域研究与实践，十年来积累了专业、丰富的地产投资、运营及资产管理经验。

21世纪经济报道记者在章华的办公桌前发现，鼎信针对地产基金业务已经形成近300页的白皮书。据了解，这也是业界第一套完善的资产管理白皮书。章华更愿意把鼎信做地产基金的经验总结为“五优投资”。这套操作准则甚至引起了四大资产管理公司、招商银行总行招银大学等机构交流学习的兴趣。

“五优投资”主要考虑两个方面的问题，一是考虑投资机会在哪里；二是考虑投资风险如何把控。

第一优，合作伙伴。

第二优，对城市的判断。

第三优，项目筛选。

第四优，管理团队。

第五优，交易条件。

在“五优投资”基础上，章华进一步对房地产投资的机会做出判断。他认为房地产增量的机会是结构化机会，5 年前 20% 的市场有机会，现在 20% 的市场机会中又出现“二八分化”，结构化进一步收窄，20% 中的 80% 看似机会实则不是机会，20% 中的 20% 即 4% 有机会，并且 4% 的机会一直都在。

资料来源：http：//business. sohu. com/20160509/n448344802. shtml。

思考： 你认为房地产投资最核心的要素是什么？

模块一
房地产私募基金概述

私募房地产投资基金是房地产投资基金的一个种类，与公募房地产投资基金的苛刻准入条件、高透明度、严监管、高运营费用不同，私募房地产投资基金主要是指通过非公开方式，面向少数个人或机构投资者募集资金而设立，以房地产为投资对象的投资基金。其与公募房地产投资基金的最大不同在于不得通过媒体披露信息发售基金单位，只能以电话、信函、面谈等私下方式征询特定的投资者，且各国的法律法规都明确限定了私募基金持有人的最高人数和投资人的资格要求，以防止私募基金风险失控而给资本市场带来巨大的冲击。总体而言，私募房地产投资基金是一种面向特定投资者募集设立的基金，融资圈子小、门槛高，一般是为大型机构投资者和富有家族和个人量身定做的金融产品。

私募房地产投资基金最早出现在 20 世纪 70 年代末期的美国，真正起步于 80 年代末期，全球经济危机的出现导致机构投资人集体抽逃资金，许多优质资产被迫廉价出售，Zell – Merrill 和 Goldman Sachs 等投资机构瞄准了这千载难逢的商机，开始募集私募房地产基金抄底市场。于是以机会型私募房地产基金为标志的新兴投资领域进入了人们的视线。进入 90 年代后，伴随着行业的不断发展，私募房地产基金已不再局限于收购那些困境资产，其业务逐步延伸至房地产开发、房地产债权投融资和国际房地产投资等诸多领域。由于私募房地产基金多属长线投资并且拥有较为优惠的融资渠道，通常愿意考虑以稍高的价格购买房地产项目。在整个产业链上，这种运营模式不但满足了很多房地产商的融资需求，还提升了行业整体的资金配置效率。

一、房地产私募基金的类别

根据投资风险的高低，房地产私募基金传统上被分为四类：核心型（Core）、核心增益型（Core plus）、增值型（Value added）及机会型（Opportunistic）。由于投资标的的差异，4 种基金投资回报率各有不同，其中核心型主要投资于繁华地段的物业如办公楼、商业用房、工业用房、住宅等，风险相对分散，所以回报相对较低，约 7%～9%；核心增益型投资的地产类别与核心型相似，但其中部分地产可能需要改进或增值，回报约为 9%～12%，增值型投资于需要经营改善、翻修、再造的地产项目，风险回报相对更高，达 12%～16%，机会型投资于需要重整的、无管理的、闲置的、新开发或待改造的地产项目，并且关注新兴市场的地产开发机会，追求高风险高回报，一般大于 16%。

当前国际上最大的房地产私募基金黑石集团正是机会型投资策略的典型，其擅长以低于重置成本的价格收购相对高质量且能够创收的问题资产，通过解决资产内部问题及管理之后溢价出售，而全美最大开发商之一铁狮门私募地产基金则偏向于增值型策略，其主要通过高杠杆收购物业，提供全产业链服务，追求的是规模扩张和租金收益及资产升值收益所带来的高杠杆收益，核心型和核心增益型策略的代表则是新加坡凯德置地旗下地产基金，其通过收购拥有核心区域资产的地产公司，分阶段对资产进行打包最后 REITs 上市，强调的是租金收益的分享和管理费的提成，追求轻资产运营。

二、房地产私募优势

在国际上，房地产私募基金的规模在房地产投资领域举足轻重，而且已经逐渐成为机构投资者在房地产行业的主要投资渠道，相对于通过二级市场以及直接参与开发等其他房地产投资方式，房地产私募基金的主要优势在于对于房地产公司或者项目的影响力和渗透力，并且依靠整体资金的规模优势，融资渠道更为便捷。

（1）所有权和控制力。与在公开市场上投资上市房企或基金不同，房地产私募基金直接拥有所投房地产的股权，而这种所有权使投资人能够控制资产管理活动，更好地实现其投资策略以及投资目标。并且通过专业的管理团队，消除个体在投资房地产时所面对的信息不对称问题。

（2）价值创造 + 利益重组。房地产私募基金管理人通过再包装，在运营层面为房地产项目创造价值，例如，房产翻修、财务整顿、资产增值等，最终再以高于买入价数倍的价格出售。同时也可以将不同的房地产项目组合或者按比例分拆出售、融资或租赁，分拆后的每一块资产可能比原先价值更高，这也是地产基金高风险收益配比的原因所在。

（3）贷款优惠。由于房地产项目通常具有可期和稳定的现金流，房地产私募基金比杠杆收购等其他私募股权投资类别更容易获得优惠的贷款利息，降低了融资成本。

如果把视野放到国内，私募基金和信托同样作为国内近几年新兴的高息融资方式，有限合伙制基金也具备独有优势，比如较低的渠道费、管理费以及投资总额门槛、投资决策权独立使得基金具备了较强的灵活性和效率性，但同时，相对于信托，较高的合伙人所得税以及基金本身的相关税费也成为基金销售的最大障碍，所以越来越多的“有限合伙+信托”的地产基金模式正在兴起，实现优势互补。

相对于国际房地产私募基金的成熟格局，人民币房地产基金起步较晚，虽然2011年开始迎来爆发，但目前仍处于自我定位和品牌塑造的过程中，从过去简单的非独立地位、被动投资、融资渠道的标签，逐渐向独立市场主体、主动投资、多元价值增值、财务投资人变迁，并在市场上形成了自己独特的地位和行业格局。同时，专业化分工使房地产基金市场更为多元化，在不同类型和不同投资手段上各房地产基金管理机构专注于特定类别的资产，这使得房地产基金管理人可以更好地理解他们所购买的房地产资产的内在动力。

房地产私募基金作为舶来品，其在中国本土的发展首先是从外资房地产私募基金开始起步的，最早可追溯到20世纪90年代。起初，由于国内“限外令”的存在，外资机构主要通过与中国本土的房地产开发商合作成立合资公司，进行住宅和商业地产的投资开发，投资方式包括合作项目投资、直接购买、参股地产企业等。由于国内房地产行业的高速发展和人民币升值等多个方面因素的影响，从21世纪初开始外资私募基金对国内投资的热情逐步爆发，2006年以中东基汇资本、美国西蒙房地产集团、工业地产普洛斯等为代表的外资大型房地产私募基金开始集体登陆中国大陆，截至2013年，全球前10位的房地产股权投资基金已经有8家进入中国，其中包括黑石集团、摩根斯坦利、铁狮门、高盛、领盛、凯雷等。

可以说，在2007年以前，外币房地产私募基金主导了国内房地产基金的投资，但在2008年以后，外资基金和本土基金的格局开始逐步扭转，我国本土人民币房地产私募基金迎来黄金期，这主要得益于几个契机：①受2008年全球金融危机影响，以黑石、高盛等为代表的外资基金对国内房地产市场的投资放缓，为人民币房地产基金发展创造了空间。②《有限合伙法》的出台和京津沪等地对地产PE政策的支持，使得国内房地产私募基金身份合法化，这也极大促进了国内人民币基金的设立。③2010年开始国内房地产调控政策进入去杠杆周期，由于银行信贷、资本市场融资以及房地产信托等融资渠道全面受限，我国房地产私募基金得到了快速发展的契机。

在外资私募基金近10余年的熏陶下，我国人民币房地产基金开始逐步形成自己特有的模式，目前国内房地产私募基金大致分为四类：一是由房地产开发商主导成立的地产基金，如复地投资基金、金地稳盛基金等；二是带有互助性质的独立基金管理人，如中城联盟投资基金；三是由金融专业人士发起设立的PE投资基金，如鼎晖房地产基金、普凯投资以及高和投资基金；四是部分金融机构和开发商共同组成的利益联盟。目前国内绝大多数房地产基金都是前两种，但同时，以歌斐资产等地产母基金形式投资的基金以及星浩资本等全程覆盖项目基金的出现也正逐步改变国内地产基金格局。

三、房地产私募基金的工作流程

国内房地产基金的运作模式与国外房地产基金的运作模式有一定的相似性，也分为募、投、管、退四个流程。基金管理机构（GP）主要负责设立和募集基金产品，寻找合适的项目并设计投资模式，在资金投入具体项目后进行投后管理，按照预定的退出计划完成投资退出，并向投资人分配投资收益。

模块二
房地产私募基金的募集

我国地产基金管理机构 GP 由于多存在开发商出资背景，其不但向房地产基金提供项目，也作为基石投资人（Anchor LP）向基金提供初始投资。基金管理机构发起和设立基金实体后开展基金募资。除了基金的基石投资人提供一部分初始出资外，其他出资需要向外部投资人，即 LP 募集，LP 投资门槛从 50 万元到上千万元不等。

一、基金募集方式

房地产私募基金募集方式主要有债权投资、股权投资以及夹层基金投资。股权投资除了关心投资对象的资产状况外，更加在意投资对象的发展前景和资产增值；而债权投资更加关注投资对象抵押资产的价值；夹层融资则是二者的结合，在风险和回报方面介于优先债务和股本融资之间的一种融资形式。

在 2008 年以前，股权投资模式在全球房地产私募基金中占据绝对的主力位置，一般占到九成左右，然而在经历了全球金融危机的重创后，市场中的投资者开始重新审视私募地产基金的风险组合，由于债权投资普遍高于银行的贷款价值比率以及更少的监管和限制，债权投资重新获得投资者尤其是私人投资者的青睐，再加上次贷危机后投资者从市场上大幅撤退所导致的资金缺口，私募地产基金管理人有了更大的空间来通过债权投资分散其投资的组合风险，于是在 2008 年以后，债权投资以及股加债投资的比重开始明显上升，已经占到了近四成，而股权投资比重则下降至六成左右。

从基金投资方式看，债权和以债权为基础的债权 + 股权投资模式是国内房地产基金的主要模式，2012 年以这两种模式募集的基金占到了总募集规模的一半，从细分看，中资独立品牌 GP 的投资方式以债权方式为基础，同时也包括债权和股权相结合的方式；房地产开发商的附属基金更多以债权和债权、股权结合方式存在；而外资 GP 主要延续发达国家投资模式，以股权投资为主。在投资方式上，国内房地产基金和国外地产基金差别不大，但在实践中，国内房地产基金形式相对单一，结构化财务杠杆工具是目前基金投资的基本逻辑。产品设计上一般根据投资人的收益目标和投资期限进行分级设计，基本分为股权性质的劣后级和债权性质的优先级，同时还存在着介于二者之间的多层设计，其基础主要取决于地产项目的整体融资成本和融资期限等制约条件。

二、基金募集来源

国内的房地产私募基金募集资金的主要来源包括各层次养老基金、保险公司、商业银行及金融控股公司、证券公司及期货公司、上市公司及现金充裕的非上市公司、富有的家庭和个人。

三、房地产私募股权投资基金的募集程序

（1）确定投资方案。
（2）完成相关报告和文件。
（3）确定投资机构。
（4）确定投资协议。
（5）确定基金合伙人协议。
（6）确定基金和资产管理人之间的协议。
（7）确定投资决策程序和界定管理人权限。
（8）确定基金与托管银行关系。
（9）初步确定拟投资项目。

模块三 房地产私募基金“五优投资”策略

国内比较成熟的房地产投资策略主要是“五优投资”。五优投资主要考虑两个方面的问题，一是考虑投资机会在哪里；二是考虑投资风险如何把控。

一、第一优，合作伙伴

基金不是项目的直接操作者，需要跟房企开展合作。中国目前有几万家房企，跟谁合作很关键。这需要机构对房地产圈层足够熟悉，有较强的行业资源来开展合作。合作伙伴的选择：一是看真实实力；二是看盈利能力；三是看风险把控。根据房地产企业的信用资产等情况，哪类房企适合做股权投资，哪类房企房企可能会隐含部分道德风险，适合做夹层投资，哪类房企需要管控好抵押、担保，适合做债类投资都要根据情况进行选择。

什么样的房地产企业才是好的合作伙伴呢？可以总结三点：看过去：高 ROE 是优秀房企的共同特质；看未来：三项能力（土地储备能力、资产周转能力、运用杠杆能力）；看长期：战略能力、老板思维、企业家精神。

（一）看过去：高 ROE 是优秀房企的共同特质

ROE 指标是衡量房企盈利能力的核心指标，代表房企股权投资的报酬率，体现公司的赚钱能力。ROE 即净资产回报率，其核心由三个指标构成：销售利润率、资产周转率和权益乘数，是整体运作能力的最终财务结果和表现。横盘时代，发展绝非一路坦途，转型态势尚未成型，唯有长期持续实现高盈利，才能最终立于不败之地。

随着房地产调控的深入、融资渠道的收窄、去杠杆的大背景下，保持 ROE 增长也将成为房企发展的重大挑战。高 ROE 的房企势必会赢得投资人和合作方的喜爱，也会赢得更多的合作机会与成长空间。

（二）看未来：三项能力

土地储备能力，重在质而非量，直接决定销售利润率。我们认为土储质量是房企的底盘指标，看清大势、把握周期的房企货地比指标将更加稳健，生命力更加长久。相反，“地王项目”过多、靠“关系和故事演绎”的房企终将被时代的车轮碾过。

资产周转能力，即资产运营的效率。在强化成本管理、做好质量管控的前提下，更好、更快的产品变现能力和资金回流能力才能有更好的财务表现。我们依然强调快开发、快销售、快回款，加快项目周转，实现更快回报。

运用杠杆能力，即杠杆率，是市场对房企品牌能力的最终反映。适当的杠杆可以放大投资效果；但我们必须认识到，过高的杠杆容易造成资金链断裂，对于房企的现金管理能力要求极高，房地产企业合理制定与优化资本结构至关重要。

（三）看长期：战略能力、老板思维、企业家精神

行走于地产行业，战略总是先行一步，前瞻性思想的重要性不言而喻；身处多变的时代，需要面对的不仅是当下，更多的是未来。我们认为，战略背后核心管理层的老板思维和企业家精神，是否能够以正向积极文化建设团队，是否拥有持续健康的运作机制，这些才是决定公司长远发展的关键。

管理层务实、坦诚、富有高度责任感，敢于直面问题并以前瞻性战略眼光审视问题、提出卓有成效的解决办法，企业往往更健康、更有活力、更有战斗力，也更能在极具挑战的大环境中持续健康发展。好的房企，言行一致、敢于担当，往往对内赢得团队的忠诚与高阶战斗力，对外赢得合作方、监管机构的认可，终将走得更长久。粉饰太平、报喜不报忧、蒙混过关、无契约精神的团队，则无法赢得合作方、投资者、政府的信赖与支持，规模越大，问题越多，势必引起灾难性后果。市场是深邃的，企业家必须紧贴市场，按照市场规律做事，不能墨守成规，机械不变。

二、第二优，对城市的判断

一个城市就是一个巨大的承载体，它的人口、区位、产业结构、矿产资源、旅游资源、文化底蕴、经济政策、凝聚环境等，共同构成各行各业发展的基础条件，而每一个房地产项目，未来发展前景主要依托于其所在城市的发展前景，每一个城市都有它自己的特色，对城市的尽调是房地产项目发展的关键。

报据现代经济学原理，在自由的市场经济条件下，供求关系决定价格。在欧美国家，房地产市场与工业化进程同步发展，已有几百年历史。市场供求关系已成为影响住房价格和成交量的决定因素。针对供给和需求所进行的调控措施不断出台，这是因为中国特色的房地产市场是在计划经济向市场经济过渡过程中逐渐形成的，发展时间短，市场调节机制不成熟，于是国家通过宏观调控这只“无形的手”引导不动产资产的合理配代和有效利用。近年来，中国的房地产市场已经成长为与股票市场一样的“政策市场”，调控政策很大程度上决定了房地产市场的未来发展趋势。当然，除了调控政策外，金融管制政策、城乡二元结构、地方政府土地依附政策、传统购房观念等也是影响市场供求关系的主要因素。我国的房地产基金投资大多以城市为主，重点关注该城市的经济发展水平、城镇居民可支配收入、城镇化率、调控政策的影响程度等。因此，在房地产基金投资中，房地产市场尽职调查的重点是影响供求关系因素中的城市差异性因素。

1. 市场需求

俗话说得好，安居才能乐业。因此，各种购房需求扑面而来，并在具备必要的物质条件下得以实现。针对本部分的尽职调查，不仅包括购房者潜在需求的量化，还应关注城市经济规模、居民购买力、人口环境和城镇化等方面内容。

（1）购房者潜在需求的量化主要是根据购房者的购买目的，将需求分为自住型、改善型、投资投机型需求。对于不同的需求，有不同的调查方法，自住型需求主要取决于城市的青年人口数量；改善型需求一般为中年以后的需求；自住型需求一般房屋面积较小，对学区要求比较高，而改善型需求一般房屋面积较大，要求更加完善；投资投机型需求要根据国家的相关产业政策进行分析。

（2）城市经济规模。城市经济规模主要以当地的 GDP 为主要经济指标，并且参考固定资产投资额和社会消费品零售总额。

（3）居民购买力。居民购买力是指城镇居民全年收入在扣除税负社保费用后的安排日常生活的能力，主要以城镇居民人均可支配收入为依据。

（4）人口环境与城镇化，城镇化率与住宅销售面积呈现正相关。城镇化的主要指标是人的迁徙。因此，人口基数和城镇化率应是重点调查的指标。特别是近几年，我国棚户区改造如火如荼，这对我国房地产事业的发展起到了推波助澜的作用。

2. 市场供给

1998 年下半年开始停止住房实物分配，住房分配货币化，因此，我国的住房供给从国家分配逐步交由市场配置，但就目前看，我国的房地产市场供给仍具有强烈的垄断性，供给分为土地供给和房屋供给。在土地供给方面，政府是绝对的垄断地位，不管是土地的供应面积、供应价格。供应方式，都由地方政府主导，形成政府垄断下的土地财政。房屋供给主要包括商品房供给和保障房供给。商品房供应主要由房产开发商主导，主要参考指标有新开工情况、施工情况、竣工情况，这些指标直接关系到供给总量的变化，因此，以上指标是我们要重点参考的。

3. 房地产调控措施

房地产调控措施对房地产的影响是多方面的，既有供给方面的影响，也有需求方面的影响。房地产调控政策包括税收政策、信贷政策等，对房地产行业影响非常巨大，也是我们必须要参考的。

三、第三优，项目筛选

一个城市的房地产市场是由一个个房地产项目组成的。而项目之间又存在着激烈的竞争。每一个项目的差异化因素决定此项目赚钱的能力。因此，每一个项目所特有的地理位置、配套等也是我们要重点调查的内容。项目主要检测指标包括地段、项目所在区域的供需比和项目的物业类别。目前中国销售型物业占主体地位，持有型物业还未发展到西方国家那样的成熟阶段。此外，对于项目本身来说，投资时机的选择也很重要，时点不同带来的价格差异是巨大的。

1. 项目自身及周边

房地产项目自身的因素主要包括项目地块的平整性和规划性，如项目规模、开盘定价、内部景观、科技创新、户型设计、容积率、操盘团队能力、房地产企业品牌等，周边环境方面的调查包括交通条件、区域人流、视野障碍、自然环境、商业配套、生活配套、学区、地铁等。

2. 外部环境

外部环境是指投资房地产项目与其竞争对手形成的区域范围内的影响因素，包括但不限于城市规划、区域内项目开发、国家调控措施、区域客户群、产业发展等。

四、第四优，管理团队

管理团队是选择项目时最重要的决定因素。管理团队应具备综合素质高、懂经营、善管理、会沟通、诚信度高、代表广大股东利益，具有艰苦创业、执着向上、锲而不舍的精神，团队有共同的理念、相互信任与合作。

五、第五优，交易条件

交易条件除了商业条款，还有管理方面的交易条件。其要通过很多指标进行测算。

我们以开发项目为例，介绍投资与成本费用的估算方法。

1. 房地产开发项目投资与成本费用的相关概念

（1）房地产开发项目投资与一般建设项目投资的不同。对一般建设项目而言，其总投资是固定资产投资、建设期借款利息和流动资金之和。

对于开发后租售模式下的房地产开发项目而言，开发商本身所形成的固定资产大多数情况下很少甚至是零，房地产项目总投资基本等于房地产项目的总成本费用。

（2）房地产开发项目总投资。开发项目总投资包括开发建设投资和经营资金。

开发建设投资是指在开发期内完成房地产产品开发建设所需投入的各项成本费用，主要包括土地费用、前期工程费用、基础设施建设费用、建筑安装工程费用、公共配套设施建设费用、开发间接费用、管理费用、财务费用、销售费用、开发期税费、其他费用以及不可预见费用等。经营资金是指房地产开发企业用于日常经营的周转资金。

项目总投资估算见表 8－1，开发建设投资估算见表 8－2。

表 8－1　**项目总投资估算表**

序号	项目	总投资	估算说明
1	开发建设投资		
1.1	土地费用		
1.2	前期工程费		
1.3	基础设施建设费		
1.4	建筑安装工程费		
1.5	公共配套设施建设费		
1.6	开发间接费		
1.7	管理费用		
1.8	财务费用		
1.9	销售费用		
1.10	开发期税费		
1.11	其他费用		
1.12	不可预见费		
2	经营资金		
3	项目总投资		1＋2
3.1	开发产品成本		
3.2	固定资产投资		
3.3	经营资金		

表 8－2　**开发建设投资估算表**

序号	项目	开发产品成本	固定资产投资	合计
1	土地费用			
2	前期工程费用			
3	基础设施建设费			
4	建筑安装工程费			
5	公共配套设施建设费			
6	开发间接费			
7	管理费用			
8	财务费用			
9	销售费用			
10	开发期税费			
11	其他费用			
12	不可预见费			
	合计			

2. 房地产投资项目的收入、税金估算与资金筹措

下面简单介绍一下经营收入估算。租售方案一般应包括以下几个方面的内容：

①项目出售、出租还是租售并举？出售面积和出租面积的比例是多少？以及整个项目中哪些出售、哪些出租、哪些自营？

②可出售面积、可出租面积、自营面积和可分摊建筑面积及各自在建筑物中的位置。

③出售和出租的时间进度安排和各时间段内租售面积数量的确定，并要考虑租售期内房地产市场可能发生的变化对租售数量的影响。

④售价和租金水平的确定。

⑤收款方式与收款计划的确定。

这一过程在实际工作中，可参照表 8－3 和表 8－4 进行。

表 8－3　房地产开发项目销售计划及收款计划表

单位：建筑面积（m^2），销售收入（元）

销售期间		第 1 期		第 2 期		……		第 N 期		合计
销售计划	面积									
	百分比									100%
收款计划	期间	百分比	销售收入	百分比	销售收入			百分比	销售收入	
	第 1 期									
	第 2 期									
	第 3 期									
	…									
	第 N 期									
总计										

表 8－4　房地产项目销售收入汇总表（全部出售方案）

单位：万元

项 目	建筑面积（m^2）	售 价（元/m^2）	2001 年		2002 年		2003 年		合计
			上半年	下半年	上半年	下半年	上半年	下半年	
地上商业部分									
公寓楼部分									
地下商业部分									
地下车库部分									
总 计									

3. 房地产项目投资决策分析

通过对房地产项目整体的现金流分析以后，应主要用内部收益率、净资产收益率等指标对房地产项目进行判断。

（1）内部收益率（IRR）。作为一名房地产投资人员，你永远绕不开内部收益率（IRR）。很多公司在前期土地研判时一般考量两个指标，一是净利润率，二是 IRR。很

多房地产私募基金投资项目要求净利润率及 IRR 必须达到双 15%。净利润率非常好理解，但是 IRR 在房地产项目测算结果出来时，很多人却不是特别理解，到底 IRR 能够代表什么深层次的含义？从这个指标当中能够得到什么信息？IRR 的高低对一个项目的影响在哪里？

要知道 IRR 有什么用，首先得理解 NPV 是怎么算出来的。内部收益率（IRR）是基于净现值产生的一个概念，它是指项目在整个计算期内，当净现值等于零时的折现率。为了便于理解，我们举一个例子，万科 2017 年某项目的现金流见表 8－5。

表 8－5

期数	第 1 期	第 2 期	第 3 期	第 4 期	第 5 期	第 6 期	第 7 期
现金流	－2000	－300	－100	－1000	2000	1500	500

常规做法应该怎么计算这个项目的 IRR 呢？我们采用的是试错法。假设这个项目的折现率为 x，将每一期现金流折现到第 1 期，合计净现值为 0，即：

$$-2000-\frac{300}{1+x}-\frac{100}{(1+x)^2}-\frac{1000}{(1+x)^3}+\frac{2000}{(1+x)^4}+\frac{1500}{(1+x)^5}+\frac{500}{(1+x)^6}=0$$

按照传统的方式，分别假定一个折现率去试错，假设 x＝6%，公式左侧为负；假设 x＝4%，公式左侧为正，那么就可以推断 IRR 介于 4%～6%。这么计算实在太麻烦了，在科技发达的今天，好在 Excel 给我们提供了强大的计算工具，我们用 IRR 函数计算得出这个项目的 IRR＝5%。见表 8－6。

表 8－6

期数	第 1 期	第 2 期	第 3 期	第 4 期	第 5 期	第 6 期	第 7 期
现金流	－2000	－300	－100	－1000	2000	1500	500
＝IRR（G11：M11）							

IRR＝5% 说明什么问题呢？说明当这个项目现金流按 5% 折现时净现值刚好等于 0，如果小一点按 4% 折现净现值就大于 0，如果再大一点按 6% 折算，净现值就小于 0 了，这个项目就不可行了，而且折现率此时越大亏得越多。

IRR 是指在考虑资金时间价值的情况下，项目投资在未来产生的现金流现值刚好等于投资成本时的收益率。进一步理解，内部收益率是投资项目最低应达到的收益率。

IRR 指标能够较为综合地反映项目管理、资本运营的效率和效益值，涉及项目的资金计划，是房地产企业对项目运营监控的核心指标。

计算 NPV 所用的折现率，是一个项目的加权平均融资成本。每家企业都有自己的融资成本，通常来说其是一个固定值。比如，开发一个住宅项目，折现率为 10%，计算出项目的 NPV＞0，说明这个项目是可以盈利的。现在，计算出这个项目的 IRR 是 5%。当折现率等于 5% 的时候，这个项目的 NPV 就变成 0 了。假如现在自有资金只够支持 50% 的前期投入，另外的 50% 要去贷款。找信托、找基金的贷款年利率是 10%，那要不要贷款来做这个项目呢？经过计算可以知道这个项目当融资成本超过 5%（IRR）的时候，NPV 就变成负的了。说明不值得去贷款来做这个项目。这个例子说明，一个项目的 IRR 越高，企业越敢贷款来做这个项目。由此可以推断这个项目是非常难做的，因为在市场上很难找到融资成本低于5%以下的资金。

（2）净资产收益率（ROE）。净资产收益率又称股东权益报酬率/净值报酬率/权益报酬率/权益利润率/净资产利润率，是衡量上市公司盈利能力的重要指标。其是指利润额与平均股东权益的比值，该指标越高，说明投资带来的收益越高；净资产收益率越低，说明企业所有者权益的获利能力越弱。该指标体现了自有资本获得净收益的能力。一般来说，负债增加会导致净资产收益率的上升。企业资产包括两个部分，一部分是股东的投资，即所有者权益（它是股东投入的股本、企业公积金和留存收益等的总和）；另一部分是企业借入和暂时占用的资金。企业适当地运用财务杠杆可以提高资金的使用效率，借入的资金过多会增加企业的财务风险，但一般可以提高盈利，借入的资金过少会降低资金的使用效率。净资产收益率是衡量股东资金使用效率的重要财务指标。

拓展阅读

模块四 房地产私募基金投后管理

国内房地产基金的管理机构除了具有金融投资能力外，还需要具有对于地产项目的实际操作能力，这一点不同于普通的PE基金财务投资人。无论是机会型还是核心型的房地产基金，都需要房地产基金团队对地产前期开发或者后期运营进行深度的介入，因此需要管理团队具有充分的地产领域运营管理能力和经验。在以开发为主的机会型基金中，房地产基金管理人实际上承担着地产开发商的角色，只是开发商的募资方式由自身出资和向金融机构融资改为私募这种方式。在这种模式下，房地产基金需要完成开发商的全部角色，从最初获得土地到最终实现销售获得回款

投后管理，从定义上讲，是在完成项目尽调并实施投资后直到项目推出之前的时间为投后管理的期间。具体来讲，投后管理一般覆盖从实际投资后到项目完全退出的整个时间周期，其为管理决策提供支撑，并尽可能地从主动层面降低项目潜在风险，从而实现项目的保值增值。

一、为什么房地产类项目需要投后管理

由于企业面临的经营环境在不断变化，小到单个项目大到集团公司，其经营发展均受到各种因素的影响和制约，很大程度上增加了投资的不确定性以及加大了收益风险，这些风险可能来自于市场、政策、技术、管理甚至法律等层面，而任何一个方面的风险均可能导致投资失败。对于房地产行业投资而言，了解行业现状及特征是投资的前提条件。目前我国房地产行业呈现如下特征：

（1）区域分化明显。随着调控的不断深入，市场分化明显。尤其是近几年整体房地产市场呈现一线火爆、二线领涨、三线平稳、四线冷却的极大反差，区域差异性

较大。

（2）集中度提高而投资收益下降，中小型企业生存压力加大。调控成为常态，房地产行业平均盈利能力逐步被削弱，大中型房企市场份额不断提高，行业集中趋势明显，小规模房企生存压力加大。

（3）风险影响因素多。作为资金密集型行业，房地产具有投资周期长、关联行业多、投资规模大、区域性及政策性强等特性，由此决定了房地产类项目的风险影响因素比其他类投资项目更多，从项目自身、政策环境、市场环境、整体经济环境，到开发商自身经营能力、客户购买偏好等均会影响房地产类项目的投资收益。房地产行业的风险来源于可控非系统性风险和不可控系统风险，核心风险影响因素主要有政策性风险、市场风险、资金风险、开发经营风险等风险。

风险因素多、影响范围大使得房地产行业投资风险也在加大。然而投资方并非开发商，从组织架构、专业体系、管理半径等角度都无法满足监管需要，尤其是对分布区域为非投资方所在区域的项目、股权类投资项目，为确保项目安全，第三方投后管理就尤为重要。

二、第三方投后管理的内容

第三方投后管理与投资机构投后管理团队有所不同，在市场敏感度、多专业协调、人员配置、监控细节等方面具有独有的优势，尤其是具有多年房地产服务经验的第三方管理公司。投资方委托第三方投后管理公司进行项目监管，主要体现在以下几个层面：

（1）市场监控。相对而言，市场风险属于可控风险，需要监管方及时监测市场变化、提前预警可能存在的风险，并提出解决方案，将市场风险降低到最小。

（2）工程监控。作为投资方，更关注投资项目的顺利开展，项目推进实施时间表是否偏离原有计划，监管机构需不定期提供相应建议。

（3）资金监控。资金的使用是否合理、合规是第三方监管最核心的内容，也是确保项目风险可控的关键。

（4）其他监管。结合第三方监管公司自身的专业优势以及投资方的具体需求，该项服务可进行定制化处理，并非一成不变，其核心目的在于做好资金方的专业顾问，提高资金方投资效率。

模块五 房地产私募基金退出

房地产私募基金对所选定项目进行投资决策时，要充分考虑退出方式，以及如果不能按时退出，将采取何种措施保障资金能够安全收回。基金管理公司将根据项目的特点设计安全的退出方式，并报投资决策委员会通过后执行。房地产私募基金退出方式一般包括以下四种：

（1）在资本市场出售股票。这种方式针对基金对拟上市房地产公司的投资。

（2）房地产投资项目清算。以股东身份参与投资某房地产项目，项目建成销售后，基金根据投资比例收回投资成本并分配利润。

（3）原股东承诺回购。基金在投资之初即和原股东签订协议，确定回购方式（譬如回购时间和回购价格），这是基金退出项目常见的一种形式。

（4）企业间兼并收购。在有收购意向的第三方和被投资企业股东协商一致的情况下，基金实现退出。

由于我国当前房地产市场仍处于城镇化快速扩张的阶段，人民币房地产基金投资策略追求快周转、高收益成为必然，目前国内近九成人民币基金选择机会型投资策略，且基本以项目为导向，主要在一个项目最紧缺资金的三个环节介入，即项目启动阶段、拿地后银行尚未发放开发贷款阶段、开始预售后银行尚未发放按揭贷款阶段，讲究快进快出，基金存续期一般不超过 3～5 年，多追求“短平快”的收益。但在外资不断进入中国基金市场的背景下，国内增值型基金已经开始出现，并且占据了一定的市场份额。我国尚不存在典型的核心型地产基金策略，但是已经出现了类似核心进取型基金。另外，像凯雷、铁狮门等外资基金也开始重新关注国内核心物业，且已经在部分核心城市展开布局。

房地产私募基金的八大发展趋势：重构中国房地产格局

在短短的几年时间内，国内房地产基金规模已从百亿元上升至数千亿元。房地产私募基金是金融与地产结合的最大领域，也是市场不能忽略的重要力量，这股力量也许将重构中国地产格局，成为未来中国房地产市场的重要组成部分。为此，这里介绍探讨一下房地产私募基金的八大发展趋势，以期为投资者提供有益的参考。

趋势一：投资退出渠道趋于多元化

从投资业态角度看，住宅机会型基金依然占据首位，但地产基金对于不同地产业态的兴趣正在逐渐走向多元，主要可分为三类：

（1）商业地产。一线城市核心地段的写字楼仍处于租金和出租率上升周期，尤其受到保险资金等机构投资者的偏爱，专业化的基金团队得以迅速成长并品牌化。

（2）养老地产。我国已逐步进入老龄化社会，不少房地产公司开始战略转型涉足养老地产，不少地产基金已经在养老地产尤其是以养老公寓为主的模式中开始显露身影。

（3）产业地产。在海外市场，近半数地产投资规模投向产业地产，国内产业升级所带来的产业园区需求使得基金多了一个投资领域，写字楼、产业地产等领域的投资基金在未来将最有望迎来发展先机，借由 REITs 实现资本市场对接。

从退出渠道看，美国、新加坡等资产证券化程度较高的国家，房地产私募基金最好的退出渠道即在于 REITs、CMBS 等产品，而近几年来，许多地产公司也纷纷尝试通过资产证券化进行融资，相信随着国内资产证券化等渠道的发展与成熟，国内人民币房地产基金将更具流通活力。

趋势二：股权、夹层投资将成主流

目前，市场上多数股权投资实质上都是一种夹层投资或者股权与债权结合的过渡模式。

夹层投资满足房企项目公司短期资金需求，融资成本高，偿还期限短，需要企业抵押物担保；同时兼有股权的性质，但不以获取分红和股东权益为目的，又被业界称之为债权形式的“高利贷”。

在股权与债权结合的投资方式中，股权投资仅占项目公司全部所需融资额的一小部分，其余部分通过债权方式投入，以确保项目的风险和收益率相对稳定，投资期限通常超过过桥投资。

而纯粹的股权投资注重被投资企业未来发展前景和资本增值，且参与企业经营管理和重大决策，投资风险相对较大，投资期长，借助退出机制出售持股获利，由于期间委托成本高，市场风险难以把握，退出难度较大，在国内资本市场并不受欢迎。

房地产私募基金通过股权投资参与房企项目运作，共担盈亏，为房地产市场注入长期发展资金。

股权投资作为一种战略投资，将是房地产私募基金未来的发展趋势。统计数据显示，房地产私募基金股权投资比例正逐步上升，“明股暗债”的阴影将逐步淡化，正朝完全股权投资模式演变。

趋势三：大资管时代下战略合作契机

证券公司、期货公司、证投基金管理公司、银行、保险公司、信托公司之间的竞争壁垒已被打破，资产管理行业进入进一步的竞争、创新、混业经营的大资管时代。这样的金融格局为房地产私募基金行业与其他金融行业合作带来了可能性，地产基金行业将存在庞大的潜在机构投资者以及通过各大资管平台间接投资的个人投资者。通过合作，整个房地产私募基金行业可能发生变化，在募集阶段，房地产基金可以借由各种资管平台的产品设计不同的基金结构和募资方案，也可以为投资人打造个性化的财富管理方案。在投资阶段，各个资产管理机构除了能为地产基金管理机构带来充足流动性，还能通过各大资管机构的资源为基金项目池带来储备。在退出阶段，传统的回购和项目出售方式将被更为复杂的金融工具所代替，如资产证券化和REITs。

总之，在金融变革的背景下，辅之以技术驱动，房地产私募基金将焕发出新的生命。

趋势四：险资养老金介入将主导LP机构化

国际房地产私募基金的资金来源绝大多数来源于公共养老基金、企业养老基金、大学投资基金等机构投资者，其余来自于个人和基金合伙人。结合国际房地产私募基金的经验以及投资人资产配置的实际因素，机构投资人成为人民币房地产基金未来主要资金来源是不可逆转的趋势，尤其是随着以养老金、险资为主体的机构投资者的入市，投资人结构的改变将主导整个行业的迅速发展和成熟。

趋势五：管理重心向团队品牌变迁

国内的房地产基金大多附属于房地产开发商，对外部项目采取审慎和逐步开放的态度，这与打造国外独立品牌的房地产基金完全不同，因此，房地产基金被仅仅理解为开发商的一个新的融资渠道并不为过，但这样的模式对于打造一个持久的基金品牌并无益处，项目开发周期对基金的管理团队也会造成波动。在混乱的大环境下，房地产基金管理人的独立品牌与投资管理能力就很难得到凸显。但从国际经验看，基金管理人体现出独特的专业投资与项目管理能力，并为投资人创造与风险相适应的回报，开始真正形成一批而非零星房地产基金管理公司的品牌，是一个资产管理行业成熟的先决条件。

趋势六：监管制度趋于完善

相对于我国房地产投资基金的百花齐放，相关法律法规却相当滞后，导致对私募房地产基金运营过程解释力度和约束性较差，经过近几年的快速发展，不少问题和风险已经开始暴露。2017 年 2 月 13 日中基协发布的《证券期货经营机构私募资产管理计划备案管理规范第 4 号》（以下简称“4 号文”）明确指出，私募资管计划或私募基金通过债权方式直接或间接投资热点城市普通住宅地产是 4 号文限制的对象。这有助于遏制当前地产基金市场较为扭曲的“明股实债”模式。

当前我国私募房地产基金无序发展的状态不可持续，未来必将面临越来越严苛的监管制度。

趋势七：行业整合大潮下地产并购基金前景广阔

从成熟市场经验看，历次行业周期波动时期都是行业并购的窗口期，美国、日本以及中国香港市场，都在波动中成就了诸多伟大企业。当前我国房地产行业正进入更加深化的调整周期，中小房企生存空间被逐渐压缩，转型和退出房地产行业的决心和真实性更强，同时，由于土地成本的居高不下也使得房企股权的相对价值更加凸显。当前行业融资渠道虽然有所拓宽，但整体资金状况仍不容乐观。传统融资渠道往往只有单一的融资功能，而并购基金则兼具融资和管理双重功能，拥有一定的优势。因此在并购周期中，基金的引入是一种必然。

目前国内的并购基金多限于项目层面，主要为项目收购提供资金支持，未来类似于黑石的股权并购型基金或是大势所趋。

趋势八：行业洗牌重构

总体来看，在经历了几年的高增速以后，随着监管门槛的提升以及资金分流压力，地产基金扩张规模增速逐步下行是大趋势，而房地产基金的品牌以及行业的集中度有望快速提升。

资料来源：https：//house. focus. cn/zixun/8766d58087b09b66. html。

本章小结

1. 私募房地产投资基金是一种面向特定投资者募集设立的基金，融资圈子小、门槛高，一般是为大型机构投资者和富有家族和个人量身定做的金融产品。

2. 房地产私募基金传统上被分为四类：核心型（Core）、核心增益型（Core plus）、增值型（Value added）及机会型（Opportunistic）

3. 国内的房地产私募基金的募集资金的主要来源包括以下几个各层次：养老基金、保险公司、商业银行及金融控股公司、证券公司及期货公司、上市公司及现金充裕的非上市公司、富有的家庭和个人。

4. 五优投资：第一优，合作伙伴；第二优，对城市的判断；第三优，项目筛选；第四优，管理团队；第五优，交易条件。

任务检测

一、单项选择题

1.（　　）主要是指通过非公开方式，面向少数个人或机构投资者募集资金而设立，以房地产为投资对象的投资基金。

A. 养老基金　　B. 房地产公募基金

C. 房地产私募基金　　D. 母基金

2. 房地产私募基金比较流行的模式是（　　）。

A. 信托　　B. 有限合伙

C. 公司型　　D. 有限合伙 + 信托

3.（　　）除了关心投资对象的目前资产状况，更加在意投资对象的发展前景和资产增值。

A. 债券投资　　B. 股权投资

C. 夹层基金投资　　D. 债权投资

4. “五优投资”策略是由（　　）房地产私募基金公司提出来的。

A. 复兴资本　　B. 鼎信长城

C. 今日资本　　D. 黑石集团

5.（　　）指标是衡量房企盈利能力的核心指标，代表房企股权投资的报酬率，体现公司的赚钱能力。

A. ROE　　B. 资产负债率

C. 利润率　　D. 销售价格

6.（　　）指标不是从未来的角度来衡量某个房地产企业是不是好的合作伙伴。

A. 土地储备能力　　B. 资产周转能力

C. 运用杠杆能力　　D. 企业家精神

7.（　　）指标不是考察房地产项目本身所需要的指标。

A. 户型设计　　B. 容积率

C. 房地产企业品牌　　D. 房地产调控措施

8. IRR 是指（　　）。

A. 净利润率　　B. 内部收益率

C. 外部收益率　　　　D. 折现率

9.（　　）不是房地产私募基金的退出方式。

A. 房地产投资项目清算　　　　B. 原股东承诺回购

C. 企业间兼并收购　　　　D. 以上都不对

10. ROE 是指（　　）。

A. 净资产收益率　　　　B. 内部收益率

C. 外部收益率　　　　D. 折现率

二、多项选择题

1. 房地产投后管理需要对（　　）方面进行监控。

A. 市场监控　　　　B. 工程监控

C. 资金监控　　　　D. 人员监控

E. 以上都对

2. 以下对于房地产私募基金的表述中正确的有（　　）。

A. 房地产私募基金直接拥有所投房地产的股权

B. 房地产私募基金管理人通过再包装，在运营层面为房地产项目创造价值，例如，房产翻修、财务整顿、资产增值等

C. 房地产私募基金管理人也可以将不同的房地产项目组合或者按比例分拆出售、融资或租赁，分拆后的每一块资产可能比原先价值更高

D. 房地产私募基金融资成本一般较高

E. 房地产私募基金一般通过打广告进行公开宣传

3.（　　）指标是从长期的角度来衡量某个房地产企业是不是好的合作伙伴。

A. 核心管理层战略能力　　　　B. 老板思维

C. 企业家精神　　　　D. 资产周转能力

E. 运用杠杆能力

4. 房地产私募基金的工作流程包括（　　）。

A. 募集　　　　B. 投资

C. 管理　　　　D. 项目开发

E. 退出

5. 房地产私募基金募集的主要来源有（　　）。

A. 各层次养老基金　　　　B. 保险公司

C. 商业银行及金融控股公司　　　　D. 证券公司及期货公司

E. 富有的家庭和个人

三、判断题

1. 私募房地产投资基金是一种面向特定投资者募集设立的基金，融资圈子大、门槛低，一般是为大型机构投资者和富有家族和个人量身定做的金融产品。（　　）

2. 由于房地产项目通常具有可期和稳定的现金流，私募房地产基金比杠杆收购等其他私募股权投资类别更容易获得优惠的贷款利息，降低了

融资成本。 ( )

3. 房地产私募基金的业务流程主要是：募集资金—投资项目—项目开发—项目退出。 ( )

4. ROE 即净资产回报率，核心由三个指标构成：销售利润率、资产周转率和权益乘数，是整体运作能力的最终财务结果和表现。 ( )

5. 城镇化率与住宅销售面积呈现正相关。 ( )

四、简述题

1. 房地产私募基金的业务流程有哪些?

2. 房地产私募基金优秀合作伙伴的选择标准有哪些?

3. 房地产私募基金对城市的选择标准有哪些?

4. 房地产私募基金对房地产项目的选择标准有哪些?

五、实训项目

如果你毕业后要在你所上学的城市安家，你准备在哪个区域买房？购买哪个小区？请结合五优投资策略进行分析，并做成 PPT 演示汇报。

附　录

附录1　私募基金募集说明书（范本）

一、内容摘要

名称：
基本架构（是否为母子基金、平行基金）：
类型：
基金注册地（如有）：
基金募集规模：
基金成立最低募集规模：
投资者最低认缴出资额：
投资者最低首期实缴出资额：
募集期限［载明首轮交割日及最后交割日（如有）］：
基金运作方式（封闭式、开放式或其他方式）：
基金的存续期限：
基金估值政策、程序和定价模式：
基金的申购与赎回：
联系人和联系信息：
基金托管人（如有）：

二、私募基金管理人、基金管理团队等基本信息

管理人名称：
管理人登记编码：
管理人最近3年诚信情况说明：
基金管理团队介绍：

三、中国证券投资基金业协会私募基金管理人以及私募基金公示信息（含相关诚信信息）

（一）私募基金管理人公示信息
基金管理人全称（中文）：
基金管理人全称（英文）：
登记编号：

组织机构代码：
登记时间：
成立时间：
注册地址：
办公地址：
注册资本（万元）：
实缴资本（万元）：
注册资本实缴比例：
企业性质（组织形式）：
管理基金主要类别：
申请的其他业务类型：
员工人数：
机构网址：

（二）私募基金公示信息
基金名称：
基金编号：
成立时间：
备案时间：
基金备案阶段：
基金类型：
币种：
基金管理人名称：
管理类型：
托管人名称：
主要投资领域：
运作状态：
基金信息最后报告时间：
基金协会特别提示（针对基金）：

四、私募基金托管情况（如无，应以显著字体特别标注）、其他服务提供商（如律师事务所、会计师事务所、保管机构等），是否聘用投资顾问等

（一）托管人
名称：
组织机构代码：

（二）律师事务所
名称：
组织机构代码：

（三）会计师事务所
名称：
组织机构代码：

（四）保管机构
名称：
组织机构代码：

（五）投资顾问
名称：
组织机构代码：

五、私募基金的外包情况

（一）外包服务机构
名称：
组织机构代码：

（二）外包服务内容

六、私募基金的投资

投资范围（或目标）：
投资策略：
投资方向：
投资限制：
业绩比较基准（如有）：
风险收益特征：

七、私募基金收益与风险的匹配情况

八、私募基金的风险揭示

（一）特殊风险揭示
【若存在以下事项，应特别揭示风险】
（1）基金合同与中国基金业协会合同指引不一致所涉风险：
（2）私募基金未托管所涉风险：
（3）私募基金委托募集所涉风险：
（4）私募基金外包事项所涉风险：

（5）私募基金聘请投资顾问所涉风险：

（6）私募基金未在中国证券投资基金业协会履行登记备案手续所涉风险：

（二）一般风险揭示

1. 资金损失风险

基金管理人依照恪尽职守、诚实信用、谨慎勤勉的原则管理和运用基金财产，但不保证基金财产中的认购资金本金不受损失，也不保证一定盈利及最低收益。

本基金属于【　　】风险投资品种，适合风险识别、评估、承受能力【　　】的合格投资者。

2. 基金运营风险

基金管理人依据基金合同约定管理和运用基金财产所产生的风险，由基金财产及投资者承担。投资者应充分知晓投资运营的相关风险，其风险应由投资者自担。

3. 流动性风险

本基金预计存续期限为基金成立之日起至【　　】存续期限（　　）[包括延长期（如有）] 结束并清算完毕为止。在本基金存续期内，投资者可能面临资金不能退出带来的流动性风险。

根据实际投资运作情况，本基金有可能提前结束或延期结束，投资者可能因此面临委托资金不能按期退出等风险。

4. 募集失败风险

本基金的成立需符合相关法律法规的规定，本基金可能存在不能满足成立条件从而无法成立的风险。

基金管理人的责任承担方式：

（1）以其固有财产承担因募集行为而产生的债务和费用；

（2）在基金募集期限届满（确认基金无法成立）后30日内返还投资人已交纳的款项，并加计银行同期存款利息。

5. 投资标的风险（适用于股权类）

本基金投资标的的价值取决于投资对象的经营状况，原股东对所投资企业的管理和运营，相关市场宏观调控政策、财政税收政策、产业政策、法律法规、经济周期的变化以及区域市场竞争格局的变化等都可能影响所投资企业经营状况，进而影响本基金投资标的的价值。

6. 税收风险

契约性基金所适用的税收征管法律法规可能会由于国家相关税收政策调整而发生变化，投资者收益也可能因相关税收政策调整而受到影响。

7. 其他风险

包括但不限于法律与政策风险、发生不可抗力事件的风险、技术风险和操作风险等。

九、私募基金募集结算资金专用账户及其监督机构信息

本基金募集机构开立募集结算资金专用账户，用于统一归集基金募集结算资金、向

投资者分配收益以及分配基金清算后的剩余基金财产等，确保资金原路返还。

基金募集结算资金是指由基金募集机构归集的，在投资者资金账户与私募基金财产账户或托管资金账户之间划转的往来资金。募集结算资金从投资者资金账户划出，到达私募基金财产账户或托管资金账户之前，属于投资者的合法财产。

募集机构已经与监督机构签署账户监督协议，明确了对私募基金募集结算资金专用账户的控制权、责任划分及保障资金划转安全的条款。监督机构按照法律法规和账户监督协议的约定，对募集结算资金专用账户实施有效监督。

（一）募集结算资金专用账户

开户行：

户名：

账号：

（二）监督机构信息

名称：

组织机构代码证：

注册地址：

经办人员：

联系方式：

十、投资者承担的主要费用及费率，投资者的重要权利（如认购、赎回、转让等限制、时间和要求等）

（一）投资者承担的费用及费率

投资者承担以下费用：

1. 基金设立失败的费用

因投资者一方过错导致基金无法完成设立的，已花费费用由过错方承担；过错方为多方的，由过错方按过错程度分担；各方均无过错的，按投资者各自认缴的基金出资额比例分担。

2. 基金运营中的费用

（1）投资者参加股东会会议、合伙人会议或基金份额持有人会议发生的差旅费、食宿费，由投资者自担。

（2）因分取基金收益或转让基金份额产生的依法应由投资者承担的税费，由投资者自担。

3. 基金清算后费用

基金清算后，因取回财产依法应由投资者承担的税费，由投资者自担。

4. 其他

（二）投资者的重要权利

申购约定：

赎回约定：
转让条件与限制：
取得基金财产收益：
取得基金清算后的剩余财产：
监督权：
知情权：
基金未设立，已投入资金的取回权：
其他：

十一、私募基金承担的主要费用及费率

管理费：
业绩报酬：
托管费：
监管费：
交易费：
为基金提供服务而支出的审计费、律师费和其他中介机构的费用：
其他费用：

十二、私募基金信息披露的内容、方式及频率

（一）信息披露义务人

（二）披露方式

1. 向投资者披露

信息披露义务人应当向投资者披露信息。信息披露可以采取书面信件、传真、电子邮件、电话等方式进行。

2. 信息备份

私募基金管理人应当按照规定通过中国证券投资基金业协会指定的私募基金信息披露备份平台报送信息。

（三）披露的内容及频率

1. 一般披露事项

以下信息，信息披露义务人将向投资者披露：

（1）基金合同；
（2）募集说明书等宣传推介文件；
（3）基金销售协议中的主要权利义务条款（如有）；
（4）基金的投资情况；
（5）基金的资产负债情况；
（6）基金的投资收益分配情况；

（7）基金承担的费用和业绩报酬安排；

（8）可能存在的利益冲突；

（9）涉及私募基金管理业务、基金财产、基金托管业务的重大诉讼、仲裁；

（10）中国证监会以及中国基金业协会规定的影响投资者合法权益的其他重大信息。

2. 运作期间的信息披露

（1）季度披露与月度披露。私募基金运行期间，信息披露义务人在每季度结束之日起10个工作日以内向投资者披露基金净值、主要财务指标以及投资组合情况等信息。

单只私募证券投资基金管理规模金额达到5000万元以上的，持续在每月结束之日起5个工作日以内向投资者披露基金净值信息。

（2）年度披露。私募基金运行期间，信息披露义务人在每年结束之日起4个月以内向投资者披露以下信息：

①报告期末基金净值和基金份额总额；

②基金的财务情况；

③基金投资运作情况和运用杠杆情况；

④投资者账户信息，包括实缴出资额、未缴出资额以及报告期末所持有基金份额总额等；

⑤投资收益分配和损失承担情况；

⑥基金管理人取得的管理费和业绩报酬，包括计提基准、计提方式和支付方式；

⑦基金合同约定的其他信息。

（3）重大事项变更披露。发生以下重大事项的，信息披露义务人按照基金合同的约定及时向投资者披露：

①基金名称、注册地址、组织形式发生变更的；

②投资范围和投资策略发生重大变化的；

③变更基金管理人或托管人的；

④管理人的法定代表人、执行事务合伙人（委派代表）、实际控制人发生变更的；

⑤触及基金止损线或预警线的；

⑥管理费率、托管费率发生变化的；

⑦基金收益分配事项发生变更的；

⑧基金触发巨额赎回的；

⑨基金存续期变更或展期的；

⑩基金发生清盘或清算的；

⑪发生重大关联交易事项的；

⑫基金管理人、实际控制人、高管人员涉嫌重大违法违规行为或正在接受监管部门或自律管理部门调查的；

⑬涉及私募基金管理业务、基金财产、基金托管业务的重大诉讼、仲裁；

⑭基金合同约定的影响投资者利益的其他重大事项。

十三、文件不得转载或给第三方传阅

本说明书及相关推介材料由私募基金管理人制作并使用。私募基金管理人对私募基金推介材料内容的真实性、完整性、准确性负责。

除私募基金管理人委托募集的基金销售机构可以使用本说明书及相关推介材料向特定对象宣传推介外，其他任何机构或个人不得使用、更改、变相使用本说明书及相关推介材料。

本说明书及相关推介材料不得转载或给第三方传阅。

十四、入伙（股）协议不能替代合伙协议或公司章程（公司型、合伙型基金适用）

本基金入伙（股）协议不能替代合伙协议（或公司章程）。

根据《合伙企业法》（或《公司法》），本基金合伙协议（或公司章程）依法应当由全体合伙人（股东）协商同意，以书面形式订立。申请设立合伙企业（公司）或变更合伙人（股东）的，应当向企业登记机关履行申请设立及变更登记手续。

十五、基金合同主要条款

1. 出资方式
2. 收益分配和亏损分担方式
3. 管理费标准及计提方式
4. 基金业务报告和财务报告提交制度
5. 其他

十六、中国基金业协会规定的其他内容

十七、管理人认为需要加入的其他内容

资料来源：搜狐财经。

附录2 私募基金合同（范本）

甲方：××××实业总公司
地址：成都市××区××街××号
电话：×××－×××××××××
手机：×××××××××××
法定代表人：×××
身份证号码：××××××××××××××××××
乙方：××投资管理公司
地址：成都市××区××街××号××大厦××楼××室
电话：×××－×××××××××
手机：×××××××××××
法定代表人：×××
身份证号码：××××××××××××××××××

甲方委托乙方管理其证券账户资产，账户资金账号为：×××××××××××××，资产金额为：××××××元，证券经纪商为：×××××××××××，管理服务期限：××××年××月××日至××××年××月××日。

甲方义务：

1. 提供证券账户账号及密码以及合同约定金额数量的资产给乙方。

2. 于合同签订之日足额缴纳合同约定金额0.8‰的手续费给乙方。

3. 合同期满之日，若该账户盈利超过6%，则于合同期满之日支付超出6%的收益的25%的管理费给乙方；账户收益计算方式：收益=(期末资产－期初资产)/期初资产×100%。

4. 合同期内，不能擅自撤走资金，若提前解除合同，解除合同时，若收益小于6%，则不支付管理费给乙方；若收益大于6%，则支付超出6%的收益的25%的管理费给乙方。

5. 保守乙方商业机密。

6. 投资有风险，专业理财虽能创造优良的业绩，但不保证100%盈利，若证券资产出现亏损，甲方仍然承担全额亏损。

甲方权利：

1. 对该账户资产盈亏享有知情权。

2. 可以申请提前解除合同。

3. 按期收回证券账户。

4. 享有证券账户除去管理费之外的所有收益。

5. 若账户出现亏损或盈利低于 6%，则不支付管理费。

乙方义务：

1. 寻找低价、优质、安全的证券投资品种，争取以较低的价格代甲方投资；对投资进行科学的管理。

2. 若管理证券账户出现 15% 的亏损，及时联系甲方，移交账户，终止合同。

3. 对证券账户盈亏状况定期向甲方报告。

4. 不得向他人泄露证券账户信息，保证证券账户的安全。

5. 不承诺保底收益。

6. 乙方的投资理念是追求安全而长期稳定的利润，有义务在确保 15% 的风险范围内提高收益。

乙方权利：

1. 收取本合同规定费率的手续费。

2. 收取证券账户超出 6% 以外的收益的 25% 的管理费。

3. 不承担证券账户的亏损。

本合同本着相互信任、平等互利的原则，在国家法律许可的范围之内自愿签订；甲乙双方精诚合作，在合同执行期间甲方不得干预乙方任何投资决策，以免干扰乙方的投资策略及交易计划。甲方只需要随时查询并监控自己的资金情况即可。

本协议一式两份，甲乙双方各执一份。

未尽事宜，由甲乙双方本着诚实守信的原则友好协商解决。

甲方（签章）： 乙方（签章）：

签字： 签字：

资料来源：百度文库。

附录3　股权投资协议（范本）

本股权投资协议（“本协议”）由以下各方于____年____月____日在中国____市订立。

甲方：

住所：

法定代表人：

乙方：

住所：

法定代表人：

丙方：

住所：

法定代表人：

鉴于：

1. ________有限公司（以下简称“目标公司”或“公司”）是一家依中华人民共和国法律成立并合法存续的有限责任公司（注册号：________），注册地在________，注册资本为人民币________万元。公司原股东为扩大生产经营规模需引进甲方作为战略投资者。甲方愿作为战略投资者投资________公司。

2. 原始股东一致同意甲方以增资形式向目标公司募集资金人民币____万元。增资完成后，甲方占增资后的目标公司____股权。

3. 目标公司与原始股东已同意按本协议的条款和条件向投资人募集投资款，而投资人在对公司法律、财务、市场等方面进行了充分尽职调查的前提下已同意按本协议的条款和条件向目标公司增资。

为此，各方根据《公司法》《民法典》等法律法规，经友好协商，达成本协议，以资共同信守。

第一章　释义及定义

第一条　定义

在本协议中，除非上下文另有规定，否则下列词语具有以下含义：

“关联方”指就某一人士而言，直接或间接（通过一个或多个中介）控制该人士、被该人士控制、或与该人士处于共同控制之下的任何其他人士。

“工商部门”指中国国家工商行政管理总局或其在当地的分支机构，试上下文而定。

“公司及各原始股东保证”指公司及各原始股东在本协议中向投资人所做出的陈述与保证。

“经审计的税后净利润”指投资人和公司共同指定的审计机构按照中国通用的会计准则对公司年度合并财务报表进行审计后的公司实际税后净利润（净利润以扣除非经常性损益前后较低者为准）。

“经修订的公司章程”指由原始股东和投资人依据本协议约定，在投资人出资到位后申请办理注册资本变更同时修改的公司章程。

“权利负担”指质押、抵押、担保、留置权、优先权或其他任何种类的权利主张、共有财产利益或其他回购权，包括任何对于表决、转让、或者行使任何其他性质的所有权的任何限制，但除了所适用的法律强制性规定外。

“认购”指投资人或者其确定的最终投资方根据本协议对新增股份的认购。

“投资人保证”指投资人在本协议中向公司及原始股东所做出的陈述与保证。

“工作日”指除周六、周日、中国国务院指定的法定节假日以外且中国的商业银行开门营业的任何一日。

“重大不利影响”指公司的销售收入、净资产、利润等发生超过 20% 的减少或下降，或对公司的业务前景（财务或其他）的重大不利影响，无论是否来自公司的通常商业过程的交易。

“上市”指公司通过 IPO、借壳上市、并购重组等方式，使公司直接或间接参与资本市场，公司股东因该等上市行为持有上市公司的股份。

“中国”指中华人民共和国（中国香港特别行政区、中国澳门特别行政区和中国台湾地区除外）。

“元”“万元”，指人民币“元”和“万元”。

第二条　解释

（1）除非上下文另有要求，本协议提及下述用语应包括以下含义：

提及“法律”，应包括中国法律、行政法规、部门规章、行政条例、地方规章（包括不时做出之修订）的任何规定。

提及“一方”时，应在上下文允许的情况下包括其各自的继任者、个人代表及经许可的受让人。

提及“包括”应被理解为“包括但不限于”。

（2）本协议包含的目录和标题仅为方便查阅而设，不应被用于解释、理解或以其他方式影响本协议规定的含义。

（3）除非上下文另有要求，本协议提及条款、附件和附录时指本协议的条款、附件和附录，且提及任何文件，均包括对该等文件的任何修订、补充、修改、变更。本协议各附件及附录以及根据本协议规定或为实现本协议的目的签署的其他文件，在此构成本协议的组成部分。

（4）各方已共同参与本协议的协商和起草，对本协议中各方存在歧义或者不明之处已经进行充分协商和沟通，本协议不构成格式文本，且一方不得以未参与本协议的起草、讨论或者对本协议约定事项存在重大误解为由主张本协议或本协议中个别条款无效。

（5）原始股东对本协议项下的义务承担不可撤销的连带责任，为实现本协议约定，投资人有权要求原始股东中的一方或三方履行本协议项下的义务。

第二章 增 资

第三条 投资方式

（1）各方同意，由甲方负责募集投资款人民币________万元。

（2）根据本协议的条款和条件，投资人特此同意以现金方式出资，目标公司特此同意接受投资，且该等新增股份及其所代表的所有者权益应未附带亦不受限于任何权利负担（本次增资称为“本次交易”）。

第四条 投资对价

本次甲方投资总额为________万元，占增资扩股后的目标公司____股权。

第五条 投资款的支付

各方确认，在满足下列全部条件，或者投资人同意豁免下列全部或部分条件后10个工作日内，投资人应将投资款汇入指定账户：

（1）本协议约定的生效条件已经全部实现。

（2）投资人聘请的法律顾问为本次交易出具了重大风险的法律意见书。

（3）完成关联方的清理工作，包括注销无实质业务的关联方以及将与公司业务相关的关联方整合进入公司合并报表范围内。

（4）至投资人缴款日，公司及各原始股东保证均真实、完整、准确且无误导性。

（5）至投资人缴款日，公司和各原始股东履行及遵守了在本协议项下所有要求其履行及遵守的各项协议、义务或承诺。

（6）至投资人缴款日，公司未发生任何在业务、经营、资产、财务状况、诉讼、前景或条件等方面的重大不利变化。

第六条 支付后的义务

公司应在投资人缴纳出资后及时完成以下事项：

（1）自投资人缴纳出资之日起5个工作日，公司应向投资人出具由公司董事长签署并加盖公司印章的出资证明书，并将投资人加入股东登记名册，以表明其对股权享有完全的所有权、权利和利益及正式注册为公司的股东。

（2）自投资人缴纳出资之日起10个工作日，公司应到相关工商行政管理局办理工商登记手续，费用由公司承担。

第三章 股东的权利

第七条 优先认购权

（1）当公司拟增加注册资本（包括其他第三方以增资方式成为公司股东）时，各方有权按其各自的出资比例优先认购公司拟增加的注册资本，但是以下情形除外：①公司资本公积或法定公积按股东出资比例转增注册资本；②经过股东会批准，公司为收购目的发行的新增注册资本。

（2）若任何一方未行使其优先认购权的，其他各方可再行认缴该等未经认缴的拟增加的注册资本。

第八条 优先购买权

（1）如果公司原始股东（“转让方”）欲将其在公司全部或部分的股份转让给任何第三方（“拟受让方”）时，其他股东在同等条件下享有该等股份的优先购买权。

（2）转让方在转让持有的公司股份前，应向公司其他股东（“非转让方”）发出书面通知，并列明：①拟转让的股份数量；②拟转让价格或价格确定方法；③拟受让方的身份或确定受让方的方式；④其他条款和条件。非转让方享有购买全部或部分拟转让股份的优先购买权。如果在转让方发出转让通知的30日内，非转让方未发出书面同意或未通知转让方其选择购买全部或者部分拟转让股份的，则视为非转让方放弃该次转让中的优先购买权。任何未履行上述程序的股份转让均属无效。

第九条 共同出售权

原始股东及投资人需共同遵守下列条款：

（1）如果转让方欲将其在公司的标的权益转让给任何拟受让方时，若非转让方未行使优先购买权以购买全部拟转让股份，则未行使优先购买权的非转让方应有权按比例同转让方一起向拟受让方转让该非转让方持有的公司股份。

（2）转让方拟转让公司股份前，应按照第八条（2）项规定向其他股东发出书面通知。其他股东应当在收到该项转让通知后20日内书面回复转让方是否行使共同出售权，否则视为放弃共同出售权。其他股东拟行使共同出售权的，则该股东共同出售的股份≤该股东持股总数×（拟转让股份总数/转让方持股总数）。

（3）转让方应允许行使共同出售权的股东以相同的条款和条件同时向拟受让方出售其股份，拟受让方不同意行使共同出售权的股东共同出售的，转让方不可以向拟受让方出售全部或部分的股份。

第十条 反稀释条款

未经投资人事先书面同意，公司不得向原始股东和任何第三方以增资形式再融资，或发行可转债、认股权证或期权；经投资人书面同意，如果公司向原始股东或任何第三方以增资形式再融资，则发行该等新股单价（下称“新低价格”，新低价格＝公司发行该等新股所获得的全部对价÷该等新股占公司发行后公司全部股权的比例÷发行新股后公司的股本总额）不得低于一个门槛价格（门槛价格＝投资人对公司实际投资总额÷投资人持股比例÷本次交易完成后公司的股本总额）。如果新低价格低于门槛价格，则投资人有权以一元人民币的总对价从发起人股东获得一定数量的公司股份（下称“新增股份”），以使得该等新股发行后，投资人持有公司的股份比例不少于增资时的股份比例。投资人从发起人股东获得新增股份所支付的对价超过一元人民币的，发起人股东应当将超出部分以投资人认可的方式补偿给投资人。

第十一条 清偿权

公司发生任何清算、解散或终止情形，在公司依法支付了税费、薪金、负债和其他分配后，投资人依照投资金额所占公司股份比例取得相应的分配。

第四章 法人治理及公司运营

第十二条 股东大会

（1）公司设股东大会，股东大会由全体股东组成，股东会是公司的最高权力机构。

（2）股东大会审议的事项应根据公司法的规定，取得出席会议的股东所持表决权半数以上或三分之二以上同意，但下列事项在股东大会审议时，须取得投资人的同意方可通过：

①公司向第三方募集资本或向第三方发行股份或增加、减少公司注册资本。

②批准公司年度财务预算方案、决算方案。

③涉及公司上市时间、方式、地点、路径等事项。

④变更公司经营范围。

⑤公司对外投资或金额超过 500 万元以上的资产收购、处置事项。

⑥公司章程或其他公司基本文件的重大修改。

⑦公司的利润分配方案和弥补亏损的方案。

⑧增加或减少公司董事会董事的人数；决定有关董事、监事的报酬事项。

⑨公司年度财务预算方案外的且单笔金额超过 100 万元或者年度累计超过 500 万元的支出。

⑩公司与关联方发生的单笔超过 100 万元或者累计超过 500 万元的关联交易合同的签署。

⑪公司对外签署的金额单笔超过 100 万元或者累计超过 500 万元的非经营性合同。

⑫清算、兼并或出售或购买公司和/或其关联公司绝大部分资产，或使得公司和/或其关联公司发生控制权变化。

⑬公司合并、分立、解散、清算或者变更公司的性质或结构。

⑭增加公司员工持股计划或相似计划下发行的股份，但是源于原始股东存量股份的除外。

⑮在正常业务经营之外许可或者以其他形式转让公司的任何专利、著作权、商标或者其他知识产权。

⑯借款或者以任何方式承担任何超过 500 万元的债务，或在公司的专利、著作权、商标或其他知识产权上创设任何权利负担。

⑰以公司资产为第三方债务提供担保或向任何董事、管理人员或雇员或关联方提供贷款或者担保。

⑱改变或取消任何投资人在本协议项下的权利、优先权或特权。

第十三条 公司组织结构安排

（1）本次交易完成后，公司应再成立新一届董事会及监事会。董事会应由 6 名董事组成，其中 4 名由原始股东委任，2 名董事由投资人委任。监事会应由 3 名监事组成，其中监事长及 1 名监事由投资人委任。公司副总经理及财务出纳由投资人委任。原始股东和投资人承诺在行使股东选举权利时保证对方各自提名的候选人当选董事。董事离职，提名方有权提名另一候选人并经选举成为公司董事。

（2）董事参加董事会及其履行董事职责所发生的相关合理费用由公司承担。

（3）董事会的召开所有董事均应出席，并且其中应包括投资人提名的董事（但在会议召开 10 日前，经 2 次通知未能参加会议也未能委托代理人参加会议的除外）参加方可有效。如董事未准时参加董事会的，公司应再次通知，并将会议时间相应顺延 5 天召开。

（4）有关下列事项的决议应由董事会至少三分之二以上的董事同意方能通过，并且其中必须包括投资人董事的同意（以下指“特殊决议”）：

①制定关于变更公司经营范围的方案。

②制定设立新的子公司、代表处、分公司的方案。

③任命、撤职和替换公司外部审计机构和高级管理人员以及变更公司审计、财务制度和程序、会计政策、会计估计。

④审计批准公司高级管理人员的薪酬和其他福利待遇制度，包括奖金、车辆和房屋的购买和规定。

⑤增加公司任何年薪高于40万元的高级管理人员的年薪和福利计划，且年涨幅超过25%。

⑥股东大会权限下的关联交易、对外投资、担保及资产收购、处置事项。

⑦任何涉及关联方的交易的协议或协议项下各方权利或义务的任何弃权、批准、同意或修改，或者公司或者任何子公司迟延或未能尽力行使其在涉及关联方的交易的协议或协议项下享有的针对协议相对方的权利和救济。

⑧购买任何上市或非上市证券（包括但不限于股票、债券、认股权证等）的行为。

⑨各方一致认为需董事会决议同意的其他事项。

第五章　承　　诺

第十四条　公司及原始股东向投资人承诺如下（但如有特别提及其他方的承诺之处，该承诺亦构成该方在本协议项下的义务）：

（1）在工商登记日前，除已获得投资人事先书面同意外，①公司不得新发行任何股份，包括发行与公司股份相关的期权、权证、各种种类的可转换债；②公司各原始股东不得向任何第三方转让任何公司股份；在工商登记日前，采取所有合理措施确保公司以一个持续经营的实体按一般及正常业务过程营运其主营业务，其性质、范围或方式均不得中断或改变，且应沿用本协议签订之日前采用的健全商业原则。

（2）在工商登记日前，公司或任何原始股东均不得从事、允许或促成任何会构成或导致违反本协议或经修订的公司章程项下任何陈述与保证或任何协议、义务或承诺的作为或不作为，且应就所发生或可能发生的任何将导致违反本协议或经修订的公司章程项下任何陈述与保证或任何协议、义务或承诺的任何事件、条件或情形及时通知投资人。

（3）在工商登记日前，公司不得宣派或支付任何股息，或就收入或利润向各原始股东做出任何其他形式的分配；

（4）在工商登记日前，以本协议所载列的保密规定为前提，投资人的代表应在发出合理通知后，于正常营业时间查阅公司的账册和记录（包括所有的法定账册、会议记录、合同等）。

（5）各方互相配合，尽各自合理的最大努力备齐所有必要的文件和资料。

第六章 陈述及保证

第十五条 各方共同的陈述及保证

（1）各方均依据其管辖法律有完全民事权利能力和民事行为能力，具备作为公司股东的主体资格。

（2）交易文件构成各方的合法、有效及具有约束力的义务，并可根据其条款强制执行。

（3）各方签署交易文件、完成本次交易以及履行并遵守交易文件的条款和条件。

并不违反该方需遵守或该方受到约束的任何法律或法规、或任何司法或行政上的命令、裁决、判决或法令，且也不导致违反对该方有约束力的任何协议、合同、文件或承诺项下的条款。

第七章 会计制度及财务管理

第十六条 会计年度

公司的会计年度从每年的1月1日起至12月31日止，公司所有凭证、收据、统计报表和报告、财务账册应以中文书写。

第十七条 审计

（1）公司的财务审计应由一家国内的由股东大会或董事会指定的独立的具有证券业务资格的会计师事务所根据中国会计准则来完成。审计报告应递交股东大会、董事会。

（2）如果任一股东合理认为有必要聘请其他审计师或专业人员来进行年度财务审计和审查时，则其可以在不影响公司正常经营的情况下进行审计和审查，公司应给予配合，所发生的费用由该股东承担。

第十八条 财务管理

（1）在每个季度结束后的45日内，公司应当向全体股东提供根据中国公认会计准则编制的公司当季度的财务报表。

（2）在每一会计年度结束后90日内，公司应当向全体股东提供根据中国公认会计准则编制的未经审计的公司当年度的财务报表。

（3）在每一会计年度结束后的120日内，公司应当向全体股东提供经由股东大会或董事会指定的具有国内证券从业资格的会计师事务所根据中国会计准则编制的公司当年度的财务审计报告，此外，公司（财务负责人）还应准备董事会要求的其他财务报表及关于年度利润分配的建议书。

第十九条 知情权

公司股东各方有权在不影响公司正常经营的情况下，依法行使公司法赋予股东的查阅会计账簿、复制公司章程、董事会/股东会决议、财务会计报告的权利，公司应当进行配合。

第八章 生效和终止

第二十条 生效

本协议在满足下列全部条件，或者各方同意豁免相关条件之日起生效：

(1) 本协议已经各方法定代表人、授权代表签署或者加盖各方公章。

(2) 公司已经召开董事会、股东大会，审议通过投资人本次投资议案。

(3) 就本次交易，投资人已经取得了内部投资委员会等有权机构的批准。

(4) 至签署日，未发现公司发生任何重大不利变化。

第二十一条 终止

(1) 如果在投资人缴款前任何时候发现公司存在任何下列事实、事宜或事件（不论是在本协议签署之日或之前存在或发生，还是在其后产生或发生），投资人有权向公司和/或各原始股东发出书面通知终止本协议：

①公司和/或原始股东严重违反本协议，而且该事件在投资人发出书面通知要求有关方对违约做出补救后60日内未得到补救。

②公司和/或原始股东严重违反公司及各原始股东保证。

③发生对公司业务、状况（财务或其他）、前景、财产或经营成果的重大不利影响。

(2) 在下列情况下，权利方可单方提出中止本协议，而本协议所约定之本次交易将随之被放弃：

①经由各方协商一致而终止。

②之前，公司未能完成关联方的清理工作，包括注销无实质业务的关联方以及将与公司业务相关的关联方整合进入公司合并报表范围内。

③出现本协议约定的不可抗力情形对公司运作造成重大妨碍，时间超过6个月，并且各方没有找到公平的解决办法。

第九章 违约责任

第二十二条 违约责任

(1) 对于本协议任何一方因严重违反本协议及/或经修订的公司章程所规定的任何陈述、保证、承诺或义务所引起或导致的任何损失、损害、责任、索赔、诉讼、费用和支付，该方应向其他各方做出赔偿并使其不受损害。

(2) 原始股东对投资人承担违约责任或赔偿责任，以及本协议需承担回购义务、补偿责任等承担不可撤销的连带责任。投资人有权依据本协议要求原始股中的一方或几方单独或共同承担相应的责任或履行相应的义务。

第十章 不可抗力

第二十三条 不可抗力

(1)“不可抗力”指在本协议签署后发生的、本协议签署时不能预见的、其发生与后果无法避免或克服的、妨碍任何一方全部或部分履约的所有事件。上述事件包括地震、台风、水灾、火灾、战争、国际或国内运输中断、政府或公共机构的行为（包括重大法律变更或政策调整）、流行病、民乱、罢工，以及一般国际商业管理认作不可抗力的其他事件。

（2）如果发生不可抗力事件，受影响一方履行其在本协议项下的义务，在不可抗力造成的延误期内中止履行，而不视为违约。同时，受不可抗力影响的一方应迅速书面通知其他方，并在不可抗力结束后15日内提供不可抗力发生及其持续的足够证据。

（3）如果发生不可抗力事件，各方应立即互相协商，以找到公平的解决办法，并且应尽一切合理努力将不可抗力的后果减小到最低限度。如不可抗力的发生或后果对公司运作造成重大妨碍，时间超过6个月，并且各方没有找到公平的解决办法，则任何一方可按照本协议相关条款提出终止本协议。

第十一章 法律适用和争议解决

第二十四条 法律适用

本协议的订立、效力、解释、签署以及争议的解决应受中国法律保护并均适用中国法律。

第二十五条 争议解决

（1）本协议或本协议的履行、解释、违约、终止或效力所引起的或与此有关的任何争议、纠纷或权利要求，首先应争取通过友好协商的方式加以解决。如果在开始协商后60日内未能通过这种方式解决争议，应在一方通知争议其他方后将该争议提交仲裁。

（2）各方同意将争议提交仲裁委员会仲裁。

第十二章 其他规定

第二十六条 保密责任

（1）各方确认，各方及其关联方之间由于本协议而交换或获得的任何口头或书面资料、以及各方成为公司股东后所知悉的公司业务、财务、技术、法律等信息均是保密专有资料（下称“保密信息”）。各方应当，并应确保其各自的代表（包括但不仅限于任何高级管理人员、董事、雇员、股东、代理人、关联方及聘请的专业机构）对所有该等保密信息严格保密，未经资料提供方的事先书面同意，不得向任何第三方披露任何该资料。

（2）下列情况不视为一方违反保密义务：

①该资料是公开资料或者通过公开渠道取得。

②应监管部门要求或者为争议解决而向仲裁机构提供。

第二十七条 放弃

本协议任何一方未行使或延迟行使本协议项下的一项权利并不作为对该项权利的放弃；任何单独一次或部分行使一项权利亦不排除将来对该项权利的其他行使。

第二十八条 转让

（1）各方已经知悉并同意，投资人作为专业投资机构，有权利通过其控制的专项基金向公司缴纳投资款。若投资人行使这一权利，在缴款前，应将出资人、出资金额、出资时间等书面通知公司及原始股东。

（2）投资人若通过其专项基金实施对公司的投资，则本协议下赋予投资人的特定的股东权利义务，均由实际投资的专项基金继承享有。该项权利继承无须相关方另行签署协议，公司及原始股东对此予以确认。

（3）为办理工商登记备案所需，公司、原始股东、投资人及专项基金可另行签署增资扩股协议，但并不因此代替本协议的效力，其内容与本协议不一致的，以本协议为准。

（4）投资人或专项基金转让所持有公司股份的，受让方承继投资人在本协议项下的权利或义务。

第二十九条　修改

本协议不得口头修改。只有经各方一致同意并签署书面文件，本协议的修改方可生效。

第三十条　可分性

若本协议中一项或多项条款，根据任何适用的法律或法规在任何一方面被视为无效、不合法或不可执行，本协议其余条款的有效性、合法性和可执行性并不因此在任何方面受影响或受损害。各方应通过诚意磋商，努力以有效的条款取代那些无效、不合法或不可执行的条款，而该等有效的条款所产生的经济效果应尽可能与那些无效、不合法或不可执行的条款所产生的经济效果相似。

第三十一条　文本

本协议用中文书写，一式五份，每一份签署的文本均应被视为原件，各方各持一份，其余交由公司存档，以备有关部门审核、备案只用。

第三十二条　本协议未尽事宜，将签署《股东协议》，与本协议有同等效力。

第三十三条　通知

（1）本协议要求任何一方发出的通知或其他通讯，应用中文书写，并由专人递送、信函、特快专递或传真发至另一方在本协议所列的地址或能够通知该方的其他指定地址。

（2）通知被视为有效送达的日期，应按如下确定：

①专人递送的通知，专人递送当日即视为已有效送达。

②用信函发出的通知，则在信函寄出日（在邮戳上标明）后的第10天，即视为已有效送达。

③用特快专递发出的通知，在特快专递寄出日第4天，即视为已有效送达。

④用传真发送的通知，在有关文件的传送确认单上所显示的传送日期之后的第一个工作日视为已有效送达。

（本页以下无正文）

（此页无正文，为《股权投资协议》之各方签署页）

甲方：

法定代表人或授权代表：

乙方：

法定代表人或授权代表：

丙方：

法定代表人或授权代表：

参考文献

[1] 欧阳良宜. 私募股权投资管理 [M]. 北京：北京大学出版社，2013.

[2] 鼎新长城集团. 鼎新长城集团资产管理白皮书 [R]. 鼎新长城集团，2013.

[3] 鼎新长城集团. 鼎新长城集团募集管理白皮书 [R]. 鼎新长城集团，2013.

[4] 鼎新长城集团. 鼎新长城集团基金运营与财务管理白皮书 [R]. 鼎新长城集团，2013.

[5] 鼎新长城集团. 鼎新长城集团投资管理白皮书 [R]. 鼎新长城集团，2013.

[6] 布赖恩·伯勒，约翰·希利亚尔. 门口的野蛮人 [M]. 北京：机械工业出版社，2010.

[7] 戴维·凯里，约翰·莫里斯. 资本之王 [M]. 北京：中国人民大学出版社，2011.

[8] 周炜. 解读私募股权基金 [M]. 北京：机械工业出版社，2008.

[9] 吴军. 浪潮之巅 [M]. 北京：电子工业出版社，2011.

[10] 苏龙飞. 股权战争 [M]. 北京：北京大学出版社，2012.

[11] 查立. 给你一个亿你能干什么 [M]. 北京：中国华侨出版社，2012.

[12] 克里斯·梅林，佛兰克·埃文斯. 并购估值 [M]. 北京：机械工业出版社，2012.

[13] 基金从业人员资格考试命题研究中心. 私募股权投资基金基础知识 [M]. 北京：燕山出版社，2017.

[14] 隋平. 私募股权投资基金法律实务 [M]. 北京：法律出版社，2010.

[15] 李晓峰. 中国私募股权投资 [M]. 北京：清华大学出版社，2010.

[16] 张新民. 从报表看企业——数字背后的秘密（第3版）[M]. 北京：中国人民大学出版社，2017.